本丛书系武汉大学"985工程"项目"中国特色社会主义理论创新基地"和"211工程"项目"马克思主义基本理论及其中国化研究"成果

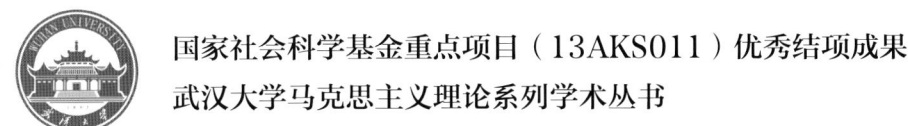

国家社会科学基金重点项目（13AKS011）优秀结项成果

武汉大学马克思主义理论系列学术丛书

思想政治教育主客体关系论

项久雨 著

中国社会科学出版社

图书在版编目(CIP)数据

思想政治教育主客体关系论／项久雨著. -- 北京：中国社会科学出版社，2025.3. --（武汉大学马克思主义理论系列学术丛书）. -- ISBN 978-7-5227-4576-3

Ⅰ. D64

中国国家版本馆 CIP 数据核字第 20242YM416 号

出 版 人	赵剑英
责任编辑	田　文
责任校对	张爱华
责任印制	张雪娇

出　　版	中国社会科学出版社
社　　址	北京鼓楼西大街甲 158 号
邮　　编	100720
网　　址	http://www.csspw.cn
发 行 部	010-84083685
门 市 部	010-84029450
经　　销	新华书店及其他书店
印　　刷	北京君升印刷有限公司
装　　订	廊坊市广阳区广增装订厂
版　　次	2025 年 3 月第 1 版
印　　次	2025 年 3 月第 1 次印刷
开　　本	710×1000　1/16
印　　张	25.75
插　　页	2
字　　数	436 千字
定　　价	168.00 元

凡购买中国社会科学出版社图书，如有质量问题请与本社营销中心联系调换
电话：010-84083683

版权所有　侵权必究

总　序

顾海良

新世纪之初，马克思主义理论学科的设立，是马克思主义中国化的显著标志，也是中国化马克思主义发展的重要成果。设立马克思主义理论学科，不仅是由马克思主义理论本身的科学性决定的，也是由马克思主义作为我们党的指导思想和作为国家主流意识形态建设的需要决定的，而且还是由当代马克思主义发展的新的要求决定的。

在马克思主义理论学科建设中，武汉大学一直居于学科建设与发展的前列。武汉大学马克思主义学院作为学科建设和发展的主要承担者，学院的教师和研究人员为此付出了极大的辛劳，作出了极大的贡献。现在编纂出版的《武汉大学马克思主义理论系列学术丛书》就是其中的部分研究成果。

回顾马克思主义理论学科建设和发展的实际，给我们的重要启示之一就是，马克思主义理论学科的建设和发展，既要尊重学科建设和发展的普遍规律，又要遵循学科建设和发展的特殊要求，要切实提高马克思主义理论学科的影响力。希望《武汉大学马克思主义理论系列学术丛书》的出版，能为切实提升马克思主义理论学科的影响力增添新的光彩。

第一，要提高马克思主义理论学科建设的学术影响力。把提高学术影响力放在首位，是从学科建设视阈理解马克思主义理论学科建设的要求。学科建设以学术为基础。马克思主义理论作为一个整体的一级学科，在提升学科的学术性时，要按照学科建设内在的普遍的要求，使之具有明确的学科内涵、确定的学科规范和完善的学科体系。

学术影响力是学科建设的重要目标,也是学科建设水平的重要体现。马克思主义理论学科的学术影响力,不仅在于国内的学术影响力,还应该树立世界眼光,产生国际的学术影响力。在国际学术界,马克思主义理论是以学术研究为基本特征和主要导向的。注重马克思主义理论的学术研究,不仅有利于达到学科建设的基本要求,而且还有利于国际范围内的马克思主义理论研究的交流,产生国际的学术影响力。比如,一个时期以来,国际学术界对《德意志意识形态》、《共产党宣言》等文本传播的研究,马克思经济学手稿的研究,科学考据版《马克思恩格斯全集》(MEGA2)的编辑与研究等,就是国际范围内马克思主义理论学术研究的重要课题。作为以马克思主义为指导的社会主义国家,在马克思主义理论学科建设和发展中,不但要高度关注和重视世界范围内马克思主义理论研究的重大课题,而且要参与国际范围内马克思主义理论重大课题的研究。在国际马克思主义学术论坛上,我们要有更广泛的话语权,要能够更深刻地了解别人在研究什么、研究的目的是什么、研究到什么程度、有哪些重要的理论成就、产生了哪些理论的和实践的成效等。如果一方面强调建设和发展马克思主义理论学科,另一方面却在国际马克思主义论坛上被边缘化,这肯定不是我们希望看到的学科建设的结局。

第二,要提高对中国特色社会主义理论与实践的影响力。任何学科都有其特定的应用价值。马克思主义理论学科对中国特色社会主义理论与实践的影响力,就是这一学科应用价值的重要体现,也是这一学科建设和发展的重要目标和根本使命。在实现这一影响力中,深化中国特色社会主义理论体系的研究是重点;运用中国特色社会主义理论体系于实践、以此推进和创新中国特色社会主义理论体系是根本。马克思主义理论学科对中国特色社会主义理论与实践的影响力,要体现在对什么是马克思主义、怎样对待马克思主义,什么是社会主义、怎样建设社会主义,建设什么样的党、怎样建设党,实现什么样的发展、怎样发展等重大问题的不断探索上,并对这些问题作出新的理论概括,不断增强理论的说服力和感召力,推进中国特色社会主义理论体系的发展。马克思主义理论学科的建设和发展，一定要对中国特色社会主义的经济、政治、文化、社会、生态文明建设以及党的建设的理论与实践产生重要的影响力，为中国特色社会主义道路发展中的重大理论和实践问题的解决提供基本的指导思想，充分体现学科建设的应用价值。

第三，要提高对国家主流意识形态发展和安全的影响力。马克思主义作为党和国家的指导思想，自然是中国特色社会主义的主流意识形态。要深刻理解马克思主义理论学科的特定研究对象。马克思主义是我们立党立国的根本指导思想，社会主义意识形态的旗帜，是社会主义核心价值体系的灵魂，是全党全国各族人民团结奋斗、夺取建设中国特色社会主义新胜利的共同思想基础。在学科建设中，我们要以高度的政治意识、大局意识和责任意识，进一步推进马克思主义中国化的发展和创新，进一步巩固马克思主义在思想政治理论领域的指导地位，进一步增强社会主义核心价值体系的建设成效，进一步维护和发展国家意识形态的安全。

建设马克思主义学习型政党作为新世纪党的建设重大而紧迫的战略任务，对马克思主义理论学科建设提出了新的更高的要求。建设马克思主义学习型政党的首要任务，就是要按照科学理论武装、具有世界眼光、善于把握规律、富有创新精神的要求，坚持马克思主义作为立党立国的根本指导思想，紧密结合我国国情和时代特征大力推进理论创新，在实践中检验真理、发展真理，用发展着的马克思主义指导新的实践。

第四，要提高全社会的思想理论素质，加强全社会的思想政治教育的影响力。全社会的思想理论素质是一定社会的软实力的具体体现，也是一定社会的国家综合实力的重要组成部分。特别是在青少年思想道德教育、大学生思想政治教育中，如何切实提高马克思主义理论学科的影响力，是当前马克思主义理论学科建设的最为重要和最为紧迫的任务和使命。在这一意义上，我们可以认为，马克思主义理论学科的影响力，首先就应该体现在大学生思想政治理论课程的建设全过程中。用马克思主义理论，特别是用当代发展的马克思主义理论，即中国特色社会主义理论体系教育人民、武装人民的头脑，内化为全体人民的思想观念与理论共识，是马克思主义理论学科建设的艰巨任务，特别是其中的思想政治教育学科建设和发展的重要目标。

以上提到的四个方面的影响力——学术的影响力、现实应用的影响力、意识形态的影响力和思想政治教育的影响力，对马克思主义理论学科发展是具有战略意义的。在对四个方面影响力的理解中，既不能强调学科建设和发展的学术性而否认学科建设和发展的政治性与意识形态性；也不能只顾学科建设和发展的政治性与意识形态性而忽略学科建设和发展的学术性。要从学科建设的战略高度，全面地探索和提高马克思主义理论学科建设和发展的影响力。

我衷心地希望，《武汉大学马克思主义理论系列学术丛书》能在提高以上四个方面影响力上作出新的贡献！

序 一

随着全球化的深化发展、现代化的不断推进，人工智能、大数据等现代信息技术的快速更新，对新时代思想政治教育提出了新的要求，在这样的时代背景下，如何确认思想政治教育主客体及理清思想政治教育主客体关系是当下建构思想政治教育自主知识体系、推动思想政治教育学科开启下一个40年历程必须回答的现实问题。从学术研究角度来看，思想政治教育主客体是思想政治教育学的基本范畴，也是思想政治教育学科基础理论研究的重要内容，确认思想政治教育主客体及主客体关系对进一步把握思想政治教育内容，选择合适的思想政治教育方法，提升思想政治教育学科研究的科学化，增强学科自信都具有重要价值。反思当前学术界关于思想政治教育主客体关系的研究，主要涉及单主体论、双主体论、主体间性等。但随着时代的发展、理论研究的深入，可以发现当下对思想政治教育主客体关系的研究圈在了一个固定的思维定式中，而忽视了思想政治教育主客体本身是一个复杂的、动态的关系系统，因此对思想政治教育主客体关系的研究必须跳出已有的思维圈子，发现思想政治教育主客体关系的结构性、层次性和多样性。本书对思想政治教育主客体关系的研究重点是尽可能提供一个新的研究思想政治教育主客体关系的架构，找到一种新的认识思想政治教育主客体关系的视角，并给出优化思想政治教育主客体关系的具体路径。思想政治教育主客体关系研究也正是在这样的背景下产生，强调对理论问题与时代问题的解答。

《思想政治教育主客体关系论》一书框架清晰、逻辑性强。其分析的框架逻辑是：哲学本源、研究概论、理论基础论、历史视阈论、认识论、体系构建论、当代视野论、优化论，等等。具体步骤是：第一章，回顾哲学主客体关系的研究进程，强调对思想政治教育主客体关系的讨论从根本上来说是来源于对哲学中的主客体关系的讨论，为思想政治教育主客体关系研究找到了哲学本源，强化研究的哲学基础；第二章，从学术研究的角度对思想政治教育主客体关系研究进行了梳理，总结出了当前对这个问题的主要学术争论，并归纳了学术争论的主要症结，为思想政治教育主客体关系研究奠定了学术基础；第三章，对思想政治教育主客体关系研究的理论基础进行了分析，重点确立了马克思主义哲学基础、马克思主义人学的指导地位，同时，思想政治教育主客体关系的研究对社会交往理论等其他理论也有一定程度的借鉴，这为本书的研究奠定了扎实的理论基础，使本书的研究具有一定的理论深度；第四章，对中西方关于思想政治教育主客体关系的研究进行了历史梳理，为确认思想政治教育主客体标准及其关系研究提供历史视野；第五章，对思想政治教育主体、客体的内涵、表现和特征形成客观性、规律性的认识，这是构建思想政治教育主客体关系的重要一环，是下一步构建思想政治教育主客体关系体系的基础；第六章，构建了思想政治教育主客体关系体系，指出了思想政治教育主客体具有层次性和多样性，思想政治教育主客体关系会随着时代发展而产生新的变化，因此构建思想政治教育学科理论要跳出已有的思维模式，重新确认新时代思想政治教育主客体关系；第七章，具体分析了当代视野中的思想政治教育主客体关系，特别是全球化、现代化、多元化及网络化视阈下，对思想政治教育主客体关系提出的新要求；第八章，提供了优化思想政治教育主客体关系的原则、目的和路径，使思想政治教育主客体关系研究服务于现实需要。本书整个分析框架环环相扣、逻辑严密，既有历史的厚度，又有理论的深度，也有思想的高度，超越了以往"谁为主体、谁为客体"的纠结，研究视野更加开阔，为解决思想政治教育主客体关系理论难题提供了一个新方案。

《思想政治教育主客体关系论》一书无论是谋篇布局，还是具体内容写作方面都具有鲜明特色。一是突出历史性。从历史的视角梳理了古今中外关于主客体关系的研究。不仅考察并研究了中国古代关于道德教育、近代德育主客体标准的确认及关系研究，同时研究了西方近代主体性德育思想对思想政治教育主客体关系研究的理论借鉴与超越，显示了作者比较深厚的理论功底与驾驭史料的能力。此外，从学术研究的历史出发，考察思想政治教育主客体关系研究的进程及不足，为进一步研究奠定坚实的基础。总体来说，本书的研究很好地体现了逻辑与历史的有机统一，因此具有极强的理论深度。二是强化思想性。本书深挖思想政治教育主客体产生的哲学本源，在回顾哲学领域关于主客体标准及其关系的讨论中，着力论证了思想政治教育主客体关系的思想性、批判性、否定性和超越性。三是突出时代性。对思想政治教育主客体关系的研究不只是要解决理论难题，更强调理论服务于时代需要，以时代需要为导向，解决时代赋予思想政治教育主客体关系研究的新任务与新要求。当前，思想政治教育主客体关系研究必须重点解决全球化、现代化、数智化时代人们思想多元化的背景下，线上与线下教育同时存在的情况下思想政治教育主客体的认定标准及其关系问题，从而构建一个新的思想政治教育主客体关系体系，解决时代难题。四是彰显政治性。思想政治教育本身就具有阶级性与政治性。对思想政治教育主客体关系的研究一定要在马克思主义的指导下，在习近平新时代中国特色社会主义思想指引下进行思想政治教育基础理论研究。当前，我国正处于以中国式现代化全面推进中华民族伟大复兴的新时代新征程上，在这个过程中，实现立德树人，使广大人民群众都参与到实现中华民族伟大复兴的进程中来，显得至关重要。本书对思想政治教育主客体关系研究也是围绕立德树人这个中心环节而展开的，力图重点解决以什么样的标准确立立德树人的主体与客体，如何理清他们之间的主客体关系，从而更好地服务于立德树人的目标与任务，最终提高思想政治教育的实效性，这是本书一以贯之的立场和观点。五是强调实践性。原则不是研究的出发点，服务于实践的需要才是研究的出发点与落脚点。对思想政治教育主客体关系研究关键是要在构建思想政治教育主客体关系体系后致力于在实践中优化思想政治教育主客体关系，实现新时代对思想政治教育提出的目标和任务。因此，本书提出了新时代思想政治教育主客体关系优化的基本原则、主要目的以及具体路径等。

总之，《思想政治教育主客体关系论》一书是在继承与创新基础上，系统研究思想政治教育主客体关系的一部时代力作。本书重点在于构建一个新的思想政治教育主客体关系研究体系，解析新时代思想政治教育主客体及其关系的认定标准，以及思想政治教育主客体关系又是遵循什么样的逻辑进路展开的，这对下一步确立思想政治教育内容与选择合适的方法进行思想政治教育至关重要，同时也为构建和完善新时代思想政治教育基础理论提供一个新视角。思想政治教育主客体关系作为思想政治教育基础理论的前沿问题，是一个随着时代发展不断发生变化的常论常新的问题，因此本书在研究过程中肯定存在一定的局限性，需要进一步的完善。总而言之，本书在体现"新"上有所建树。比如，在逻辑框架的构建上有新突破，在理论难题的解答上有新观点，在具体观点的论证上有新材料。因此，我相信本书的出版，能呈现给大家一个关于思想政治教育主客体关系研究的新文本。

项久雨教授的学术研究具有问题意识，注重对相关思想资源的清理总结，具有分析框架和创新见解，注重系统深入论证，思想深邃，语言充满灵性，在学术界是一种独特的存在，具有较大较好的学术影响。相信他日后能取得更好的学术成果。

是为序！

韩庆祥
2025 年春

序 二

在人类思想的历史长河中，思想政治教育作为塑造人的精神世界、引导社会价值观念的实践活动，始终承担着形塑社会成员思想意识、道德品质和行为规范的重任。随着时代变迁和社会进步，思想政治教育的内容和形式不断演进，但其核心范畴——主客体关系，始终是理论研究和实践活动的关键。40余年来，思想政治教育学科在理论与实践的双重探索中，不断深化对主客体关系的认识。我们逐渐意识到，主客体之间并非静态的、单向的灌输与接受关系，而是一种动态的、双向的互动与生成关系。由项久雨主编的《思想政治教育主客体关系论》旨在深入探讨和系统剖析思想政治教育中的主客体关系，为增强思想政治教育实效性、建构自主知识体系、开启思想政治教育学科新的发展阶段提供理论支撑和实践指导。

思想政治教育的主客体关系并非一成不变的抽象概念，而是时代变迁和社会发展的实践产物。自笛卡尔提出"我思故我在"的命题以来，主客体关系便成为哲学讨论的焦点。但关于主客体概念及其关系的全面理解和科学阐释，是随着马克思主义哲学的诞生而实现的。马克思和恩格斯在《德意志意识形态》等著作中，深刻揭示了人类活动的两个方面——人改造自然和人改造人，从而为我们理解思想政治教育的主客体关系提供了坚实的理论基础。

在思想政治教育中，教育者与受教育者的关系构成了主客体关系的核心。教育者作为主体，承担着传递思想、塑造灵魂的重任；而受教育者作为客体，则是这一过程的接受者。这种关系并非单向的灌输与接受，而是包含着复杂的交互作用和双向互动。教育者通过有目的、有计划、有组织的教育活动，对受教育者的思想施加影响，而受教育者的反馈和反应又不断调整和优化教育者的教育策略和方法。这种相互依存、相互制约、相互发展和相互转化的关系，构成了思想政治教育主客体关系的辩证发展。

然而，对于思想政治教育主客体关系的理解和界定，并非一帆风顺。在学术界，关于何为主体、何为客体，以及主客体关系如何等问题的争论从未停止。这些争论主要存在于三个论域：一是以借鉴和嫁接相关认识范式来使主客体界定合理化的理论论域；二是以尊重和弥合人的主体性来使主客体关系精准化的价值论域；三是以凸显和加强教育实践活动的双向互动来提升思想政治教育实效性的实践论域。这三个论域相互交融，共同推动着思想政治教育主客体关系研究的不断深入。基于此，《思想政治教育主客体关系论》试图建立一种综合性与超越性的视角，立足于三种争论之上，剖析主客体关系的本质特征、运行机制及优化策略。具体表现为以下七个部分。

一是清楚揭示思想政治教育主客体关系的研究的多个学科领域和理论范式。哲学作为方法论的学问，为解决主客体关系问题提供了基本的思维框架和理论工具。教育学则关注教育现象和规律，为思想政治教育实践提供了有益的借鉴和启示。然而，简单借鉴和嫁接相关认识范式并不能完全解决思想政治教育主客体关系的复杂性。我们必须从马克思主义主客体关系学说的高度出发，深刻把握对象性的主客体关系，才能正确理解思想政治教育主客体关系的本质和特征。

二是科学界定思想政治教育主客体关系的本质内涵。思想政治教育主客体关系是一种特殊的社会关系，是在思想政治教育实践中形成和发展起来的，以一定的教育资料为媒介的、教育者与受教育者之间相互作用、相互影响的对立统一关系。这种关系既体现了教育者的主导性和受教育者的主体性，又体现了教育过程的双向互动性和教育结果的双向影响性，既符合马克思主义关于人的本质和社会关系的基本原理，又体现了思想政治教育活动的特殊性和规律性。

三是系统梳理思想政治教育主客体关系的基本特征。从教育过程来看，思想政治教育主客体关系具有目的性与手段性、主动性与受动性、主导性与主体性相统一的特征；从教育结果来看，具有可控性与开放性、确定性与不确定性、预期性与非预期性相统一的特征；从教育者与受教育者的关系来看，具有平等性与差异性、交互性与主导性、共在性与超越性相统一的特征。

四是深入分析思想政治教育主客体关系的历史发展。从历史的角度对思想政治教育主客体关系进行了考察，指出在不同的历史时期，由于社会历史条件的不同，思想政治教育主客体关系也呈现出不同的特点。在革命战争年代，思想政治教育主客体关系主要表现为一种政治动员和革命斗争的关系；在和平建设时期，主要表现为一种思想引领和道德教育的关系；在改革开放和社会主义现代化建设新时期，主要表现为一种价值导向和人格塑造的关系，等等。这有助于我们把握思想政治教育主客体关系发展的历史脉络和规律。

五是集中阐释思想政治教育主客体关系的构建问题。和谐构建思想政治教育主客体关系，需要教育者树立以人为本的教育理念，尊重受教育者的主体地位和个性差异，采用灵活多样的教育方法和手段，激发其内在的学习动力和积极性；同时，也需要受教育者增强自我教育的意识和能力，主动寻求教育资源，积极参与教育实践，实现自我成长和超越。

六是特别关注网络化时代背景下思想政治教育主客体关系的新变化。互联网、大数据、人工智能等现代信息技术的广泛应用，不仅极大地丰富了思想政治教育的手段和内容，也深刻改变了主客体之间的互动方式和关系形态。教育者需要不断提高自身的信息素养和技术应用能力，善于运用新媒体新技术开展思想政治教育工作；而受教育者则需要增强网络自律意识和信息甄别能力，自觉抵制不良信息的侵蚀和影响。

七是明确提出思想政治教育主客体关系的优化和提升是实现教育目标的关键。注重人文关怀、加强情感体验、完善制度管理、探究互动模式、确立评估反馈等方面的具体举措，有助于构建更加和谐、有效的主客体关系。这不仅体现了教育者的智慧和创造力，更体现了对受教育者的尊重和理解。

值得一提的是，本书在撰写过程中，始终坚持理论与实践相结合、逻辑与历史相统一的原则，不仅深入剖析了思想政治教育主客体关系的理论问题，还结合了大量的实际案例和实践经验，力求为读者提供具有可操作性的实践指导。同时，也注重吸收和借鉴国内外相关领域的最新研究成果，力求使本书在理论上具有前瞻性和创新性。

总的来说，《思想政治教育主客体关系论》一书正是基于上述理论和实践的考量而撰写的。本书从马克思主义主客体关系学说出发，深入探讨了思想政治教育主客体关系的哲学基础、研究概论、理论基础论、历史视阈论、认识论、构建论、当代视野论、优化论等内容。通过系统梳理和分析相关理论成果和实践经验，力求为思想政治教育主客体关系研究搭建一套全面、系统、科学的理论框架。

　　思想政治教育学科自设立与发展至今已经走过 40 余年的历程。从 1984 年学科设立开始，思想政治教育学科在基础理论的丰富中不断深化。思想政治教育基础理论的研究框架和基本内容不断丰富，既为思想政治工作科学化提供了理论滋养，也为学科发展提供了必要的理论基础。在思想政治教育学科 40 余年的发展历程中，诞生了一系列丰硕的成果。在这其中，项久雨始终秉持严谨的治学态度、崇高的学术情怀、深厚的人文素养、强烈的责任担当，勤勉深耕于学科界、理论界，赢得了良好的声誉，并产生了诸多代表性、标志性的成果。这本呈现在读者面前的《思想政治教育主客体关系论》，是项久雨长期从事思想政治教育教学研究、学科教学、实践工作的经验与心血，是一部集中、系统、深入研究思想政治教育主客体关系问题的开拓之作。我相信该书的问世定能对于思想政治教育学科在新的起点上坚持守正创新、谱写发展崭新篇章贡献一代思政学者的初心与力量。

　　是为序！

张耀灿

2025 年春

目　录

导　论 ……………………………………………………………（1）
　　一　研究缘起：思想政治教育主客体关系问题不可回避 ………（1）
　　二　思想政治教育主客体关系研究的重要意义及可能性 ………（3）
　　三　思想政治教育主客体关系研究的思路、方法与创新 ………（16）

第一章　哲学视阈中主客体关系的跨世纪讨论 ……………………（22）
　第一节　哲学视阈中的主体命运 ……………………………………（22）
　　一　确认主体 ……………………………………………………（23）
　　二　主体死亡 ……………………………………………………（31）
　　三　寻回主体 ……………………………………………………（37）
　第二节　主客体关系是不是哲学基本问题？ ……………………（47）
　　一　主客体关系是哲学基本问题 ………………………………（48）
　　二　主客体关系非哲学基本问题 ………………………………（50）
　　三　对哲学基本问题争论的反思 ………………………………（55）
　第三节　当代哲学视阈中主客体关系的批判与超越 ……………（59）
　　一　主客体关系的批判观点 ……………………………………（59）
　　二　主客体关系的超越观点 ……………………………………（69）
　　三　批判与超越的当代启示 ……………………………………（78）

第二章　思想政治教育主客体关系的研究概论 …………………（81）
　第一节　思想政治教育主客体关系研究的历史回溯 ……………（81）
　　一　思想政治教育主客体关系研究的起步阶段 ………………（82）
　　二　思想政治教育主客体关系研究的发展阶段 ………………（88）
　　三　思想政治教育主客体关系研究的深化阶段 ………………（101）

第二节　思想政治教育主客体关系研究的争论及其症结 ……… (105)
　　一　思想政治教育主客体关系研究的争论 ………………… (106)
　　二　思想政治教育主客体关系争论的症结 ………………… (115)
　　三　思想政治教育主客体关系争论的突破 ………………… (118)

第三章　思想政治教育主客体关系的理论基础论 ……… (122)
第一节　思想政治教育主客体关系的哲学基础 ……………… (122)
　　一　马克思主义认识论基础 ………………………………… (122)
　　二　马克思主义实践论基础 ………………………………… (126)
　　三　马克思主义方法论基础 ………………………………… (129)
　　四　马克思主义价值论基础 ………………………………… (132)
第二节　思想政治教育主客体关系的人学基础 ……………… (135)
　　一　马克思主义"以人为本"思想 ………………………… (136)
　　二　马克思主义主体理论 …………………………………… (140)
　　三　马克思主义人的自由全面发展理论 …………………… (144)
第三节　思想政治教育主客体关系的社会学基础 …………… (150)
　　一　社会交往理论 …………………………………………… (151)
　　二　主体间性理论 …………………………………………… (156)
　　三　社会学习理论 …………………………………………… (160)

第四章　思想政治教育主客体关系的历史视阈论 ……… (165)
第一节　中国古代道德教育主客体关系及启示 ……………… (166)
　　一　中国古代道德教育主体和客体的含义解析 …………… (166)
　　二　中国古代道德教育主体和客体的关系特征 …………… (174)
　　三　中国古代道德教育主客体关系的批判与启示 ………… (176)
第二节　中国近现代德育主客体关系的变迁 ………………… (179)
　　一　清末民初中国德育主客体关系的转变 ………………… (179)
　　二　五四时期中国德育主客体关系的主要特征 …………… (183)
第三节　西方近代主体性德育思想评析 ……………………… (187)
　　一　人本主义德育理论对人性的尊重 ……………………… (188)
　　二　道德认知发展理论中的儿童主体性原则 ……………… (194)
　　三　关怀德育理论对主客体沟通的重视 …………………… (198)
　　四　近代西方主体性德育的普遍特征 ……………………… (204)

第五章　思想政治教育主客体关系的认识论 (207)

第一节　思想政治教育主体 (207)
一　主体的含义 (207)
二　主体的表现 (212)
三　主体的特征 (216)

第二节　思想政治教育客体 (219)
一　客体的含义 (220)
二　客体的表现 (223)
三　客体的特征 (227)

第三节　思想政治教育主客体辩证关系 (229)
一　主客体之间的相互依存关系 (229)
二　主客体之间的相互制约关系 (233)
三　主客体之间的相互发展关系 (234)
四　主客体之间的相互转化关系 (237)

第四节　思想政治教育主客体辩证关系的特征 (239)
一　思想政治教育主客体关系具有历史性与发展性 (240)
二　思想政治教育主客体关系具有普遍性与特殊性 (242)
三　思想政治教育主客体关系具有整体性与多维性 (244)
四　思想政治教育主客体关系具有内生性与外显性 (246)

第六章　思想政治教育主客体关系体系的构建论 (250)

第一节　构建思想政治教育主客体关系体系之于学科自主知识体系的价值 (250)
一　构建思想政治教育主客体关系体系之于思想政治教育学科自主知识体系的基础理论发展价值 (250)
二　构建思想政治教育主客体关系体系之于思想政治教育学科自主知识体系的实践应用发展价值 (253)
三　构建思想政治教育主客体关系体系之于思想政治教育学科自主知识体系的教育优化发展价值 (256)

第二节　构建思想政治教育主客体关系体系的结构要素 (259)
一　"现实的个人"是构建思想政治教育主客体关系的核心要素 (259)

二 "环境的改变"是构建思想政治教育主客体关系的
　　　 背景要素 …………………………………………………（265）
　　三 教育媒介和内容是构建思想政治教育主客体关系的
　　　 补充要素 …………………………………………………（268）
 第三节 构建思想政治教育主客体关系体系的层次结构 ………（270）
　　一 人类普遍的社会实践活动中的主客体关系 ……………（270）
　　二 阶级的意识形态传播活动中的主客体关系 ……………（272）
　　三 课堂教学为主的教育活动中的主客体关系 ……………（274）
　　四 构建网络思想政治教育中的主客体关系 ………………（276）
 第四节 构建思想政治教育主客体关系体系的形态结构 ………（278）
　　一 思想政治教育认识主客体及其关系构建 ………………（278）
　　二 思想政治教育实践主客体及其关系构建 ………………（281）
　　三 思想政治教育价值主客体及其关系构建 ………………（284）
　　四 思想政治教育审美主客体及其关系构建 ………………（286）
　　五 思想政治教育主客体多种形态间的关系 ………………（288）

第七章　思想政治教育主客体关系发展的当代视野论 ………（291）
 第一节 全球化视野下的思想政治教育主客体关系 ……………（292）
　　一 全球化时代思想政治教育的新特征 ……………………（292）
　　二 全球化对思想政治教育主客体关系的新要求 …………（295）
　　三 全球化视野下思想政治教育主客体关系的发展趋势 ……（298）
 第二节 现代化视野下的思想政治教育主客体关系 ……………（301）
　　一 现代化条件下主客体关系的消解 ………………………（302）
　　二 思想政治教育主客体关系的现代化解读 ………………（304）
　　三 现代化推动思想政治教育主客体关系的发展 …………（307）
 第三节 多元化视野下的思想政治教育主客体关系 ……………（309）
　　一 多元化背景下思想政治教育主体选择多样化 …………（310）
　　二 多元化对思想政治教育主客体的影响 …………………（313）
　　三 多元化时代思想政治教育主客体关系的新要求 ………（316）
 第四节 网络化视野下的思想政治教育主客体关系 ……………（318）
　　一 网络思想政治教育主客体关系的新特征 ………………（319）
　　二 网络思想政治教育主客体关系存在的问题 ……………（322）
　　三 网络环境对思想政治教育的新要求 ……………………（324）

第八章　思想政治教育主客体关系的优化论 (327)

第一节　思想政治教育主客体关系优化的原则 (327)
一　以人为本原则 (327)
二　动态适应原则 (332)
三　协调发展原则 (336)

第二节　思想政治教育主客体关系优化的目标 (339)
一　提高思想政治教育的有效性 (339)
二　促进思想政治教育的人性化 (342)
三　增强思想政治教育的认同度 (347)

第三节　思想政治教育主客体关系优化的路径 (350)
一　注重人文关怀 (350)
二　加强情感体验 (354)
三　完善制度治理 (359)
四　探究互动模式 (362)
五　确立评估反馈 (363)

结语　在深化思想政治教育主客体关系研究中建构学科自主知识体系 (367)
一　加强和深化思想政治教育主客体关系的理论基础研究 (368)
二　加强和深化思想政治教育主客体关系的内在结构研究 (370)
三　加强和深化思想政治教育主客体关系的网络论域研究 (372)
四　加强和深化思想政治教育主客体关系的优化研究 (374)

参考文献 (377)

后记 (390)

导　　论

基于历史视阈，思想政治教育学科的变革实践经历了肇始、初创、融合、拓新等阶段。[①] 在学科发展和理论研究中，思想政治教育主客体关系始终是一个重要的主题。直到今天，无论支持与反对，这个理论问题仍然是思想政治教育基础理论构建绕不开的一个基本问题。进行新时代伟大斗争、建设新时代伟大工程、推进新时代伟大事业、实现新时代伟大梦想，有许多重要的任务和工作需要落实，其中一项就是必须加快构建中国特色哲学社会科学、建构中国自主的知识体系。对思想政治教育学科而言，自主知识体系建构过程中最基础、最紧迫的就是要加强基础理论研究，增强基础理论针对现实问题的回应性、解释性和指导性。在导论中，我们将对思想政治教育主客体关系研究的缘起、意义、可能性等问题进行梳理和概括，并试图确立思想政治教育主客体关系研究的新思路，为解决思想政治教育主客体关系难题提供智慧和方案。

一　研究缘起：思想政治教育主客体关系问题不可回避

思想政治教育学科历经40余年的发展，已经初步构建起了自己的知识体系。然而，对于思想政治教育主客体关系的研究尚存在说不清、道不明的情况，这构成了当前思想政治教育自主知识体系建构的新的理论生长点。作为一个独立的学科，思想政治教育归属于马克思主义理论一级学科，其理论研究者理应是马克思主义理论坚定的传播者、支持者和践行者。回避问题，从来就不是马克思主义者的学术品格，思想政治教育学科要敢于直

---

① 参见黄蓉生《40年来思想政治教育专业与学科变革实践的多域审思》，《马克思主义研究》2024年第11期。

面理论问题和实践问题，不能遇到难题就不顾后果地"打退堂鼓"。否则，思想政治教育学科如何获得其他学科的尊重？如何能够与其他学科平等对话？如何有足够的理由证明自己是真正的马克思主义理论学科？如何有资格获得广大人民群众的支持？因此，思想政治教育主客体关系问题，是当前思想政治教育理论与实践创新不可回避的一个基础性问题。

人类活动大致可分为对象性活动和非对象性活动，而思想政治教育正是一种具体的对象性活动。如果承认这一点，那么，"教育双方就无法避免教育主客体的关系"①。在 40 余年的学科发展中，不少学者在把握并理解主客体内涵的基础上，对主客体关系进行了一定的分析与思考，提出了"双主体说"等新理论。"双主体说"强调教育者和受教育者都是主体。但同时也指出，在施教过程中，教育者是施教主体，受教育者是施教的客体；在受教过程中，"受教育者是主体，教育者是客体"②。无论在施教过程中还是在受教过程中，主客体关系都是客观存在的，在实践中抹不去，在思维中绕不开。"主体间性说"同样把教育者和受教育者理解为主体，把二者的关系确立为"主体—主体"关系，与此同时，他们将教育资料确定为共同客体，这样一来，教育者、受教育者一道又与教育资料构成"主体—客体"关系。这样看来，即便主体间性思想政治教育批判"主体—客体"关系，但同时也不能否认"主体—客体"关系的客观存在。"主体间性说"把原本比较简单的对象性关系弄得复杂，想要超越主客体框架，但又无法完成超越。

此外，还有学者明确主张放弃使用主体、客体概念，直接用教育者和受教育者（教育对象）来分析，但这并没有从根本上回避"主体—客体"关系。如果承认思想政治教育是一项对象性活动，那么，即使我们没有明确使用主体、客体这样的概念，而使用教育者、受教育者（教育对象）这样的概念来代替，其结果还是一样的，在思维上仍然无法规避主客体框架。因为，教育者与受教育者（教育对象）概念已经初步地把二者区分为主体和客体了，"'教育者'显然就是主体，'者'体现的就是思想和行为的主体；'教育对象'的称呼本身已经是'教育客体'，'对象'与

---

① 刘建军：《思想政治教育主客体难题的哲学求解》，《教学与研究》2016 年第 2 期。
② 陈秉公：《21 世纪思想政治教育工作创新理论体系》，吉林教育出版社 2000 年版，第 237 页。

'客体'是一回事"①。

总而言之，在思想政治教育领域，主客体关系是我们绕不开、躲不过的基础性问题。既然我们在实践中不能抹去主客体关系，在思维中也不能绕开主客体关系，"与其含糊地谈论主客体问题，还不如引入这对概念进而明确地讨论这一问题。"②这种直面难题、不回避问题的态度才是符合马克思主义学风的，才能真正树立起思想政治教育的学科自信和理论自信，进而推进思想政治教育自主知识体系的建构。

二　思想政治教育主客体关系研究的重要意义及可能性

"问题是创新的起点，也是创新的动力源。"③思想政治教育研究要有强烈的问题意识，既要关注新问题、切准真问题、聚焦大问题，同时，也需要重话老问题。④有时候，老问题比新问题更具理论价值。思想政治教育主客体关系是一个老生常谈的问题，思想政治教育学科化、理论化多是基于主客体框架，或者是对这个框架的批评、质疑和修正，可以说，思想政治教育学科发展和理论构建的一个"靶子"就是思想政治教育主客体关系。然而，现在宣判这是一个假问题或伪命题，就意味着丢掉这个"靶子"，实际上已经动摇了思想政治教育理论的根基，整个思想政治教育理论就可能成了一种"臆想之学"。在我们看来，思想政治教育主客体关系问题是一个真问题、大问题和基础性问题，研究这个问题既是必要的，当然也是可能的。如果不能在理论上解决主客体关系问题，思想政治教育基础理论创新就难以迈出实质性的前进步伐，新时代思想政治教育的理论发展和实践推进就仍会被老难题所缠绕。因此，对这个问题的回答，直接影响到整个思想政治教育理论大厦和实践工程。

（一）思想政治教育主客体关系研究意义重大

问题是时代的呼声，是时代发展的动力。对于问题的回应，是时代发展进步的力量源。如果不回应时代呼唤，不解决时代问题，那么理论就无法谈及创新，实践就更无法解决遇到的新困难、新挑战，最终将变为阻碍

---

① 刘建军：《思想政治教育主客体难题的哲学求解》，《教学与研究》2016年第2期。
② 刘建军：《思想政治教育主客体难题的哲学求解》，《教学与研究》2016年第2期。
③ 习近平：《在哲学社会科学工作座谈会上的讲话》，人民出版社2016年版，第14页。
④ 参见沈壮海《论思想政治教育理论研究的新范式与新形态》，《思想理论教育导刊》2007年第2期。

时代发展的消极因素。思想政治教育主客体关系研究亦是如此，在新的起点上，只有致力于回答好这个理论难题，如此，才能回应好思想政治教育时代呼唤，推动思想政治教育理论创新和实践创造，加快思想政治教育自主知识体系的建构。

1. 有利于形成思想政治教育基础理论的共识

回顾思想政治教育主客体关系的研究历程[①]，我们可以发现：

第一，持续时间之长。根据罗洪铁等人的梳理，最早论述有关思想政治教育主客体的专著是金鉴康主编的《思想政治教育学》（水利水电出版社1987年版）。这出现在1987年，即思想政治教育学科正式成立后的第3年。在这部著作中，金鉴康明确用了"主体篇""客体篇"来论述这个问题，对后来者的深入研究具有非常重要的启示和借鉴意义。此外，笔者还发现，哲学研究者也曾高度关注过思想政治教育主客体关系问题。早在1983年，也就是思想政治教育学科正式成立的前1年，肖前在参加全国主体和客体问题讨论会时，提交了《主客体关系及其现实意义》的会议论文。他在文中明确指出："主客体问题，也是我们政治思想工作当中的一个很重要的问题"[②]。这样看来，思想政治教育主客体关系问题，在思想政治教育学科成立之前就作为一种重要问题被提出来了。经过40余年的探索研究，这个问题在今天仍在被广泛讨论，引起了新一轮的学术争论。

第二，参与范围之广。在长达40余年的理论探索中，思想政治教育主客体关系无疑是众多思想政治教育研究者广泛参与的结果，如果没有他们的广泛参与，即便思想政治教育主客体关系问题再重要也会很快被遗忘，不会持续这么长的时间。从参与机构来看，武汉大学、中国人民大学、复旦大学、吉林大学、华中师范大学、西南大学等多所高校都广泛参与其中。例如，最早论述思想政治教育主客体问题的学者金鉴康就是武汉大学的教师。从参与平台来看，《思想政治教育导刊》《教学与研究》《思想理论教育》《思想教育研究》等一批高水平的期刊为思想政治教育主客体关系研究提供了公开、高端的平台。从参与学者来看，既有学科创始人，也有"长江学者"特聘教授，更有不少学科青年才俊，形成了老、中、青的讨论梯队。思想政治教育学科创始人之一张耀灿就高度关注这个

---

① 具体见第二章第一节"思想政治教育主客体关系研究的历史回溯"的内容。

② 《社会科学辑刊》编辑部编：《主体——客体：一九八三年全国主体和客体问题讨论会论文选》，辽宁人民出版社1984年版，第1页。

问题，提出了许多新观点。例如，他提出主体与客体是思想政治教育的中心范畴，并专门多次论述了主体间性思想政治教育问题。同时，陈秉公、罗洪铁等也有突出的贡献。思想政治教育学科领域的"长江学者"特聘教授也参与了这场讨论，例如，沈壮海在《思想政治教育有效性研究》（武汉大学出版社2016年版）中论述"思想政治教育对象有效性"时就指出，在理想的思想政治教育活动中，教育对象是主体与客体的统一体，其主体性是思想政治教育有效性的基本前提。① 此外，刘建军发表的《思想政治教育主客体难题的哲学求解》（《教学与研究》2016年第2期）一文，提出了许多真知灼见。

第三，学术争论之频。学术研究不能自说自话，应该在争论中寻求进步和共识。例如，邹学荣在《略论思想政治教育主客体交互作用的规律》（《学校思想教育》② 1994年第2期）中，提出了客体是思想政治教育主客体关系的决定因素。同年，石宗仁发表了《也谈思想政治教育主客体交互作用的规律——与邹学荣同志讨论》（《学校思想教育》1994年第5期），提出了与邹学荣不同的观点。进入新世纪以来，学术界不少人对思想政治教育主客体关系的主要观点进行了梳理和述评。由顾钰民发起了思想政治教育主客体关系研究的直接争论，先后有唐斌、李基礼等人直接参与其中，形成了诸多比较高质量的研究成果。③

然而，令人可惜的是，长时间的争论并没有真正推进人们对思想政治教育主客体关系的认识。反而"呈现出一片混乱的学术景观"，"思想政治教育主客体问题似乎成了一个说不清道不明也解不开的理论难题和学术

---

① 参见沈壮海《思想政治教育有效性研究》第3版，武汉大学出版社2016年版，第71页。
② 该刊后更名为《学校党建与思想教育》，文中无特殊说明，均使用该刊原名《学校思想教育》。
③ 主要成果有顾钰民的《思想政治教育"双主体说"评析》（《教学与研究》2013年第8期）、《思想政治教育主客体关系研究扫描和思考》（《思想政治教育研究》2015年第4期）、《思想政治教育主客体研究的再追问》（《思想理论教育》2015年第5期）、《双主体、主客体争鸣是对问题的深化研究——与唐斌老师〈争鸣及评析〉一文的商榷》（《思想政治教育研究》2016年第4期），唐斌的《思想政治教育主客体研究及其价值追问》（《思想理论教育》2014年第12期）、《对思想政治教育主客体研究再追问的追问》（《思想理论教育》2015年第9期）及与罗洪铁合作的《思想政治教育学主客体理论的争论及评析》（《思想理论教育导刊》2015年第1期），李基礼的《"主客体"与"双主体"之争："对立"还是"统一"——兼与顾钰民教授商榷》（《教学与研究》2015年第3期）等。

死结，成为该学科学者们的心头之痛。"① 长达40年的研究和争论，与思想政治教育学科发展同在、同行。正是因为这样，有必要在现有研究成果的基础上形成某些共识，真正推动思想政治教育学科发展、理论创新和实践进步。

2. 有利于夯实思想政治教育基础理论的基石

虽然，学术界对思想政治教育主客体关系的具体认识还存在多方面的争论，但凡是主张使用主体与客体概念的学者，都给予了这对概念很高的地位，认为它们是思想政治教育基础理论构建的基石。例如，陈秉公在《21世纪思想政治教育工作创新理论体系》（吉林教育出版社2000年版）第一章"思想政治教育工作的基本范畴"第二节中明确了"主体与客体"这对基本范畴。随后，他在《思想政治教育学原理》（辽宁人民出版社2001年版）中继续强调："主体与客体是思想政治教育学的基本范畴之一。要建构科学的思想政治教育学理论，卓有成效地开展思想政治教育实践"②。在《现代思想政治教育学科论》（湖北人民出版社2003年版）中，张耀灿和徐志远更是首次将"主体与客体"定位为现代思想政治教育学的中心范畴。从基本范畴到中心范畴，主体与客体在思想政治教育基础理论中的地位进一步凸显。即便没有直接使用主体与客体概念，而用教育者与受教育者或教育者与教育对象代替，其重要地位同样得到体现。2016年，高等教育出版社出版了《思想政治教育学原理》，这是马克思主义理论与建设工程（以下简称"马工程"）重点教材。这本权威教材虽然没有明确使用主体与客体的表述，但将教育者与受教育者列为基本范畴（排在第二位），并具体指出，"该范畴贯穿于思想政治教育过程的始终，并在思想政治教育学范畴体系中具有基础地位。"③

由此可以看出，主体与客体或教育者与受教育者在思想政治教育基础理论中有着重要的地位和作用。这对关系构成了思想政治教育最为基础的关系，没有这对关系，思想政治教育就没有发生的可能，既然都不可能发生，思想政治教育基础理论也就无从谈起。可以说，如果不依靠主客体关

---

① 刘建军：《思想政治教育主客体难题的哲学求解》，《教学与研究》2016年第2期。
② 陈秉公：《思想政治教育学原理》，辽宁人民出版社2001年版，第110页。
③ 《思想政治教育学原理》编写组：《思想政治教育学原理》，高等教育出版社2016年版，第15—16页。

系，我们就难以进行思想政治教育理论建构，所以说，主客体关系是思想政治教育基础理论形成和发展的基石。因此，要继续研究这个理论问题，试图形成某些实质性的新认识，在争论中达成共识，夯实思想政治教育基础理论构建的基石。

3. 有利于增强思想政治教育学科的理论自信

真理总是越辩才越明，学术研究提倡争论，在争论中推进认识、寻求共识。在学术研究中，不能只有一种声音，要允许不同声音和观点的存在。客观地说，对思想政治教育主客体关系的研究争论，是不同声音、不同观点交流交锋的表现，一定程度上推进人们对这个问题的某些认识。即便当前人们对这个问题还有诸多不同的具体看法，但是，长期以来的研究贡献不能忽视，不能完全否定，各种学术观点[①]都十分重视对受教育者主体性的发现、确认、发掘和激发。在新的时代境遇下，受教育者在人格尊严上与教育者平等，同样具有作为人的主体资质，同样具有主体性算是目前研究的一个共识。但是，在取得这个研究成果或共识的同时，也造成许多新问题，给人们造成许多新的认识困惑。例如，有学者立足课堂教学来认识和分析思想政治教育主客体关系，把人类进入阶级社会以来的一项复杂社会实践活动简化为课堂教学活动，这难免有些不妥。为了强调受教育者的主体性，思想政治教育学界似乎总在围绕着主体、客体、主体性、客体性等概念绕弯子，而且越绕越远，越绕越让人迷糊，事实上并没有起到帮助人们认识思想政治教育主客体关系的作用。

一个不成熟的学科何来学科自信，何来理论自信。如果有，那也只是一种盲目自信，是没有根基的自信。一个学科成熟的重要标志之一，是对其基本问题的共识。主体与客体作为构建思想政治教育基础理论的基石，经过40年的讨论后，还停留在要不要的层面，或者由于说不清、道不明而不得不放弃，这就无权、无颜指责别人对这个学科的质疑，也很难说这是一个真正成熟的学科。因此，是时候画一个阶段性句号，构建穿透力强的思想政治教育基础理论，重新塑造学科形象，进而增强学科自信和理论自信。

4. 有利于提高思想政治教育具体实践有效性

思想政治教育主客体关系，是不断增强思想政治教育有效性的关

---

① 参见第二章第二节第一目"思想政治教育主客体关系研究的争论"的内容。

键。① 从理论上说，思想政治教育有效性主要由要素有效性、过程有效性和结果有效性等三个部分组成。教育者与教育对象，即教育主体和教育客体，是思想政治教育的基本要素。从某种程度来说，二者的有效性都依赖于各自的主体性，各自主体性的有效启动是思想政治教育有效的基本条件。沈壮海认为，思想政治教育过程是一个复杂的动态系统，在逻辑上，大致将其划分为教育主体的意识活动过程、教育主体的实践活动过程、教育客体的意识活动过程、教育客体的实践活动过程等四个主要的子系统，它们的实际运行状态及其有效性，直接决定着思想政治教育过程的实际运行及其有效性。② 换句话说，思想政治教育过程是教育主客体各自的意识活动和实践活动的综合过程，因而教育主体和教育客体是绝不能缺位的，二者的主体性也是万万不能忽视、抹杀的。结果有效是思想政治教育有效性的重要指标，体现了一种价值属性，而价值问题是不能脱离主客体关系来抽象讨论的。因此，"必须将思想政治教育结果置于相应的价值关系之中进行审视。将思想政治教育结果作为价值客体，分析其对相应价值主体的价值满足关系"③。

通过综合分析思想政治教育有效性发现，教育者与教育对象是绕不开、躲不过的，只有二者作为主体要素有效，在教育过程中互动有效，才能使教育的结果有效。当前，思想政治教育的成效并不理想、获得感并不充分，其直接表现就是思想政治教育结果有效性不足，这实际上是由于要素有效性和过程有效性不充分所造成的。主客体框架是思想政治教育有效性逻辑形成的基础和一条主逻辑。在一定程度上也可以说，主客体关系的有效性直接制约着要素有效性、过程有效性和结果有效性。因此，毋庸置疑，要提高思想政治教育的整体有效性，就要研究思想政治教育主客体关系问题。

（二）思想政治教育主客体关系研究的可能性

思想政治教育主客体关系问题，是一个客观存在的真问题，并不是一

---

① 参见教育部思想政治工作司组编《思想政治教育原理与方法》，高等教育出版社 2010 年版，第 78 页。
② 参见沈壮海《思想政治教育有效性研究》第 3 版，武汉大学出版社 2016 年版，第 102—104 页。
③ 参见沈壮海《思想政治教育有效性研究》第 3 版，武汉大学出版社 2016 年版，第 126 页。

个玩弄概念、故作玄虚的假问题。哲学领域对主客体关系问题的讨论，教育学领域对主客体关系的运用与反思等，使思想政治教育主客体关系研究具有可能性。

1. 哲学主客体关系研究相对比较成熟①

哲学是一门历史悠久的学科，与年轻的思想政治教育相比，要成熟得多。构建思想政治教育基础理论一定要有哲学思维，因为，"概念的辨析和澄清离不开哲学思维的运用"，"观点的概括和提炼离不开哲学思维的运用"，"体系的构建和论证离不开哲学思维的运用"以及"对体系的反思与调整需要运用哲学思维"。② 主客体关系既是哲学研究中的重要主题，也是一种重要的哲学思维。在几个世纪的哲学研究中，主客体关系虽然也存有争论，但同时也形成了相对比较成熟的研究成果，这对思想政治教育主客体关系研究的推进具有十分重要的意义。

梳理哲学领域中的主体命运③，一个基本结论就是"主体未死"，主体不是既定的，而是生成的，而且这种生成还未完全完成。因此，段德智将"主体生成论"又称为"一种希望人学"。他指出："人与动物的根本区别即在于人，作为一种未完成的动物，是一种'面向未来而在'或'为未来而在'的动物。也就是说，作为主体的人的根本特征不是别的，而是人的思想和行为的这样一种'矢向性'或'定向性'，在于他能够将自己的'过去'和'现在'、将自己的一切'动能'和'势能'都集中到'未来'这样一个时间向度，从而最大可能地将自己的希望转化为现实。"④ 因此，主体不是向死而生，而是向未来而生。人作为主体不是沉浸在过去和现在，而是指向未来而存在，人的主体性也是一种未来指向。这是主客体关系研究的基本基调。

人类社会生活是丰富多彩的，人作为主体也应该具有多种样态，而不应该只有一种固定、单一的样态。从微观类型学来看，人可以是自然存在，可以是文化存在，可以是精神存在，还可以是社会存在。不同的存

---

① 第一章会专门论述哲学领域中的主客体关系研究。
② 刘建军：《思想政治教育学原理建构中哲学思维的运用》，《思想教育研究》2012年第4期。
③ 参见第一章第一节"哲学视阈中的主体命运"的内容。
④ 段德智：《主体生成论——对"主体死亡论"之超越》，人民出版社2009年版，第402页。

在，就会有不同的主体形态。作为一种自然存在，这是人与动物的相同之处，而人与动物的区别就在于，动物只能是一种自然存在，人不仅是一种自然存在，更是一种文化存在，即"人化自然"。为此，人就有了不同的主体身份和主体样态。"为了更好地变革自然、社会和人类自己，他就不仅需要认识自然、社会和人类自己，成为认知主体；还需要成为评价主体，对自己的各种欲望的必要性和可实现性作出评估，从而确定哪些欲望是值得自己去追求的，哪些欲望是不值得自己去追求的，哪些欲望是现在即可以去追求的，哪些欲望是留待将来去追求的。"[①] 认知—评价—决策—实践，是作为主体的人成为文化存在的几个相互衔接的不可或缺的环节；认知主体—评价主体—决策主体—实践主体，是作为文化存在的人的主体性的类型学或谱系学。[②] 作为主体的人不仅是文化存在，还是一种精神存在。综合分析人的精神存在，又可以将人进一步区分为道德主体、审美主体和信仰主体。人是社会人，人的本质在其现实性上，是一切社会关系的总和，因此，人还是一种社会存在。这样一来，人又拥有了交往行为主体、政治主体和历史主体的身份和地位。当然，作为自然存在的人还是那个人，这样的划分既是符合逻辑的，也是符合社会分工的，有利于我们更加深刻地认识到主体类型的多样性和变化性。当然，这种划分并不意味着人的多种存在是绝对孤立和毫不相干的。[③]

人作为主体是具有多重身份的。一般来说，哲学论域主要有认识论、实践论、历史观和价值论等，那么，与此相对应，人就具有了认识主体、实践主体、历史主体和价值主体的身份和地位。既然主体是多样的、可变的，与主体相关联的客体也可以是多样的、可变的，具体的主客体关系在一定程度上取决于向未来而生的主体的具体"希望"，即其未来目标。主体希望得到或改变的那个对象就是客体，在这个过程中，构成了具体的主客体关系。

在反思主客体关系的哲学研究中，"主体际"或"主体间性"哲学观

[①] 段德智：《主体生成论——对"主体死亡论"之超越》，人民出版社2009年版，第346页。
[②] 参见段德智《主体生成论——对"主体死亡论"之超越》，人民出版社2009年版，第347页。
[③] 参见段德智《主体生成论——对"主体死亡论"之超越》，人民出版社2009年版，第361页。

点的影响最为广泛、最为深刻。这一哲学观点有其内在的逻辑问题和理论缺陷，但是，其出发点却是哲学研究的某种共识和回归，就是人与动物的不同，在讨论人与人、人与社会的关系问题时，一定要把对方当作人，当作真正的人、现实的人，而不是不会思想的普通动物。放弃物种思维模式，对客体主体性的确认是"主体际"或"主体间性"哲学观点的重要贡献。虽然，我们不完全接受"主体际"或"主体间性"哲学观点，但是，他们强调从人与人的交往实践中去理解人与人的关系，强调人与人之间平等的关系，强调"主体—客体—主体"相关性模式两端的"主体"都具有主体性，这些都是值得我们深思的。人与自然或物的关系不是主客体关系的全部内涵。但是，在很长一段时期内，无论是主客体关系的支持者，还是主客体关系的反对者，都将主客体关系理解为人与自然或物的关系，并在这个基础上展开了"激烈"的争论。正是"主体际"或"主体间性"哲学的兴起，使人们对主客体关系的全部内涵有了更为清晰的认识，使主客体关系的内涵回归到本真意义上来，使人们认识到用来指称人与自然或物关系的主客体关系，与用来指称人与人、人与社会关系的主客体关系根本就不是一回事，不能把二者混为一谈。在人与人的主客体关系框架内，主体和客体都是活生生的人，都具有人的一般特征，都是现实的人，都具有主体性。只不过，在具体的社会实践活动中，在这种对象性关系的产生和发展过程中，总有一方相对主动，另一方相对被动，从而构成具体的主客体关系。但是，在对象性关系中，作为客体的人，同样具有主体性。因此，在具体的社会实践活动中，在人与人的对象性关系的维持和优化过程中，作为主体的那个人必须尽最大可能地理解和尊重作为客体的那个人，不能把作为客体的那个人当作不会思考、没有情绪的普通物种，从而任意对客体施加影响和作用，甚至将自己上升到绝对地位。也就是说，用以指称人与人关系的主客体关系，是在承认人与人之间人格尊严平等、理解和尊重彼此基础之上的主客体关系。这是"主体际"或"主体间性"哲学观点给我们的一个重要启示。

"思想政治工作从根本上说是做人的工作"[①]。我们也可以说，思想政治工作是人做人的工作，是人与人社会关系的具体体现，即思想政治教育主客体关系。无论是主体还是客体，都是思想政治教育中的人，主客体关

[①] 《习近平谈治国理政》第2卷，外文出版社2017年版，第377页。

系指称的是人与人之间的关系。只有在这个基础上,思想政治教育主客体关系才有进一步讨论的意义,才找到了进一步讨论的正确方向。

讨论到这里,我们可以清晰地发现,哲学视阈中的主客体关系涵盖了人与自然、人与人、人与社会的关系,主客体关系是人与自然、人与人、人与社会关系的总体性称谓。也就是说,主客体关系这个总体性称谓既可以指称人与自然的关系,也可以指称人与人的关系,还可以指称人与社会的关系。具体到思想政治教育主客体关系而言,这种关系指称和观照的主要不是人与自然的关系(虽然不可避免地要与自然发生关系),而是人与人之间的关系。因此,在讨论思想政治教育主客体关系时,我们需要明确这个概念的边界所在,不能把人与自然的关系也纳入其中,更不能用人与自然的关系来否定人与人、人与社会的关系,人为地增加理解和区分的难度,而应该主要围绕人与人之间的关系进行理论分析,即研究在思想政治教育过程中,作为主体的那个(些)人与作为客体的那个(些)人是如何互动的,作为主体的那个(些)人是如何影响作为客体的那个(些)人的,以及这种影响作用(教育作用)发生的前提、机制、条件和评估等等。

2. 教育学主客体关系研究具有重要启示

从学科产生和发展的历史来看,思想政治教育学科高度依赖教育学,这是思想政治教育学科不能回避的历史。这种大量借鉴教育学知识而构建起来的当前思想政治教育学,更多的是一种"微观"观照,呈现出鲜明的"微观"色调,形成了以教育学为底色的学术发展史。[①] 作为人类进入阶级社会以来的一种社会实践活动,思想政治教育绝不仅仅是课堂教学活动所能容纳和涵盖的,它具有更加丰富的存在形态和更加复杂的运行状态和体系。但是,不得不承认,微观思想政治教育学的理论底色是教育学,是基于课堂教学而进行的理论建构。

思想政治教育实践本身是十分复杂的,而微观思想政治教育理论只是对其中某一个层次或者某一个特殊类型的理论抽象。正是因为如此,整个思想政治教育实践就难以被微观思想政治教育理论所解释,也难以被微观思想政治教育理论所指导,这是当前思想政治教育理论与实践创新的一个重要障碍。中国特色社会主义进入了新时代,对思想政治教育提出了许多

---

① 参见沈壮海《宏观思想政治教育学初论》,《思想理论教育导刊》2011年第12期。

新要求。思想政治教育是治党治国的科学，是治国理政的重要组成部分，我们对思想政治教育的理解和定位不能仅仅局限在课堂教学上（虽然是最为基础的），而应该用多重视角来观察和研究思想政治教育。实际上，按照层次性逻辑，思想政治教育大致可以分为宏观、中观和微观三个层次。宏观层面的思想政治教育是"人类改造主观世界的实践活动"；中观层面的思想政治教育是"传播统治阶级意识形态和主流价值观的主要方式"；微观层面的思想政治教育就是思想政治教育课堂教学活动。① 在弄清思想政治教育层次结构的基础上，我们当然也要看到，教育学理论对微观思想政治教育理论构建和实践展开都具有重要意义。我们甚至可以这样认为，没有基于微观思想政治教育实践的理论抽象，就没有微观思想政治教育理论。概言之，教育学的"微观"底色对思想政治教育理论构建和实践展开的意义是不容忽视的，历史上是如此，在新时代照样是如此。

教育学十分注重课堂教学，整个理论体系也是以课堂教学为中轴建构起来的。按照一般推论，课堂教学是思想政治教育的主渠道，当然，事实上也是如此。"要用好课堂教学这个主渠道，思想政治理论课要坚持在改进中加强……其他各门课都要守好一段渠、种好责任田，使各类课程与思想政治理论课同向同行，形成协同效应。"② 这段论述就深刻论证了课堂教学对思想政治教育的重要价值，强调无论是思想政治理论课，还是其他具体课程，都应该承担起思想政治教育的时代责任，都要守好一段渠、种好责任田。课堂教学"不仅体现着思想政治信息传递的高效率，而且在社会中的分布具有导向性的作用。"③ 不仅如此，主渠道还起到基础性作用，是思想政治教育的基本底线和最后阵地。如果主动弱化或放弃课堂教学，无疑将是思想政治教育的一个重大灾难。

要提高课堂教学的实际效果，当然有许多因素需要纳入分析之中，其中教师与学生是最为基础的两个因素，没有教师和学生，课堂教学就失去了存在的意义。因此，在微观思想政治教育过程中，从某种程度上来说，主客体关系就转化为教师与学生的关系了，即师生关系。而在优化师生关系、促进课堂教学效果等问题上，教育学的研究无疑对微观思想政治教育

---

① 参见项久雨《论多重视角下的思想政治教育主客体关系》，《教学与研究》2014年第9期。
② 《习近平谈治国理政》第2卷，外文出版社2017年版，第378页。
③ 刘建军：《论思想政治教育的主渠道与微循环》，《思想理论教育》2014年第9期。

是具有重要启示的。在冯建军看来，以主体间性来审视师生关系，二者是一种平等的交往关系。这体现了师生之间的亲密性，但这种关系并不是一种私人关系，而是一种平等主体间的公共关系，它以契约的形式保证师生在交往中履行相应的权利和义务。① 然而，传统主体间性忘记了"初心"。因此，教育学研究反思传统主体间性后指出，无论是外在主体间性，还是内在主体间性，都有其存在的理论缺陷。②

正是因为如此，教育学必须承认他者的绝对差异性，在"他者性理论"的指导下，"面向他者"展开教育活动。在"他者性理论"视阈中，师生关系仍处在主体间性框架之内。但是，由于对主体性的理解不同，"他者性理论"视阈中的师生关系不同于主体间的同一性关系，而是"我与他者"的非对称的伦理关系。在这种伦理关系中，教师必须面向学生，对学生负责，而不是相反。"面向他者"不是任由他者"自生自灭"，而是"意味着我必须对他者做出回应，从而肩负起对他者的责任"。针对教师而言，其价值在于学生对自己的需要，其地位最终要从学生那里赢得，而不是由其他外在设定。因此，在"他者性理论"视阈中，"教师的主体性将大大改变外在主体间性视阈下教师对学生发展不负责任的状况，体现为对学生的关怀与责任。"③ 在社会主义市场经济条件下，教师对学生的责任不能遵从市场逻辑，更不能被市场逻辑或者资本逻辑所奴役，师生关系不能充满铜臭味，教师不是市场交易中的服务者，学生也不是市场交易的消费者。同时，教师对学生的责任也不完全是由法律和制度规定的，而是一种自觉的担当，整个教师队伍应该形成正确导向的师德师风。"评价教师队伍素质的第一标准应该是师德师风。"④ 师德师风对和谐师生关系的形成具有重要作用，它强调教师要自觉承担学生发展的责任，这种责任既是一种法律规定，也是一种伦理要求。

在中国语境下，教育不仅只是知识的传授，也承担着道德教育的使

---

① 参见冯建军《从主体间性、他者性到公共性——兼论教育中的主体间关系》，《南京社会科学》2016年第9期。

② 具体来说，外在主体间性在交往实践中有明显的利己化倾向，对赤裸裸利益关系的强调将会导致社会情感的离散化、对立化，最终吞噬公共性；而内在主体间性把自我与他者看作同样的主体，更多的是对二者同一性的强调，从而消解了他者的差异性。

③ 冯建军：《从主体间性、他者性到公共性——兼论教育中的主体间关系》，《南京社会科学》2016年第9期。

④ 习近平：《在北京大学师生座谈会上的讲话》，《人民日报》2018年5月3日。

命。"我们的教育要培养德智体美全面发展的社会主义建设者和接班人。"① 其中，共同体意识和公共精神是"建设者和接班人"的重要素质要求之一。冯建军认为，当代中国教育需要重建共同体的意识。② 实际上，教育过程是教师与学生生命共生的过程，"在这个过程中，师生生命都得以成长、发展和完善。……共生体中，教师和学生都作为学习互生的主体，实现着生命的共同成长。"③ 因此，教师不应该成为一味的牺牲者，学生不应该成为一味的索取者，对师生关系的分析应该纳入公共性的视野之中。因为，实现公共性是人类发展的重要目标之一，人类命运共同体强调的其实就是人类公共性。而为了发展和培育人类的公共性，就要"培育他者性，使人与人之间在平等的交流和关爱中，走向他者，进而形成内在的伦理共生体，最终实现公共性"④。教育学研究在主体性、主体间性、他者性之间寻找平衡，共同统一到公共性之中，这对思想政治教育具有重要启示。从某种程度上说，教育学对公共性的强调已经具有思想政治教育意蕴（实际上就是学生道德品质中的重要成分），说明二者之间的确存在相关性和契合性，这为微观思想政治教育的理论建构提供了重要借鉴。

教育学的一些具体观点虽然是值得商榷的，但对课堂教学、教师责任、师生共生体的强调，对微观思想政治教育的启示是明确的。第一，微观思想政治教育主客体关系的具体表现就是师生关系。在学生主体性崛起，并有走向利己主义的倾向的条件下，需要教师"面对学生"，对学生负责，主动承担起培养学生公共性的主体责任。第二，微观思想政治教育主体与客体共生。这不仅仅是说，主体离不开客体，客体也离不开主体，而是说，主体与客体构成了师生命运共生体，二者共同影响思想政治教育的成与败。第三，培养和增强公共性应成为微观思想政治教育主客体关系

---

① 习近平：《在北京大学师生座谈会上的讲话》，《人民日报》2018年5月3日。
② 即"通过他者化的承认，培养人的同情心、爱心和责任感"，"真正地使'自我'成为一个对'他者'负责任的'我'"，而不是任意支配"他者"的"我"，"通过人与人之间的相互负责，最终成为共生体中的'我们'。"（冯建军：《从主体间性、他者性到公共性——兼论教育中的主体间关系》，《南京社会科学》2016年第9期）。
③ 冯建军：《从主体间性、他者性到公共性——兼论教育中的主体间关系》，《南京社会科学》2016年第9期。
④ 冯建军：《从主体间性、他者性到公共性——兼论教育中的主体间关系》，《南京社会科学》2016年第9期。

优化的一个基本遵循。优化微观思想政治教育主客体关系，既不能总让教师"牺牲"，也不能任由学生"自生自灭"，应当把二者之间的关系纳入到公共性视野之中，尊重教师与学生彼此的主体性、他者性，在平等的交流与关爱中走向和谐。

三 思想政治教育主客体关系研究的思路、方法与创新

在系统梳理和概括现有研究成果的基础上，我们大胆充分吸取其合理部分，并试图寻找到思想政治教育主客体关系研究的新思路，对思想政治教育主客体关系进行更加系统而全面的研究，为解决思想政治主客体关系这个理论难题提供新方案，为构建和完善新时代思想政治教育基础理论贡献智慧和力量。

（一）思想政治教育主客体关系研究的思路

解决老问题，需要新思路，对思想政治教育主客体关系理论难题而言也是如此，构建新思路又需要找准40余年来争论的症结。我们能否将人也理解为客体？客体能否容纳人的主体性？这两个方面的可能是思想政治教育主客体关系争论最重要的症结所在。[①] 对第一个问题的回答直接影响对第二个问题的回答，第二个问题的答案蕴含在第一个问题的回答之中。我们的回答是肯定的，即在主客体关系中，人不仅可以充当主体，而且也可以充当客体，客体能够容纳主体性。基于这个肯定性的回答，我们确定了本课题的基本研究思路，重点回答以下八个问题：

（1）哲学本原问题。这里的本原问题，不同于哲学研究本身的本原问题，而强调的是思想政治教育主客体关系研究的哲学本原。因为，思想政治教育主客体都不是本学科的原创性概念，是从哲学中借鉴而来的，哲学主客体关系研究对思想政治教育主客体关系研究的影响是直接的，也是深刻的。可以说，不了解哲学主客体关系研究的基本情况，我们就很难解开思想政治教育主客体关系的"谜团"。因此，我们需要尽可能地了解哲学视阈中主客体关系的基本观点。

（2）研究概况问题。思想政治教育主客体关系研究已经有40余年的历史，在理论研究和学科发展过程中，形成了哪些学术观点，这些学术观点的基本内容是什么，我们需要有一个大致了解，如果不了解这段学术

---

① 参见第二章第二节第二目"思想政治教育主客体关系争论的症结"。

史，思想政治教育主客体关系研究就难以吸收前人的有益成果，也难以超越前人的既有认识。因此，我们尽可能地梳理了这40余年的主要成果，试图总结当前思想政治教育主客体关系研究的主要学术争论，并在此基础上探寻这些争论的症结所在、确立争论的主要突破口。

（3）理论基础问题。毫无疑问，思想政治教育主客体关系研究有其深厚的理论基础，处于主导地位、发挥指导作用的必然是马克思主义理论。因此，我们需要重点把握马克思主义哲学、马克思主义人学对思想政治教育主客体关系研究的指导和启示。同时，我们还要观照其他一些具体理论成果对思想政治教育主客体关系研究的借鉴与启示。

（4）历史发展问题。虽然，思想政治教育主客体关系作为一个理论问题，20世纪80年代才被正式提出来，但是作为人类社会客观存在的一种社会关系，历史要悠久得多，几乎与人类阶级社会的历史同步。同时，思想政治教育主客体关系不是中国的"特产"，西方同样也有不可回避的思想政治教育主客体关系。因此，我们需要梳理古今中西的思想政治教育主客体关系的历史发展。

（5）确认标准问题。作为主客体关系的两极，根据什么标准来确认主体、客体是当前的一个重要理论问题，这是厘清思想政治教育主客体关系的前提条件。我们对思想政治教育本身的理解，直接影响到对思想政治教育主体、客体的理解，这会导致连锁反应，使我们对思想政治教育主客体关系也会有不同的理解。因此，我们需要对思想政治教育主体、客体各自的含义、表现和特征等有比较全面的把握，并在此基础上对二者的关系类型进行总体上的理论分析。

（6）体系构建问题。思想政治教育主客体关系是一个复杂的、动态的关系系统，而不是单一的、固定的关系类型。思想政治教育本身的层次性、多样性，决定了思想政治教育主客体关系也具有层次性、多样性。因此，我们希望能够构建起思想政治教育主客体关系体系，能够在理论上说明思想政治教育主客体关系体系的层次性、多样性，进而更清楚地认识思想政治教育主客体关系，明确具体讨论的思想政治教育主客体关系所处的具体位阶，从而减少一些不必要的争论。

（7）当代境遇问题。思想政治教育主客体关系随着时代变化而不断变化，并不是一成不变的。当今世界，经济全球化、文化多元化等都对传统思想政治教育主客体关系存在一定程度上的解构，而解构的同时又在重构思想政治教育主客体关系。因此，我们需要对当代思想政治教育主客体关系进行理论分析，以便更加全面地理解和把握其时代性、丰富性。

（8）具体优化问题。原则不是研究的出发点，实践才是研究的出发点，当然也是研究的落脚点。思想政治教育主客体关系研究，必须以优化二者的关系为实践目标。我们希望通过理论分析，能够在实践中促进思想政治教育主客体关系的优化，实现新时代思想政治教育的各项目标和任务。因此，我们需要研究新时代思想政治教育主客体关系优化的基本原则、主要目的以及具体路径等。

（二）思想政治教育主客体关系研究的方法

当我们确定研究任务之后，研究方法的地位和作用就凸显出来了，研究任务决定研究方法的选择，而研究方法决定研究任务能否完成。本书是2013年度国家社会科学基金马列·科社类重点项目（项目编号：13AKS011）[①]最终成果，理应以马克思主义辩证法为方法论指导，坚持理论与实践相统一、历史与逻辑相统一、事实与价值相统一的原则方法。根据本书的研究任务，我们具体采用了文献研究法、历史研究法、比较研究法、科学抽象法等方法。

一是文献研究法。文献是研究的基础，不掌握足够的文献，研究是难以展开的。文献研究法是本书的基础方法。本书通过对大量哲学主客体关系、思想政治教育主客体关系以及相关文献的梳理和总结，比较全面地了解了哲学主客体关系研究的基本情况，比较系统地掌握了思想政治教育主客体关系研究的基本观点、研究进程、关注重点、理论贡献、主要分歧等，同时借鉴相关具体方面的知识，使本书能够站在"前人的肩膀上"看得更远一些、更清楚一些，从而充分吸收现有研究成果的合理部分。

二是历史研究法。一项深入的研究，必须要有深厚的历史感，历史研究法应该贯穿整个研究过程。本书利用掌握的历史资料，突出两条历史逻辑。一是学术研究史。本书通过考察哲学主客体关系和思想政治教育主客体关系的学术研究史，试图在弄清理论发展脉络的基础上，尽可能全面地

[①] 本课题属于重点项目，是目前关于思想政治教育主客体关系研究最高层次的科研项目。2013年，共有3项国家社科基金项目直接以思想政治教育主客体关系为主题，其他两项分别是：杨克平主持申报的"高校网络思想政治教育主体间性的生成研究"获批国家社会科学基金马列·科社类一般项目（项目编号：13BKS083），曾令辉主持申报的"新媒体环境下思想政治教育主客体关系整体性研究"获批国家社会科学基金马列·科社类西部项目（项目编号：13XKS026）。

了解前人的研究成果及其对当前研究的启示。二是实践发展史。本书对中西思想政治教育主客体关系的实践发展史进行了梳理，试图凸显思想政治教育主客体关系的历史逻辑，把握思想政治教育主客体关系的历史性、发展性，从思想政治教育主客体关系发展史中得到当前研究的启示。

三是比较研究法。人们通过比较才能发现自己的长处与不足，才能找到接下来的努力方向。学术研究也是如此，只有通过比较才能发现研究成果所处的学术位置和层次，才能确定学术创新的努力方向和重点突破口。因此，比较研究法是一种重要的方法。通过比较中西哲学视阈中主客体关系研究的基本观点，进而确立了本书的马克思主义理论基础；通过比较40余年思想政治教育主客体关系研究的成果，进而概括了当前思想政治教育主客体关系的主要学术观点及其争论症结；通过比较思想政治教育的不同层次、不同形态，进而构建了思想政治教育主客体关系体系，等等。

四是科学抽象法。"分析经济形式，既不能用显微镜，也不能用化学试剂。二者都必须用抽象力来代替。"[①] 后来，人们把这种研究方法概括为科学抽象法，"第一阶段是从感性的具体上升到抽象的规定；第二阶段是从抽象的规定上升到思维的具体。"[②] 事实上，科学抽象法与思想政治教育的特殊性高度契合，这就要求科学抽象法成为思想政治教育研究的主导方法。本书也是对科学抽象法的运用，我们将大量的文献资料和经验事实进行归纳总结，抽象出思想政治教育主客体关系的一般规定，然后再上升到思维的具体，构建起了思想政治教育主客体关系的基本体系，并基于此具体分析了当今时代的思想政治教育主客体关系。

（三）思想政治教育主客体关系研究的创新

思想政治教育主客体关系是一个老问题，但在新时代仍具有重要的研究意义。事实上，要解决思想政治教育主客体关系这个理论难题，就不能按照以往的研究视野和研究思路进行，不然就很难有所突破、有所进步。因此，研究思想政治教育主客体关系不是简单重复，也不是再解释现有的研究成果，而是必须在此基础上有所创新，"换汤不换药"是不行的。我们在充分吸收现有研究成果的基础上，结合当今世界变化和发展的特点，使本书在逻辑框架的构建上有新突破，在理论难题的解答上有新观点，在

---

① 《马克思恩格斯文集》第5卷，人民出版社2009年版，第8页。
② 张智：《科学抽象法：思想政治教育学研究的主导方法》，《教学与研究》2016年第1期。

具体观点的论证上有新材料。

一是逻辑框架有新突破。本书在尽可能全面了解哲学主客体关系和思想政治教育主客体关系研究成果的基础上，结合当代世界变化和发展构建了一个比较全面系统的研究框架，紧紧围绕哲学本原问题—研究概况问题—理论基础问题—历史发展问题—确认标准问题—体系构建问题—当代境遇问题—具体优化问题等八个方面谋篇布局。具体来说，首先，本书再现了哲学主客体关系研究的进程，说明了思想政治教育主客体关系学术观点发展变化的哲学本原，即思想政治教育主客体关系学术观点的变化，直接来源于哲学主客体关系学术观点的变化，这一点是不得不承认的。其次，本书从学术史的角度对思想政治教育主客体关系研究进行了梳理，总结出了当前关于这个问题的主要学术争论，并归纳了学术争论的主要症结。接着，本书对思想政治教育主客体关系研究的理论基础进行了分析，重点确立了马克思主义哲学基础、马克思主义人学的指导地位，并对社会交往理论等其他理论也有一定程度的借鉴。随后，本书对古今中外的思想政治教育主客体关系实践进行了简单梳理。在此基础上，本书确立了思想政治教育主体、客体的内涵、表现和特征，构建了思想政治教育主客体关系体系，具体分析了当今时代条件下思想政治教育主客体关系，提供了优化思想政治教育主客体关系的原则、目的和路径。整个研究框架环环相扣、逻辑严密，既有历史的厚度，又有理论的深度，也有思想的高度，超越了以往"谁为主体、谁为客体"的纠结，研究视野更加开阔，研究框架更加清晰，为解决思想政治教育主客体关系理论难题提供了一个新方案。

二是理论难题有新解答。解答思想政治教育主客体关系理论难题，我们就不能局限在现有的思维定式，必须跳出现有研究的思维局限，即要先"跳出来"。我们不能总在思想政治教育主客体关系理论难题的外围"转圈圈"，而不进入这个理论难题的核心。"跳出来"只是第一步，我们还要"走进去"，"跳出来"是为了更好地"走进去"。本书先果断"跳出来"，然后再从容"走进去"，对思想政治教育主客体关系理论难题的解决提供自己的新解答。例如，针对谁为思想政治教育主体这个问题。本书认为，不能笼统地确认谁是主体，因为，思想政治教育主体不是一成不变的，而是具有层次性和多样性的，我们对思想政治教育本身的理解不同，对思想政治教育主体的理解也就不同。具体来说，从思想政治教育的不同层次来看，宏观主体是人类主体，中观主体是群体主体，微观主体是个体主体;从思想政治教育的历史形态来看,奴隶社会的主体是奴隶主阶级及其代言人,封建社会的主体是地主阶级及其代言人,资本主义社会的主体是资产阶级及其代言人,而社会主义社会的主体是人民群众。诸如这样的新解答还有很多,在这里不一一列举。

三是具体论证有新材料。提出任何一个学术观点,必须要有大量的材料进行论证,而且要尽可能地掌握和使用新材料。马克思在理论创作中给我们树立了良好榜样,他在写作《资本论》的过程中,对前期的手稿进行了详细加工,在出版之前还补充了大量的新材料。本书积极践行马克思这种宝贵的学术品格。在"新解答"的论证过程中,本书以党的十八大报告、十九大报告、二十大报告以及二十届三中全会审议通过的《决定》,习近平总书记在全国教育大会上的讲话、在全国思想政治工作会议上的讲话、在哲学社会科学座谈会上的讲话、在马克思诞辰200周年纪念大会上的讲话以及在北大、清华等多所高校座谈会上的讲话等为材料支撑,深入挖掘这些新材料对思想政治教育主客体关系研究的启示,使思想政治教育主客体关系研究及时得到马克思主义中国化最新理论成果的指导与滋养。同时,本书十分注重从最新学术成果中得到思想启迪,因而充分吸收了近年来思想政治教育主客体关系研究的成果。

第一章

哲学视阈中主客体关系的跨世纪讨论

从学术渊源和学术发展史的角度来看，思想政治教育主体、客体并不是本学科的原创性概念和范畴，而主要借鉴的是哲学视阈中的主体与客体概念。[①] 自笛卡尔提出"我思故我在"命题确立主客体分析框架以来，主体与客体及其关系的争论已经跨越了几个世纪。对中国而言，20 世纪 80 年代才在全国范围内掀起了主客体关系的激烈争论，一直持续到 21 世纪的今天，虽然讨论热度有所下降，但一定范围内的争论仍旧激烈。哲学主客体关系研究的成果直接体现在思想政治教育主客体关系研究的成果上，从某种程度上来说，当前思想政治教育主客体关系的争论正是源于哲学主客体关系本身的争论。在这种情况下，研究思想政治教育主客体关系就不得不进入哲学视阈中的主客体关系，尽可能地对哲学视阈中主客体关系的研究成果和进展进行梳理。尽管这份工作十分艰难，本章还是试图从西方哲学和中国哲学两个维度，将主客体关系跨越世纪争论尽可能地呈现出来。

第一节 哲学视阈中的主体命运

主体与客体是哲学领域中的两个基本概念，是一对基本范畴。在哲学视阈中，对二者的争论长期存在。但不少哲学研究者认为，在主客体关系的认识、确立和维系过程中，主体具有优先确定性，即逻辑先在性，客体

[①] 其实，在思想政治教育学科初创阶段，思想政治教育还大量借鉴了教育学的概念和框架，其中包括教育主体和教育客体。但是，教育学中的教育主体与教育客体实际上也是借用的哲学领域的主体与客体概念。因此，追根溯源，思想政治教育主体与客体主要借鉴的是哲学领域的主体与客体概念，这与教育学的学科发展具有某些相似性。

的确认以主体的确认为前提。① 因此，在一定程度上来讲，研究主体与客体及其关系首先需要确认的是主体地位，只有在确认主体地位之后，才能确认客体地位，进而才能研究二者之间的关系。然而，哲学视阈中的主体地位并非一直都是确定的，也经历了一个从确认到边缘再到重新确认的变化过程，在这个过程中，主客体关系也随之发生相应的变化。根据哲学家们的研究成果，本节将对哲学视阈中的主体命运进行简要的梳理，试图还原主体命运的变化过程。

一 确认主体

何为主体？从词源考察，在希腊语中，"主体"的词根是"subjeutum"，原意是指"置于……之下""以……为基础"。起初，主体一词与人并没有什么直接关系。直到 17 世纪，西方哲学家们才开始从人的角度来理解和定义主体一词。自此，无论如何理解和定义主体，其属人范畴已经是一个基本共识，"人始终是主体"②，离开人，在人之外是无所谓主体的。但是，什么是人？是什么人？人如何存在？哲学家们的回答却是不完全相同的，各有各的答案。自从笛卡尔明确提出"我思故我在"第一哲学原理开始，经过德国古典哲学的激烈讨论，再到马克思对德国古典哲学的系统批判，人的主体地位逐步得到了科学的证明和确立。然而，在这一部分，我们不可能对这段时期的西方哲学研究成果进行系统的回顾（这是哲学专门史研究的内容），因而只能从众多哲学大师中挑出几位代表，将他们的主要贡献加以介绍，以此简要地说明确认主体的历史。

（一）笛卡尔的贡献

勒内·笛卡尔（Rene Descartes）是法国著名的哲学家，是西方近代主体性哲学的先驱。他在《谈谈方法》中明确提出了"我思故我在"的著名命题，将人确立为精神性的认识主体。笛卡尔对自己早年所学的神学、哲学、逻辑学等各种知识表示怀疑。他认为，现有的一切知识都是不

---

① 当然，这并不是说主体是可以独立存在的某物或东西。实际上，主体与客体是互相依存的，没有主体就没有客体，没有客体也就没有主体。逻辑先在性，指的是我们认识主体、客体时所采用的理论设定，而不是说在物质层面或本原层面，主体在客体之前产生，主体决定客体的生死存亡，这二者不是一回事，不能混为一谈。

② 《马克思恩格斯文集》第 1 卷，人民出版社 2009 年版，第 195—196 页。

可靠的，因为知识的基础本身就是不可靠的。对此，笛卡尔采用了当时流行的怀疑主义方法。笛卡尔的怀疑是普遍怀疑，即"怀疑一切感性经验，怀疑自然界一切事物，怀疑数学和其他一切科学知识，甚至怀疑上帝，假定上帝是一位骗人的恶魔"①。虽然笛卡尔怀疑一切，但他指出，"我在怀疑"这件事本身，是无论如何都不能被怀疑的，即便我在怀疑"我在怀疑"这件事，实际上只是"我在怀疑"的再次证明。笛卡尔从普遍怀疑中得出了"我思故我在"②的理论命题，这是一个不可再被怀疑的哲学第一原理，其中的"我"是一个思想的主体或认识主体，"我只是一个在思想的东西"，"一个心灵、一个理智或一个理性"。③"我"超越形体，可以没有身体、不摄取任何营养，但不能想象"我"没有思想。笛卡尔指出："我是一个实体，这个实体的全部本质或本性只是思想，它并不需要任何地点以便存在，也不依赖任何物质性的东西"④。笛卡尔将思维的"我"确立为哲学的绝对起点，为我们确立了一条"主体性"原则，表现了近代哲学中主体意识的觉醒。赞同也罢，批判也好，这个命题提出以来，"哲学一下转入了一个完全不同的范围，一个完全不同的观点，也就是转入主观性的领域，转入确定的东西"⑤。

(二) 康德的贡献

伊曼努尔·康德（Immanuel kant）是德国古典哲学的创始人。在《纯粹理性批判》《实践理性批判》《判断力批判》等著作中，他确认了认识主体、道德主体和评价主体。不过，在康德那里，认识主体、道德主体和评价主体都统一于先验主体，这些主体都是先验的，而不是现实的、实践的。

1. 认识主体。与笛卡尔一样，康德也把认识论当作自己哲学研究的基本问题。康德认为，认识即判断，但我们不能就此认为，一切判断都

---

① 冯俊：《开启理性之门：笛卡儿哲学研究》，中国人民大学出版社 2005 年版，第 44 页。
② "我思故我在"的拉丁文为：cogito, ergo sum，英文为：I think therefore I am. 其实，学界对这个翻译是存在争论的。例如，王路在《是与真》中就翻译为"我思故我是"。
③ 北京大学哲学系外国哲学史教研室编译：《十六——十八世纪西欧各国哲学》，商务印书馆 1975 年版，第 162 页。
④ 北京大学哲学系外国哲学史教研室编译：《西方哲学原著选读》上卷，商务印书馆 1981 年版，第 369 页。
⑤ [德]黑格尔：《哲学史讲演录》第 4 卷，贺麟、王太庆译，商务印书馆 2009 年版，第 76 页。

是认识。在康德看来,"一切认识的判断,第一,是综合的;第二,是先天的"①,只有先天综合判断才是我们不断获得新的可靠的新知识的根据。因为,分析判断只能清楚地表达知识,并不能够产生新认识。那么,先天综合判断如何可能?他认为,这个问题的解决涉及四个具体问题。②他在《纯粹理性批判》中对这四个问题进行了具体回答。在先天综合判断中,主体认识对象就是主体构造对象的过程,而主体之所以能够认识对象,"完全是由于主体意识中有一种所谓主动统一性的缘故","对象的统一性来源于构造他们的主体意识的综合统一性",而所谓意识的统一性其实是"我在思维",也就是"我思"。③ 因此,康德批评笛卡尔"我思故我在"的逻辑错误在于偷换概念,"我"只是"思"的一个逻辑前提,这还不能够证明"我"是作为主体而存在的,"我在"的意义在于证明"我思"。

2. 道德主体。在《纯粹理性批判》中,康德清扫了"自由意志、灵魂不灭、上帝"等理念。在他看来,道德和宗教当然属于人的主体范围之内的事物,但不属于认识能力的事物,而是另外一种先天能力,即欲求或实践能力的事物。理论理性和实践理性是同一理性在两个不同领域的表现,康德认为,只有实践理性才是真正的"纯粹理性","它超越了一切感性之上而对人发布无条件的命令,不管人是否现实地接受并将它在现象中实现出来,都无损于它的尊严。"④ 康德在《实践理性批判》中强调实践理性要优先理论理性,这实际上已经蕴含了道德主体重于认识主体的思想。同时,康德把"人自身"作为道德律的内在根据,更是凸显了人的道德主体地位。⑤

---

① 杨祖陶:《德国古典哲学逻辑进程》修订版,武汉大学出版社2006年版,第51页。
② 这四个具体问题分别是:(1)纯粹数学如何成为可能?(2)纯粹自然科学如何成为可能?(3)形而上学作为自然倾向如何成为可能?(4)形而上学作为科学如何成为可能?
③ 段德智:《主体生成论——对"主体死亡论"之超越》,人民出版社2009年版,第124—125页。
④ 邓晓芒、赵林:《西方哲学史》第2版,高等教育出版社2014年版,第217页。
⑤ 参见[德]康德《实践理性批判》,韩水法译,商务印书馆2009年版,第95页。

3. 评价主体。① 康德在完成《实践理性批判》后，在出版之前却发现，"尽管他划分现象和自在之物的本意是要'人'避开双方（认识与实践——引者注）的矛盾带来的冲突，但结果却无异于扬汤止沸。"因此，"这样的'人'仍然是分裂的，双方没有任何联结和过渡的媒介。"② 为寻求从自然人到道德人的过渡先天根据，康德开始进行新的批判，形成了《判断力批判》。他指出，反思判断力是一个处于知性和理性之间的中间环节，是为在直观表象上引起诸认识能力的自由协调活动，以便获得某种情感。康德进一步将反思判断力分为审美判断力和目的论判断力，"他通过审美判断力，以感性方式，借助于愉快的情感评判审美对象；通过目的论判断力，以逻辑方式，按照知性和理性的概念来达到评判自然界的目的。"③ 审美判断也罢，目的论判断也好，康德在《判断力批判》中实际上就确立了人作为评价主体的地位。

（三）费希特的贡献

约翰·哥特利普·费希特（Johann Gottlieb Fichte）似乎是"另一个康德"④，是康德哲学当时最好的解释者。

费希特认为，康德哲学的主要贡献是提出了"先验主体"，但康德的"自在之物"却"是一种纯粹的虚构，完全没有实在性"。因此，费希特抛弃了"自在之物"概念，根据"自我"概念构建起一门包括"全部知识学"（Wissenschaftslehre）的哲学体系。但这并不是对康德哲学的彻底否定，反而是把康德哲学彻底化。费希特认为，康德哲学的本质就"在于它建立了一个绝对无条件的和不能由任何更高的东西规定的绝对自我；而如果这种哲学从这条原理出发，始终如一地进行推论，那它就成为知识学了。"⑤ 费希特确立了其知识学的三条原理：（1）自我设定自我。"设

---

① 在《判断力批判》中，康德开头讲是审美批判，是对人的审美主体的确认，后面又讲到了目的论批判，是对人的价值主体（人与自然）的确立。但是，人们往往比较注重康德的审美批判，而忽视目的论批判，也很难厘清二者之间的关系。在我们看来，审美批判和目的论批判实际上都是对人的评价主体的确认。

② 邓晓芒:《西方哲学史》第 2 版, 高等教育出版社 2014 年版, 第 223 页。

③ 《西方哲学史》编写组:《西方哲学史》, 高等教育出版社 2011 年版, 第 352 页。

④ 费希特起初认为，他可以把康德的哲学理论讲得更加完善，并以此为耀。但是，康德却撰文批评了他。因此，费希特开始自立门户，开启对康德批判（不是彻底否定），构建自己的主观唯心主义的哲学体系。

⑤ ［德］费希特:《全部知识学的基础》, 王玖兴译, 商务印书馆 2009 年版, 第 37 页。

定着自己的自我，与存在着的自我，这两者是完全等同的、统一的、同一个东西"①。这是一条绝对无条件的原理，既不可证明，也不能定义。因此，只有自己才能决定自己，自我并不需要依赖其他任何东西。（2）自我设定与自己对立的非我。"同自我相反或对立的东西，就是＝非我"②。在形式上，"非我"是由"自我"设定的，而"自我"是无条件的，"非我"也应是无限制的。但在具体质料内容上，"非我"是有条件的，我们只有知道"自我"是什么，才能知道什么是"非我"。"纯粹的自我只能从反面加以设想，只能被想象为非我的对立面"③。因此，离开"非我"，自己也就无法设定对立的"自我"。（3）"自我在自我之中对设一个可分割的非我以与可分割的自我相对立"④。"自我"和"非我"需要互相限制，但这种互相限制只能"无条件地和直截了当地由理性的命令来完成"⑤。"自我"对"非我"的限制与"非我"对"自我"的限制，"两者是同一回事，只在反思中才被分别开来的。"⑥

（四）黑格尔的贡献

威廉·弗里德里希·黑格尔（Georg Wilhelm Friedrich Hegel）是德国古典哲学的集大成者和完成者。恩格斯高度评价了黑格尔及其哲学体系，"黑格尔的体系包括了以前任何体系所不可比拟的广大领域，而且没有妨碍它在这一领域中阐发了现在还令人惊奇的丰富思想"⑦。

黑格尔哲学体系的核心概念是绝对精神。他在《精神现象学》中明确"绝对即主体的概念"，强调克服康德、费希特和谢林哲学的"一切问题的关键在于：不仅把真实的东西或真理理解和表述为实体，而且同样理解和表述为主体"⑧。实际上，实体即主体意味着主体不是人们的一种主观想象，而就是世界的实体本身。黑格尔指出，真正的实体不是死的而是活的，不是静止的而是运动的，"活的实体，只当它是建立自身的运动

---

① ［德］费希特：《全部知识学的基础》，王玖兴译，商务印书馆2009年版，第14页。
② ［德］费希特：《全部知识学的基础》，王玖兴译，商务印书馆2009年版，第21页。
③ ［德］费希特：《论学者的使命》，梁志学、沈真译，商务印书馆1980年版，第8页。
④ ［德］费希特：《全部知识学的基础》，王玖兴译，商务印书馆2009年版，第28页。
⑤ ［德］费希特：《全部知识学的基础》，王玖兴译，商务印书馆2009年版，第23页。
⑥ ［德］费希特：《全部知识学的基础》，王玖兴译，商务印书馆2009年版，第26页。
⑦ 《马克思恩格斯文集》第4卷，人民出版社2009年版，第272页。
⑧ ［德］黑格尔：《精神现象学》上卷，贺麟、王玖兴译，商务印书馆2009年版，第12页。

时……它这个存在才真正是主体。"① 作为主体的实体，其自身就是一种否定性的运动，通过自我否定进而树立起与自己相对立的部分。实体作为主体，不需要借助别的东西进行否定，自己本身就具有否定性，而且这种否定性还是纯粹的、单纯的，即是说"实体作为主体是纯粹的简单的否定性"②。这种否定性并不是说要先有一个东西，然后再进行否定，主体自身就可以完成，主体除了这种否定性之外，再也没有其他什么了。"唯其如此，它是单一的东西的分裂为二的过程或树立对立面的双重化过程，而这种过程则又是这种漠不相干的区别及其对立的否定。"③ 主体的这种否定性依赖于反思。反思是主体运动的方式，反思能力是主体的基本能力，反思的过程是否定之否定的过程，因而"实体本身就是主体，所以一切内容都是它自己对自己的反思。"④ 在反思中形成绝对精神，"关于绝对，可以说，它本质上是个结果"，并且，"由于需要将绝对想象为主体，人们就使用这样的命题：上帝是永恒，上帝是世界的道德秩序，或上帝是爱等等。"⑤ 因此，黑格尔的"实体即主体"仍然是一种自我意识，即绝对精神，上帝依然存在。

（五）费尔巴哈的贡献

路德维希·安德列斯·费尔巴哈（Ludwig Andreas Feuerbrach）是第一位真正超越黑格尔哲学体系的哲学家，是德国古典哲学的终结者。马克思高度赞扬他"是唯一对黑格尔辩证法采取严肃的、批判的态度的人；只有他在这个领域内作出了真正的发现，总之，他真正克服了旧哲学"⑥。

早年时期，费尔巴哈属于黑格尔的"粉丝"，后逐渐认识到黑格尔哲学不过是"神学的最后避难所和最后的理性支柱"，继而断言，"谁不扬

---

① ［德］黑格尔：《精神现象学》上卷，贺麟、王玖兴译，商务印书馆2009年版，第12页。
② ［德］黑格尔：《精神现象学》上卷，贺麟、王玖兴译，商务印书馆2009年版，第12—13页。
③ ［德］黑格尔：《精神现象学》上卷，贺麟、王玖兴译，商务印书馆2009年版，第13页。
④ ［德］黑格尔：《精神现象学》上卷，贺麟、王玖兴译，商务印书馆2009年版，第41页。
⑤ ［德］黑格尔：《精神现象学》上卷，贺麟、王玖兴译，商务印书馆2009年版，第15页。
⑥ 《马克思恩格斯文集》第1卷，人民出版社2009年版，第199页。

弃黑格尔哲学,谁就不扬弃神学"①。费尔巴哈对康德以来的德国古典哲学,特别是黑格尔哲学进行了唯物主义批判,并对人的本质进行了全面探讨。他坦言:"我的第一个思想是上帝,第二个是理性,第三个也是最后一个是人。神的主体是理性,而理性的主体是人。"② 如何理解人?这个问题在近代哲学中引起了激烈的讨论,然而,并没有得出科学的结论。费尔巴哈与以往的哲学家相比,采用了另一种思维,抛弃了唯心主义哲学,转向唯物主义,强调人来源于自然而不是神或上帝,人是感性存在物。他认为"人的存在只归功于感性。理性、精神只能创造著作,但不能创造人""人在世界上之最初的出现,不归功于神,即不归功于抽象的本质、悟性或精神的本质,而只归功于感性的自然界"③,人的最初出现如此,人的继续生存也是如此。人是感性存在,其出现和生存都不归功于神、悟性或精神,但这并不是对人的认识能力的否认。相反,费尔巴哈十分重视人的认识能力,他把这种认识能力概括为感觉或官能,"普遍的官能就是理智,普遍的感性就是精神性"④。费尔巴哈承认作为主体的人具有思维,而且是不可缺的,但并不认为人的本质就是思维,而是人自己意识到类。究竟什么是类?其实就是"理性、意志、心。一个完善的人,必定具备思维力、意志力和心力。思维力是认识之光,意志力是品性之能量,心力是爱。理性、爱、意志力,这就是完善性,这就是最高的力,这就是作为人的人底绝对本质,就是人生存的目的。"⑤

(六)马克思的贡献

卡尔·马克思(Karl Marx)"是全世界无产阶级和劳动人民的革命导师,是马克思主义的主要创始人,是马克思主义政党的缔造者和国际共产

---

① [德]费尔巴哈:《费尔巴哈哲学著作选集》上卷,荣震华、李金山等译,商务印书馆1984年版,第114页。

② [德]费尔巴哈:《费尔巴哈哲学著作选集》上卷,荣震华、李金山等译,商务印书馆1984年版,第247页。

③ [德]费尔巴哈:《费尔巴哈哲学著作选集》上卷,荣震华、王太庆、刘磊译,商务印书馆1984年版,第214页。

④ [德]费尔巴哈:《费尔巴哈哲学著作选集》上卷,荣震华、王太庆、刘磊译,商务印书馆1984年版,第183页。

⑤ [德]费尔巴哈:《费尔巴哈哲学著作选集》下卷,荣震华、王太庆、刘磊等译,商务印书馆1984年版,第27—28页。

主义的开创者,是近代以来最伟大的思想家"①。

在马克思主义哲学思想中,主体问题占有重要的地位,马克思的一生都在为人类解放事业而奋斗。马克思以前的哲学家们总是把人理解为抽象的人,或者孤立的个体,费尔巴哈也是如此,其"类"概念不过是"一种内在的、无声的、把许多个人纯粹自然地联系起来的普遍性"②。但是,费尔巴哈却是马克思批判德国古典哲学的重要中介人物,具体到主体问题上,马克思对费尔巴哈的"类"概念进行了改造,提出了"类存在",确认了类主体。马克思指出:"通过实践创造对象世界,改造无机界,人证明自己是有意识的类存在物"③。一般认为,此时的马克思还没有完全脱离费尔巴哈的人本学影响,是马克思思想不成熟的表现,然而,"问题的关键并不在于是否使用'类'这一概念,而在于从何种哲学视野、运用何种哲学思维方式理解人之为人的'本质属性'。"马克思所使用的"类"与费尔巴哈所使用的"类"的内涵不是一回事,"马克思所否定的只是费尔巴哈对人的类本质的抽象理解以及他对人的本质加以抽象化的观念,但并没有因此否定去追问和寻求人区别于其他存在物的'普遍本质'这一根本问题"④。这不是马克思确认主体的唯一视角,马克思在确认人的类存在的基础上,深入分析了人的社会存在。他在《关于费尔巴哈的提纲》(以下简称《提纲》)中强调,人的本质在其现实性上"是一切社会关系的总和。"⑤作为主体的人,不仅是一种社会存在,而且是一种历史存在,在与恩格斯合著的《德意志意识形态》(以下简称《形态》)中又确立了"现实的个人"。通过确认类主体、人的本质和"现实的个人",马克思将人从"天国"拉回到了"人间",实现了唯心主义主体观和旧唯物主义主体观向新唯物主义主体观的转向,基本形成了马克思主义主体观的宏观架构。⑥

---

① 习近平:《在纪念马克思诞辰200周年大会上的讲话》,《人民日报》2018年5月5日。
② 《马克思恩格斯文集》第1卷,人民出版社2009年版,第505页。
③ 《马克思恩格斯文集》第1卷,人民出版社2009年版,第162页。
④ 贺来:《马克思哲学的"类"概念与"人类命运共同体"》,《哲学研究》2016年第8期。
⑤ 参见《马克思恩格斯文集》第1卷,人民出版社2009年版,第505页。
⑥ 在这里,我们对马克思主义主体观不作具体展开,将在后面章节中作更为具体的分析和说明。

二 主体死亡

主体问题是近代哲学的中心问题,哲学家们在确认主体的同时,却又在埋葬主体。19世纪末,主体性哲学遭到众多哲学家的反思和批判,其逻辑困境逐步被揭露出来,似乎要将主体置于死地,有关主体死亡的言说成为一种"时髦",主体死亡成为哲学研究的重要问题。[①] 彼得·毕尔格著有《主体的退隐》,弗莱德·R.多迈尔著有《主体性的黄昏》,他们分别把西方近代主体性哲学的衰落现象描述为"主体的退隐"和"主体性的黄昏",无论如何概括,其主旨无非都是"主体已经名声狼藉"[②]。关于主体死亡的哲学研究是一个复杂问题,涉及众多哲学家的思想和贡献,要系统回答这个问题,是哲学研究的任务。本书不是哲学研究,无意做这样的工作,因而只能从中选出几位代表人物进行简要说明,对主体死亡的哲学研究做一些基本的介绍。

（一）尼采的观点

弗里德里希·威廉·尼采（Friedrich Wilhelm Nietzsche）被认为是西方现代哲学的开创者。尼采宣布"上帝之死"和"人之死",对后来的存在主义和后现代主义哲学影响极大。

"关于主体死亡的言说,显然是类推了尼采的'上帝死了'。"[③] 也就是说,"主体死亡论"的思想来源可以追溯到尼采,来源于其著名命题"上帝之死"。因此,我们首先应该看一看尼采说的"上帝之死"是什么意思。尼采在准备他的处女作《悲剧的诞生》的过程中,曾经在笔记中为"上帝之死"埋下了伏笔,他写道:"我相信原始日耳曼人的话:一切神都必然要走向死亡。"[④] 尼采认为,主体并不是实体,主体是被虚构出

---

① 马克思虽然在理论上确立了马克思主义主体观的宏观架构,但是其著作很多在20世纪初都还没有公开发表,在无产阶级革命为首要任务的历史时期,马克思主义主体观的理论影响力十分有限。再者,在世纪之交,马克思主义自身面临着重大危机,包括主体观在内的整个马克思主义都遭到了批判、歪曲和误读。因此,马克思主义主体观在理论上的清醒,与马克思主义主体观在实践中的影响力并不是一回事。

② ［德］彼得·毕尔格:《主体的退隐》,陈良梅、夏清译,南京大学出版社2004年版,第1页。

③ ［德］彼得·毕尔格:《主体的退隐》,陈良梅、夏清译,南京大学出版社2004年版,第4页。

④ 转引自［德］海德格尔《海德格尔文集·林中路》,孙周兴译,商务印书馆2015年版,第245—246页。

来的,"'主体'决非实有的东西,而是虚构出来的、安插进来的东西"①。因此,长期以主体身份出现的诸神包括上帝都是被虚构出来的,并不是实体。如果承认这一点,诸神或上帝的地位就遭到撼动,就不再是主体,主体也就死亡了。尼采在《快乐的科学》中正式提出"上帝之死"。然而,尼采并没有以第一人称来做这件事情,而是借助一个疯子之口完成的,指认了"上帝之死"的凶手,提出了"上帝之死"后可能出现的一系列问题。②

尼采用具有文学色彩的语言,借助一个疯子的言行表达了他对"主体之死"的思考。(1)"你们和我"创造了上帝,也是"你们和我"杀死了上帝。上帝并不是什么先验的东西,也不是什么实在的东西,而是"你们和我"的创造物,是"你们和我"虚构出来的,没有"你们和我"的存在,上帝根本不可能存在。"你们和我"不仅决定上帝的生,还决定上帝的死。当"你们和我"明白上帝是"你们和我"创造出来的东西时,虽然"你们和我"感觉到罪恶感,但"你们和我"有能力、有权力将上帝处死。总之,上帝是"你们和我"的作品,"你们和我"决定上帝的生与死。(2)上帝之死与人之死没有什么区别。疯子对人们说,上帝死后也需要人来掘墓埋葬,上帝的尸体也会发出腐臭,上帝的头颅被砍下后也会流血……这样来看,上帝之死与人之死没有什么区别,人死之后需要埋葬,尸体会发出腐臭,砍头一定会流血……其实,尼采在这里已经表达出"上帝也是人"或者"人造上帝"的思想。(3)上帝死后,"你们和我"会怎么样?上帝在世时,上帝为"你们和我"做主,为"你们和我"规定好了一切,整个世界都在上帝的掌控下运行着。但是,现在上帝死了,那谁来代替上帝来完成这些工作呢?"你们和我"会变成另一个上帝吗?"你们和我"会走向哪里?"你们和我"该如何安置"你们和我"呢?在这里,尼采陷入了沉思,百思不得其解。(4)上帝终究会死亡。上帝既然不是实体,他就必死无疑。但是,尼采并没有解决前面提到的棘手问题。因此,疯子面对默然的听众,机智地说自己来得太早,来得不是时候。尼采借疯子之口为自己解了围,但他坚信,只要时间足够,"总有一

---

① [德]尼采:《偶像的黄昏》,周国平译,光明日报出版社1996年版,第111页。
② 参见[德]尼采《快乐的科学》,黄明嘉译,华东师范大学出版社2007年版,第208—210页。

天会大功告成",上帝终究会被送进坟墓。

问题的关键在于（3），"上帝死了，就是说，我们不再相信上帝了；但是，上帝曾经占据的位置却留有印迹。我们不再与上帝抗争，而是与它的影子，同死掉的上帝留下的那个空白抗争。"① 那么，没有了上帝，曾经的确定性被不确定性代替了，人会怎么样，会走向哪里。因此，上帝之死的结果就是人之死。尼采一直被这个问题困扰，后来似乎在《查图拉斯特拉如是说》中找到了答案，提出了"价值重估"的方案，教人们成为"超人"，以此来安置上帝之死后的"你们和我"。尼采并不是一个消极主义者，他认为，人应该成为"创造者"，而不是"毁灭者"，但必须首先做一个"毁灭者"，也就是说，"谁若必须在善与恶中成为一个创造者：真的，他就必须先成为毁灭者，必须先打碎价值。"② 这实际上是在为处死上帝寻找合法性的基础。做一个"创造者"就是超越自己做"超人"，而不是倒退到动物的层面，因此，尼采说："我来教你们做超人。人类是某种应当被克服的东西。"并且，"迄今为止，一切生物都创造了超出自身之外的东西；而你们，难道想成为这一洪流的退潮，更喜欢向兽类倒退，而不是克服人类吗？"③ 但如何才能成为超人呢？尼采认为要有三个步骤，第一步是成为"骆驼"，第二步是成为"狮子"，第三步是成为"孩童"。事实上，尼采并没有真正解决问题。因为，"超人乃是大地的意义。让你们的意志说：超人是大地的意义。"④ 超人不过是上帝死后的新上帝而已。

（二）海德格尔的观点

马丁·海德格尔（Martin Heidegger）是20世纪存在主义哲学的创始人和主要代表。同尼采一样，海德格尔也对主体性哲学和形而上学进行批判，并在批判基础上构建了自己的"基础存在论"（Fundamentalontologie）⑤，以一种新的哲学思维去理解人和人的存在。

---

① [德]彼得·毕尔格：《主体的退隐》，陈良梅、夏清译，南京大学出版社2004年版，第4—5页。
② [德]尼采：《查拉图斯特拉如是说》，孙周兴译，上海人民出版社2009年版，第147页。
③ [德]尼采：《查拉图斯特拉如是说》，孙周兴译，上海人民出版社2009年版，第7页。
④ [德]尼采：《查拉图斯特拉如是说》，孙周兴译，上海人民出版社2009年版，第7页。
⑤ 虽然人们把海德格尔哲学称为存在主义，但实际上，他自己称为"基础存在论"（Fundamentalontologie）。

在海德格尔看来，所有形式的主体性哲学或者人道主义都是研究存在者之为存在者的哲学，也就是主体之为主体的哲学，虽然众多哲学家都宣称"存在论"或"本体论"，但实际上却"遗忘"了存在，并不理解存在。在《存在与时间》的扉页中，他明确提出要重提存在的意义问题，他说："具体而微地把'存在'问题梳理清楚，这就是本书的意图。"① 海德格尔认为："存在总是某种存在者的存在"②。此在作为其中的一种存在者，同其他一切存在者比较，具有明显的优先地位：（1）存在者在它的存在中是通过生存得到规定的；（2）此在由于以生存为其规定性，因而本身就是"存在论"；（3）此在，是使一切存在论在存在者层次上及存在论上都得以可能的条件。③ 因此，"此在的分析工作必须保持为存在问题中的第一要求。"④ 按照海德格尔的理解，存在者的基本建构即在世，在世又有三个环节："世界"是此在在世的第一个环节，"常人"是此在在世的第二个环节，"在之中"是此在在世的第三个环节。此在之存在在于操心，"先行于自身的—已经在……中的—作为寓于……的存在"是操心的基本规定，"把操心这一现象整理出来，就使我们获得一种眼光，得以洞见生存的具体状况"，即"洞见生存和此在的实际性和沉沦的源始联络"。⑤

说明了此在的存在在于操心，但是，对此在的生存论分析并没有完结。这是因为，"生存等于说能在——而其中也有本真的能在。只要本真能在的生存论结构没有被吸收到生存观念中来，引导着某种生存论阐释的先行视见就缺欠源始性"⑥，然而，"由生存构成其本质的存在者本质上就

---

① ［德］海德格尔：《存在与时间》，陈嘉映、王庆节译，生活·读书·新知三联书店2006年版，第1页。
② ［德］海德格尔：《存在与时间》，陈嘉映、王庆节译，生活·读书·新知三联书店2006年版，第11页。
③ 参见［德］海德格尔《存在与时间》，陈嘉映、王庆节译，生活·读书·新知三联书店2006年版，第16页。
④ ［德］海德格尔：《存在与时间》，陈嘉映、王庆节译，生活·读书·新知三联书店2006年版，第19页。
⑤ ［德］海德格尔：《存在与时间》，陈嘉映、王庆节译，生活·读书·新知三联书店2006年版，第266页。
⑥ ［德］海德格尔：《存在与时间》，陈嘉映、王庆节译，生活·读书·新知三联书店2006年版，第268页。

抗拒把它作为整体存在者来把捉的可能性"①。在海德格尔看来，此在之存在还不是本真存在和整体存在，完整的生存论分析还应该对此在之本真存在和整体存在进行分析。所以，"此在之存在的阐释，……就必须首要地把此在之在所可能具有的本真性与整体性从生存论上带到明处。"② 通过对此在之可能的整体存在分析，"向死存在"的著名命题被提出来了。在他看来，"死，作为此在的终结存在，存在在这一存在者向其终结的存在之中。"③ 这就已经把"此在藉以能整体作为此在存在的存在方式"④摸索出来了，同时，也说明了非本真的向死存在。就向死存在而言，还有本真的向死存在，"先行向此在揭露出丧失在常人自己中的情况，并把此在带到主要不依靠操劳操持而是去作为此在自己存在的可能性之前，而这个自己却就在热情的、解脱了常人的幻想的、实际的、确知它自己而又畏着的向死的自由之中。"⑤

除了高度重视存在，海德格尔还特别注重时间，并强调要把存在和时间联系起来理解。他认为，时间是理解一切存在的关键所在，"一切存在论问题的中心提法都根植于正确看出了的和正确解说了的时间现象以及它如何根植于这种时间现象。"⑥ 此在由出生到死亡是通过"在时间中"联系起来的，但这并不是说此在是现成的存在，不存在一条现成的生命轨道和路程来说明此在之整体存在。因此，不应当在此在之外寻找现成的框架，而应在此在本身之中寻找现实的框架。如果从此在本身出发，人们就会发现，此在本身就能展现此在的生存过程，在出生之时就已经向着死亡存在。因此，海德格尔这样总结"此在的本己存在先就把自己组建为途

---

① [德] 海德格尔：《存在与时间》，陈嘉映、王庆节译，生活·读书·新知三联书店 2006 年版，第 269 页。
② [德] 海德格尔：《存在与时间》，陈嘉映、王庆节译，生活·读书·新知三联书店 2006 年版，第 269 页。
③ [德] 海德格尔：《存在与时间》，陈嘉映、王庆节译，生活·读书·新知三联书店 2006 年版，第 297 页。
④ [德] 海德格尔：《存在与时间》，陈嘉映、王庆节译，生活·读书·新知三联书店 2006 年版，第 297 页。
⑤ [德] 海德格尔：《存在与时间》，陈嘉映、王庆节译，生活·读书·新知三联书店 2006 年版，第 305—306 页。
⑥ [德] 海德格尔：《存在与时间》，陈嘉映、王庆节译，生活·读书·新知三联书店 2006 年版，第 22 页。

程，而它便是以这种方式伸展自己的。在此在的存在中已经有着与出生和死亡相关的'之间'。"①

(三) 福柯的观点

米歇尔·福柯（Michel Foucault）是法国哲学家、社会思想家和"思想系统的历史学家"，也是个"令人难以捉摸的人物"。

主体问题是福柯哲学研究的核心主题。他曾这样总结自己的研究"我研究的总体题目不是权力，而是主体"②。为此，福柯对笛卡尔以来的主体性哲学进行了批评，他认为，近代主体性哲学赋予了人至高无上的地位，成为一切的中心，是一种主体迷信。因此，福柯并不认为有一种普遍形式的主体存在。他说："我相信不存在独立自主、无处不在的普遍形式的主体。……我认为主体是在被奴役和支配中建立起来的"③。这也就是说，主体并不是先验存在的，而是被建构起来的。福柯对主体的诞生进行了历史追溯，但是，他并不是像马克思一样从感性的人的物质生产实践出发的，而是从话语实践出发的。在福柯看来，"不是主体凌驾于话语之上，而是话语操纵着主体，构成主体的诸种可能性前提。"④

福柯对人文科学知识做了考古学的分析，他将迄今为止的西方认识型划分为文艺复兴时期、古典时期和现代时期。在梳理历史的过程中，福柯发现，西方认识型发生了两次断裂。从 17 世纪的文艺复兴到古典时期的开启，建构知识的形似性原则被同一性和差异性代替，对知识的阐释被分析代替，词与物由同一走向分裂。从古典时期到现时代，表象理论和语言消逝了，同一性被结构代替，人在这时只作为物之序中的一条裂缝才首次进入知识领域。实际上，直到 19 世纪初，人才被建构起来，人"是完全新近的创造物"⑤。

在反思现代主体性哲学的过程中，福柯高度赞扬了尼采，认为尼采提出的"上帝之死"是一个标志，拉开了"人之死"的序幕，使现代

---

① [德] 海德格尔：《存在与时间》，陈嘉映、王庆节译，生活·读书·新知三联书店 2006 年版，第 424 页。

② 转引自 [美] L. 德赖弗斯、保罗·拉比诺《超越结构主义与解释学》，张建超、张静译，光明日报出版社 1992 年版，第 272 页。

③ [法] 福柯：《权力的眼睛》，严锋译，上海人民出版社 1997 年版，第 19 页。

④ 汪民安：《福柯的界线》，中国社会科学出版社 2002 年版，第 71 页。

⑤ [法] 福柯：《词与物：人文科学考古学》，莫伟民译，上海三联书店 2001 年版，第 402 页。

哲学从沉睡中苏醒过来，重新开始思考，进而指出，"假如返回的发现确是哲学的终结（La fin de la philosophie），那么，人之终结就是哲学之开端的返回。"① 福柯同尼采一样拒绝先验地把主体等同于思维的我，同意"人之死"的结论。福柯甚至直言不讳地说："人的死亡不是什么值得特别兴奋的事情"，在他看来，主体之死"是那个大写的'主体'、作为知识的起源和基础的主体（救主）、自由的主体、语言和历史的主体的死亡。"②

人是由话语建构出来的，在现代认识型中，人又将死亡。这是福柯对主体考察后的基本结论。正如他在《词与物：人文科学考古学》最后总结的，人的建构与终结是一件确定的事实——"人将被抹去，如同大海边沙地上的一张脸。"③

三 寻回主体

主体真的死亡了吗？主体死亡意味着主体不再存在吗？人类社会没有了主体会变成什么样子？主体死亡会引发一系列的复杂问题。但是，无论如何，主体不可能真正死亡，没有了主体，人类社会何以可能？人类社会进步又何以可能？主体不可能就这样死去，至少主体死亡不是主体不再存在这么简单，主体不会永久退出哲学研究的视野。现在，我们需要寻回主体，重新认识、定位和把握主体。

（一）在正视中寻回

"主体死亡论"是现代哲学领域的一颗"炸弹"，宣布主体死亡似乎是要摧毁笛卡尔以来主体性哲学大厦。然而，事实真的如此吗？"主体死亡论"的真意是什么，其实在他们宣布主体死亡的那一刻就已经被遮盖了，捍卫主体的哲学家在捍卫着主体，却没有真正理解"主体死亡论"的真意。我们要寻回主体，就应该正视"主体死亡论"这个爆炸性的观点，应该让"主体死亡论"充分完整地表达自己的观点。正如段德智所言，回应"主体死亡论"，不应该采用形而上学的专制方式，而应该采用辩证法的对话方

---

① ［法］福柯：《词与物：人文科学考古学》，莫伟民译，上海三联书店2001年版，第446页。
② 转引自［美］艾莉森·利·布朗《福柯》，聂保平译，中华书局2014年版，第83页。
③ ［法］福柯：《词与物：人文科学考古学》，莫伟民译，上海三联书店2001年版，第506页。

式,应该"让他人说话"。那么,按照辩证法来正视尼采、海德格尔和福柯等人的"主体死亡论",则将有另外一番不同的"风景"。

"主体死亡论"可以追溯到尼采的"上帝之死",而要真正理解尼采提出"上帝之死"的语境与动机,我们最好先对"上帝之死"的标志——"虚无主义"进行一番考察。根据段德智的理解,尼采的"上帝之死"及其标志的"虚无主义"有五个方面的内涵。[①] 尼采宣布的"上帝之死"及其标志,无非是"一种新的形式的形而上学",即"价值的形而上学"。[②] 然而,"价值的形而上学"与近代以来的自我意识的形而上学还不是一回事,在某种程度上具有反传统形而上学的特性,即反对近代主体性哲学。然而,笛卡尔意义上的自我意识的一般主体是在寻求一种确定性,这是尼采所说的强力意志的存在依据。段德智通过梳理尼采"上帝之死"及其标志后指出,"尼采的价值的形而上学非但不是与近现代主体性哲学绝对对立的东西,反而是它的深化、发展和完成",表明了"西方主体性哲学的推陈出新"[③]。

海德格尔在《尼采的话"上帝死了"》中批评了尼采的"价值的形而上学",他认为,这只是用形而上学和主体性哲学取代另一种形而上学和主体性哲学。这是一个比较中肯的评价和批评。然而,海德格尔自己是否超越了尼采呢?从元哲学方法论的角度来看,海德格尔所遵循的还是一条基础主义和还原主义的致思路线,这与此前的形而上学家和主体哲学家的"此在的存在"基本一样,所不同的只是海德格尔的"此在的存在"更为基础、更为本源、更为基本、更为古老。[④] 鉴于此,海德格尔只不过是"五十步笑百步",并没有完成对此前形

[①] 具体来说,(1)我们不能简单将"上帝之死"及其标志理解为尼采哲学的一个口号、一个术语、一个特征,而是应该理解为尼采表明自己哲学道路、形成"形而上学基本立场"的决定性思想。(2)所谓"上帝之死",是"两千年来的西方历史的命运",是"柏拉图主义的西方哲学"的一个终结。(3)所谓"虚无主义",是"最高价值的自行废黜",是一个"历史性的过程"。(4)"虚无主义"不仅是一种否定,也是一种肯定,是对"一切价值重估"的绝对肯定。(5)"虚无主义"应该寻求最有生命的东西,其本身就是"最充沛的生命理想"。(段德智:《主体生成论对——"主体死亡论"之超越》,人民出版社 2009 年版,第 46 页)

[②] 段德智:《主体生成论——对"主体死亡论"之超越》,人民出版社 2009 年版,第 46 页。

[③] 段德智:《主体生成论——对"主体死亡论"之超越》,人民出版社 2009 年版,第 47 页。

[④] 参见段德智《主体生成论——对"主体死亡论"之超越》,人民出版社 2009 年版,第 50 页。

而上学家和主体哲学家的超越。而海德格尔"此在"的根本旨趣无非是人的存在，他的基础存在论始终都没有将人完全剥离开来，因为"此在"始终作为人在场，这就使得海德格尔的存在论"很难完全摆脱同主体性哲学的干系"①。

福柯也没有逃脱主体"魔咒"。福柯反对启蒙运动以来的对人类理性的设定，强调人的非理性和无意识的本原作用和基础地位，但他并没有走向极端，进而去全盘否定人类的理性。福柯认为，应该给人类经验、个体性以及偶然性留下足够的地盘，因而理性认识的绝对性、普遍性和必然性是应该被否定。也就是说，"福柯否定的只是理性主义和建立在理性主义基础之上的人本主义和主体性哲学，而不是理性。"② 很明显，福柯并没有放弃主体范畴，即便喊出了"主体之死"，但这并"不是从放弃主体范畴的意义上言说主体的死亡，而是将它视作范畴内部划时代推延的征兆。"③ 在宣布主体死亡时，福柯要比尼采和海德格尔明确得多、谨慎得多、诚恳得多。他在《词与物：人文科学考古学》的最后一段连用了两个"假如"，以此来说明主体死亡是有条件的，目前还只是他的一种假设、一种预言，而非已经发生了的既成事实。段德智把福柯的"主体之死"概括为以下三层意思：（1）福柯的"主体之死"只不过是"大写的主体之死"，不是一般哲学范畴的"主体"之死，而是知识型基本要素的"先验主体"之死。（2）人作为主体并不只有认识主体一种类型，还有权利主体、道德主体等其他诸多类型。（3）"主体之死"并不是已经发生了的既成事实，还只是一种"预感"和"期盼"。因此，福柯的"主体之死"并不是一种绝对表达。④

在正视"主体死亡论"的过程中，越来越多的哲学家们发现"主体"不可能从哲学范畴中彻底抹去。例如，彼得·毕尔格认为："主体即使在死亡以后，对于我们来说也是在场的，只是不再作为我们与世界和自己关

---

① 参见段德智《主体生成论——对"主体死亡论"之超越》，人民出版社2009年版，第50页。
② 段德智：《主体生成论：对"主体死亡论"之超越》，人民出版社2009年版，第48页。
③ [德] 彼得·毕尔格：《主体的退隐》，陈良梅、夏清译，南京大学出版社2004年版，第8页。
④ 参见段德智《主体生成论——对"主体死亡论"之超越》，人民出版社2009年版，第49页。

系秩序上的一个没有矛盾的、而是在自身内部就已经散了架的成规。"①弗莱德·R.多迈尔指出:"再也没有什么比全盘否定主体性的设想更为糟糕了"②。郭湛也坦言:"他们所批判的实际上是异化了的主体,是由于被统治和禁锢而变得片面和畸形的主体性","主体和主体性并没有完全消失,而只是改变了存在的方式和其中所包含的意义"。③刘森林更是明确宣称,"主体之死的说法只不过是告别旧式主体性,走向新型主体性的一种夸张式的断言。它表达的无非就是卸下现代主体原来承担的重负,要为自我轻装上路伸张。"④

主体并没有死亡,但是,"主体死亡论"给现代主体性哲学敲响了警钟,现代主体性哲学必须深刻反思近代以来对主体,特别是对认识主体的绝对性规定。段德智从主体生成的角度出发,把"主体死亡论"看作是主体生成过程中的一个环节、一种特殊形态,深刻总结了"主体死亡论"对主体生成的十大历史启示⑤,成为中国马克思主义哲学正视"主体死亡论"的基本结论。

(二) 在重释中寻回

马克思早在《提纲》中就对以往旧唯物主义和唯心主义的缺点进行了精准的批判,进而指出人的本质在其现实性上是"一切社会关系的总和"。⑥实际上,这就反对将人理解为抽象主体、绝对主体、现成主体等,主张用新唯物主义从社会关系的维度理解人的本质。但是,马克思自己掌握理解人的思维方法和基本视角是一回事,后人是否同样掌握并运用又是另外一回事。在两次世纪之交,马克思主义本身遭到了来自各个方面的攻击和挑战,自己就处在危机之中。同时,对中国而言,由于受到西方哲学、苏联教科书、经典文本转译和获得以及历史任务等多种因素的影响,

---

① [德] 彼得·毕尔格:《主体的退隐》,陈良梅、夏清译,南京大学出版社2004年版,第5页。
② [美] 弗莱德·R.多迈尔:《主体性的黄昏》,万俊人译,广西师范大学出版社2013年版,第1页。
③ 郭湛:《主体性哲学:人的存在及其意义》修订版,中国人民大学出版社2011年版,第189、191页。
④ 刘森林:《追寻主体》,社会科学文献出版社2008年版,第9页。
⑤ 参见段德智《主体生成论——对"主体死亡论"之超越》,人民出版社2009年版,第54—58页。
⑥ 参见《马克思恩格斯文集》第1卷,人民出版社2009年版,第505页。

科学的马克思主义主体观对中国哲学界的影响广度、深度都是十分有限的。

面对马克思主义被攻击、歪曲和抹黑以及教科书式的僵化，张一兵曾提出"回到马克思"的口号，呼吁中国哲学界抛弃传统解释框架，主张在掌握第一手文献资料的基础上，与马克思的历史语境对话，从而为马克思哲学创新发展奠定基础。在《回到马克思——经济学语境中的哲学话语》的序言中，他明确了这一学术目标。①"回到马克思"这一口号的赞誉与批评并存。也有不少学者在"回到马克思"的意义上有另外的具体表述，诸如"走进马克思""走近马克思""重新理解马克思"等等。②无论如何表达，其中心思想大致都是，我们不能曲解马克思主义。具体到人或主体的理解上来，我们需要重新解释马克思主义理解人的思维方式或理解原则。重新解释不是跟传统彻底决裂，而是在传统的基础上通过改进认识而更加接近科学、接近真理，从而在马克思主义那里找到理解人或主体的正确思维方式或理解原则。

贺来通过比较研究，对马克思主义人的理解原则进行了明确的概括和分析。他指出，传统哲学虽然有不同的派别，对人和人的本性的理解也存在多种多样的具体描述，但对人的理解方式和解释原则却具有一致性和共同性。传统哲学"把人视为一种'现成'存在者的理解方式"，"把人视为一种摆在眼前的、可以用理性的、概念的方式来静观的对象"，认为最根本任务就是抛开人的"现象"、把握人的"本质"，从而实现"对人的一劳永逸的把握"。③无论是唯心主义哲学还是唯物主义哲学，无论是把人理解为理性存在还是理解为神性存在，或者自然存在，都没有逃脱"现成"的解释原则。将人先验地理解为"现成存在者"实际上就是把人当作"物"来理解，即"物种思维方式"。坦诚地说，用"物种思维方式"理解物、认识物当然是可以的，因为物本身就是封闭的存在、无矛盾的存在、孤立的存在。但是，人毕竟不能等同于普通物，因而不能以

---

① 参见张一兵《回到马克思——经济学语境中的哲学话语》，江苏人民出版社1999年版，"序"第8页。

② 代表著作主要有，孙伯鍨：《走进马克思》，江苏人民出版社2008年版；陈学明、马拥军：《走近马克思——苏东剧变后西方四大思想家的思想轨迹》，东方出版社2002年版；俞吾金：《重新理解马克思——对马克思哲学的基础理论和当代意义的反思》，北京师范大学出版社2005年版等等。

③ 贺来：《"主体性"的当代哲学视域》，北京师范大学出版社2013年版，第157页。

"物种思维方式"去理解人。如果以"物种思维方式"去理解人,人就会被"视为与物一样的'摆在那里的现成存在者'"。因此,运用"物种思维方式"去理解人,"必然会把人物化,而这在根本上也就是人的失落和人的抽象化。"① 贺来对海德格尔的"生存论"分析评价得很高,并由此得到启发,将"生存实践活动"确定为马克思主义理解人的基本原则。他具体指出:"生存实践活动"解释原则和理解方式实现了人的理解方式的根本变革。② "生存实践活动"不再将人视为一种物化的"现成存在者",成功地"把人从传统哲学物种思维方式的吞噬中得以拯救出来,使人真正以一种符合自身本性的方式实现了自我把握,人终于从物化的符咒中实现了自我解放,获得了真正独立的地位"③。

(三) 在历史中寻回

无论是"主体生成论",还是"生存实践活动论",都表明主体不是先验存在,不是现成存在,主体必然有一个产生和发展的历史过程。《路德维希·费尔巴哈和德国古典哲学的终结》(以下简称《终结》)是恩格斯晚年的一部重要著作。他在这部著作中回顾了哲学史,肯定了"世界不是既成事物的集合体,而是过程的集合体"④。作为存在于世界之中的人,也不是既成存在的,而是在过程中生成的。也就是说,"作为主体的人不是先天确定的,而是在历史的过程中形成的",人的主体身份"来源于并从属于无限的物质本体及其存在形态"。⑤ 从世界本体论或世界发展史的角度来看,人不是从来就有的,而是世界发展到一定阶段后的产物。在历史

---

① 贺来:《"主体性"的当代哲学视域》,北京师范大学出版社2013年版,第160页。
② 贺来认为,在对人的理解方式上,马克思主义哲学与传统哲学的根本区别具体表现在:(1) 以"生存活动"取代传统哲学的"知性化""对象化"原则,马克思主义"不再把人当成一个知识性的现成对象,而是把人当成一种自我'表现'和自我'生成'的过程",也就是说,"在此人不再是一个'什么',而已成为'怎样'和'如何'"。(2) 以"可能性""自由性"取代"本质主义"原则,马克思主义"不再把人当成先验本质规定的现成存在者,而是把人视为一种不断自我否定的超越性存在者",也就是说,"在此人不再是一个'名词',而已成为一个'动词'"。(3) 以"历史性"取代传统哲学的"非历史""现实性"原则,马克思主义"不再把人当成一种'永恒现时'的在场者,而是把人视为一种由未来支配的、由'不在场'引导的筹划者",也就是说,"在此人不再是一个'现在时',而已成为一个'将来时'"。(参见贺来《"主体性"的当代哲学视域》,北京师范大学出版社2013年版,第162页)
③ 贺来:《"主体性"的当代哲学视域》,北京师范大学出版社2013年版,第163页。
④ 《马克思恩格斯文集》第4卷,人民出版社2009年版,第298页。
⑤ 郭湛:《主体性哲学:人的存在及其意义》修订版,中国人民大学出版社2011年版,第16页。

上，曾经的确存在过没有人的世界，人类学、考古学的研究成果证明了这种判断。

从物种起源来看，人并不是天然存在物，而是自然世界发展到一定阶段后，从猿这个物种进化而来的，而这个过程经历了数十万年。在这个漫长的过程中，劳动起到了关键作用，可以说，"劳动创造了人本身"①。在漫长的岁月中，猿进化到可以直立行走，从而迈出"从猿过渡到人的具有决定意义的一步"②。后来，猿逐渐学会做一些简单的手上动作，并越来越自由地使用手，"手不仅是劳动的器官，它还是劳动的产物"③。正是因为劳动，猿的整个身体机能发生进化。随着手的发展、劳动的开始，使得各成员之间的联系更加紧密，从而产生了交流工具的需要，即"这些正在生成中的人，已经达到彼此间不得不说些什么的地步了"④。语言也就应运而生了。劳动、语言使猿脑逐渐地过渡到了人脑。随着人脑的进一步发育，人的所有感觉器官也得到了进一步的发育、完善。"由于随着完全形成的人的出现又增添了新的因素——社会，这种发展一方面便获得了强有力的推动力，另一方面又获得了更加确定的方向"⑤。人的手、脑及整个身体机能的发育和完善，并在社会中发生共同作用，人不仅有了完成复杂动作的能力，而且还拥有了更为高级的能力——思考能力，具有意识生产的能力，从而在物种上彻底和动物划清界限。因此，世界可以划分为人的世界和自然的世界⑥，人与自然的关系是人类产生后最基本的一组关系，人总是不断对自然界产生影响，改造自然从而获得继续生存的物质资源，但是人与普通动物已经完全不同，人们总是"带有经过事先思考的、有计划的、以事先知道的一定目标为取向的行为的特征"⑦。当然，单从

---

① 《马克思恩格斯文集》第9卷，人民出版社2009年版，第550页。
② 《马克思恩格斯文集》第9卷，人民出版社2009年版，第551页。
③ 《马克思恩格斯文集》第9卷，人民出版社2009年版，第552页。
④ 《马克思恩格斯文集》第9卷，人民出版社2009年版，第553页。
⑤ 《马克思恩格斯文集》第9卷，人民出版社2009年版，第554页。
⑥ 这在《德意志意识形态》手稿中可以得到一定的证明，"我们仅仅知道一门唯一的科学，即历史科学。历史可以从两方面来考察，可以把它划分为自然史和人类史。但这两方面是不可分割的，只要有人存在，自然史和人类史就彼此相互制约。自然史，即所谓自然科学，我们在这里不谈，我们需要深入研究的是人类史，因为几乎整个意识形态不是曲解人类史，就是完全撇开人类史。意识形态本身只不过是这一历史的一个方面。"（参见《马克思恩格斯文集》第1卷，人民出版社2009年版，第516页）在这一部分，我们重点关注的是自然史，即从物种起源上谈人的生成或发生。人类史将在"历史观中的主客体关系"中有所涉及。
⑦ 《马克思恩格斯文集》第9卷，人民出版社2009年版，第558页。

与自然的关系来看,动物也与自然发生关系,也从自然获得继续生存的物质资源,但"动物仅仅利用外部自然界,简单地通过自身的存在在自然界中引起变化",而人则"通过他所作出的改变来使自然界为自己的目的服务,来支配自然界"①。人拥有自我意识,这是现代主体诞生的重要标志。事实上,从人的自然生成史来看,马克思早年也有类似的认识,他认为"人始终是主体"②,但"人直接地是自然存在物"③。

　　按照马克思主义"人的生成"思想,刘锡光对哲学领域中的"主体"做了人类学的考察,进行了中国话语的表达。他具体把动物向人的转变划分为两大阶段。第一阶段(前石器时代),"在自在存在条件下纯动物分类学意义上的分化",可以简称为生物性进化阶段;第二阶段(旧石器时代),"超越动物的边界,开始实现人化的最后分化",可以简称为主体性进化阶段。④ 旧石器时代无疑是动物向人进化的决定性阶段,这个阶段的生命体在生物进化意义上已经是人类,但是,还不是主体,"是人类的童年,还不是人类的成年"⑤。因此,旧石器时代的人只能称作为"前人"或"前主体"。随着"前人"或"前主体"的进一步发育和完善,他们的劳动能力进一步增强,逐步学会了使用和制造攫取性工具,这是人类主体进化史上的第一个突破。"当攫取性工具的制作发展到一定程度并被广泛使用时,就摆脱了对第一种自然即自在的自然的依赖,为参与对象的生成提供生产品,继而摆脱对第二种自然即作为对象的自然的依赖做好了准备。当他们能参与对象的生成并提供生产、生活必需品时,便有了第二个突破,也就意味着成年人类的出现。成年人类是人类的真正代表,因而才是主体。"⑥ 那么,作为主体的现代人到底在历史上出现在什么时间呢?刘锡光根据他所掌握的历史资料推断,给出了一个较小误差的时间范围,他说:"我认为大体上只能在距今2万年左右至3万年左右之间进行选择",自信"这个时间的误差极限在目前的资料、技术、知识水平的条件下已经难以超越"。⑦

　　虽然,我们至今无法精确作为主体的现代人具体何时才得以确立的,

---

　　① 《马克思恩格斯文集》第9卷,人民出版社2009年版,第559页。
　　② 《马克思恩格斯文集》第1卷,人民出版社2009年版,第195—196页。
　　③ 《马克思恩格斯文集》第1卷,人民出版社2009年版,第209页。
　　④ 刘锡光:《主体的发生》,浙江大学出版社2014年版,第19页。
　　⑤ 刘锡光:《主体的发生》,浙江大学出版社2014年版,第24页。
　　⑥ 刘锡光:《主体的发生》,浙江大学出版社2014年版,第38页。
　　⑦ 刘锡光:《主体的发生》,浙江大学出版社2014年版,第41页。

但是，我们从人的生成史发现，人并不是一开始就是这个世界的物种，也不是一开始就拥有主体地位，而是历史发展的产物，经过了漫长的历史时期。同时，我们在这里还发现，从自然史的角度来看，人与主体一开始完全不是一回事，只有人发展到一定阶段，以拥有意识、会制造攫取性工具等为主要标志，人才能获得主体地位。当然，历史进展到当前，我们把现代人与现代主体理解为一回事并没有多大问题，但是，不能忘记"全部人类历史的第一个前提无疑是有生命的个人的存在"[①]。在漫长的历史过程中，作为物种的人先于作为主体的人而存在，作为物种的人的存在是作为主体的人的存在的前提。

（四）在实践中寻回

"任何真正的哲学都是自己时代的精神上的精华"[②]。哲学必须根植于现实世界，哲学中的"主体"范畴必然是从现实世界抽象出来的范畴，理解主体必须回到现实世界中去。对中国而言，如何理解主体，理解作为主体的人，还必须回到中国的现实世界，回到中国特色社会主义实践。

在社会主义实践中，中国取得了巨大的成就，突出表现在马克思主义的指导下，中国共产党团结带领中国人民一以贯之地进行伟大的社会革命，实现了从站起来到富起来再到强起来的伟大飞跃。但是，在伟大社会革命中，我们也曾犯过不少历史错误，突出体现在"文化大革命"上。在"文化大革命"期间，谈人色变，把"谈人"狭隘地理解为极端个人主义，理解为资本主义的专利，在错误的思想指导下进行着反人道主义的实践。值得庆幸的是，我们党"对自己包括领袖人物的失误和错误历来采取郑重的态度，一是敢于承认，二是正确分析，三是坚决纠正"[③]，因而"悬崖勒马"，及时纠正了错误，结束了"文化大革命"，在全国范围内掀起思想解放运动，重新思考关于"人"的问题。这为我们真正坚持马克思主义的立场观点方法去理解人提供了正确的政治环境支撑。党的十一届三中全会后，中国确立的"一个中心，两个基本点"，破解了计划与市场之争，决定发展社会主义市场经济。这为我们真正坚持马克思主义的立场观点方法去理解人奠定了实践基础，同又提出了新的时代课题。因

---

① 《马克思恩格斯文集》第1卷，人民出版社2009年版，第519页。
② 《马克思恩格斯全集》第1卷，人民出版社1995年版，第220页。
③ 习近平：《在纪念毛泽东同志诞辰120周年座谈会上的讲话》，《人民日报》2013年12月27日。

此，在 20 世纪 80 年代，在全国范围内兴起了一场关于人道主义和异化问题的哲学大讨论，到纪念马克思逝世 100 周年（1983 年）达到高潮。就是以这场大讨论为标志，中国马克思主义哲学对人的科学研究才实际地逐步展开，在黄楠森、王锐生和夏甄陶等老一辈学者的艰苦创业和韩庆祥等中坚力量崛起的基础上，一个新的马克思主义哲学分支也随之诞生并成熟，这就是"马克思主义人学"。

韩庆祥指出，当代中国马克思主义人学研究进程大致可以划分为萌芽阶段、生长阶段和长果阶段。但是，当代中国马克思主义人学仍然存在诸多不足，在韩庆祥看来主要体现在四个方面。[①] 韩庆祥的评价具有构建马克思主义人学学科和理论体系的强烈"学术使命"，要完成好这个"学术使命"，学者们还得回到中国实践中去，特别是改革开放以来中国实践，回答新时代为马克思主义人学提出的新问题，回应新时代给马克思主义人学提出的新挑战。

相比较而言，丰子义等人所著的《主体论——新时代新体制呼唤的新人学》具有一定的代表性。虽然这部著作属于早期的研究成果，但它努力根植中国实践，为我们理解新时代的主体提供了帮助。在这本著作中，丰子义等人三次修改写作提纲，最终形成了"一般主体论—现代主体论—中国特色社会主义新型主体论"的结构。在第三篇"中国特色社会主义新型主体论"中，丰子义等人从发挥社会主义制度优越性的高度明确提出了"社会主义主体性"。在他们看来，社会主义制度的优越性，主要不是表现在物上，而是充分表现在人上，即"建设社会主义的主体性"[②]。因此，在社会主义条件下，主体问题的实质，实际上就是"社会主体——人民群众积极性的发挥问题"，因为，社会主义改革的目的"就

---

① 具体为以下 4 个方面：(1)"着重从哲学学理层次上把握'完整的人'，而在为时代和中国实践发展提供人学理念方面做得不够，在同其他学科交流合作方面也显得不够"。(2)"注重从学术理论上探讨人的问题，而在使人学走出书斋，'下'到同平民大众的生活世界相结合从被他们掌握，'上'到同决策部门相结合从而为决策提供根据，做得还不够，致使哲学学术圈外的人士不知'人学'所云"。(3)"多在学科边界、人学对象、人学观点比较模糊的情境下进行，这利于学者们打破'框框'束缚，大胆探求问题，但也使一些学者把远不是人学的问题当作人学问题来'经营'"。(4)"多以科学理性的方式和自觉的态度进行研究，但研究中的主观评判色彩、盲目自发的模仿倾向不同程度上依然存在"。（参见韩庆祥《马克思的人学理论》，河南人民出版社 2011 年版，第 13—14 页）

② 丰子义、孙承叔、王东：《主体论——新时代新体制呼唤的新人学》，北京大学出版社 1994 年版，第 226 页。

是要建立起一整套能够持久地激发人民群众积极性的政治体制和经济体制"。① 随后，他们专门阐述了社会主义新型市场经济、新型民主政治、新型精神文明、新型社会组织和新型人权发育与人的主体性的关系，这实际上是把主体融入中国社会主义的经济、政治、文化、社会、人权等具体领域进行理解，提供了一个新的理解框架，在一定程度上避免了抽象的空谈。中国特色社会主义进入了新时代，使中国特色社会主义总体布局更加合理、更加丰富，这为我们理解作为主体的人提供了更宽宏的新视野和新实践。但是，在新时代不能犯旧错误，我们必须在中国实践之中而不能在之外去理解作为主体的人，同时，我们又不能陷入复杂的经验事实中而无法自拔，还需要有高度的理论自觉。因此，要直面生活本身，带着问题意识和理论自觉的使命去理解作为主体的人。

第二节 主客体关系是不是哲学基本问题？

在上一节中，我们着重梳理了哲学史上对主体本身的理解和讨论，对主体与客体的关系的观照不够，但是，上一节的工作是有意义的，有助于我们更好地理解主体，从而更好地理解主体与客体的关系。20世纪80年代，中国哲学界对主体及主体性问题的讨论席卷了全国，形成了许多创新性的研究成果。② 有学者提出，主客体关系问题是哲学本体论问题，是哲学的基本问题。当然，也有学者对此表示反对。哲学基本问题是什么？这关系到哲学本身的生存与发展。恩格斯曾明确思维与存在的关系问题才是全部哲学的基本问题，而把主客体关系直接上升为哲学基本问题，这个观点是有一定震撼性的。主体与客体的关系、思维与存在的关系是一回事吗？无论是与不是，似乎都与恩格

---

① 丰子义、孙承叔、王东：《主体论——新时代新体制呼唤的新人学》，北京大学出版社1994年版，第232页。

② 1983年8月17日至22日，由中国辩证唯物主义研究会、大连市干部学校、大连市哲学社会科学联合会、辽宁大学哲学系、辽宁省哲学社会科学联合会、辽宁省社会科学院哲学研究所等6家主要单位联合发起召开了"全国主体和客体问题讨论会"，来自全国各地40多位哲学工作者参加了此次会议，重点讨论了主体和客体概念的规定性及其相互关系、主客体问题与哲学基本问题的关系、研究主客体问题的意义等议题。1984年，辽宁人民出版社将会议论文以《主体——客体：一九八三年全国主体和客体问题讨论会论文选》为名公开出版，附录了1980年9月至1983年10月国内主要报纸杂志有关主体和客体问题的部分论文索引。

斯的观点不尽相同，那么，长期以来确立的马克思主义哲学大厦会不会因此轰然倒塌？这个问题在哲学界引起了长期的讨论。本节将对主客体关系是不是哲学基本问题的讨论进行梳理，并在此基础上做一些必要的讨论。

一　主客体关系是哲学基本问题

"全部哲学，特别是近代哲学的重大的基本问题，是思维和存在的关系问题。"[①] 这是恩格斯在深刻总结人类认识史和哲学发展史的基础上所作的科学结论。然而，随着时间推移、时代发展，这个理论观点受到了质疑。经过"文化大革命"的创伤，在解放思想的浪潮中，哲学领域当然也要强调要突破传统的条条框框，抛弃迷信传统，要超越马克思主义本本，这是无可厚非的。正是因为在这样的背景下，中国哲学才能名正言顺地再次研究新问题，更正以前的错误认识，说一些与马克思主义经典作家没有说过的新话。所以，针对哲学基本问题，中国哲学界对此也有一些"新认识"。纵观将主客体关系视为哲学基本问题的研究者，他们在某种程度上也是在进行哲学"理论创新"。

近代哲学是以认识论为核心的，近代"主体"概念也是在认识论语境中诞生的。笛卡尔使认识论意义上的"主体"得到了确立，也随之确立了主体与客体的认识论框架，因此，一般来讲，主体与客体的关系被限定在认识论语境中。但是，在中国，在全国解放思想的浪潮中兴起的关于主体与客体关系问题的讨论中，主体与客体的关系问题突破了认识论语境，有不少学者就认为，主客体关系问题是哲学基本问题。1980年，吴建国、崔绪治在《中国社会科学》第6期上发表了《坚持实践观上的唯物主义一元论》，文章在批评现代资产阶级实用哲学时提出了一个新观点——"哲学基本问题即主体和客体、精神和物质的关系问题"[②]。这似乎是马克思主义哲学在当今时代中形成的新成果。

哲学必须回应、回答时代问题，也就是说，随着时间的向前推移，作为时代的精神上的精华的哲学也必然会发生变化，这当然是符合马克思主义的。不少学者把时代变化作为根据，为将主客体关系问题确认为哲学基

---

① 《马克思恩格斯文集》第4卷，人民出版社2009年版，第277页。
② 吴建国、崔绪治:《坚持实践观上的唯物主义一元论》，《中国社会科学》1980年第6期。

本问题寻找理论依据和合法性。在他们看来，恩格斯1886年将思维与存在的关系问题确定为哲学基本问题，至今（1980年左右）已经100年了，哲学基本问题发生变化是理所当然的事情。例如，在1986年，雷永生在《人文杂志》第6期发表了《论哲学基本问题的演变》一文。该文就某个问题在某种理论形态中成为永恒基本问题的基本条件作了分析。[①] 但是，哲学是时代的精神上的精华，哲学总是要解决时代问题，不会满足上述两个条件，因而哲学基本问题不可能是永恒不变的。然而，白纸黑字，恩格斯将思维与存在的问题确认为哲学基本问题是无法否认的事实。那么，如何处理这个矛盾呢？雷永生抓住了恩格斯"近代哲学"这一关键词，认为不能将恩格斯所说的思维与存在的关系问题扩展至当今哲学，因为，哲学基本问题具有历史性，思维与存在的关系问题只是古代、近代哲学的基本问题，而现在已经过时，"作为哲学基本问题的思维与存在的关系问题已经被新的问题所代替了。"[②] 这个"新的问题"是什么呢？雷永生给出了明确的回答，即主客体的关系问题。他认为，马克思主义哲学对"主体"的认识是具有革命性的，在分析《1844年经济学哲学手稿》（以下简称《1844手稿》）、《关于费尔巴哈的提纲》等文本基础上明确指出，"他们视实践观为新哲学的基石，把通过实践而实现的主体—客体的辩证关系视为新哲学的基本问题"[③]。他遗憾地指出，这个思想并没有得到人们的重视，而是固守恩格斯在《路德维希—费尔巴哈和德国古典哲学的终结》中的论述，将哲学基本问题绝对化了。不过，也有令他欣喜的事情，因为，"人是马克思主义哲学的中心，已成为普遍接受的论断"，即便在中国对这一论断还具有不少争论，但他相信"主体与客体的关系问题必然成为当代马克思主义哲学的基本问题"。[④]

持这种观点的人们还在列宁那里寻找理论依据。在有些学者看来，在哲学基本问题上，列宁也发展了马克思主义的观点。例如，吕国忱就是这种观点的支持者。他在《理论探讨》2004年第1期上发表了《列宁主体

[①] 这两个条件具体为：（1）"这种理论形态的对象、研究范围、各派研究者的基本观点亘古不变（即使有变化，也是无关大局的量变）"；（2）"这个问题具有极强的应变能力，各种学说万变不离其宗，最后总归要回到这个问题上来"。（参见雷永生《论哲学基本问题的演变》，《人文杂志》1986年第6期）

[②] 雷永生：《论哲学基本问题的演变》，《人文杂志》1986年第6期。

[③] 雷永生：《论哲学基本问题的演变》，《人文杂志》1986年第6期。

[④] 雷永生：《论哲学基本问题的演变》，《人文杂志》1986年第6期。

客体观的重大转变——〈唯批〉①与〈哲学笔记〉之比较研究》一文，首先提出了一种研究方法的批判。他认为，在主客体的关系问题上，研究者重点关注马克思和恩格斯的文本，几乎没有涉及列宁的文本，这是一大缺陷。因此，他以《唯批》和《哲学笔记》为文本依据进行研究，继而指出，列宁将哲学基本问题从思维与存在的关系问题发展到了主客体关系问题。他认为，在《唯批》中，列宁始终将主客体关系统一理论作为批评的对象。通过考察《哲学笔记》，吕国忱发现列宁的观点发生了转变，从批判主客体统一转变到论证主客体统一，并上升到哲学基本问题的高度。对比《唯批》和《哲学笔记》两个文本中对主客体关系的不同观点，吕国忱得出了一个大胆的结论："应该以主体客体作为今天的哲学基本问题"。他指出，在新的时代条件下，"把主体客体问题作为哲学的基本问题，既是列宁思想发展的结果，也是今天哲学发展的必然趋势。"②

二 主客体关系非哲学基本问题

在社会主义市场经济体制改革目标的方向指引下，主体的地位需要进一步凸显，哲学不能回避这个重大现实问题，必须在理论上赋予主体合法地位，这是当代哲学的一个重要使命。因此，不少学者才根据时代的变化，放弃恩格斯对哲学基本问题的确认，直接将哲学基本问题确定为主客体关系。虽然主客体关系是当代哲学不可回避的重要问题，但是将其上升为哲学基本问题是否合适？事实上，批评的观点远比支持的观点多得多。在这里，我们主要介绍对前文中进行直接回应的文章，以便更好地展现中国哲学界对"主客体的关系问题是否是哲学基本问题"这一问题的争论。

针对吴建国和崔绪治的观点，刘奔在《中国社会科学》1981年第2期发表了《主体—客体关系问题和哲学基本问题是一回事吗?》一文予以回应。虽然这个题目是一个疑问句，但答案却是肯定的，答案蕴含在疑问之中，刘奔通过对吴建国和崔绪治的批评，试图捍卫恩格斯对哲学基本问题的论断。他坦言，主客体关系问题与哲学基本问题是两个密切联系的问题，但是，二者又不完全是一回事，不完全是同一个论域中的问题（主

---

① 即《唯物主义和经验批判主义：对一种反动哲学的批判》，无特殊说明，本书均使用其简称《唯批》。
② 吕国忱：《列宁主体客体观的重大转变——〈唯批〉与〈哲学笔记〉之比较研究》，《理论探讨》2004年第1期。

客体关系问题主要是认识论问题,而哲学基本问题首先是本体论问题),如果将二者混为一谈,"其结果势必导致在哲学基本问题上背离辩证唯物主义的原则立场"①。对此,他提出了两个基本论点,以此来捍卫辩证唯物主义和恩格斯所确认的哲学基本问题。他具体指出,(1)"认识的主体并不等同于思维、精神",这是唯物主义坚决反对的观点,即便是旧唯物主义也是如此。马克思虽然反对将主体理解为思维,但是他并不否定主体的自觉能动性,即人对客观世界施加作用或活动的能力。然而,精神活动不是主体活动的全部,除此之外,还有实践活动,而且主体活动首先只能是实践活动,精神活动或思想活动只是实践活动的产物。因此,如果我们把主体归结为精神,那么,我们与唯心主义的界限就变得模糊,甚至沦为唯心主义一侧。②(2)"客体的概念也不等同于客观实在、物质等概念"。在刘奔看来,辩证唯物主义并不是笼统地将整个客观世界都看作是认识客体,而是有一定界限和前提的,只有实际进入人们实践领域的那一部分客观存在才能获得认识客体的地位。然而,旧唯物主义却看不到这样的界限和前提,在他们看来,客观存在的一切都是人们的认识客体,根本不关心客观存在是否与人们发生了实践的联系。可是,如果将还未同人发生实践关系的部分也当作是客体,那么,辩证唯物主义同旧唯物主义的界限也就难以划清。因此,认识客体地位的取得是以与人发生实践的联系为前提的,认识主体与认识客体是成对出现的,因而客体只是"相对于一定的主体而出现;没有作用于它并认识它的主体;它也就不是客体(即不是作为客体而存在)"。但是,物质与意识的关系并不是如此,物质总是先于意识,存在总是先于思维,某物在成为认识客体之前可能早就存在了。概括来说,"主体既然不等同精神,客体也不等同于物质,那么主体—客体关系也就不等同于精神—物质的关系、思维—存在的关系"。③ 不能把认识论问题与本体论问题混为一谈,模糊二者之间的区别。

雷永生的《论哲学基本问题的演变》引起了激烈讨论。以《人文杂

---

① 刘奔:《主体—客体关系问题和哲学基本问题是一回事吗?》,《中国社会科学》1981年第2期。

② 参见刘奔《主体—客体关系问题和哲学基本问题是一回事吗?》,《中国社会科学》1981年第2期。

③ 参见刘奔《主体—客体关系问题和哲学基本问题是一回事吗?》,《中国社会科学》1981年第2期。

志》为阵地,这篇文章中提出的观点先后受到刘怀惠、王干才和刘进田等人的质疑。首先是刘怀惠,他在该刊1987年第3期发表了《哲学的基本问题过时了吗?——与雷永生同志商榷》一文,明确指出相反的观点。他在文章开头就开门见山地说:"对此笔者不敢苟同。笔者认为,哲学基本问题并没有过时。"① 列宁曾多次说哲学史就是"认识史",由此,哲学可以理解为"关于认识的理论、学说",需要回答谁来认识、认识什么的基本问题,这可以概括为思维与存在的关系问题。因为,思维和存在的关系其实就是思维把世界上所有的东西都当作自己的认识对象。而且,只要有人类,就会有认识,而只要有认识,就存在思维与存在的关系问题。对雷永生关于某个问题在某种理论形态中成为永恒基本问题的两个基本条件的分析,刘怀惠并无异议,是赞同的。但是,刘怀惠并不赞同雷永生得出的结论,他恰恰认为,思维与存在的关系具备这样的条件。的确,认识问题不会终结。因此,刘怀惠断言:"思维与存在的关系是一个永恒的问题,哲学的基本问题永存"②。在这个基础上,刘怀惠进而否定了雷永生把主客体的关系问题上升为哲学基本问题的观点。刘怀惠认为,雷永生的观点难以成立,并给出了两个理由:(1)"主客体关系并不是什么新问题"。在刘怀惠看来,马克思、恩格斯在创立马克思主义哲学时,虽然深刻论述了主客体的关系问题,但并没有将主客体的关系问题上升到哲学基本问题的高度③。(2)"主客体的关系包容在哲学的基本问题之中"。刘怀惠认为,恩格斯所确认的哲学基本问题并没有随着时间的推移而过时,用主客体的关系问题代替思维与存在的关系问题根本就不是一个真问题,因为二者在本质上是一致的,都是认识论问题,主客体的关系问题并没有越出哲学基本问题,而是包容在哲学基本问题之中,只不过是对哲学基本问题丰富化、具体化。④

随后,王干才和刘进田在《人文杂志》1987年第5期发表了《哲学

---

① 刘怀惠:《哲学的基本问题过时了吗?——与雷永生同志商榷》,《人文杂志》1987年第3期。
② 刘怀惠:《哲学的基本问题过时了吗?——与雷永生同志商榷》,《人文杂志》1987年第3期。
③ 即"马克思实际上已经把主体与客体的关系问题确立为新时期的哲学基本问题"。(参见雷永生《论哲学基本问题的演变》,《人文杂志》1986年第6期)
④ 参见刘怀惠《哲学的基本问题过时了吗?——与雷永生同志商榷》,《人文杂志》1987年第3期。

基本问题演变说质疑——就教于雷永生同志》一文，对雷永生的观点也发表了不同意见。他们认为，雷永生混淆了哲学基本问题与哲学研究对象、研究中心之间的关系，没有看到二者之间的联系与区别，没有理解到二者是"一般和个别"的关系，是"基本矛盾和主要矛盾"的关系。在他们看来，基本矛盾是"贯穿于事物发展过程始终，并规定着事物根本性质的矛盾，非到事物发展整个过程的结束不会消亡"。不可否认，基本矛盾的具体表现形式，在不同阶段可能不同，但其根本性质是不会变的，是相同的、一致的。哲学基本问题在不同的时代有不同的表现形式，但是，只要哲学没有消失，决定其性质的基本矛盾是不变的。雷永生过分强调了哲学基本问题的"变"，而忽视了哲学基本问题的"不变"，"割裂了这一辩证统一关系，否认哲学基本问题中的不变性一面，有失偏颇"。人类社会生活在本质上实践，思维与存在是实践活动中最根本、最普遍的矛盾，"只要人类存在着，那么，思维和存在的关系就将永远是人类实践的基本矛盾，从而本质上也必然成为哲学的基本问题"。① 既然不是替代关系，那主客体的关系问题同思维与存在的关系问题是什么关系呢？在王干才和刘进田看来，思维和存在的关系问题居于首位：（1）"如何解决思维和存在的关系问题决定、制约着哲学家的主体、客体观"，（2）"思维和存在的关系也毫无例外地制约着主体和客体的关系"。雷永生根据时代的变化和现实要求提出，主客体的关系问题必然会成为当代哲学基本问题。针对这一观点，王干才和刘进田也是持反对意见的，他们认为，探讨主客体的关系问题必须回到思维与存在的关系问题上来，用主客体关系置换思维与存在的关系，看似是一种替代和上升，实际上又不得不回到起点。② 在王干才和刘进田看来，雷永生的依据也是不能成立的，理由有三：（1）"哲学基本问题的确定，是根据人类实践活动的事实，是对众多哲学问题的地位进行逻辑分析的结果，它与人的本质的改造并没有必然联系"，自哲学产生以来，关于人的本质的认识大相径庭，但是哲学基本问题是一以贯之的。（2）即便思维与存在的关系"已经汇入主体与客体的关系之中"，但它仍规定、制约着主客体关系中其他问题。（3）与其说马

---

① 参见王干才、刘进田《哲学基本问题演变说质疑——就教于雷永生同志》，《人文杂志》1987年第5期。
② 参见王干才、刘进田《哲学基本问题演变说质疑——就教于雷永生同志》，《人文杂志》1987年第5期。

克思主义哲学变革了哲学基本问题,不如说它"使哲学基本问题获得了前所未有的科学意义和最为全面而丰富的内容"。① 因此,哲学基本问题仍是思维与存在的关系问题,而不是主客体的关系问题。

针对吕国忱提出的观点,禹国峰和黄原在《燕山大学学报》(哲学社会科学版)2008年第4期发表了《主客体关系是哲学的基本问题吗?——与吕国忱同志商榷》一文,提出他们的不同意见。他们认为"《唯批》是在于批判主体客体统一理论的"是一个错误结论。在他们看来,(1)吕国忱在逻辑上严重违反同一律。禹国峰和黄原发现,在列宁的文本中,完整的表述是"那种绝对的主体—客体和客体—主体"②,但吕国忱下结论时却丢掉了"那种绝对的"的限制,直接用"主体—客体和客体—主体",造成前后逻辑不一致。按照逻辑一致的原则,吕国忱的结论只能是"《唯批》是在于批判'绝对的主体—客体和客体—主体'的",而不能是"《唯批》是在于批判主体客体统一理论的"。(2)吕国忱偷换了概念,歪曲和篡改了列宁的本意。通过文本考察,禹国峰和黄原发现:在费希特的文本中,"绝对的主体—客体和客体—主体"才是完整的表达。有了这个"绝对的"限定,我们会发现,这与马克思主义哲学中的主客体统一根本就不是一回事。因此,列宁在《唯批》中,批判的对象具体是"绝对的主体—客体和客体—主体"。然而,吕国忱却改变了列宁的本意,把主客体关系的统一理解为是对"绝对的主客体统一观"的肯定,而无法理解"列宁认为主客体的统一关系在本质上必须是主观和客观的统一、理论和实践的统一,主客体客观社会性的实践的完整意义应当在于主观和客观的统一、理论和实践的统一"③。纵观全文,禹国峰和黄原认为,吕国忱"不仅严重误读了《唯批》和《哲学笔记》,而且在看待现象等问题上也存在着严重的主观唯心主义错误。"④ 因此,断言列宁将哲学的基本问题确定为主客体关系问题,就失去了基本的唯物主义哲学立场,是对列宁主客体理论的严重歪曲。

---

① 参见王干才、刘进田《哲学基本问题演变说质疑——就教于雷永生同志》,《人文杂志》1987年第5期。
② 《列宁选集》第2卷,人民出版社1995年版,第65页。
③ 禹国峰、黄原:《主客体关系是哲学的基本问题吗?——与吕国忱同志商榷》,《燕山大学学报》(哲学社会科学版)2008年第4期。
④ 禹国峰、黄原:《主客体关系是哲学的基本问题吗?——与吕国忱同志商榷》,《燕山大学学报》(哲学社会科学版)2008年第4期。

三 对哲学基本问题争论的反思

哲学基本问题毕竟是恩格斯在 100 多年前所下的结论。然而，把主客体的关系问题上升为哲学基本问题，这看似坚持了"任何真正的哲学都是自己时代的精神上的精华"，似乎又与恩格斯的观点相矛盾。事实上，关于哲学基本问题的争论也一直存在，"坚持论者"没有说服"过时论者"，"过时论者"也没有说服"坚持论者"，因此，有不少学者尝试调和两种观点。

有学者认为，二者在本质上是一回事，都是哲学基本问题，只是表述不同而已。例如，肖前就持这样的观点。从表达形式上看，在吴建国和崔绪治的"哲学基本问题即主体和客体、精神和物质的关系问题"论断中，"主体"与"精神"的地位相当，"客体"与"物质"的地位相当。作为马克思主义哲学的捍卫者，在某种程度上，我们能够接受将"物质"理解为"客体"，但不能接受将"精神"理解为"主体"，对于后者，这是典型的唯心主义，而不是唯物主义，更不可能是辩证唯物主义或新唯物主义。但是，在讨论这个问题的时候，正因为接受了将"物质"理解为"客体"这个前提，而自觉不自觉地忘记了不能将"精神"理解为"主体"的限制，或者说有意回避了这个棘手问题。肖前似乎没有回避问题，他在明确"主体不等于意识"的基础上指出，物质和意识的关系问题是哲学基本问题，主客体关系问题同时也是哲学基本问题。这如何理解呢？首先，肖前肯定了主客体的关系是渗透在人的一切领域中的基本问题。大体而言，人的活动无非认识活动（主体认识客体、反映客体）、实践活动（主体改造客体），这在本质上都是主客体的关系问题。所以，主客体关系问题"是在人的一切生活领域当中存在的最普遍、最基本的问题"[①]。在这里，他并没有按照一般的理解，将哲学基本问题的第一方面视为本体论问题，而是用实践论问题代替的，这或许就是对前文中棘手问题的某种解决。肖前从恩格斯对哲学基本问题"形式史"或者说"表达史"的考察中得到启发：在不同时代，哲学基本问题的形式或表达是不同的。因此，他认为"哲学基本问题的表述形式，可以有各种各样的"，主客体的关系问题只是哲学基本问题的一种表达形式而已。但是，他并不主张用主客体的关系问题代替物质与意识的关系问题，因为，从表达形式上看，后

---

① 肖前：《主客体关系及其现实意义》，《文史哲》1985 年第 2 期。

者优于前者。所以,他概括指出"物质和意识的关系问题是从主体、客体关系中抽出来的一种更科学的更精确的提法。"①

从现实的时代要求来看,主客体的关系问题显得十分突出;从历史的科学论断来看,思维与存在的关系问题不能随意更改。如何处理这种矛盾呢?有学者选择在坚持历史的科学论断的基础上,把主客体的关系问题纳入到思维与存在的关系问题的范围之中,以此来缓和用主客体的关系问题代替思维与存在的关系问题的"激烈"观点。例如,邹永图就是这种方案的提出者之一。他高度赞扬了恩格斯在《终结》中对哲学基本问题所作的科学论断。然而,哲学研究不能一直停留在这个问题上,时代变化的客观事实不能抛在脑后,现在"很有必要把主体与客体的关系问题列入哲学基本问题的范围"②。那么,如何证明把主客体的关系问题列入哲学基本问题的范围,不是对思维与存在的关系问题地位的挑战呢?邹永图具体从三个方面进行论证。(1)恩格斯并没有明确思维与存在的关系问题就是哲学唯一的基本问题。在恩格斯的其他著作中,他"常常把精神与物质的关系同人类与自然(即主体与客体)的关系放在一起加以阐述。"所以说,把主客体的关系问题确定为哲学基本问题"并不违背恩格斯的原意",反而是"恩格斯思想的合乎逻辑的发展要求"③。(2)从哲学基本问题与哲学研究对象的关系来看,在思维与存在的关系问题之外,将主客体的关系问题列入哲学基本问题的范围是"顺理成章的事"。因为,不研究主客体关系,既无法说明"思维"的产生和发展,也无法说明"存在"的改变与人的活动的一致性。(3)从历史和现实的角度来看,古今中外的哲学家都十分重视并试图解答主客体的关系问题,当前哲学界迫切需要对这个问题作出科学的回答,因而把主客体的关系问题列入哲学基本问题"是十分必要的,也是适时的"。即便这三条理由足够充分,事实上还不足以说明主客体的关系问题同思维与存在的关系问题之间的关系。邹永图倒是很诚实,他坦言:主客体的关系问题同思维与存在的关系问题之间的关系是"值得探索的复杂问题",是"无法详谈"的问题。但是,既

---

① 肖前:《主客体关系及其现实意义》,《文史哲》1985年第2期。
② 邹永图:《主体与客体的关系应当列入哲学基本问题的范围》,《现代哲学》1991年第3期。
③ 邹永图:《主体与客体的关系应当列入哲学基本问题的范围》,《现代哲学》1991年第3期。

然提出了这样一个"调和"观点，二者的关系问题就是绕不开、躲不过的，不能不谈。因此，他"被迫"给出了两个原则性的基本认识：一方面，主客体的关系制约着思维与存在的关系；另一方面，其解决又依赖于思维与存在的关系问题的正确解决。① 事实上，这并没有厘清主客体的关系问题同思维与存在的关系问题之间的关系，而且还引出了许多新问题，例如，哲学基本问题到底只有一个？还是有两个？或是有更多个呢？

一般认为，根据恩格斯在《路德维希—费尔巴哈和德国古典哲学的终结》中的论断，哲学基本问题具体有两个方面的规定性。恩格斯在文本中使用的"思维和存在的关系问题还有另一个方面"的表述为这种理解提供了依据。具体来说，第一方面是本体论问题；第二方面是认识论问题。也正是基于这样的认识，无论作何解释，把主客体的关系问题等同于思维与存在的关系问题都难以让人信服。方明似乎给我们提供了另一种思路，把哲学基本问题理解为主客体的关系问题是不明智的，只有第二方面才能理解为主客体的关系问题。在他看来，当前人们对哲学基本问题第二方面的两种普遍理解都是有问题的。第一种普遍理解是思维与存在的同一性问题，这并不是恩格斯的本意，而是对恩格斯的误解。因为，（1）思维与存在的同一性历来都是唯心主义认识论的基本命题，其本体论是"思维即存在，存在即思维"，这与哲学基本问题的第一方面是矛盾的，同时，将哲学基本问题的第二方面概括为"同一性"问题也是不恰当的。（2）马克思主义实际上一直都在否定、批判"思维和存在同一性"这个唯心主义命题。第二种普遍理解是世界可知性问题，这也是不符合恩格斯原意的。他认为，将"我们关于我们周围世界的思想对这个世界本身的关系是怎样的？我们的思维能不能认识现实世界？我们能不能在我们关于现实世界的表象和概念中正确地反映现实？"② 三个问句理解为同一个问题（即世界可知性问题）是不准确的。原因在于：（1）从答案的形式来看，针对第一个问句，我们无法直接给出"能"或"不能"的回答，这与第二、第三个问句的答案形式明显不同。（2）从答案的内容来看，这三个问句"不仅仅是一个世界能否认识以及如何认识的问题，它还可以

---

① 参见邹永图《主体与客体的关系应当列入哲学基本问题的范围》，《现代哲学》1991年第3期。
② 《马克思恩格斯选集》第4卷，人民出版社2012年版，第231页。

包括世界能否以及如何利用，世界能否以及如何改造等等问题"①。据此，方明就提出了不同的见解——用主客体的关系问题来概括哲学基本问题第二方面。他详细说明了这一见解的依据来自恩格斯的第一个问句："我们关于我们周围世界的思想对这个世界本身的关系是怎样的？"② 按照他的理解，恩格斯在这个问句中实质上准确使用了主体、客体的概念，"我们"即思维着的主体，而"我们周围的世界""这个世界"即思维的客体，这个问句实际上可以转化为：主体关于客体的关系是怎样的？这就间接提出了一个总体性问题——主客体的关系问题，已经把世界可知性问题包含在其中了。"将哲学基本问题第二个方面概括为主体与客体的关系问题不仅仅是一个文字变动，它有着极为深刻的理论意义和现实意义。"③

的确，时代变化是哲学基本问题不可回避的，主张将主客体的关系问题上升为哲学基本问题的一个有力依据就是时代变化，"调合论者"也因时代变化这一事实而难以服众或是自圆其说。实际上，争论的症结已经找到，那就是时代的变化，解决争论的办法也已明确，那还是时代的变化。具体而言，这些争论的产生在于没有厘清哲学基本问题与哲学时代主题之间的联系和区别。孙正聿对这个问题的分析是令人信服的。④ 通过区别哲

---

① 方明：《哲学基本问题第二个方面是主体与客体关系问题——对恩格斯关于哲学基本问题第二个方面论述的再认识》，《南京政治学院学报》1991年第6期。

② 《马克思恩格斯选集》第4卷，人民出版社2012年版，第231页。

③ 具体有三个方面：（1）"为我们正确解决主客体关系问题与哲学基本问题的关系提供了一条指导性线索和正确思路"，（2）"把主客体关系问题上升到哲学基本问题的高度，突出了马克思主义哲学的特色，也突出了时代的特征"，（3）"为我们从哲学基本问题的高度上分析和研究西方现代哲学提供了钥匙"。（参见方明《哲学基本问题第二个方面是主体与客体关系问题——对恩格斯关于哲学基本问题第二个方面论述的再认识》，《南京政治学院学报》1991年第6期）

④ 孙正聿具体指出，"哲学对思想的前提批判，是以人类文明史的各个时代的'思想'为对象而展开的前提批判，因此，每个时代的哲学都有自己的时代内涵，并从而构成不同时代的哲学主题。哲学的'基本问题'在其历史演进的'时代主题'中而获得自己的时代性内涵；哲学的'时代主题'则以其时代性内涵而深化哲学的'基本问题'。""哲学的'基本问题'决定哲学的理论性质，即哲学是对思想的前提批判；哲学的'时代主题'则是哲学所反思的思想的时代内涵，即哲学的前提批判是对时代性思想的前提批判。以哲学的'时代主题'代替哲学的'基本问题'，就会模糊乃至阉割哲学的独特性质和特殊功能；以哲学的'基本问题'代替哲学的'时代主题'，则会把哲学变成失去生机和活力的'抽象的思想'。以'基本问题'的理论自觉而寻求'时代主题'，又以'时代主题'的理论自觉而反思'基本问题'，从而在'基本问题'与'时代主题'的统一中展开哲学对思想的前提批判，才能使哲学真正成为'时代精神的精华'和'文明的活的灵魂'。"（参见孙正聿《哲学之为哲学："不是问题"的"基本问题"》，《江海学刊》2011年第4期）

学基本问题与哲学时代问题，或许，我们将会对哲学基本问题与主客体的关系问题有更为清晰的认识。

第三节 当代哲学视阈中主客体关系的批判与超越

通过前文的梳理，我们可以发现，将主客体的关系问题上升为哲学基本问题是不可取的，但是，这丝毫不影响它在哲学研究中的重要地位。特别是近代以来，主客体的关系问题是哲学研究的一个重要问题，哲学家们就这个问题展开了激烈的讨论，形成了十分丰富的思想成果。对中国而言，"改革开放以来，马克思主义哲学研究中最突出的成就之一就是对主体和客体关系的研究。"[①] 同时，从某种程度上来说，主客体的关系问题具有了哲学方法论的意蕴。因为，不可否认，我们似乎习惯了用主客体关系来分析和处理人与自然、人与人及人与社会的关系，主客体关系成为我们常用的逻辑起点、基本框架和惯用思维。针对主客体关系研究的思想成果，哲学界既有支持者，也有批判者，更有"超越者"。"哲学是对思想的前提批判"，这样的景象是哲学研究应有"常态"。在本节中，我们将对当代哲学视阈中主客体关系的批判观点与超越观点进行介绍和分析。

一 主客体关系的批判观点

在前文中，我们简单讨论过笛卡尔的"我思故我在"的理论命题。在笛卡尔的二元论哲学中，在确立"我"是主体时，同时也确立了与主体相对立的客体。实际上，笛卡尔确立了近代以来主体和客体对立的基本思想框架。西方哲学发展到黑格尔那里后，他进一步完善了这个基本框架，在其《逻辑学》《自然哲学》《精神哲学》等著作中全面阐述了主体与客体的关系。可以说，"笛卡尔所开创的主体和客体对立的二元论哲学在黑格尔那里达到了顶峰，一个庞大的主体和客体对立的哲学体系被建立起来了。"[②] 马克思主义哲学是在以往哲学成果的基础上建立起来的，在

---

① 王晓升：《"主体"概念献疑——马克思主义哲学研究中的主客体框架批判》，《华中科技大学学报》（社会科学版）2012年第4期。
② 王晓升：《"主体"概念献疑——马克思主义哲学研究中的主客体框架批判》，《华中科技大学学报》（社会科学版）2012年第4期。

这个过程中，主客体关系问题对马克思主义哲学的形成和发展具有十分重要的作用。在马克思主义经典文献中，主体、客体也是经常出现的概念。但是，马克思主义哲学毕竟与以往哲学不是一回事，具有哲学革命性变革的意义，就主客体关系而言，也是如此。中国马克思主义哲学研究者大多运用主体和客体的分析框架，并认为，马克思主义哲学正是在批判以往哲学中主客体关系认识的基础上建构起来的，国内几乎每一本马克思主义哲学教材都讲述了马克思主义主客体关系批判理论。因此，在这一部分，我们重点讨论一下 20 世纪 80 年代以来，中国马克思主义哲学研究者对马克思主义主客体关系批判的研究成果。

（一）认识论中的主客体关系批判

近代哲学实现了认识论转向，首先在认识论领域讨论主客体关系。在 20 世纪 80 年代兴起的关于主体与客体关系问题的讨论中，也是首先在认识论领域讨论这个问题的，认识论中的关于马克思主义主客体关系批判研究的成果也是最为丰富的。仅从 1984 年由辽宁人民出版社出版的《主体——客体：一九八三年主体和客体问题讨论会论文选》来看，认识论中的主客体关系批判就占有相当大的比例，其中，夏甄陶的《论作为认识论范畴的主体和客体》、齐振海的《论主体——客体》、赵举贤的《认识主体和客体关系的实践意义》、刘奔和李连科的《在认识论的主体——客体问题上如何坚持辩证唯物主义》等等都具有深远影响。

在认识论中的主客体关系批判研究中，主体与客体的关系问题不具有哲学本体论的意义。但是，这并不是说认识论中的主客体关系批判就否定了哲学本体论前提，因为，"不揭示这种本体论前提，我们就不可能确定主体和客体的规定"，"在认识论的范围内，主体和客体的区分则是一个必要的前提，而且也是一个客观的事实"。[①] 迄今为止，我们所讨论的认识论都是人的认识论，不以人为中心的认识论并不在讨论范围内，人理所当然成为认识的主体。按照唯物主义的观点，世界的本原是物质，而不是精神。人作为认识主体，不是意识或是自我意识的产物，而首先是一种自然存在物，是具有客观实在性的物质实体。但是，人并不是单纯的自然存在物，在其现实性上是一切社会关系的总和，也即是说，人是社会存在

---

① 《社会科学辑刊》编辑部编：《主体——客体：一九八三年全国主体和客体问题讨论会论文选》，辽宁人民出版社 1984 年版，第 17、20 页。

物。人作为主体，并不是意识，而是具有意识的社会存在物。① 主体活动多是对象性活动，总是与相对的客体相关联。那么，在认识论意义上，客体是什么呢？客体范畴并不直接等同于物质、客观存在等范畴，它们不以人的意志为转移，但如果不与人的活动（实践活动和意识活动）相关联，它们也不能获得与主体相对的客体地位。因此，认识论上的客体指的是"那些进入主体对象性活动领域、为主体对象性活动所现实地指向的客观事物。"② 主体与客体是认识活动的两极，它们相互规定、互为前提。认识活动是一项对象性活动，只有在对象性活动中，主体和客体才能获得现实的规定，离开主体就无所谓客体，离开客体也无所谓主体。不仅如此，二者还是互相转化、互相渗透的。值得强调的是，在认识论中，我，我们不能从本体论意义上来理解主客体关系，更不能把主客体关系绝对化、本体论化，不然，我们就一定会陷入唯心主义的泥潭。

事实上，"一切 vermittelt ＝都是经过中介，连成一体，通过过渡而联系的"，"仅仅'互相作用'＝空洞无物需要有中介（联系）"③。因此，主体与客体之间并不能直接发生联系，直接产生认识关系，必须借助一定的中介系统来实现。也就是说，认识主体、认识客体"不是一种简单的、直接的二项式关联"，二者相互作用、相互转化都必须借助于并通过一定的中介系统来实现的，"认识主体⇌认识中介⇌认识客体"是一个简化的公式表达。④ 在这个结构中，认识中介系统主要指的是主体运用和操作的工具和方法。"在主体和客体的一般关系结构中，中介系统是主体和客体之间实现物质的、能量的和信息的变换与转移的中间环节或转换器，它把主体和客体这两个极端互相介绍、引渡给对方。"⑤ 从存在形式来看，认识中介可以是物质的、思维的和符号的形式存在。

（二）实践论中的主客体关系批判

按照马克思主义的观点，实践决定认识，不能离开实践抽象地谈论认识，讨论认识问题不能与实践问题撇清关系。在主客体关系研究领域，实

---

① 参见《社会科学辑刊》编辑部编《主体——客体：一九八三年全国主体和客体问题讨论会论文选》，辽宁人民出版社1984年版，第23页。
② 《社会科学辑刊》编辑部：《主体——客体：一九八三年主体和客体问题讨论会论文选》，辽宁人民出版社1984年版，第31页。
③ 《列宁全集》第55卷，人民出版社1990年版，第85、137页。
④ 参见夏甄陶《认识的主—客体相关原理》，湖北教育出版社1996年版，第16—17页。
⑤ 夏甄陶：《认识的主—客体相关原理》，湖北教育出版社1996年版，第166页。

践论中的主客体关系批判是不可缺少的。因此，实践无论是对人类生存和发展而言，还是理论批判和创新而言，都具有基础性意义。

主体与客体是实践活动的两个基本单元，就二者的统一关系来看，存在主体客体化和客体主体化的现象或结果。一般来说，实践活动是主体对客体主动进行的一种对象性活动，在实践过程中，主体作用于客体，客体也反作用于主体。王永昌专门撰文论述了主体客体化[1]与客体主体化[2]。在他看来，主体与客体统一关系的科学表达，就是主体客体化与客体主体化。但是，主体客体化与客体主体化并不是两种不同的实践结果，而是发生在同一实践活动过程中的，是同一实践活动结果的不同方面。也就是说，"在实践活动中，没有主体客体化，就没有客体主体化；没有客体主体化，也不可能有主体客体化。主体的客体化过程，同时进行着客体主体化过程。"[3]

在具体实践活动中，主体与客体总是处在一定矛盾之中，在矛盾激化到一定程度后，主体与客体和谐统一的关系就会被打破，使二者的关系发生扭曲甚至是破裂。吴仁平把这种现象或关系概括为客体反主体化。在他看来，所谓客体反主体化，指的是"在实践过程中主体对客体的改造引起的客体对主体的反抗、否定作用，使客体摆脱人的控制反过来成为摆布人、为害人的异己力量。"[4] 实践主体是能动的主体，是在一定预期目的和理想思维的指导下进行的实践活动。关于这一点，马克思有一段非常经典的论述[5]。的确，在实践活动中，实践主体是有意识地在改造实践客体、作用实践客体，并在实践活动开始之前就已经有一个预期的实践结果

---

[1] 参见王永昌《论主体的客体化》，《求索》1991年第6期。
[2] 参见王永昌《论客体的主体化》，《江汉论坛》1991年第5期。
[3] 王玉樑：《客体主体化与价值的哲学本质》，《哲学研究》1992年第7期。
[4] 吴仁平：《客体反主体化探析》，《江西师范大学学报》1993年第4期。
[5] 马克思说："蜘蛛的活动与织工的活动相似，蜜蜂建筑蜂房的本领使人间的许多建筑师感到惭愧。但是，最蹩脚的建筑师从一开始就比最灵巧的蜜蜂高明的地方，是他在用蜂蜡建筑蜂房以前，已经在自己的头脑中把它建成了。劳动过程结束时得到的结果，在这个过程开始时就已经在劳动者的表象中存在着，即已经观念地存在着。他不仅使自然物发生形式变化，同时他还在自然物中实现自己的目的，这个目的是他所知道的，是作为规律决定着他的活动的方式和方法的，他必须使他的意志服从这个目的。但是这种服从不是孤立的行为。除了从事劳动的那些器官紧张之外，在整个劳动时间内还需要有作为注意力表现出来的有目的的意志，而且，劳动的内容及其方式和方法越是不能吸引劳动者，劳动者越是不能把劳动当做他自己体力和智力的活动来享受，就越需要这种意志。"（参见《马克思恩格斯文集》第5卷，人民出版社2009年版，第208页）

存在于人的头脑之中。但是，观念的存在并不是现实的存在，从观念到现实还必须经过实践活动。就实践活动的预期与实际结果而言，"人们所预期的东西很少如愿以偿"①。因此，从这个框架来看，客体反主体化的具体情况有三种：（1）作为结果的实践客体不是实践活动开展前所预期的能够满足主体某种需要的东西，而是与预期不同的东西；（2）虽然符合实践主体的个体预期，但是这种结果对人类整体生存和发展无益；（3）实践客体在满足实践主体的某种或某些预期的同时，又产生违反人的本质、意愿和利益。为什么会出现客体反主体化呢？这是社会发展阶段和实践主体局限性综合产生的。"在实践中，客体主体化是必然，客体反主体化也是必然。"② 因此，在共产主义社会真正到来之前，客体反主体化是不可能自动消失的，这是一种必然。

实际上，客体反主体化并不是一个新思想，而是从马克思的异化理论那里来的，其主要文本依据是《1844年经济学哲学手稿》。在20世纪80年代，异化问题成为学术界普遍关心的一个问题，并围绕这个问题产生了学术争论。马克思的异化理论实际上是劳动异化理论，在某种程度上来说，其实也就是实践异化理论。马克思具体论述了四种异化形式，也就是我们常说的劳动主体与劳动产品之间的异化、劳动主体与劳动本身之间的异化、劳动主体与自由自觉劳动类本质之间的异化、劳动主体与劳动主体之间的异化，这是实践中主体与客体异化的结果，客体成为某种反主体的异己力量，最终会导致人与人之间也发生异化。这种异化在资本主义社会表现得尤为明显和激烈，人被物所规定、侵蚀和统治。在卢卡奇那里，他归结为"物化"。主体与客体关系的这种扭曲虽然在共产主义社会真正到来之前是不会消失的，但是，掌握规律的主体不能任由异化发展，必须在一定范围内减轻异化程度，实现主体与客体的统一。

（三）历史观中的主客体关系批判

人类活动是不断向前发展着的，同时也是具有历史性的。可以说，只有在人类生成和发展的大历史观中，主体与客体的关系问题才能得到更加明确的认识和把握。如果确定"人始终是主体"③ 这个基本判断，那么，主体与其相对的客体关系并不是一开始就是明确的，经历了很长的历史时

---

① 《马克思恩格斯文集》第4卷，人民出版社2009年版，第302页。
② 吴仁平：《客体反主体化探析》，《江西师范大学学报》1993年第4期。
③ 《马克思恩格斯文集》第1卷，人民出版社2009年版，第195—196页。

期，二者的关系才明确化、复杂化。同时，近代以来的哲学历史观多是唯心主义的，就连唯物主义者费尔巴哈一旦转入历史领域，也退回到了唯心主义的立场。主客体分析框架对马克思主义唯物史观的形成和确立起到了十分重要的作用。因此，历史观中的主客体关系批判研究也是必不可少的。

　　主体与客体的关系问题是历史发展中的问题，是人类作为类存在物产生之后才发生的问题。主体与客体分化既存在于人类的童年时期，同时也存在于个人的成长过程之中。主体与客体从混沌到明确的分化过程中，基本依据就是劳动，是"劳动创造了人本身"。劳动的扩大促使社会分工的出现，分工是主体与客体分化的直接依据。此外，活动在主客体关系的发展过程中具有促使个人与社会关系发展、构建内心与外物作用的关系。这样，劳动、分工和活动就构成了主体与客体分化的依据。在分化机制方面，主要有工具、语言以及建立在二者之间的文化符号。从主体与客体分化的结果来看，意识和人工物是最重要的标志。①

　　从主体与客体分化以来的历史来看，客体发展到今天，大致具有了五种主要形态。郭湛具体指出，（1）在远古时代，人们面对的本然的、原始的自然界是人类活动的第一客体。在今天，这种本然的、原始的自然界，没有打下人类烙印的自然界基本不可能存在了，即便是原始森林，也留下了人类足迹。（2）人类要生存和发展就必须首先同自然界发生关联，改造自然界，从自然那里获得生存和发展的物质资料，这样一来，本然的、原始的自然界就打下人的烙印，就不是原初的第一客体，而是被人改造过的客体，是"人化的自然"的再"人化"。我们可以把这种客体称为第二客体。（3）人是有意识的类存在物，因此，人以自己意识的活动创造世界，一个感觉的、情绪的、形象的、观念的、符号的世界，而这种感觉、情绪、形象、观念、符号也是活动的客体，可以称之为第三客体。波普尔所说的"世界3"指的就是这一类客体。（4）人类是具有反思和自我改造能力的。当人类活动不是指向"自然界"，而是指向人类自身时，以人、社会为活动的客体，在实践中改造自身，在认识中反观、反思自身，使自身得到改进和完善。因此，作为客体的人和社会与"自然界"

---

　　① 参见齐振海、袁贵仁《哲学中的主体和客体问题》，中国人民大学出版社1992年版，第31—62页。

等其他客体又是不同的，可以将这种客体称为第四客体。(5) 当一定的主体活动成为某种主体或主体自身活动的对象时，我们可以把这种客体称为第五客体。从历史的角度来看，"相对于活动主体，活动客体由第一客体到第二客体、第三客体、第四客体乃至第五客体的扩展，其间包含着某种历史的顺序，形成一个近乎圆圈的轨迹。"①

从哲学发展史的角度来看，马克思主义哲学是在批判以往哲学的基础上构建起来的。而主客体关系是近代以来的哲学研究的一个中心线索，马克思、恩格斯不可能跳出已经发生的历史去构建自己的新哲学。马克思在主客体关系批判研究中实现了哲学革命。他在批判黑尔格主客体关系的过程中，使主客体从二者"合二为一"的形态分离出来。经过对主体与客体异化关系的深刻批判，马克思将主体与客体关系进一步具体表述为"主体是人，客体是自然"②。同时，马克思在批判费尔巴哈的缺点时，为主客体关系注入了主观能动性。在黑格尔和费尔巴哈那里，无论主体是物质还是意识，都是从本体论意义上理解的。但在马克思那里，主客体关系是在哲学基本问题的基础上来理解和规定的。由此，"与具体的主客体有关的物质称为客体，暂时无关的以潜在的客体存在；与之相适应，意识被区分为对象性意识和非对象性意识。"③ 从理论形态的产生来看，马克思主义唯物史观是以主客体关系批判为中介的，第一阶段是使主客体关系理论从本体论中分离出来；第二阶段是把主客体关系理论作为一种理论思维，引入对市民社会物质生活过程各个不同层次的分析。也就是说，主客体关系批判是为唯物史观的构建服务的。整个过程被冯景源用一个关系图清晰地描述出来了。④

就主客体关系与唯物史观的关系来看，魏小萍曾明确指出，"在唯物史观的理论体系产生之前，马克思首先从主客体的对象性关系中，对资本主义的社会关系进行了批判，揭示了资本主义制度下的异化和剥削现象。马克思早期不仅用主客体的概念来分析主体基本属性的形成，而且用主客体

---

① 郭湛：《主体性哲学：人的存在及其意义》修订版，中国人民大学出版社 2011 年版，第 14 页。
② 《马克思恩格斯文集》第 8 卷，人民出版社 2009 年版，第 9 页。
③ 冯景源：《马克思主客体理论与唯物史观的建构》，《哲学研究》1991 年第 7 期。
④ 参见冯景源《马克思主客体理论与唯物史观的建构》，《哲学研究》1991 年第 7 期。

的概念来批判资本主义社会的非人道主义现象。"① 她认为，马克思在《1844年经济学哲学手稿》中形成了主客体关系的第一个理论框架，在《德意志意识形态》中又形成了第二个理论框架。第二个理论框架是在扬弃第一个理论框架的基础上形成的，"初步形成了生产力决定生产关系，经济基础决定上层建筑这样一个理论结构。在这一理论框架中，马克思和恩格斯已不再用人性的异化与异化的扬弃这一概念来论述无产阶级的解放，而是用生产力与生产关系的矛盾运动来论证无产阶级解放的历史必然性。"②

唯物史观是马克思一生最伟大的发现之一。恩格斯作为他的亲密战友，对此有精辟的概括。具体到历史主体问题，在唯心主义哲学框架内，"黑格尔的历史观以抽象的或绝对的精神为前提，这种精神是这样发展的：人类只是这种精神的无意识或有意识的承担者，即群众。"③ 而费尔巴哈这个半截子唯物主义"撇开历史的进程，把宗教感情固定为独立的东西，并假定有一种抽象的——孤立的——人的个体。"④ 但在唯物史观创立后，在生产力与生产关系矛盾运动的框架内，人民群众才是历史的创造者，而不是其他物或神。马克思主义认为，人民群众既是历史的"剧中人"，又是"剧作者"。

（四）价值论中的主客体关系批判

在哲学意义上，价值"是指人类一种普遍的基本关系——主客体关系中的一个内容要素"⑤。主体与客体的关系问题的一个重要领域就是价值论领域，这是人区别于其他物最本质的领域。研究者抓住了这一重要领域，展开了价值论中的主客体关系批判研究。

"'价值'这个普遍的概念是从人们对待满足他们需要的外界物的关系中产生的"⑥。政治经济学批判是马克思讨论价值问题的原初语境。但是马克思主义政治经济学批判不是纯粹的经济学或政治经济学，而是一种

---

① 魏小萍：《历史主客体导论——从宏观向微观的深化》，北京出版社1999年版，第62页。
② 魏小萍：《历史主客体导论——从宏观向微观的深化》，北京出版社1999年版，第79页。
③ 《马克思恩格斯文集》第1卷，人民出版社2009年版，第291页。
④ 《马克思恩格斯文集》第1卷，人民出版社2009年版，第501页。
⑤ 李德顺：《价值论——一种主体性的研究》第3版，中国人民大学出版社2013年版，第27页。
⑥ 《马克思恩格斯全集》第19卷，人民出版社1963年版，第406页。

哲学。因为,"在最根本的意义上,马克思的政治经济学批判是一种对人的存在方式的批判,是一种'存在论'批判。""政治经济学是经济学,而马克思的政治经济学批判则是哲学。"① 价值问题是《资本论》中的一个基本范畴,是马克思主义劳动价值论产生的一个"母体"。马克思主义劳动价值论在国际上引起了激烈的争论,支持者、发展者、质疑者甚至反对者的声音同时存在,这也从侧面证明了这一理论持久的魅力。②

剥离政治经济学批判的原初语境之后,主客体关系转入到哲学批判语境。人类社会的价值问题是一种基于主体与客体关系的问题。价值问题产生的客观基础是人类社会实践所发生的对象性关系或主客体关系,价值是这种关系的概念性表达。针对学界关于主客体的争论,李德顺根据概念的语义性质和在范畴体系的位置指出,"主体,是指对象性行为中作为行为者的人;客体,是指这一对象性关系中的对象。"③ 人与世界、人与自然、人与事物、人与社会、人与人等关系用主客体关系加以统称,这既带来了方便,也带来了麻烦。方便的是为我们分析人与世界、人与自然、人与事物、人与社会、人与人等关系提供了一个最基础的分析框架,麻烦的是把复杂多样的社会生活、社会关系简化为最基始的主客体关系。主客体关系的本质是对象性关系,由于社会生活、社会关系的多样性,这种对象性关系也是非常错综复杂并时刻变动的,不可能只有一种简单固定的样式。因此,当我们将人与世界、人与自然、人与事物、人与人、人与社会等关系概括为主客体关系时,都只是从概念外延方面来说的,即现实的、具体的、特殊的主客体关系形式,任何一对关系都不能被看作是唯一的、绝对的关系形式,不能把现实的关系固化为"谁是行为者,谁是行为的对象"这样抽象的形式。

人类社会生活、社会关系丰富多彩,具有层次性。那么,主客体关系也具有层次性。根据李德顺的分析,主客体关系至少包括四个层次。(1) 在总体层次或最高层次上,把人类当作是一个整体,人类活动就具

---

① 王庆丰:《〈资本论〉与哲学的未来》,《学习与探索》2013 年第 1 期。
② 参见王璐《西方学者关于马克思劳动价值论百年论争研究综述》,《财经科学》2004 年第 4 期;赵庆元、李江璐《新时期马克思劳动价值论争论的主要问题及其解析》,《南京政治学院学报》2013 年第 2 期;等等。
③ 李德顺:《价值论——一种主体性的研究》第 3 版,中国人民大学出版社 2013 年版,第 30 页。

有双重主客体关系：第一，把人以外的外部世界和自然界的一切事物当作对象，就构成的"人类——外部世界"的主客体关系；第二，把人类自身当作对象，当作自我认识、自我改造、自我满足和自我实现的对象，即人类主体把自己当作自我意识和自我实践的对象，从而形成人类之间的主客体关系——"人类自我主客体"关系。(2) 在次级层次上，把某个历史阶段的人类看作一个整体，如将现时代的人类看作一个整体，在现实生活中同样构成双重主客体关系：第一，现实的人类是时代主体，现实的和以往的世界就是时代客体；第二，现实的人类把自己当作认识和实践的对象，就构成现时的"人类自我主体客体"关系。(3) 在更次一级层次上，每个时代都包含着民族、国家、阶级、阶层、行政单位、社会团体和社会组织等各种各样的社会群体，而这些社会群体又都有自己现实的、具体的活动范围。在这些活动范围内，每个群体都以自己以外的一切为对象，即客体，因此也互为主客体，并同时发生自我主客体关系。(4) 在最低一级层次，即个人活动的范围。在个人活动中，个人不仅以社会和自然界等外部事物为客体，不仅同他人、社会、人类互为主客体，而且他的本质、需要和意识也与他自己的思想和行为构成主客体关系。这种个人的自我主客体关系表现为某人的自我实现、自我满足、自我意识的过程，主动地自我实现、需要、意识的那个"我"就是"主体之我"，即"主我"，而被实现、用以满足需要和被意识的那个"我"就是"客体之我"，即"客我"。[①] 这四个层次主客体关系共同揭示了主客体关系的多样性、变动性、灵活性和不确定性。

在主客体关系中，无论从广义还是狭义层面来看，主体始终都是人。但是，我们不能把人仅仅理解为主体，人其实也是客体，虽然客体多以自然或物质形式出现在主客体关系中，但客体不是自然或物质的代名词。简言之，客体不一定是非人。人类的社会活动多半是以人为对象的，是人与人之间的社会活动。在对象性活动中，关键是看谁是行为者，谁是对象。例如，历史学家和医生都是人，在治病这一对象性活动中，医生是主体，历史学家是客体；而在历史研究这一对象性活动中，历史学家又是主体，其研究的历史和历史资料是他的客体。因此，我们不能抽象地讨论主客体

---

① 参见李德顺《价值论——一种主体性的研究》第3版，中国人民大学出版社2013年版，第31—32页。

关系，一定要在对象性活动中来把握主客体关系。主客体是一对关系范畴，即对象性关系范畴，而不是实体范畴。

不以人的意志为转移的价值关系是价值生成和存续的基础，而价值关系是"代表着客体主体化过程的性质和程度，即客体的存在、属性和合乎规律变化与主体尺度相一致、相符合或相接近的性质和程度。"① 正因为主客体关系是复杂多样的，以主体尺度为尺度的价值关系也是复杂多样的，价值主体具有决定价值内容的优势地位，即价值的主体性，"任何价值现象的特点，都依主体的特点而形成，并主要表现出来自主体一方的规定性。"② 在现实生活中，这种特性有三种表现：第一，同一价值客体对不同的价值主体来说，具体的价值内容可能是不同的；第二，同一价值客体对同一价值主体的不同方面，往往具有不同的价值内容；第三，同一价值客体对同一价值主体的同一方面，在不同的时间和空间范围内又有不同的价值内容。谁是价值主体？价值主体当然是人，人是一切价值的主体。人可以是价值主体，也可以成为价值客体，这种双重地位表明："人是现实的主客体的统一，目的与手段的统一，价值的独享者与创造者、价值的归属与源泉的统一"③。

二 主客体关系的超越观点

主客体关系批判研究，是在近代主体性哲学确立的主客体分析框架内进行的。中国哲学研究者以主客体为基本框架，构建了马克思主义哲学的认识论、实践论、历史观和价值论等等，这些成果虽然得到了广泛的认可，但也存在诸多质疑的声音。基于主客体框架构建起来的马克思主义哲学，国内外不少学者都认为已经过时，应该被超越。④

（一）对人与自然关系的超越

人与自然的关系是人类产生之后最基本的一对对象性关系，人必须同

---

① 李德顺：《价值论——一种主体性的研究》第3版，中国人民大学出版社2013年版，第53页。
② 李德顺：《价值论——一种主体性的研究》第3版，中国人民大学出版社2013年版，第57页。
③ 李德顺：《价值论——一种主体性的研究》第3版，中国人民大学出版社2013年版，第103页。
④ 在这里，我们不再采用认识论、实践论、历史观和价值论的论述角度，而是从人与自然、人与人以及人与社会的角度加以论述。当然，在这个过程中，我们仍然会涉及认识论、实践论、历史观和价值论的问题。

自然打交道，与自然发生关系。马克思曾明确指出："主体是人，客体是自然"①。把人与自然的关系概括为主客体关系应该是没有问题的。但是，随着人类生态问题的愈演愈烈，人与自然的和谐程度一再降低，人类正在遭受自然的惩罚，人口失控、资源枯竭、能源短缺、环境污染、生态恶化、灾害频发正在威胁着人类生存和发展，人们开始反思人与自然的关系，并把矛头指向主客体关系模式。其中，生态马克思主义和有机马克思主义就是其中的典型代表。

根据学术思想史的梳理，在《西方马克思主义概论》中，本·阿格尔第一次使用了"生态马克思主义"概念，指明生态马克思主义发展的必然结果就是生态社会主义。在中国大陆，第一次将生态马克思主义思想介绍到中国学术界的是王谨。1986年，他提出了"消费异化"的概念，并预言生态马克思主义和生态社会主义在未来将走向融合。② 反思人与自然的关系，是生态马克思主义的理论起点。他们指责经典马克思主义是"控制自然"论，把人作为主体推向极端。例如，威廉·莱斯（William Leiss）、泰德·本顿（Ted Beton）就明确提出了这种观点。莱斯坚持认为，马克思主张控制自然，只要控制自然的观点还在流行，生态问题（包括社会主义国家）就不可能避免，因此不得不补充和修正经典马克思主义，其中，最为重要的就是"重新评价控制自然"③。本顿认为，虽然马克思哲学与政治经济学之间存在某种"断裂"，对待人与自然的关系有前后不同的观点，但总体上"夸大生产性过程的作用，低估或无视自然给定和相对不可控制的条件对劳动过程的制约"④。凯特·索普（Kate Soper）的观点似乎没有那么激烈，她认为，马克思在人与自然关系问题上是模糊不定的，绿色与非绿色思想同时充斥在马克思主义之中。但她还是批评，马克思在总体上属于人类中心主义者，为人的创造力唱赞歌，具有明显的"控制自然"的倾向。

有机马克思主义的概念和理论框架，是由菲利普·克莱顿和贾斯廷·

---

① 《马克思恩格斯文集》第8卷，人民出版社2009年版，第9页。
② 参见王谨：《"生态学马克思主义"和"生态社会主义"——评介绿色运动引发的两种思潮》，《教学与研究》1986年第6期。
③ [加]威廉·莱斯：《自然的控制》，岳长玲、李建华译，重庆出版社2007年版，第76页。
④ 陈永森：《"控制自然"还是"顺应自然"——评生态马克思主义对马克思自然观的理解》，《马克思主义与现实》2017年第1期。

海因泽克于2014年正式提出来的。他们所著的《有机马克思主义：生态灾难与资本主义的替代选择》①标志着西方马克思主义新流派——有机马克思主义的世界宣言。有机马克思主义与生态马克思主义基本一样，也以解决生态问题为"理论旨趣"。有机马克思主义对经典马克思主义的现代性假设进行了批判，标榜自己是一种后现代马克思主义。他们认为，现代性的机械论有两大教条：一是强调规律和决心论，遵循线性思维；二是强调"主体与客体、自我与他者、物质与精神、人与万物的二元对立，并由此把宇宙视为毫无关联的'死物质'的堆积，甚至把人视为机器"②。有机马克思主义是一种"过程哲学"，宣称他们的哲学是对马克思主义或马克思的马克思主义的"超越"。针对有机马克思主义的经典马克思主义或马克思的马克思主义的五大"修正和更新"，汪信砚进行了逐条批判，认为这五大"修正和更新"是根本不能成立的，有机马克思主义也没有超越经典马克思主义。③有机马克思主义是带有某种宗教唯心主义色彩的辩证世界观，其对待马克思主义哲学的错误立场和态度令人质疑其是否拥有"马克思主义"的资格，甚至被认为是一种阴谋，打着生态文明的幌子遏制中国的发展，以马克思主义之名来反对真正的马克思主义，其政治意图十分阴险，就是为了解构马克思主义、搞乱马克思主义意识形态，特别是中国特色社会主义。④梅荣政则是把生态马克思主义、有机马克思主义明确列为错误的"马克思主义"，指出那是西方马克思主义者按自己的主观意愿加以解读，随心所欲地编造出来的。⑤

实际上，诸如生态马克思主义、有机马克思主义对经典马克思主义的批判和超越即便有某些意义，但在根本上是很难成立的，只不过是他们对假想的马克思主义的批判和超越，因而所谓的批判和超越也就只是一种假想。因为，他们不能理解马克思主义是一个完整的体系，是科学性、真理性、人民性、实践性、开放性、时代性的统一。经典马克思主义就对生态

---

① [美] 菲利普·克莱顿、[美] 贾斯廷·海因泽克：《有机马克思主义——生态灾难与资本主义的替代选择》，孟献丽、于桂凤、张丽霞译，人民出版社2015年版。
② 汪信砚：《有机马克思主义与马克思的马克思主义》，《哲学研究》2015年第11期。
③ 参见汪信砚《有机马克思主义与马克思的马克思主义》，《哲学研究》2015年第11期。
④ 参见尹海洁《拆穿"有机马克思主义"的画皮》，《思想火炬》2016年12月15日（http://www.chinatodayclub.com/news/shishi/14993.html）。
⑤ 参见梅荣政：《坚守中国共产党的马克思主义理念》，《红旗文稿》2016年第6期。

文明有深刻的思考。最具代表性的文本是恩格斯的《自然辩证法》。他在文中强调人的主体性是人作为主体同其他动物的最终的本质的差别,但同时也警告人们:"我们不要过分陶醉于我们人类对自然界的胜利。对于每一次这样的胜利,自然界都对我们进行报复"①。一般来说,人充当主体,自然被理解为客体,但这并不代表人可以对自然为所欲为,对自然进行无尽的索取。事实上,人也是一种自然存在,人与自然本身就是一体的,人是自然的一部分,人能够利用自然规律为人服务,但绝不意味着人可以违背规律任性对待自然界,不能把"为我"演变为"唯我"。"为我"是人类主体性的要求和体现,"凡是有某种关系存在的地方,这种关系都是为我而存在的",与人不同,"对于动物来说,它对他物的关系不是作为关系存在的"。②"唯我"是人类主体性的极端形式,把人当作万物的主宰,不是从对象性活动中把握主体和客体,无视客观规律的存在,从而把人的主体性发展到极端位置。

应对和解决生态问题不能、也不需要打破"主体是人,客体是自然"③的原初框架。那种认为主客二分是当代生态环境恶化的"元凶首恶"的观点,被陈先达称为"哲学的荒唐和荒唐的哲学","那种认为主客二分不对的哲学观点,是把主客二分的事实与关于这种事实的错误哲学判断混为一谈"。④生态问题对人的危害最大、最明显,应对生态问题还需要人的努力,人在发展过程中造成了生态问题,但人不能在应对生态问题中缺场。在张云飞看来,人与自然的关系存在着价值、实践和理论三种类型或形式⑤,三类关系相互包含、相互渗透,特别是通过实践关系使人与自然构成一个复合系统,使人与自然的对象性活动成为一种总体性活动。通过人的总体性的对象化活动,就确认了人与自然关系的系统性以及对于人的生存和发展的前提性和条件性。在总体性活动中,主客体分析框架也没有被超越,价值关系、实践关系、理论关系正是基于主客体关系构建起来的。因此,"作为主体能力的本质力量的实现,所有的人的自我实

---

① 《马克思恩格斯文集》第9卷,人民出版社2009年版,第559—560页。
② 《马克思恩格斯文集》第1卷,人民出版社2009年版,第533页。
③ 《马克思恩格斯文集》第8卷,人民出版社2009年版,第9页。
④ 陈先达:《问题中的哲学》,北京师范大学出版社2014年版,第66、19页。
⑤ 参见张云飞《唯物史观视野中的生态文明》,中国人民大学出版社2014年版,第193—202页。

现活动，都是对人与自然的系统关联和生态关联的确认、体现和完成。"①应对生态问题、建设生态文明，不是回到人与自然混为一体的混沌状态，使人被动地接受自然的"裁决"，而是人在尊重客观规律的基础上更好地发挥主体性，实现人与自然的新和谐，用中国话语来表达就是坚持"以人为本"的价值诉求，努力建设一个"山清水秀、清洁美丽的世界"②。

（二）对人与人、人与社会关系的超越

人与人、人与社会的关系能否也适用于主客体框架呢？在不少学者看来，我们不能把他人看作是客体，人与人、人与社会之间的关系必须超越主客体关系，必须用新的框架予以代替和超越。阿尔都塞明确指出，"主体是构成所有意识形态的基本范畴"，"只是因为所有意识形态的功能（这种功能定义了意识形态本身）就在于把具体的个人'构成'为主体"，而"所有意识形态都通过主体这个范畴发挥的功能，把具体的个人呼唤或传唤为具体的主体"。③ 人与人、人与社会实际上构成一种虚假关系。按照马克思主义对虚假意识形态的批判，"统治阶级的思想在每一时代都是占统治地位的思想"④。在虚假的意识形态中，人与人的关系也是虚假的，被意识形态构建起来的主体实际上只是"臣民"，并没有取得真正的主体地位，获得真正的主体性。

阿尔都塞认为，"所有意识形态都包含一个双重反射的镜像结构，在此结构中，有一个'绝对的中心'（这才是真实的主体），围绕着这个中心，意识形态的双重镜像关系把无数个人传唤为'主体'从而使无数个人臣服于这一绝对的中心。"⑤ 这种意识形态导致的后果是"主体落入了被传唤为主体、臣服于主体、普遍承认错误和绝对保证的四重组合体系。"⑥ 理论上，每个人都应该是平等主体，但在主客体框架内的意识形态中，一部分主体实际上是客体，总是有主体之名、无主体之实，"一个臣服的人，他服从于一个更高的权威，因而除了可以自由接受这种服从的

---

① 张云飞：《唯物史观视野中的生态文明》，中国人民大学出版社 2014 年版，第 204 页。
② 习近平：《携手建设更加美好的世界——在中国共产党与世界政党高层对话会上的主旨讲话》，《人民日报》2017 年 12 月 2 日。
③ ［法］阿尔都塞：《哲学与政治：阿尔都塞读本》，陈越编译，吉林人民出版社 2003 年版，第 361、364 页。
④ 《马克思恩格斯文集》第 1 卷，人民出版社 2009 年版，第 550 页。
⑤ 贺来：《"主体性"观念的反思与意识形态批判》，《马克思主义与现实》2007 年第 3 期。
⑥ ［法］阿尔都塞：《哲学与政治：阿尔都塞读本》，陈越编译，吉林人民出版社 2003 年版，第 371 页。

地位之外，被剥夺了一切自由"①。因此，用主客体关系来指称人与人、人与社会的关系，似乎总是把一部分人不当人看，而把他人客体化、物化，人与人之间的平等被主客体框架淹没了、吞噬了。现代主体性哲学仍是以主客体为基本框架构建起的哲学大厦。在这座大厦中，主体具有规定客体或他人的独断特权。也就是说，以"主体性"为基础的现代哲学表现出一种强烈的"总体化"诉求，总是"试图把一切他者、一切外在的东西纳入自身的结构之中，'主体'拥有着主动吸收'他者'、捕获'客体'的'权力'"，总是"试图以自己为绝对中心，建构一个属于'主体'的'自由世界'，从而谋求整个世界的'解放'"②。这必然导致对"他者"的控制和征服。人与人的关系化简为一种"我"与"你"的对象性关系，虽然是双向的，但却不可能是一种对等的"我"与"你"的关系。按照这种逻辑，"主体"对"客体"、"我"对"你"的控制和挤压就是一种天经地义、毋庸置疑的思维定式和行动逻辑。

人与人、人与社会的关系似乎真的不能局限在主客体框架内，必须突破和超越，把人当作人看，真正发挥人的主体性，体现人与人之间的平等。诸如胡塞尔、萨特、哈贝马斯、伽达默尔等西方学者都为超越传统主客体框架提出了自己的替代方案。例如，在现象学大师胡塞尔的"统觉"中，"我把自身看作具有身体和灵魂的人，我这个人在被我意识的世界中与他人共存，并与他们一起在此世上延存，被他们所吸引或排斥，在行动中或理论思考中对待他们"③。他人对我而言，"是作为一个他我（alter ego）而存在的，我理解它的外表与举止"，"是作为另一个超越论的意识而存在的，我能够追溯它的意向"，"是作为一个包罗万象的单子共同体的成员而存在的"，并提出了交互主体性理论。④ 对自我与他人的关系，存在主义大师萨特从经验论的角度进行了分析："他人作为他人是我们在经验中给定的；他是一个对象而且是一个特殊的对象"，"在他人实存问题的起源中，有一个基本的先决条件：他人，其实就是别人，即不是自己

---

① ［法］阿尔都塞：《哲学与政治：阿尔都塞读本》，陈越编译，吉林人民出版社2003年版，第372页。
② 贺来：《"主体性"的当代哲学视域》，北京师范大学出版社2013年版，第15页。
③ ［德］胡塞尔：《纯粹现象学通论纯粹现象学和现象学哲学的观念》第1卷，［荷］舒曼编，李幼蒸译，商务印书馆2009年版，第547页。
④ 参见［德］施特凡·施特拉塞尔《埃德蒙德·胡塞尔的社会本体论基本思想》，《哲学研究杂志》1975年第29卷第1册。

的那个自我；因此在这里，我们把否定当作他人——存在的构成性结构。""我和他人的关系首先并从根本上来讲是存在与存在的关系，而不是认识与认识的关系。"① 哈贝马斯就人与人的交往关系提出了"交往行为理论"。他指出，交往行为不是主客体的对象性关系，而是主体间性，是两个以上的主体之间产生的涉及人与人关系的行为。其中，理解是一个重要原则，"'理解'这个术语的最低限度的意义是，（至少）两个有语言和行动能力的主体一致地理解一种语言表达。这样，一种基本表达的意义就体现在这种表达对一种可接受的语言行动意义所做的成果中。"② 解释学大家伽达默尔提出了超越主客体二分的"对话辩证法"。这种"对话辩证法"中的"对话"不是以主客二分为基础的，而是以主体与主体的平等对话为基础，对话的结果既不是主体对客体的消融，也不是客体对主体的无情吞噬，而是"对话共同体"的形成以及意义的丰富，因而伽达默尔指出，真理"只有通过这个'你'才对我成为可见的，并且只有通过我让自己被它告知了什么才成为可见的。"③

西方马克思主义学者对中国马克思主义哲学研究者的思想也产生了深刻影响，使中国马克思主义哲学研究者在某种程度上也提出了超越主客体框架的观点。郭湛认为，不能把他人仅仅理解为"我"的对象或客体。"如果我们仅仅把别人当作客体，就会受到对方的抵制或反抗，使自己陷入尴尬乃至困难的处境。"④ 在理论层面，每个人都是主体，同时也是客体，发生实际关系的双方都有权利把自己视为主体，把其对象视为客体，因而"任何一方都不可能是真正的主体，也不可能有真正的主体性。这就是把他人当作客体的主体陷入的主体性困境。"⑤ 因此，人与人之间的关系，不能再用主客体关系来指称和分析了。在他看来，主体间或者主体际就是很好的替代方案，"它超出了主体与客体关系的模式，进入了主体

---

① ［法］萨特：《存在与虚无》修订版，陈宣良等译，生活·读书·新知三联书店2012年版，第287、293、309页。
② ［德］哈贝马斯：《交往行动理论·第一卷——行动的合理性和社会合理化》，洪佩郁、蔺青译，重庆出版社1994年版，第388页。
③ ［德］汉斯-格奥尔格·伽达默尔：《真理与方法——哲学诠释学的基本特征》上卷，洪汉鼎译，上海译文出版社1999年版，第13页。
④ 郭湛：《主体性哲学：人的存在及其意义》修订版，中国人民大学出版社2011年版，第185页。
⑤ 郭湛：《主体性哲学：人的存在及其意义》修订版，中国人民大学出版社2011年版，第187页。

与主体关系的模式。"① 即便如此，主体间或主体际并不是对主客体关系的完全否定，而是在解释人与人之间关系的特殊指称和优化方案。在人的生存与交往中，主体间性实际体现为一种交互主体性。从历史发展的角度来看，交互主体性将历经直接的交互主体性、间接的交互主体性以及完满的交互主体性。② 其中，在完满的交互主体性中，各主体相互承认和尊重对方的主体身份，使主体成为真正的主体。③

任平似乎比郭湛更具有理论自觉和理论自信。他认为，实践观上的"主体—客体"两极框架或模式存在严重缺陷。反映在对主体性问题的理解上，其理论缺陷突出表现在："它撇开了实践主体与主体之间的物质交往关系或社会联系，使实践中的主体、结构和关系单一化，将实践活动自觉不自觉地视为没有'主体—主体'关系介入的片面的'主体—客体'相互作用过程。"④ 即便经过修正和发展的"互主体性"（即交互主体性）也并没有真正摆脱主客体框架，而只是双重主客体框架的易位和重叠，主体仍未真正地与另一主体平等对话。因为，"'互主体观'仍囿于这样的设定：交往的多极项轮流或相互将自我设为主体，而将对方设为客体，即两极化的交互主体框架。其结果，交往者都是主体，同时又是交往客体。"⑤ 因此，必须为实践观寻找新出路。任平根据马克思主义创始人的有关见解，创造性地提出了新交往实践观，并自信"交往实践的唯物主义是与当代西方哲学展开积极对话并卓有成效的哲学观念"，"交往实践观绝不仅仅是西方哲学演变的产物，更是当代中国哲学的新视野。"⑥ 他强调，我们不能将交往实践观理解为"主体—客体"模式的再版，也不能理解为"主体—主体"模式的翻版，而应该理解为以实践客体为中介建立起来的诸主体模式，即"主体—客体—主体"框架。这个新框架"将'主体—客体'、'主体—主体'双重关系统一起来，从而为超越现代

---

① 郭湛：《主体性哲学：人的存在及其意义》，中国人民大学出版社2011年修订版，第199页。
② 参见杨金海《人的存在论》，广西人民出版社1995年版，第234—236页。
③ 郭湛：《主体性哲学：人的存在及其意义》修订版，中国人民大学出版社2011年版，第212页。
④ 任平：《马克思主义交往实践观与主体性问题——兼评"主体—客体"两极哲学模式的缺陷》，《哲学研究》1991年第10期。
⑤ 任平：《交往实践与主体际》，苏州大学出版社1999年版，第11—12页。
⑥ 任平：《交往实践与主体际》，苏州大学出版社1999年版，第17、19页。

实践结构观和后现代实践结构观奠定了坚实基础,实现了'批判地消灭它的形式','救出通过这个形式获得的新内容'的新理性目标。"① 在这个新框架中,"主体是具有交往关系、社会差别的多极主体,具有参与交往的多极主体性,既突破单一主体中心性的眼界,也区别于后现代哲学的'主体际'与无主体观。"②

　　王晓升对主客体框架的批评却是"毫不留情"的。他断言,"对于马克思主义哲学一切基本问题的思考,大多建立在主体和客体关系观念的基础上。"③ 将主体上升为绝对者、独裁者、专断者是马克思主义哲学所不能接受的,但是,如果继续基于主客体关系来理解和构建马克思主义哲学,这样展开的马克思主义哲学是不能摆脱近代哲学框架所存在的一切局限性的。他以分析"主体"概念为切入点,对权威教科书的主体定义提出了质疑,对以主客体框架构建马克思主义哲学的研究进行了批判。他认为,马克思主义哲学是超越了近代以来的主客体框架的哲学,而不是以主客体框架构建起来的哲学,但这一点没有真正被中国马克思主义哲学研究者所理解。事实上,从"主客体关系"的视角出发去探讨马克思主义哲学中的一系列重大问题将会把马克思主义哲学问题全部转化为实证的问题。因此,他主张放弃主客体框架,真正按照马克思在《形态》中"所倡导的从现实的个人行动出发去研究整个历史的基本思路"④,以观察者和参与者的统一视角来构建历史唯物主义。人既是历史的观察者,又是历史的参与者,社会科学家既可以作为观察者来观察社会,也可以作为参与者来理解社会。但任何单一的身份都是不能真正理解社会历史和历史唯物主义的。因为,"只有从参与者和观察者统一的角度来理解马克思主义历史观,我们才能一方面避免把马克思主义的历史观功能主义化和实证主义化,另一方面也能避免把马克思的历史观和黑格尔主义的三段论等同起来"⑤。从参与者和观察者统一的角度来理解马克思主义历史观就是王晓升主张放弃从主客体框架理解马克思主义哲学的一种替代方案。在他看

---

① 任平:《交往实践与主体际》,苏州大学出版社1999年版,第156页。
② 任平:《交往实践与主体际》,苏州大学出版社1999年版,第231页。
③ 王晓升:《"主体"概念献疑——马克思主义哲学研究中的主客体框架批判》,《华中科技大学学报》(社会科学版)2012年第4期。
④ 王晓升:《"主体"概念献疑——马克思主义哲学研究中的主客体框架批判》,《华中科技大学学报》(社会科学版)2012年第4期。
⑤ 王晓升:《历史唯物主义的当代重构》,社会科学文献出版社2013年版,第42页。

来，这是一种回归，一种真正理解马克思主义哲学的新的研究路径。

三 批判与超越的当代启示

在哲学领域内，主客体关系受到的挑战和批判并不少，试图超越主客体框架的尝试也并不鲜见。但是，认真研究这些哲学创新著作就会发现，他们并没有真正否定和超越主客体关系的分析框架，有的甚至公开承认这一点。例如，任平在批判"主体—客体"两极模式的基础上，将人与人、人与物的关系整合为"主体—主体"关系，将客体定位为中介，进而构建了"主体—客体—主体"的新交往实践观。然而，这实际上不过是"主体—客体""主体—主体"双重关系的统一结构，"主体—客体"框架还是无法真正被超越。实际上，任平从静态和动态两个方面确认了主客体关系。① 这就表明，"主体际"是不能脱离主客体关系而独立存在的，"'主体际'转向必须通过'主—客'关系才能建立。没有中介客体底板的'主—主'关系是难以建立的。"②

郭湛反对将他人理解为客体，支持将人与人的关系理解为"主体—主体"的主体间性或主体际。但是，他也明确指出，人与人之间的关系表述为"主体—主体"后，"并没有完全否定和取代'主体—客体'模式"，这有两个方面的原因。（1）"主体—客体"是"主体—主体"提出的背景，后者是在前者基础上演绎出来的。"主体与主体作为复数的主体，与他们共同的客体仍然处于'主体—客体'的关系之中。"（2）"在'主体—主体'关系中，每一主体作为对方的对象性存在，具有一定程度的客体性。"人的对象性活动是不断变化的活动，自己不完全是主体，他人不完全是客体，自己可能变成客体，他人有可能变成主体。我（自己）去看医生（他人），医生就是主体，而我是被看的对象（即客体）。因此，在人与人之间，每个人"既是主体又是客体，具有主客体的二重性"。总的来说，"主体—主体"关系一方面是"更宏观的'主体—客体'关系中的一部分"；另一方面，"实际又包

---

① 静态地看，"交往实践一方面作为主体改造客体的现实过程，发生'主客体关系'，另一方面又在实践中建立和改变'主体际关系'"；动态地看，"交往实践不但发生主客体双向交换过程，而且还在主体间运转，发生双向建构和双重整合过程"（参见任平《交往实践与主体际》，苏州大学出版社1999年版，第154页）。

② 任平：《交往实践与主体际》，苏州大学出版社1999年版，第225页。

含着更微观的'主体—客体'关系"。①

所以说,即便是被人们热衷的主体际或主体间性,也是以"主体—客体"为底板的,"主体—客体"框架并没有完全被否定,只是为了强调人与人之间的关系不是人与自然的那种"主体—客体"关系,而突出对人尊严和主体性的尊重。然而,人与人的关系真的不能用"主体—客体"来指称吗?如果把客体狭隘地理解为自然或物,在没有理解客体全部内涵的情况下来说,这样的指责和修正是必要的,也是有效的。但是,我们并不能因为自己没有正确理解主客体框架,就贸然宣判主客体框架的"死刑"。陈先达从哲学发展史的角度,肯定了主客体框架的积极意义和当前适用性。他指出:"人不作为主体与对象世界区分开来,人不成其为人。西方哲学中关于主客二分的观点应该说是哲学的进步。……西方近代哲学的错误并不在于主客二分,而在于对它们关系的错误理解。"②

"从根本上说,哲学上的主客体范畴,是对人的对象性活动基本要素和结构的最高抽象。"③ 主客体关系不是抽象的关系,因而也不能被抽象地讨论,抽象的讨论得不出科学的认识,只会使人越来越迷糊。人类活动的基本类型可以分为对象性活动和非对象性活动。对人类而言,有意识的对象性活动更为重要。在对象性活动中,人类找到自己的位置,确立自己的本质,进行物质生产和精神生产,创造属于自己的历史。简单地说,主体即"对象性行为中作为行为者的人",客体即"这一对象性关系中的对象"。④ "凡是人类的对象性活动,其中就一定包含有主客体及其关系。"⑤ 主客体关系是分析人类对象性活动最为基础的框架,人作为主体进行对象性活动,与自然、与其他人、与社会形成对象性关系,也即是主客体关系。客体的本质内涵是人类对象性活动中的对象,而不是自然或物的代名词,由于具体的对象性活动不同,客体的具体实体或存在也是不同的。然而,我们必须清楚:在人与人的对象性关系中,主客体双方都是具体主体

---

① 郭湛:《主体性哲学:人的存在及其意义》修订版,中国人民大学出版社 2011 年版,第 201 页。

② 陈先达:《问题中的哲学》,北京师范大学出版社 2014 年版,第 19 页。

③ 刘建军:《思想政治教育主客体难题的哲学求解》,《教学与研究》2016 年第 2 期。

④ 李德顺:《价值论——一种主体性的研究》第 3 版,中国人民大学出版社 2013 年版,第 30 页。

⑤ 刘建军:《思想政治教育主客体难题的哲学求解》,《教学与研究》2016 年第 2 期。

性的人，没有任何一方是固定不变的，永远充当主体或者客体。

因此，当代哲学讨论的中心不是要不要主客体框架，而是如何正确、全面地认识和运用主客体框架。当然，如果我们在思维上紧紧抓住"主体是人，客体是自然"这句马克思主义经典不放，我们就难以理解人与人、人与社会的关系也可以用主客体来指称，我们也容易将在实践中的一些错误行为和过激做法归结为主客体框架或主客体思维。因此，需要抛弃的不是主客体框架本身，而是要抛弃主客体框架绝对化的错误思想。正如陈先达所强调的，作为马克思主义理论工作者，我们"不能认为辩证唯物主义强调世界物质性、强调世界的存在不依存于主体是在重复西方'主客二分'哲学的错误。"他明确指出"主客二分是应该承认的，主客绝对对立是应该反对的。反对主客绝对对立，承认主客二分，是坚持辩证唯物主义的重要前提；如果我们的世界是主客不分的世界，是既是客体又是主体混合为一的世界，那人类的实践和认识就无法进行。"[①]

[①] 陈先达：《问题中的哲学》，北京师范大学出版社2014年版，第92页。

第二章

思想政治教育主客体关系的研究概论

作为一个理论问题,思想政治教育主客体从提出到论证,从质疑到回应,乃至在修订完善中形成有效论点经历长期发展过程。广大思想政治教育工作者多年辛勤耕耘,积极探索,形成了较为系统的理论成果。本章内容以思想政治教育主客体关系历史发展过程为切入点,回顾思想政治教育主客体关系研究主题、内容、进程,并在此基础上指出现有研究的主要争论及其症结所在,尝试找到解决这个理论难题的突破口。

第一节 思想政治教育主客体关系研究的历史回溯

从 20 世纪到 21 世纪,思想政治教育所面临的环境、所依靠的载体、所遭遇的挑战以及所承担的具体任务都发生了深刻变化,但是思想政治主客体关系问题仍然是一个不变的主题。在中国知网(CNKI)中以"思想政治教育"并含"主客体"或"思想政治教育"并含"主体"或"思想政治教育"并含"客体"进行精确检索后发现,在 2000 年前,中国知网(CNKI)每年收录的思想政治教育主客体关系的相关文献没有突破 100 篇,而在 2001 年及以后的期刊文献每年都超过了 100 篇,随后呈现出更加明显的递增趋势,这反映了理论对思想政治教育主客体关系问题的关注与日俱增。究其原因有两个方面,一是科学深化发展必然对基本范畴、分支理论研究有更进一步的要求,思想政治教育主客体关系由边缘理论、局部问题上升到基础理论高度。二是网络思想政治教育产生带来的双向互动引发了人们对主客体关系的讨论关注。综合考量 2000 年前和 2000 年后思想政治教育主客体研究的不同类型、内容、特性,我们可以将其梳理为三个阶段:起步阶段、发展阶段和深化阶段。

一　思想政治教育主客体关系研究的起步阶段

1983 年，肖前在参加全国主体和客体问题讨论时，提交的论文是《主客体关系及其现实意义》。他在对哲学视阈中的主客体关系问题发表见解时提出了思想政治教育主客体关系问题。他强调，"主客体关系问题，是一个具有现实的理论意义的问题"①，并根据胡耀邦关于思想政治工作的论断②得出了"主客体问题，也是我们政治思想工作当中的一个很重要的问题"③ 的重要结论。这可能是提出这一观点——主客体关系是思想政治教育的一个重要问题的最早文本。后来，这篇文章发表在了 1985 年第 2 期《文史哲》上。但遗憾的是，无论在会议论文中还是在正式发表的论文中，肖前都没有对此展开具体的论述，只是提出了这个重要的理论问题。

真正论述思想政治教育主客体的最早著作是由金鉴康主编的《思想政治教育学》（水利电力出版社 1987 年版）。从该书的谋篇布局来看，设有总体篇、主体篇、客体篇、规律篇、领导篇和发展篇等。④ 在这本著作中，金鉴康没有对思想政治教育主体、思想政治教育客体进行明确的定

---

① 《社会科学辑刊》编辑部编：《主体——客体：一九八三年全国主体和客体问题讨论会文选》，辽宁人民出版社 1984 年版，第 1 页。

② 1982 年 4 月 24 日，胡耀邦同中央宣传部负责人谈话时指出，"思想政治工作最根本的目的和任务，用一句话说，就是提高人们对世界的认识和改造能力。更详细一点说，就是用革命思想和革命精神，也就是用共产主义思想，用马克思主义的基本理论，用马克思主义的普遍原理同中国革命和建设的具体实践相结合的毛泽东思想，教育党员和干部，教育广大群众，教育整个工人阶级以至全体人民，启发和提高人们的革命自觉性，使人们确立正确的立场、观点，掌握正确的思想方法和工作方法，并通过反复的实践提高人们认识和改造世界的能力。"（《胡耀邦文选》，人民出版社 2015 年版，第 399 页）肖前在阐述了自己的理解时说："我是这样理解的，这就是改造我们的主体，改造我们的主观世界，提高我们认识和改造世界（即客体）的能力来更好地认识我们的国情，认识我们国家在整个世界当中所处的地位，以及整个世界的形势，以便更好更快地把我们国家能够更有效地建设成为社会主义现代化的强国。"（《社会科学辑刊》编辑部编：《主体——客体：一九八三年全国主体和客体问题讨论会论文选》，辽宁人民出版社 1984 年版，第1 页）

③ 《社会科学辑刊》编辑部编：《主体——客体：一九八三年全国主体和客体问题讨论会论文选》，辽宁人民出版社 1984 年版，第 1 页。

④ 其中，第四章"思想政治教育的主体"、第五章"思想政治教育主体的输出信息活动"、第六章"思想政治教育主体活动的原则和方法"等共同组成"主体篇"；第七章"思想政治教育的客体"、第八章"客体思想活动的一般过程"、第九章"客体的自主活动"等共同组成"客体篇"。

义，而是采用类型学的划分，这是十分有意义的，证明思想政治教育主体、客体并不是抽象的固化概念。具体可以包括以下两方面：

（1）对思想政治教育主体进行了类型划分。金鉴康指出，"从教育层次规模上划分，可分为组织型教育主体、团体型教育主体和个体型教育主体"；"从教育渠道上划分，可分为社会教育主体、学校教育主体和家庭教育主体"；"从教育职能上划分，可分为各级党组织主体、群团组织主体、思想教育主体、理论研究型主体和行政业务寓教主体等党组织主体"等等。[1] 同时，金鉴康还对思想政治教育主体的特征、功能、结构以及活动原则等进行了分析。在他看来，思想政治教育主体的基本特征是"四个一致"："机构科层性与整体性的一致""组织民主性与权威性的一致""主体意识对象化与客体化的一致""主体成员的责任度与决策度、服务观的一致"。他明确指出，"在整个教育过程中，教育主体处于主导地位"，各类教育主体的基本职能是调查分析、说理教育、调整关系、激励转化等；思想政治教育主体的群体结构是指"特定教育主体内成员之间，在素质和能力及年龄等方面相对稳定的系统的形式"；思想政治教育主体活动应遵循疏导原则、民主原则、渗透原则、建设原则、效益原则、整体原则等六大原则。[2]

（2）对思想政治教育客体进行了类型划分。金鉴康指出，"按照人群组合的性质划分，可以划分为团体型和个体型"；"按照时间顺序或年龄划分，可以划分为50年代、60年代、70年代、80年代的青年，……或分为老年、中年、青年、幼少儿等类型"；"按照人的气质差异划分，可分为兴奋型（或'胆汁质'型）、活泼型（或'多血质'型）、安静型（或'粘液质'型）、抑制型（或'抑郁质'型）"等等。[3] 他还专门强调，在众多思想政治教育客体中，青年是最为主要的客体。

1989年，王礼湛和郑冠贤的《思想政治教育学》由浙江大学出版社出版，为我们理解思想政治教育主客体提供一种动态的过程视角。在这部著作中，他们没有用思想政治教育主体、思想政治教育客体或思想政治教育主客体作为章标题，而是以"思想政治教育过程"为第八章标题，第一次对思想政治教育主客体进行过程要素视角的分析。他们指出，广义主

---

[1] 金鉴康：《思想政治教育学》，水利电力出版社1987年版，第48—49页。
[2] 参见金鉴康《思想政治教育学》，水利电力出版社1987年版，第50—90页。
[3] 金鉴康：《思想政治教育学》，水利电力出版社1987年版，第110—111页。

体包括"所有学校的教师,各级党、政和社团的领导人,一切从事理论、宣传、文学艺术、新闻广播的工作人员";而狭义主体主要指的是"党政部门、企事业单位、社团和学校的宣传理论工作者和思想政治工作者"。思想政治教育客体,也就是教育对象,一般指的是全体社会成员,但是,不同的教育过程或不同的教育目标,教育对象的指向是有所不同的。① 在第九章"思想政治教育的基本矛盾和基本规律"中,他们具体分析了思想政治教育主客体的矛盾——二者"在地位、目标、实践经历、知识修养等方面的既同一又对立的性质"②。在社会主义条件下,教育主体与教育客体地位和目标在理论上或者根本上是一致的,但是在实际过程中并不是如此,往往是处于矛盾或对立状态。(1) 在地位方面,教育主体"在思想政治教育过程中,他们总是首先采取主动的行动",往往都是处于主导的地位;而教育客体"是作为被研究、被教育的对象而出现于思想政治教育之中",往往都是处于受动的地位。(2) 在目标方面,教育主体一般是"从社会要求出发,确定与实施教育的目标和计划";而教育客体主要是"从个体的需要、爱好出发参与教育活动的"。(3) 在实践经历和知识水平方面,教育主体往往比教育客体思考问题更全面、深入,二者容易在思想观念和思维方式上产生分歧和对立,进而导致双方产生对话和心理沟通的障碍。

1992 年,陈秉公出版了《思想政治教育学》(吉林大学出版社 1992 年版),从人格特征的角度论述了思想政治教育主客体,又为我们提供了一种新的理解思路。他在第六章"思想政治教育对象的分析"第三节"教育对象的人格特征"中论述了主体选择性和客体可塑性。他认为,"人对自己行为的支配,就是对自己行为选择的支配。主体选择性是人固有的特点。"③ 所以说,主体的选择性就是人的主体性的主要表现,因而引导主体进行正确的选择当然也就成为思想政治教育的重要任务。"人格既是主体,又是客体。人格作为主体,具有选择性……人格作为客体,又是被教育、被塑造、被完善的对象","人格做为客体,其基本特征是具有可塑性"④,这就从理论上解释了思想政治教育客体的可塑性,为思

---

① 参见王礼湛、郑冠贤《思想政治教育学》,浙江大学出版社 1989 年版,第 172、173 页。
② 王礼湛、郑冠贤:《思想政治教育学》,浙江大学出版社 1989 年版,第 188—189 页。
③ 陈秉公:《思想政治教育学》,吉林大学出版社 1992 年版,第 197 页。
④ 陈秉公:《思想政治教育学》,吉林大学出版社 1992 年版,第 200 页。

政治教育有效展开提供了人格分析的理论基础。陈秉公在第十一章中首先讨论了思想政治教育主体概念——在思想政治教育过程中具有主动教育功能的组织或个人。在教育过程中,教育主体具有十分重要的作用和功能,概括而言,主要有教育功能、管理功能、协调功能、研究功能等。① 此外,陈秉公还深入分析了思想政治教育主体的结构、素质和管理等一些具体问题。

同年,邹学荣的著作《思想政治教育学》(西南师范大学出版社1992年版)出版,系统论述了思想政治教育主体与客体及二者的交互关系。从章节安排来看,该著作第五章为"思想政治教育的客体、主体及其交互作用的规律"。该著作一反"常态",首先论述的是思想政治教育客体,这可能是他对思想政治教育客体重要性的有意强调,是解决理解思想政治教育客体难题的一种尝试。具体可从以下两个方面来理解:

(1)思想政治教育主客体关系可以从广义和狭义两个层面解释。邹学荣分别指出,"狭义的思想政治教育主体是指的专门从事思想政治教育的人和组织","广义的思想政治教育主体还包括有自我教育能力的思想政治教育对象,他们是自己的主体"。② 狭义的思想政治教育客体"是指存在于思想政治教育主体以外,作为思想政治教育者直接工作、作用的对象",而广义的思想政治教育客体"是指包括思想政治教育组织,思想政治教育者在内的,人们从事思想政治教育时作为对象的一切人和组织机构"。③

(2)思想政治教育主客体关系表现为对立统一关系。在邹学荣看来,主客体对立的本质在于"社会要求和个人思想行为之间的差别和对立";主客体的统一具体体现在"思想政治教育主体通过思想政治教育活动,引起思想政治教育客体认识的转变,而达到的主客体的统一"。④ 但是,将二者的对立统一仅仅解释为教育客体的认识经过教育主体的教育活动而发生转变是不够的。

后来,邹学荣发表了《略论思想政治教育主客体交互作用的规律》(《学校思想教育》1994年第2期)一文,进一步论证了思想政治教育主

---

① 参见陈秉公《思想政治教育学》,吉林大学出版社1992年版,第351—355页。
② 邹学荣:《思想政治教育学》,西南师范大学出版社1992年版,第130页。
③ 邹学荣:《思想政治教育学》,西南师范大学出版社1992年版,第108页。
④ 邹学荣:《思想政治教育学》,西南师范大学出版社1992年版,第153页。

客体的对立统一。他认为,作为一种主体改造客体的社会实践活动,思想政治教育的主要特点是:(1) 主体和客体都是人;(2) 主体具有二重性,既体现在主动实施对他人的教育,也包括实施自我教育,同时也包括主体吸收客体的思想提升自己;(3) 主要是思想认识活动,而不是物质生产活动;(4) 难以量化、评价实践结果,只能做一般的粗略估计。正是这样的特殊性,导致思想政治教育主客体活动又具有两方面的特殊性:(1) 主体与客体矛盾首先是人与人之间的思想观念、动机的差别;(2) 在主客体的交互作用中,究竟是主体还是客体起主导作用。在他看来,在思想政治教育主客体交互作用过程中,客体起决定作用,是决定性因素。[①] 在此基础上,他对思想政治教育主客体交互规律作了更具体的概括。[②]

邹学荣的观点受到了有些学者的质疑。例如,石宗仁发表了《也谈思想政治教育主客体交互作用的规律——与邹学荣同志讨论》(《学校思想教育》1994年第5期)的文章,提出了与邹学荣许多不同的观点,主要有:

(1) 质疑实践主体的二重性。在石宗仁看来,二重性指的是一事物同时具有两个方面的特性,而不是邹学荣理解的不同事物所具有的相同特性。思想政治教育主体可以成为教育客体,不仅如此,思想政治教育客体也可以成为教育主体,但这种现象不是"实践主体的二重性",而应该概括为"主客体的双向性"。实际上,思想政治教育主体与客体自身都具有

[①] 具体体现在五个方面:(1) "思想政治教育客体决定思想政治教育主体的产生,从远古来看,人类把自己看成一类,因而没有思想政治教育";(2) "思想政治教育主体的思想观念、思维方式是来源于客体的,有的是从客体中收集整理出来的,有的直接从客体那里吸收过来的";(3) "思想政治教育活动的内容和形式是否取得预期的效果,在很大程度上取决于主体对客体认识的正确程度,对客体的思想观念的现实状况理解的正确程度。如果离开了客体的现状,再先进,再高深,再伟大的理论也是无用的";(4) "思想政治教育主体活动的结果好坏,是以客体思想是否按照主体的意图在转变为前提的,如果思想政治教育客体思想没有较大变化,相反和主体发出的思想观念南辕北辙,就证明思想政治工作主体工作做得不好";(5) "思想政治教育主体的一切活动都是以客体的思想转变为出发点的,不可能离开客体去做思想工作"。总之,"客体是起决定作用的因素","主体的能动性再大,最后起决定作用的还是客体"。(参见邹学荣《略论思想政治教育主客体交互作用的规律》,《学校思想教育》1994年第2期)

[②] 思想政治教育主客体交互规律指的是,"思想政治教育主体根据社会发展的要求和思想政治教育客体思想形成的规律及其现状,运用社会发展要求的思想观念,行为规范,通过一定的思想政治教育形式、手段、方法,去影响改变思想政治教育客体,并不断纠正自己对客体的不正确认识,使思想政治教育主体与客体由对立走向统一的必然规律。"(参见邹学荣《略论思想政治教育主客体交互作用的规律》,《学校思想教育》1994年第2期)

二重性。主体既有教育人的一面,又有受教育的一面,这是思想政治教育主体的二重性;客体既有受教育的一面,又有教育人的一面,这是思想政治教育客体的二重性。

(2) 质疑思想政治教育实践是"思想活动"。石宗仁认为,不能将思想政治教育实践笼统地定性为"思想活动","思想政治教育活动不仅仅是主体的思想活动,也不仅仅是客体的思想活动,而是建立在双方思想活动基础上的思想信息交流、传递,包括由主体到客体的正向传递和由客体到主体的逆向传递,是双向传递、交互作用的连续过程。"①

(3) 明确思想政治教育的基本矛盾是主体与客体之间的矛盾。具体体现为"主体所提倡、所宣传、所要求的思想政治道德与客体现有的思想政治道德状况不一致的矛盾"②,这比邹学荣的表述更明确、更具体。

(4) 明确思想政治教育主体与客体的转化的核心和实质是思想认识转化,同时也包含情感情绪的转化。他在文中指出,思想政治教育主体与客体不仅通过"交互作用,互相交流、融汇、贯通,最后趋于一致、统一",而且"还伴随着情绪情感的转化",因为,"情绪情感的转化是思想认识转化的促进剂和润滑油"③。思想政治教育注重情绪情感的转化是一个了不起的认识。

(5) 质疑客体是思想政治教育主体与客体对立统一的决定性因素。石宗仁首先指出邹学荣用认识论来解释思想政治教育主体与客体对立统一关系的方法论错误,这样不仅在理论上让人难以理解,而且对于在实践中加强和改进思想政治教育也是十分不利的。因此,他提出了与之相对的观点——主体才是矛盾的主要方面,在主客体对立统一关系中起决定性作用,其原因在于,思想政治教育主体决定着思想政治教育的性质、方向和成效。④

基于上述质疑,石宗仁总结指出,"思想政治教育的基本矛盾是主客

---

① 参见石宗仁《也谈思想政治教育主客体交互作用的规律——与邹学荣同志讨论》,《学校思想教育》1994年第5期。

② 参见石宗仁《也谈思想政治教育主客体交互作用的规律——与邹学荣同志讨论》,《学校思想教育》1994年第5期。

③ 参见石宗仁《也谈思想政治教育主客体交互作用的规律——与邹学荣同志讨论》,《学校思想教育》1994年第5期。

④ 参见石宗仁《也谈思想政治教育主客体交互作用的规律——与邹学荣同志讨论》,《学校思想教育》1994年第5期。

体的矛盾,这个矛盾的主要方面是主体,它对思想政治工作的性质、方向、成效起主要的决定作用;这个基本矛盾运动的基本形式是转化,包括思想认识的交互作用及转化和情绪情感的交互作用及转化;这种转化具有特殊性,是主体主导下的转化。"① 应该说,石宗仁对邹学荣的批评和质疑还是很深刻、很有道理的。

1999年,王礼湛和余潇枫修订了1989年版的《思想政治教育学》(浙江大学出版社1999年版)。修订版将第一版的第八章、第九章的内容分别调整到了第九章、第十章。他们继续采用过程要素视角来理解思想政治教育主体与客体,不过论述上更为具体一些、深刻一些。他们特别强调了教育对象的双重性质,即"当他作为接受影响的对象时,是客体;当他(个人或团体)在自我教育或对其他教育对象发生影响时,便又是教育主体"。修订版与第一版相比,王礼湛等人对教育主体与教育客体基本矛盾的分析,有很大的改动,理论分析更为深刻一些。他们首先分析了思想政治教育过程的基本矛盾:(1)社会发展对思想品德的要求与教育对象思想品德现状的矛盾;(2)教育对象自身发展的要求与其思想品德现状的矛盾。随后,他们指出,这两个矛盾突出地体现为教育主体与教育客体的矛盾,具体反映在两个方面:(1)教育主体"自身的思想理论水平、专业知识、人格力量还不足以承担思想政治教育的任务,难以有效地做好教育对象的工作";(2)教育客体"缺乏接受教育的愿望和要求,拒绝接受教育"。在此基础上,他们分析了思想政治教育主体与客体在地位、目标、实践经历和知识水平等方面的实际矛盾。②

二 思想政治教育主客体关系研究的发展阶段

相对来说,2000年以前关于思想政治教育主客体关系的研究还处于探索阶段、形成阶段,研究还是比较零散的,也没有引起思想政治教育学界的足够重视。随着时代实践的发展,理论界对思想政治教育理论的认识进一步深化。进入21世纪,思想政治教育主客体关系研究的专著、期刊论文和硕士、博士论文等成果的数量迅速增加,视野也更加开阔。

进入新世纪以来,学术界兴起了德育研究为思想政治教育研究提供了

---

① 石宗仁:《也谈思想政治教育主客体交互作用的规律——与邹学荣同志讨论》,《学校思想教育》1994年第5期。
② 参见王礼湛、余潇枫《思想政治教育学》,浙江大学出版社1999年版,第247—253页。

启示借鉴。其中由王玄武等人所著的《比较德育学》①（武汉大学出版社2000年版）是其中的一个代表成果。在这部著作的第十章"德育的主体与客体论比较"中，王玄武等人从古今中外的比较视野论述了"德育的主体中心论"（第一节）、"德育的客体中心论"（第二节）、"德育的主客体统一论"（第三节），是德育主客体关系研究的一部力作。

（1）指出德育主体中心论，其实主要就是教师中心论。王玄武等人概括指出，"这种观点把教师看成德育的主体，特别强调教师在德育过程中的权威作用"；"而学生作为德育的客体，在德育过程中处于服从、受训的被动地位"。随着社会的进步，我们可以说，"凡是把除学生以外的任何外在力量作为学生品德形成的决定性力量的，都属于德育的主体中心论的范畴。"②

（2）指出德育客体中心论，其实主要就是学生中心论。王玄武等人概括指出，教育的作用是有限的，"教育只能促进这一自然发展（儿童的发展——引者注）进程，不能主宰、超越和改变这种自然的发展"③。因此，德育客体中心论认为，学生才是德育的真正中心，教师对学生的道德发展只起到指导作用，处于辅助地位。

（3）指出德育主客体统一论。德育主体中心论和德育客体中心论在古今中外德育问题上的争论是长期共存、互相对峙的，每一个"中心论"对德育发展都具有一定的指导意义，但是又都是不全面的，由此出现了德育主客体统一论。这种观点"重视教师在道德教育中的作用，强调道德知识的传授、人格和环境的陶冶力量对学生品德形成的影响"；同时，这种观点主张"道德教育必须从学生的实际出发，有的放矢，注重学生的自我教育和道德实践对学生品德发展的作用"④。也就是说，德育主客体统一论认为，学生道德品质的提高与发展不是单独依靠某一方就可以完成的，而是教师教育和学生努力的外因和内因共同的结果。该书除了论述中国和西方德育主客体统一论外，还专门对马克思主义德育主客体辩证统一

---

① 2003年，《比较德育学》第二版由武汉大学出版社出版，但第十章"德育的主体与客体比较"改动甚微。
② 武汉大学思想政治教育系组编：《比较德育学》，武汉大学出版社2000年版，第412—413页。
③ 武汉大学思想政治教育系组编：《比较德育学》，武汉大学出版社2000年版，第430页。
④ 武汉大学思想政治教育系组编：《比较德育学》，武汉大学出版社2000年版，第444—445页。

论进行探讨。马克思主义将人确认为主体，但"在不同的论述前提下，可指个人、集团或全人类"，"进入人的认识和实践范围的对象，可以分为自然客体、社会客体和精神客体"。在德育过程中，教师和学生都具有主客体二重性，教师教的主观能动性和学生学的主观能动性缺一不可。"由于教育不是一个单一的社会实践过程，而是由于上述两个子过程（教的过程和学的过程——引者注）交织而成的复合过程"，因此它不能像主体中心论或客体中心论那样"只设立一个中心，而是客观上存在着两个中心（或称焦点）"。形象地说，德育过程"不是一个圆，而是一个椭圆"。[①] 这是他们对德育主客体辩证统一论的论述，实际上为双主体的提出埋下了伏笔。

2000年，陈秉公《21世纪思想政治教育工作创新理论体系》（吉林教育出版社2000年版）公开出版，其中第三篇"21世纪思想政治教育工作基本原理"第一章"思想政治教育工作的基本范畴"第二节明确了"主体与客体"[②] 这对基本范畴。该著作对思想政治教育主客体研究的贡献有以下方面：

（1）首次提出了思想政治教育双主体的观点。陈秉公指出，"在思想政治教育过程中的主动行为者，是具有主动教育功能的组织或个人"都可以统称为思想政治教育主体。他在此基础上进一步指出，"教育者和受教育者都是主动行为者，都具有主动教育功能，因而都是思想政治教育工作过程的主体"[③]。当然，无论是教育主体还是受教育主体，二者都既可以是单个的人，也可以是复数的人。

（2）首次将思想政治教育客体理解为教育过程的全部要素。在陈秉公看来，在思想政治教育过程中，主体行为作用的对象就是客体，它"包含思想政治教育过程的全部要素"，其中一部分是"在思想政治教育过程中被当成行为对象的教育者和受教育者"；而另一部分则是其他只能充当行为对象的诸多要素，包括教育环境、教育目的、教育内容、教育手

---

① 参见武汉大学思想政治教育系组编《比较德育学》，武汉大学出版社2000年版，第454页。

② 2001年，陈秉公的著作《思想政治教育学原理》由辽宁人民出版社出版。在该著作的第四章"思想政治教育学的基本范畴"中，陈秉公再次明确了"主体与客体"基本范畴的地位。在论述上，他继续沿用了《21世纪思想政治教育工作创新理论体系》中的具体分析。

③ 陈秉公：《21世纪思想政治教育工作创新理论体系》，吉林教育出版社2000年版，第234—235页。

段和教育活动等等。①

（3）深刻论述了思想政治教育主客体的主要特征，即双主体性、主客体同一性和客体能动性。陈秉公指出，教育者和受教育者都是相对独立的行为者，因而都应该充当主体，二者都具有主体性，这就是所谓主客体的双主体性。"教育者是施教主体，受教育者是施教的客体"；"受教育者是接受教育的主体，教育者则是接受的客体"，这种施教主体与受教主体的彼此作用，就是所谓的主客体的同一性。我们也要看到，思想政治教育客体并不是消极的，而是积极的、具有自觉性和自主性的，这就是所谓的客体能动性。②

（4）首次将思想政治教育主客体关系分解为三个具体方面，即主体与主体的关系、主体与客体的关系、客体与客体的关系。具体来说，在教育过程中，主体与主体"相互联结、相互制约、相互影响、相互促进"，"只有当教育者和受教育者都成为积极主体时教育才有效"，这是二者相容关系的体现；"主体与主体之间相互联系、相互依存，不可或缺，形成主体结构，成为思想政治教育工作的动力系统，推动思想政治教育工作进程"，这是二者依存关系的体现。主体与客体的关系主要体现在三个方面：一是主体支配客体，客体制约客体；二是主体与客体互相规定；三是主客体与客体互相转化。客体与客体的关系主要体现在两个方面：第一，客体行为者与环境、目的、手段等其他客体要素之间的关系；第二，教育目的、教育手段、教育环境各客体要素之间的组合关系。③

2001年，人民出版社出版了张耀灿等所著的《现代思想政治教育学》。该著作在第五章论述思想政治教育客体的同时，也深刻揭示了思想政治教育主体及其与客体之间的关系。这部著作的主要贡献有：

（1）首次明确概括了"哲学视野中的主体与客体"。在哲学视野中，主体与客体不是绝对划分，而是相对而言的。主体是指"有目的、有意识地从事认识活动和实践活动的现实的人。"主体具有主体性，这内含了

---

① 参见陈秉公《21世纪思想政治教育工作创新理论体系》，吉林教育出版社2000年版，第235页。
② 参见陈秉公《21世纪思想政治教育工作创新理论体系》，吉林教育出版社2000年版，第235—237页。
③ 参见陈秉公《21世纪思想政治教育工作创新理论体系》，吉林教育出版社2000年版，第237—239页。

三层意思：一是"主体性必须是作为主体的人所具有的"；二是"主体性必须是在主体与客体的多种交互关系中体现出来的"；三是"主体性必定以一定形式（如能动性、创造性等）的精神力量表现出来"。与主体相对应的就是客体。"客体是在主体活动的对象性指向中获得自身的基本规定的，即主体活动所指向的，并反过来制约主体活动的外界对象"。① 从形式上可以把主客体关系分为人与自然、人与社会、人与人之间的关系，具体表现为实践关系、认识关系、价值关系、审美关系。

（2）首次系统梳理了教育学研究中的"单一主体论""双主体论""超越主客体关系论"等学术争论，并指出，教育者与受教育者在施教和受教两个具体运行过程中构成辩证统一的主客体关系。

（3）重新阐释了思想政治教育主客体。他们指出，凡是"根据一定社会、阶级的要求，有目的、有计划、有组织自觉地对教育对象的思想品德施加可控性影响的组织者和教育者"，都可以统称为思想政治教育主体。这一概念具体有三个层面的含义：第一，主体是以培养教育对象的思想品德为其活动指向的人；第二，主体是有资格要求的，不是所有人都可以胜任的；第三，主体对教育对象的教育影响是有目的、有计划和有组织的。客体相对主体而存在，客体其实就是"思想政治教育主体认识和施加可控性影响的对象"。在教育过程中，客体具有参与决策、承担活动、体现效果等特殊教育功能。②

（4）客观评述了主客体之间的既对立又统一的矛盾关系。该著作旗帜鲜明地批评了一些模糊认识、错误认识，"如果否认思想政治教育主体的存在，就会把思想政治教育视为自发、自流的群众活动，这就从根本上否认了中国共产党在长期革命斗争实践中形成了的思想政治工作的优良传统"。③ 思想政治教育主体与客体在一定情况下是可以相互转化的，所以说，那些否认和怀疑思想政治教育主客体客观存在的观点都是错误的。事实上，思想政治教育主客体不仅是客观存在的，而且二者还是既对立又统

---

① 张耀灿、郑永廷、刘书林、吴潜涛等：《现代思想政治教育学》，人民出版社 2001 年版，第 189 页。
② 参见张耀灿、郑永廷、刘书林、吴潜涛等《现代思想政治教育学》，人民出版社 2001 年版，第 193—194 页。
③ 张耀灿、郑永廷、刘书林、吴潜涛等：《现代思想政治教育学》，人民出版社 2001 年版，第 195 页。

一的矛盾关系，二者相互依存、互为前提，差异对立、矛盾多样，互相转化、共同发展。该著作运用大量篇章论述了主体客体化、客体主体化，但强调二者都不是"在'实物'形态上主体成为客体，或客体成为主体，而是指思想政治教育者和思想政治教育对象之间由于相互作用而形成的相互渗透、相互吸取、共同发展的过程"①。

（5）归纳总结了思想政治教育客体的主体性及其重要意义。主体性是主体的主要特征，受动性是客体的主要特征，这只是对主客体特性的简单、静态的理解。思想政治教育主客体都是人，都有作为人的资质和权利，因而思想政治教育客体同样具有主体性，具体体现在能动性、自主性和创造性等方面。这种能动性体现为：客体既能反映外部世界和自身，又能对主体的教育进行选择、消化和吸收，还能反作用于主体。这种自主性体现为：客体排斥相反性质的思想道德信息，吸收相同性质的思想道德信息，进而调节自己的思想和行为。这种创造性体现为：客体"摸索思想政治教育的新形式、新方法，创造性地开展群众性的互帮互教活动，促进思想政治教育活动广泛深入地开展起来"，并"通过与教育主体互动作用，自主选择接受教育主体的影响，在同化或顺应机制的作用下，建构、发展自己的思想政治品德结构，不断增强适应社会日常生活的能力"。②此外，这部著作还对中国古代的教育客体观、西方的教育客体观、马克思主义教育客体观、现代思想政治教育客体观进行了历史回顾和内容凝练，重点论述了思想政治教育的主要对象——青年及其在新世纪的特点。

2003年，张耀灿与徐志远合著的《现代思想政治教育学科论》由湖北人民出版社出版。他们在第七章"现代思想政治教育学的基本范畴（上）"、第八章"现代思想政治教育学的基本范畴（下）"、第十二章"社会化与主体化双向互动"中论述了思想政治教育主客体，其主要理论贡献有：

（1）首次将"主体与客体"定位为现代思想政治教育学的中心范畴。不同于陈秉公将"主体与客体"列为思想政治教育基本范畴之一，张耀灿和徐志远进一步将"教育主体与教育客体"列为现代思想政治教育学的中

---

① 张耀灿、郑永廷、刘书林、吴潜涛等：《现代思想政治教育学》，人民出版社2001年版，第197页。

② 张耀灿、郑永廷、刘书林、吴潜涛等《现代思想政治教育学》，人民出版社2001年版，第200页。

心范畴。从语言表达来看,在思想政治教育整个范畴系统中,"主体与客体"这对范畴的地位明显上升了。"主体与客体"这对中心范畴对其他范畴起着规定和影响的作用,是思想政治教育基本范畴系统的逻辑起点。①

(2) 论述了思想政治教育主客体关系与其特殊矛盾的关系。在该著作中,他们将"一定社会一定阶级对人们思想品德的要求与人们实际的思想品德水准的矛盾"定位为思想政治教育研究的特殊矛盾,并且在主体和客体两个方面都有具体的反映和体现。具体来说就是,既要研究人的思想品德形成发展的规律(客体角度),又要研究思想政治教育自身规律(主体角度)。② 在这个意义上,我们可以说,思想政治教育研究的特殊矛盾具体体现在其主客体关系上,或者说,我们进行思想政治教育特殊矛盾研究就是在研究其主客体关系。

(3) 概括了思想政治教育主客体的含义及其作用。作者在该著作中指出,"经过专门训练,能有目的和按计划对教育客体进行思想政治教育的个人和群体"都可以被理解为思想政治教育主体,主体的主要作用表现在设计、组织、疏导、激励、转变、示范等方面。而主体实施教育所影响的对象,也就是我们通常所说的思想政治教育客体,客体的作用主要体现在能动、检验和促进等三个方面。③

(4) 论述了思想政治教育主客体的对立统一关系。作者在该著作中指出,主体在教育过程中处于主动和支配地位,是教育活动的组织者和实施者,而客体由于其思想行为与一定的社会要求之间存在差距而处于受动和服从的地位;主体在教育过程中发挥主导作用,而客体发挥的是主动作用;主体承担的任务是"传道、授业、解惑",而客体承担的是接受教育、顺利实现社会化的任务。同时,二者又统一于思想政治教育活动之中,具体表现为:主客体不可分离、主体客体化和客体主体化、主体主导作用和客体主动作用等三个方面的辩证统一。④

---

① 参见张耀灿、徐志远《现代思想政治教育学科论》,湖北人民出版社 2003 年版,第 209 页。

② 参见张耀灿、徐志远《现代思想政治教育学科论》,湖北人民出版社 2003 年版,第 212 页。

③ 参见张耀灿、徐志远《现代思想政治教育学科论》,湖北人民出版社 2003 年版,第 239—240 页。

④ 参见张耀灿、徐志远《现代思想政治教育学科论》,湖北人民出版社 2003 年版,第 240—242 页。

此外，作者从学科研究角度指出，深入研究思想政治教育主客体有利于认识和把握双向互动规律，有利于弄清自我教育的发生机制，有利于充分调动教育主体和教育客体的积极性。[①]

2006年，张耀灿等与时俱进地修改了2001年版《现代思想政治教育学》，增补了许多新章节和具体内容。比较发现，2006年版舍弃了2001年版"思想政治教育客体论"的结构安排，替补了一章新内容——"思想政治教育主体论"（第八章），从另外一个逻辑起点论述了思想政治教育主客体问题。

（1）对中西思想政治教育主客体关系的发展与演变进行了回顾。他们概括指出，中西方古代思想政治教育的主客体已经分化明确，"二者之间具有不可逾越的鸿沟，其突出表现是教育的等级关系"[②]。在西方，赫尔巴特的"三中心"[③]是传统思想政治教育的主导观念，这"势必会过分注重和强调教师的主体地位和单方面的主体性，忽视学生在自身品德发展中的主体性。"[④]

（2）明确提出教育者与受教育者的关系是主体互动的关系。2006年版著作中，作者更换了传统思想政治教育主客体单向关系的表述，并明确指出，"现代思想政治教育中，教育者与受教育者之间的关系是平等互动的关系。"[⑤] 按照这种理解，教育者和受教育者在人格尊严方面是完全平等的（首要体现），同时，二者都具有独立性、能动性。

第一次明确提出思想政治教育主体性这个新概念，并具体将其分解为教育者的主体性、受教育者的主体性和教育活动的主体性等三个彼此关联的子系统。其中，思想政治教育主体性和思想政治教育活动主体性都是新概念。一般来说，对教育者的主体性是没有异议的，并且已经有过多次论述。但是，将教育者的主体性、受教育者的主体性和教育活动的主体性等

---

① 参见张耀灿、徐志远《现代思想政治教育学科论》，湖北人民出版社2003年版，第242—243页。
② 张耀灿、郑永廷、吴潜涛、骆郁廷等：《现代思想政治教育学》，人民出版社2006年版，第268页。
③ 即教师中心、课堂中心、书本中心。
④ 张耀灿、郑永廷、吴潜涛、骆郁廷等：《现代思想政治教育学》，人民出版社2006年版，第269页。
⑤ 张耀灿、郑永廷、吴潜涛、骆郁廷等：《现代思想政治教育学》，人民出版社2006年版，第271页。

三个概念,用思想政治教育主体性这个概念统筹起来还是第一次尝试。"思想政治教育活动是由教育者的活动、受教育者的活动和决策者的活动构成的。……他们总是根据社会现实与发展和自身需要两个尺度,有意识地选择、建构教育活动,开展教育活动,以达到培养思想政治道德主体的目的。因此,思想政治教育活动是一种主体性活动。"① 概括地说,教育活动主体性是教育者与受教育者双方主体性的整合与归属,其根本表现是教育活动中的目的性。

(3) 对思想政治教育主体性的不同层次性特征进行了说明。他们通过对思想政治主体性构成的分析指出,思想政治教育主体性层次性明显,主要包括独立自主性、积极主动性、开拓创新性等层次,各个层次不是彼此独立、分割的关系,而"是相互联系、相互促进、相辅相成的有机统一体,独立自主性是前提,积极主动性是关键,开拓创新性是最高层次。"同时,他们还强调三者的协同发展,过分突出或者有意忽视任何一方面,都会使思想政治教育偏离正确方向。②

(4) 探索了现代思想政治教育主体互动模式的构建问题。作者认为,构建现代思想政治教育主体互动模式必须坚持科学的原则,具体来说,应当坚持以人为本的教育原则和理念,应当坚持对受教者主体性高度重视的教育伦理观,应当坚持实现人的全面发展和社会学和谐的教育价值观,应当坚持理论教育的实践转向的教育实践观。③

同年,人民出版社还出版了张耀灿等人所著的《思想政治教育学前沿》。在该著作中,张耀灿等人没有使用思想政治教育主客体关系、思想政治教育主体互动关系,而是明确以"主体间性"为第八章标题,论述了主体间性思想政治教育,这是当时思想政治教育研究的一个重要前沿问题。

(1) 在反思中明确提出了主体间性思想政治教育。作者在这部著作中反思指出,"由主客二分的主体性思想政治教育向主体间性思想政治教育转向,是现代哲学在思想政治教育中的具体运用,是解决当前思想政治

---

① 张耀灿、郑永廷、吴潜涛、骆郁廷等:《现代思想政治教育学》,人民出版社 2006 年版,第 279 页。
② 参见张耀灿、郑永廷、吴潜涛、骆郁廷等《现代思想政治教育学》,人民出版社 2006 年版,第 281—286 页。
③ 参见张耀灿、郑永廷、吴潜涛、骆郁廷等《现代思想政治教育学》,人民出版社 2006 年版,第 287—293 页。

教育中存在的诸多问题和局限性的客观要求",但是,"主体间性思想政治教育不是对主体性思想政治教育的否定",而是在此基础上的修正和超越。这可不是小修小补,"主体间性思想政治教育是全面的、真实的、双向的主体性思想政治教育,不是主客二分、偏激、片面、过度、单子式的主体性思想政治教育。"①

(2)论述了主体性思想政治教育的形成、历史功绩、存在的问题与局限性。张耀灿等人认为,主客二分的主体性哲学观在学科初创阶段具有基础性意义,不可低估其历史意义。但是,主体性哲学后来也逐渐暴露出"越来越多的问题和局限性,遭遇到越来越多的困惑,产生越来越大的消极作用"②。因此,思想政治教育需要抛弃陈旧的主体性哲学,开始寻找理论建构的新哲学依据,即主体间性哲学。

(3)论述了主体间性哲学视阈下的思想政治教育关系。张耀灿等人认为,主体性哲学不再是思想政治教育的"良药",难以成为思想政治教育理论创新发展的哲学依据,因而应当主动转向一种新哲学——主体间性哲学,从而构建主体间性思想政治教育理论。在这样的理论视野中,教育者与受教育者之间就不再是一种"主体—客体"关系,而是复杂的"主体—主体"关系。

(4)论述了转向主体间性思想政治教育是面临时代要求的必然选择。张耀灿等人明确指出:"思想政治教育主体间性转向不是空穴来风、无本之木、无源之水,而是时代发展、社会进步对思想政治教育的客观要求"。这无疑是要说明,转向主体间性思想政治教育,是落实"以人为本"科学发展观的必然要求,是构建社会主义和谐社会的必然要求,是适应经济全球化的必然要求,是引领网络社会崛起的必然要求,而不是理论研究者故弄玄虚、玩弄概念制造出来的。③

(5)论述了主体间性思想政治教育转向的具体实现。张耀灿等认为,在理想状态下,主体间性思想政治教育其实就是交往式思想政治教育。这就将教育过程理解为人与人的交往过程,强调"交往在思想政治教育中不是手段,而是目的,交往是社会性的人的发展源泉,人们是通过交往来提

---

① 张耀灿等:《思想政治教育学前沿》,人民出版社2006年版,第342—343页。
② 张耀灿等:《思想政治教育学前沿》,人民出版社2006年版,第368—369页。
③ 参见张耀灿等《思想政治教育学前沿》,人民出版社2006年版,第370—376页。

高思想品德的。"① 为实现这种理想模式，地位平等、贴近生活、沟通理解、双向互动、体验巩固和互惠互赢等是应当遵循的基本原则。②

2007 年，罗洪铁主编的《思想政治教育专题研究》由中央文献出版社出版。该书第三章从研究述评的角度梳理了当时思想政治教育主客体关系问题③，并在此基础上对思想政治教育主体与客体及其二者关系提出了一些新认识，特别是提出了主导性主体、主体性客体两个新概念。该书并没有否定"主体是教育者，客体是受教育者"的基本框架，但对这个观点进行了一些修正。在思想政治教育过程中，相对于客体，主体占有一定的优势，因为他"是思想政治教育的组织者、设计者和发动者，其地位和作用是主导性的"，所以说，我们应该将教育主体明确为主导性主体。同时，不同于一般物的客体，教育客体"是一个充满思想，具有理性的活生生的人，它不是纯粹消极地接受教育主体的信息传输，也不是纯粹被动地接受教育主体的引领"，我们应该将教育客体明确为主体性客体。④

2009 年，罗洪铁主编的教材《思想政治教育学原理》由西南师范大学出版社出版，其第四章标题就是"思想政治教育的主客体"。在这本教材中，罗洪铁等人对思想政治教育主体与客体的概念、功能、特征等进行了分析。就教育主体的特征而言，除了早期强调主导性，还增加了先进性、合法性特征；就教育客体的特征而言，除了强调主体性，还增加了层次性、动态性的论述。该教材对思想政治教育主客体的对立关系有不同的新概括——角色对立、活动方式对立、素质对立。同时，该教材指出，二者的统一性体现在相互依存和相互转化上。促进思想政治教育主客体关系良性互动，应该遵循民主平等原则、双向互动原则、主导主动原则、相互转化原则。⑤

2010 年，高等教育出版社出版了教材《思想政治教育原理与方法》。这本教材第三章就直接论述了"思想政治教育的主体与客体"，其分析框架仍然是主客体，是一种回归。这一章的理论贡献主要有：

---

① 张耀灿等：《思想政治教育学前沿》，人民出版社 2006 年版，第 378 页。
② 参见张耀灿等《思想政治教育学前沿》，人民出版社 2006 年版，第 378—390 页。
③ 后来，罗洪铁等人在此基础上出版了《思想政治教育学学科理论体系演变研究》（中国社会科学出版社 2012 年版）、《思想政治教育学理论的形成和发展研究》（中国文史出版社 2014 年版）。
④ 参见罗洪铁主编《思想政治教育专题研究》，中央文献出版社 2007 年版，第 107—108 页。
⑤ 参见罗洪铁《思想政治教育学原理》，西南师范大学出版社 2009 年版，第 51—59 页。

(1) 强调了思想政治教育主体的重要地位和价值。该教材指出,研究思想政治教育主体问题是十分必要的,具有重要的理论价值和实践价值,因为"任何思想政治教育都是一定主体组织开展的教育活动,离开了一定的主体,就不可能有任何思想政治教育活动。"① 为了正确认识和理解思想政治教育主体,该教材概括了"单主体说"等四种主要的学术观念。

(2) 详细论述了思想政治教育主体的概念及其类型。该教材从方法论的角度指出,我们不能将思想政治教育主客体固定化、简单化,"而应该根据他们在思想政治教育实践中实际履行职能的情况来判定他们是否是思想政治教育的主体。只有真正履行了承担、发动、组织和实施思想政治教育职能者,才可以称为思想政治教育主体"②。而受教育者作为教育对象出场,在接受教育时就是客体,但当他在对他人或自我进行教育时,他又成为主体。也就是说,我们不能笼统地确认思想政治教育主体是教育者或受教育者。"在思想政治教育活动中,谁承担、发动、组织和实施思想政治教育,谁就是思想政治教育的主体。"③ 在此基础上,从存在论的角度进行划分,思想政治教育主体主要有个体主体、群体主体两种类型。具体来说,承担、发动、组织和实施教育活动的领导、教师、家长、教育工作者等个人就是个体主体;而承担、发动、组织和实施思想政治教育活动的各种组织、团体、机构等群体组织就是群体主体。④

(3) 论述了思想政治教育客体的概念及其类型。该教材分析了哲学意义上的客体,并指出了哲学主客体与思想政治教育主客体的划分不同标准。哲学主客体"是从人与物的关系上划分的,是指人类活动的对象。即人是主体,自然是客体,人是自然的主体,自然是人的客体,人是自然的改造者,自然是人的实践活动的改造对象。"⑤ 思想政治教育无疑也是一种对象性的社会活动,但是,"思想政治教育活动的作用对象不是物,

---

① 参见教育部思想政治工作司组编《思想政治教育原理与方法》,高等教育出版社 2010 年版,第 78 页。
② 参见教育部思想政治工作司组编《思想政治教育原理与方法》,高等教育出版社 2010 年版,第 79 页。
③ 参见教育部思想政治工作司组编《思想政治教育原理与方法》,高等教育出版社 2010 年版,第 79 页。
④ 参见教育部思想政治工作司组编《思想政治教育原理与方法》,高等教育出版社 2010 年版,第 80 页。
⑤ 教育部思想政治工作司组编:《思想政治教育原理与方法》,高等教育出版社 2010 年版,第 85 页。

而是人。"① 这是思想政治教育区别于其他活动的一个特殊性,这也就决定了"思想政治教育的客体不是从人与物的关系上来划分的。而是从人与人的关系上来划分的。准确地说,是从人与人在思想政治教育中作用与被作用、教育与被教育、塑造与被塑造的相互关系上"②才能具体划分出思想政治教育客体。与哲学意义上的客体有所不同,"思想政治教育客体是思想政治教育的接受者和受动者,它与思想政治教育主体相对应,是思想政治教育主体的作用对象"③。与思想政治教育主体相对应,思想政治教育客体同样可以划分为个体客体和群体客体。

(4) 对思想政治教育主客体的基本特征进行了概括。该教材结合哲学分析指出,主体性是主体的根本特征,这具体表现为主动性、主导性、创造性和超越性等。客体性是客体的基本特征,这具体表现为受动性、受控性和可控性等。

(5) 论述了自我思想政治教育中的主客体。该教材认为,很多人之所以走不出自我思想政治教育主客体的"思维泥潭",一个主要原因就在于:没有认清自我教育的特殊性。事实上,"自我教育不是思想政治教育过程中接受教育的一个阶段,也不是思想政治教育过程中接受教育的一种方式,自我教育不是在接受教育",自我教育在本质上是思想政治教育的一种特殊形态。"自我思想政治教育意味着思想政治教育过程中的人们既把自己作为意识和意志的对象,又把自己作为教育和改造的对象,充分体现了人们通过思想政治教育不断提高自身思想政治素质的自觉性,反映了思想政治教育过程中自我意识的觉醒,标志着思想政治教育进入高度自觉的阶段,是思想政治教育的最高境界和最高形式。"④ 该教材把自我教育理解为思想政治教育的特殊形态、最高境界和最高形式,赋予其独立地位,这为我们理解思想政治教育主客体提供了新思路。自我教育有个体自我教育和集体自我教育两种基本类型。从主客体关系来看,自我教育的突

---

① 教育部思想政治工作司组编:《思想政治教育原理与方法》,高等教育出版社2010年版,第85页。

② 教育部思想政治工作司组编:《思想政治教育原理与方法》,高等教育出版社2010年版,第85页。

③ 教育部思想政治工作司组编:《思想政治教育原理与方法》,高等教育出版社2010年版,第85页。

④ 教育部思想政治工作司组编:《思想政治教育原理与方法》,高等教育出版社2010年版,第92页。

出特征就是主体与客体的高度统一。

（6）概括了科学构建新形势下思想政治教育主客体关系的基本原则。该教材认为，新形势下加强和改进思想政治教育的当务之急，就是要科学构建思想政治教育主客体关系。在具体建构中，我们应当遵循和落实民主平等、双向互动、主导主动、相互转化等基本原则。[①]

三 思想政治教育主客体关系研究的深化阶段

随着互联网对人们生产方式、生活方式和思维方式的影响，对思想政治教育的影响也是深刻的，甚至是颠覆性的。随着网络思想政治教育形态的独立与稳定，网络思想政治教育主客体关系也日益成为一个重要的研究主题，由此也推进思想政治教育主客体关系研究进入深化发展的新阶段。其中，张再兴的专著《网络思想政治教育研究》（经济科学出版社2009年版）是具有基础性、开创性、代表性的成果之一，在学术界影响较大。该著作总共分为五篇，其中第三篇集中且系统地讨论了"网络环境下主体与客体的关系"。具体来说，该著作的主要贡献有：

（1）梳理了哲学主客体关系研究和教育学主客体关系研究，并在此基础上确立了网络思想政治教育主客体研究的哲学前提。张再兴没有明确区分思想政治教育与教育，而是把二者的本质理解为一回事。他在梳理哲学主客体关系研究和教育学主客体关系研究的基础上指出，"教育，是人的活动；教育者与受教育者、教师与学生之间的关系，是人与人之间的关系。因而，教育主客体关系也就是现代哲学意义上的主体性、主体际性、交互主体性这样的'主体际'问题。"在主体际哲学框架内，思想政治教育主客体关系是一种人与人的新型主客体关系，而这种新型主客体关系离不开交往行为，"都是在人的交往实践中的相互作用、相对而言的关系"。张再兴确认了交往实践基础上的主体际性，是分析网络思想政治教育主客体的哲学思维。[②]

（2）论证了网络思想政治教育主客体的客观存在。张再兴认为，即便进入网络社会，思想政治教育的一般规定仍然存在，因为其根本性质不

---

① 参见教育部思想政治工作司组编《思想政治教育原理与方法》，高等教育出版社2010年版，第94—100页。

② 参见张再兴《网络思想政治教育研究》，经济科学出版社2009年版，第148—161页。

会变。在阶级社会，思想政治教育要传递一定阶级意识形态，这就必然有一个传递者、接收者，于是导致思想政治教育必然区分出主体、客体，形成二者的矛盾运动。因此，"否定思想政治教育活动中主体、客体及其关系的存在，在理论上不符合思想政治教育的本质特点"。思想政治教育主客体是客观存在的，并不会因为其新形态的出现而不再存在。这也就是说，即便"网络思想政治教育的理念、教育内容、教育方式方法在新的时代条件下必然要进行更新和完善"，但是，"从根本上看，它的本质属性没有任何改变，网络思想政治教育主体与客体的客观存在同样是必然的"。网络思想政治教育主客体关系最为重要的特征是高度的情景依赖性。具体来说，网络思想政治教育主客体并不是与人的身份和地位一一对应的，事实上，"它们不是预先规定在某一类人身上，也不是预先规定在某一时空领域内，而是依一定的情景发生或形成的；它们不是固定不变的，而是依一定的条件发展和演变的。"在教育过程中，"教育者和受教育者谁为主体，谁为客体，只能在他们形成的具体关系情境中去认识和把握"，"离开了具体的网络情景，主体、客体及其作用关系都是抽象而模糊的，不是现实性的具体存在"。概括而言，在新生成的网络社会中，"教育者和受教育者所共同建构的交互性主客体关系，是教育者和受教育者在具体的情境中发生的主动—被动、能动—受动之关系"。若具体教育情境是由教育者主动建构的，那么，教育者就是主体，受教育者则是客体；若具体教育情境是由受教育者主动建构的，那么，受教育者就是主体，教育者则是客体。因此，在网络思想政治教育活动中，主客体关系既是教育者和受教育者互动的过程，同时又是二者互动的结果，这种新型主客体关系是具体的而非抽象的，是动态的而非静止的。①

骆郁廷在《论网络思想政治教育的主体与客体》（《马克思主义与现实》2016年2期）一文中，系统论述了网络思想政治教育主体、客体及其关系。这篇文章的主要理论贡献有以下几个方面：

（1）论证了网络思想政治教育主客体的客观存在。根据思想政治教育的本质含义，骆郁廷具体指出，网络思想政治教育是"为了实现一定的政治目的而利用网络有意识、有计划、有步骤地影响和改变人的思想和

---

① 参见张再兴《网络思想政治教育研究》，经济科学出版社2009年版，第196—203页。

行为的教育活动。"① 在网络社会，总有网络信息的发布者、传播者，总有网络信息的浏览者、接收者。因此，网络只是改变主客体的存在方式及相互作用方式，但是并没有改变主客体存在的这个基本事实，网络思想政治教育仍然存在着主体和客体。

（2）制定了区分网络思想政治教育主客体的主要标准。长期以来，究竟根据什么标准来划分网络思想政治教育主客体是一个悬而未决的问题，这个看似简单的问题，实际上是很难回答清楚的。骆郁廷指出，"是否在网络思想政治教育互动关系中履行网络思想政治教育的职能，是区分网络思想政治教育主客体的唯一标准"②。具体来说，既可以根据网络思想互动中主动和被动的情况进行划分（信息发布者为主体，信息接收者为客体），也可以根据网络思想互动中主导和从属的情况进行划分（主导者为主体，依赖者为客体），还可以根据网络思想互动中影响深浅的情况进行划分（信息优势者为主体，信息弱势者为客体）。③

（3）论证了网络思想政治教育主客体的特殊性。与一般主客体相比，网络思想政治教育主客体更具特殊性。骆郁廷将这些特殊性具体概括为三个方面：一是载体特殊，网络思想政治教育主客体是以网络为中介、场域和条件的；二是形态特殊，网络思想政治教育主客体是一种虚拟存在，与现实主客体存在差别，很有可能形成双重人格；三是关系特殊，主体与客体是一种双向互动的关系，同时也是多向互动的关系、叠加互动的关系。④

（4）分析了网络思想政治教育主客体转化的表现及其实现。在骆郁廷看来，主体客体化与客体主体化，是网络思想政治教育主客体转换的集中体现。具体来说，主体客体化就是主体主动地向客体转化；客体主体化就是主体"积极主动地创造条件，启发网民自觉，引导和促进网民实现由教育客体向主体的转化"⑤。网络思想政治教育主客体的相互转化，虽然需要一定的思想指导，但其根本力量不在思想方面，而在于实践方面，

---

① 骆郁廷：《论网络思想政治教育的主体与客体》，《马克思主义与现实》2016年第2期。
② 骆郁廷：《论网络思想政治教育的主体与客体》，《马克思主义与现实》2016年第2期。
③ 参见骆郁廷《论网络思想政治教育的主体与客体》，《马克思主义与现实》2016年第2期。
④ 参见骆郁廷《论网络思想政治教育的主体与客体》，《马克思主义与现实》2016年第2期。
⑤ 骆郁廷：《论网络思想政治教育的主体与客体》，《马克思主义与现实》2016年第2期。

"网络思想政治教育只有在网络思想交往实践中才能实现网络空间中主客体的转化"①。

此外,还有不少学者具体研究了网络新媒体环境下的思想政治教育主客体关系,曾令辉是其中的代表性学者之一。在2015年《学校党建与思想教育》第9期,他发表了《新媒体环境下思想政治教育主客体关系问题研究》,并且从推进研究的角度,对新媒体环境下思想政治教育主客体关系研究提出了许多新认识。

(1)对新媒体环境下思想政治教育主客体关系研究的视角与问题进行了概括。曾令辉通过文献梳理发现,新媒体环境下思想政治教育主客体关系研究,以新媒体环境特性视角、主客体生成过程视角、主体际性理论视角等为主,"集中探讨了现实环境下思想政治教育主客体关系转向新媒体环境下思想政治教育主客体关系,以及新媒体环境下思想政治教育主客体关系类型、特征等"②。他在评述中指出,现有的研究成果虽然十分具有启发性,但存在的问题也不少。具体来说,在思维与方法维度,采用移植哲学"主客二分"的思维和方法研究得多,而运用系统论思维和方法研究得少;在内容维度,以主客体关系的主体性或主体间性为研究内容的多,而以主客体关系整体性为研究内容的少;在成果维度,研究主客体关系的主体性或主体间性的成果多,而研究主客体关系整体性的成果少。③

(2)指明了研究新媒体环境下思想政治教育主客体关系的思路与方法。曾令辉指出,新媒体不仅是思想政治教育的载体和工具,更是我们开展思想政治教育的一个不容忽视的外在大环境,这个环境与以往的物理时空的环境存在巨大差异。因此,新媒体环境下思想政治教育主客体关系,确实不同于现实环境下思想政治教育主客体关系,而是"在不同新媒体环境下通过数字信息的双边和多边互动交流中形成的确定与不确定,明确与不明确的数字符号关系,是在一定虚拟环境条件下发生、生成的,并且在一定的条件发展而演变成动态多维模型结构。"④ 鉴于此,研究这个问

---

① 骆郁廷:《论网络思想政治教育的主体与客体》,《马克思主义与现实》2016年第2期。
② 曾令辉:《新媒体环境下思想政治教育主客体关系问题研究》,《学校党建与思想教育》2015年第9期。
③ 参见曾令辉《新媒体环境下思想政治教育主客体关系问题研究》,《学校党建与思想教育》2015年第9期。
④ 曾令辉:《新媒体环境下思想政治教育主客体关系问题研究》,《学校党建与思想教育》2015年第9期。

题需要一个整体性视角，不能只关注其中某一个方面，具体需要运用"系统论方法、复杂性科学的涌现生成方法和适应维持方法、数学建模方法等交叉学科和自然科学的方法"①。

（3）规划了研究新媒体环境下思想政治教育主客体关系的基本内容。曾令辉认为，新媒体环境下思想政治教育主客体关系研究的基本内容主要有四个方面。第一，"本质研究"。我们需要重点探讨"主客关系整体性的内涵、特点、要素和演化规律等"。第二，"生成与维持机制研究"。我们需要重点探讨主客体关系的生成机制、维持机制。第三，"结构与功能研究"。我们需要重点探讨"主客体关系整体生成结构与功能、信息共享结构与功能、信任结构与功能等方面的问题"。第四，"应用研究"。我们需要重点探讨"慕课、微课、虚拟社区、博客、微博、QQ、移动互联网络等不同新媒体环境下思想政治教育主客体关系建构的条件、内容、方法和途径等"。②

当然，研究思想政治教育主客体关系的成果远不止上述列举的著作或论文，但是，上述这些成果基本粗略地反映了这段时期内研究进展和水平，其他具体丰富的研究成果不外乎是围绕这些研究成果发表支持、质疑、反对意见，并在此基础上进行修正。因此，我们就不一一列举了，这既难以做到，实际上也无必要。

第二节 思想政治教育主客体关系研究的争论及其症结

毋庸置疑，思想政治教育主客体关系问题是思想政治教育基础理论研究的一个经典主题。虽然经过40余年的理论探讨，目前已经形成了大量的研究成果，但是学术界对这个问题却没有达成理想的共识。当然，从学术研究的角度来讲，真理将越辩越明，允许不同学术观点的存在是学术自由的表现，不同学术观点的真实存在是学术繁荣的体现。但是，对一些基本问题缺乏最基本的共识，看似激烈的争论也可能只是各说各话，难以形成

---

① 曾令辉：《新媒体环境下思想政治教育主客体关系问题研究》，《学校党建与思想教育》2015年第9期。

② 曾令辉：《新媒体环境下思想政治教育主客体关系问题研究》，《学校党建与思想教育》2015年第9期。

真正的学术对话，呈现的只是一种虚假繁荣，不过是"学术泡沫"而已。

一　思想政治教育主客体关系研究的争论

从学术对话与争鸣的角度来看，纵观 40 余年的思想政治教育主客体关系研究，目前形成的主要争论有以下六个方面。

（一）单主体说

这种观点或将教育者理解为主体，或将受教育者理解为主体。

一是"教育者主体说"或"教师主体说"，即将教育者理解为思想政治教育主体。例如，仓道来指出："思想政治教育者作为思想政治教育的承担者、发动者和实施者"，"是与思想政治教育对象相对应的，对一定的教育对象实施思想政治教育活动的主体，教育对象是思想政治教育的客体。"[1] 其实，这也是说，教育者是主体，教育对象是客体。这是一个传统观点，实际上得到了很多学者的支持。同时，这种观点也构成了思想政治教育主客体批判研究的基石，以至于现有的研究大多是在这种观点的基础上发展、演化而来，或是对这一观点的支持，或是对这一观点的质疑，或是对这一观点的修正等等。

二是"受教育者主体说"或"学生主体说"，即将受教育者（教育对象）理解为思想政治教育客体。这种观点强调学生或受教育者是活生生的人，而不是教育影响的被动接受者，教是为了不教，教师或教育者不能代替学生或受教育者进行选择，因而思想政治教育的主体是学生或受教育者。特别是在大力推行素质教育的时代语境中，教师或教育者应"在尊重学生主体地位的前提下，通过激发学生主体积极性的手段，以达到发挥学生主体作用的目的。"[2] 这种观点有把思想政治教育与知识教育混为一谈的嫌疑，因而得出"学生始终处于主体——内因的地位，而教师始终处于客体——外因的地位，根据内外因辩证关系的理论可以必然地得出学生是教育过程的惟一主体"[3] 的结论。

的确，学生或受教育者都不是被动的物，而是有思想、有情感的活生生的人，人的主体性是人之为人的重要依据，是不能被抹杀的。但在

---

[1] 仓道来：《思想政治教育学》，北京大学出版社 2004 年版，第 165 页。
[2] 燕国材：《素质教育论》，江苏教育出版社 1997 年版，第 76 页。
[3] 张耀灿、郑永廷、刘书林、吴潜涛等：《现代思想政治教育学》，人民出版社 2001 年版，第191 页。

"教育者是主体、受教育者是客体"的结构中,受教育者的主体性极易被忽视、被抹杀。因此,不少学者在坚持"教育者是主体、受教育者是客体"原则的基础上对主体和客体做了进一步说明,以应对来自对这一观点其他方面的质疑和批判。例如,罗洪铁就指出了"主导性主体"和"主体性客体"。这一观点并不孤独,祖嘉合也提出了客体性主体、主体性客体的观点。① 在一定程度上,这些观点限制了主体、解放了客体,试图克服陷入单极化的"思维陷阱"。

此外,不少学者虽然没有明确教育者或者受教育者(教育对象)是主体,但他们实际上也是持"单主体说"的。他们认为,在思想政治教育过程中,必然存在一个主体和与之相对应的客体。例如,骆郁廷就曾指出,"思想政治教育主体应是思想政治教育的承担者、发动者和实施者",而"思想政治教育客体是思想政治教育的接受者和受动者","是思想政治教育主体的作用对象"。② 在具体分析网络思想政治教育主客体问题时,他仍然坚持这个基本的认识。

(二) 双主体说

针对"单主体说"带来的种种困境,学术界开始进行理论反思,从而在理论上提出了"双主体说"。这种观点又有两种具有代表性的具体观点:

一是将思想政治教育分解为教和学或施教和受教两个过程,从而使教育者和受教育者同时被赋予主体身份。这种观点的支持者并不少,陈秉公就是其中的代表性学者。他认为,在教育过程中,"教育者和受教育者都是主动行为者,都具有主动教育功能,因而都是思想政治教育过程的主体"。具体而言,"从施教过程方面来说,教育者是施教主体,受教育者是施教的客体;从受教过程来说,受教育者是接受教育的主体,教育者则是接受的客体"。③ 这种观点把受教育者当作人而不是物,明确把受教育者从被动状态"解放"出来,这是具有重要意义的。

二是将思想政治教育者和受教育者理解为共同主体。教育者和受教

---

① 参见祖嘉合《对思想政治教育主体及其特性的思考》,《教学与研究》2007年第3期。
② 骆郁廷:《论思想政治教育主体、客体及其相互关系》,《思想理论教育导刊》2002年第4期。
③ 陈秉公:《21世纪思想政治教育工作创新理论体系》,吉林教育出版社2000年版,第235页。

育者同时被赋予主体身份后，那么，与之相对应的客体是什么呢？没有客体，如何规定主体呢？这是一个理论缺陷，必须及时得到解决。主体与客体是相互依存、互为前提的，没有离开客体的主体，同样也没有离开主体的客体。张耀灿等人提供了一种解决方案。他们指出："教育者与受教育者二者都是思想政治教育的主体，是复数的主体，他们把教育资料作为共同客体，与教育资料构成'主体—客体'的关系。"① 这样的理论创新使思想政治教育者和受教育者的主体身份与地位得到了确立，也寻找到了与之相对应的客体。当然，这一观点同样受到了批评和质疑。因为，一般来说，客体是主体认识和实践的对象，思想政治教育的对象是人而不是其他，将教育资料确立为思想政治教育客体还是应该慎重一些。因为，正如批评者所言："这样的表述转移了关于思想政治教育主要矛盾的规定。"② 也就是说，共同主体与共同客体的观点将可能颠覆以往的思想政治教育理论研究成果，特别是对思想政治教育主要矛盾的理论分析。

顾钰民对"双主体说"进行了批评。他认为，"双主体说"的核心观点在于将受教育者或教育对象上升到主体的位置，与教育者并列为主体。这种观点在理论上和逻辑上都是难以成立的，不能自圆其说，而且模糊了教育者与教育对象的关系、功能和作用。同时，也将会淡化教师的责任和信心。③ 不得不说，将教育者和受教育者定位为平等主体或共同主体后，的确很难回应上述问题。

（三）主体间性说

主体间性实际上是"双主体说"的派生品，是从"双主体说"发展而来的。思想政治教育是一门综合学科，善于吸收其他学科的积极成果（特别是哲学和教育学的理论成果）是思想政治教育的理论品格。20世纪90年代，我国哲学领域开启了主体间性转型。2002年左右，我国教育学理论研究引入了主体间性哲学。随后，思想政治教育学界也积极拥抱主体间性哲学，其中受任平哲学思想的影响最为明显和深刻。因为，任平构建了一个"主体—客体—主体"相关性模式，强调用"主

---

① 张耀灿等：《思想政治教育学前沿》，人民出版社2006年版，第359页。
② 祖嘉合：《试析"双主体说"的理论困境及化解途径》，《思想政治教育研究》2012年第1期。
③ 参见顾钰民《思想政治教育"双主体说"评析》，《教学与研究》2013年第8期。

体—主体"关系取代"主体—客体"关系来指称人与人之间的关系,这恰好为思想政治教育者和受教育者的"主体—主体"关系提供了哲学依据。不少学者根据这种哲学构建了主体间性思想政治教育理论(思想政治教育主体间性理论)。① 张耀灿在其主编的《思想政治教育学前沿》中更是明确指出,"交往式思想政治教育是思想政治教育的主体间性转向的理想模式"②。

"主体间性说"受到的批评并不少。例如,(1) 概念混乱。有的学者使用的概念是"主体间性思想政治教育",而有的学者使用的概念是"思想政治教育主体间性",这两个概念究竟是不是一回事,二者有什么区别和联系,这似乎没有人关心,正是因为这样,给人造成混乱的印象,至少是概念使用不严谨的表现。(2) 目标不明。与一般教育目标不同,思想政治教育的目标不是教学相长,而是要改变受教育者的思想和行为,使之符合一定社会、一定阶级对他们的要求。(3) 思想政治教育成了没有客体的活动。按照主体间性思想政治教育的理论,将教育者和受教育者理解为共同主体,那么,我们就无法确认与其相对应的客体。即便有,其观点也受到了学界的质疑。③ 更为严重的是其哲学基础本身也受到了质疑。例如,俞吾金就明确指出,"主体间性"是一个似是而非的概念,并从五个方面予以了具体论证。因此,"主体间性"这个概念"既没有增加任何新的知识,也没有超越任何传统的、旧的知识;它不但没有使复杂的问题简单化,反倒使简单的问题复杂化了。……也许我们应该清除掉这个带有神秘主义色彩的、含义极为模糊的词。"④

(四) 抛弃说

从目前的思想政治教育主客体研究来看,似乎谁也不能说服谁,每一

---

① 张耀灿和刘伟对主体间性思想政治教育的解释是相对权威的,他们指出,所谓思想政治教育主体间性,具体"是指在思想政治教育实践活动中,多极异质主体(主要是教育者—受教育者、受教育者—受教育者、教育者—教育者)之间坚持'平等互利'的原则,以语言、内容、方法、手段和活动等为中介,进行多向、发展、多层次、多维度的人际往来或沟通以及情感和知识交流,以达到主体间认同一致和相互理解,并在此基础之上使交往双方获得思想政治道德发展和境界提升。"(参见张耀灿、刘伟《思想政治教育主体间性涵义初探》,《学校党建与思想教育》2006 年第 12 期)

② 张耀灿等:《思想政治教育学前沿》,人民出版社 2006 年版,第 378 页。

③ 参见于欣《近年来思想政治教育主客体关系研究述评》,《求实》2012 年第 1 期。

④ 俞吾金:《"主体间性"是一个似是而非的概念》,《华东师范大学学报》(哲学社会科学版) 2002 年第 4 期。

种观点都有道理，每一种观点又都没有道理，这的确给人们的认识造成困惑，在理论上也不清醒，在实践上也很迷茫。基于这样的现实，不少学者建议放弃使用从哲学领域引用而来的主体与客体概念。顾钰民是这种观点的主要支持者。他明确地指出，"思想政治教育的实践活动不能简单套用哲学上的主客体范式"，用主客体来界定教育者与受教育者之间的关系并不准确和科学。（1）教育者（教师）和教育对象（学生）都是人，他们"与哲学范畴中所指的客体根本就不是一回事。"（2）"把哲学范畴的主客体关系套用到思想政治教育领域，只会使清晰的关系变混乱了。"因此，主客体范畴就不适合用于思想政治教育，应该表述为教育者（教师主体）和受教育者（学生对象）的关系来表述。"这样的界定既准确又科学，从根本上杜绝了不必要的概念混乱和人为把问题复杂化，也避免了把问题的研究和讨论引入误区。"①

对于本学科的一些基本问题，思想政治教育教材一般都会有比较权威的说明。思想政治教育主客体问题的争论长达40余年，但思想政治教育权威教材比较慎重，还未直接讨论这个问题，在某种程度上来说，可以归结为"抛弃说"。《思想政治教育学原理》（高等教育出版社2016年版）作为"马工程"重点教材，应该是本学科目前最权威的教材。在这本教材之中，导论第二节"思想政治教育学的基本范畴"中概括了五对基本范畴，其中"教育者和受教育者"位列第二，第六章"思想政治教育的教育者和教育对象"专门用四节内容论述了这个问题。从表达上来看，"马工程"重点教材也是持"抛弃说"的。那么，是不是思想政治教育主客体问题就不能讨论、不需要讨论了。我们认为，事实刚好相反，"抛弃说"治标不治本，只是对思想政治教育主客体问题认识不够清楚的无奈选择、暂时选择。因此，我们还需要继续讨论这个理论问题，形成解决这个理论难题的新方案，否则，思想政治教育的学科自信和理论自信就难以真正树立起来。

（五）统一说

在思想政治教育领域中，究竟该如何表述教育者和受教育者的关系？长期的分歧和对立没有促进思想政治教育的创新发展，反而人为设

---

① 参见顾钰民《思想政治教育主客体关系研究扫描和思考》，《思想政治教育研究》2015年第4期。

置了种种理论困境和思维障碍。因此,有学者试图将"主客体"关系与"双主体"关系从对立调整为统一。例如,李基礼在与顾钰民的商榷过程中论述了这种观点。(1)首先指出顾钰民对"双主体说"理论、逻辑不成立的批评是不成立的。在李基礼看来,"根据马克思主义哲学,在认识和实践关系上,主体是指具有认识能力和改造能力的人,而客体是被认识和实践的对象。"构建主客体关系的关键,就在于"认识关系和实践关系,而不是由于两者所处的地位和作用",因而"'双主体说'的理论依据似乎没有什么问题"。相反,顾钰民从功能、作用角度的批评是不成立的,没有认识到"双主体说"批评的真正依据。(2)论述了思想政治教育者和受教育者构成主客体关系的原因。第一,不可否认,广大人民群众,乃至先进的无产阶级自发形成的思想都是需要被改造的;第二,历史证明了广大人民群众接受思想改造并承担政治任务的过程。"思想改造"关系是历史地发生、客观地存在,这要求我们将思想政治教育者和受教育者的关系理解为"主体—客体"的关系。主客体关系"表明了思想政治教育的方向和性质,如果否定它,必然会使思想政治教育迷失方向,无的放矢。"(3)指出思想政治教育"主客体关系"与"双主体关系"并不是完全对立的,都只是对同一个问题不同层面的理解,"主客体关系"与"双主体关系"在本质上是统一的。李基礼指出,思想政治教育者和受教育者的关系是多层次的,"对'主客体'关系的理解是从思想政治教育内容和性质层面出发的",但是,这"并不排斥从其他层面来理解两者的关系",例如,从教育实施过程(教的过程和学的过程)来理解两者的关系。"双主体说"的理论依据并不是不成立的,因为思想政治教育的确存在教与学"两个过程"。因此,"主客体"关系与"双主体"关系是对思想政治教育者和受教育者的关系的不同层面的认识结果,二者在思想政治教育活动中并不是对立的,而是统一于思想政治教育实践活动中。①

事实上,顾钰民并不同意李基礼对他的批评,反而批评李基礼的观点是一种折中主义,"既模糊了学术讨论中的不同观点,也在很大程度上失

---

① 参见李基礼《"主客体"与"双主体"之争:"对立"还是"统一"——兼与顾钰民教授商榷》,《教学与研究》2015年第3期。

去了学术讨论的意义。"① "主客体说"与"双主体说"对立或统一本身就不是一个真问题,"不是'主客体说',和'双主体说'是否能够统一的问题,而是'双主体说'的观点根本就不能成立","主客体说"也并不科学。②

(六) 破解说

不少研究者都试图给出学术界信服的答案,尽早结束这场 40 余年的争论。破解争议的动机与诸多论述产生了破解说。例如,牛玉峰和黄立丰就将施教主体(教师)和受教主体(学生)理解为"实践共同体"。他们指出:"无论是教育者、还是受教者,彼此双方所承担的职责尽管有不同,但在教育教学实践过程中有着共同的目标,都是作为实践主体的身份存在"③。此外,王学荣也指出,思想政治教育者与教育对象的关系应该是"双重交互性"。④ 他自信,"用'双重交互性'来概括教育者(即施教者)和教育对象(即受教者)之间的关系比用'主体际说'(或者叫'主体间性说')更为完整,也更为准确。"⑤ 虽然不少学者都认为自己的观点是对现有学术观点的破解,然而,实际上却回到了"双主体说",与"双主体说"没有本质区别,只是这些观点的进一步论证。

思想政治教育主体与客体是从哲学中借鉴而来的,要理清思想政治教育主客体还得回到哲学原初语境中去,用哲学思维去寻求理论难题的解决方案。在这方面,李合亮和刘建军的贡献比较突出。李合亮指出,(1) 当前中国的思想政治教育主体存在着理论与实践的"双重迷失"。在理论上,人们对思想政治教育主体这一最基本、最基础的要素依然认识不清,在思想政治教育过程中,"主体是谁""谁是主体"却成了没有结论的焦点之争。人们对思想政治教育主体的追问是艰难的,以至于"最后

---

① 顾钰民:《双主体、主客体争鸣是对问题的深化研究——与唐斌老师〈争鸣及评析〉一文的商榷》,《思想政治教育研究》2016 年第 4 期。
② 参见顾钰民《思想政治教育主客体关系研究扫描和思考》,《思想政治教育研究》2015 年第 4 期。
③ 牛玉峰、黄立丰:《马克思主义理论教育实践主体角色定位》,《马克思主义研究》2009 年第 8 期。
④ 这种"双重交互性"具体体现在两个方面:第一,从"施教"和"受教"的不同视角看,教育者和教育对象呈现出一种互主体性。第二,即便单就"施教"而言,教育者和教育对象亦呈现出互主体性。
⑤ 王学荣:《双重交互性:思想政治教育主客体关系新解——兼评学界几种代表性观点》,《思想教育研究》2013 年第 9 期。

不得不放弃，认为既然弄不明白，干脆一句'没有主体'了之。"这是一种极不负责任的做法，但也是无奈之举。"思想政治教育的主体不仅迷失了，而且迷失得还很远很远！"在实践中，"教育者对于自身的定位与本性问题认识不到位，出现了教育者与设计中的主体不符之现象，甚至出现了教育者或背离或滞后于思想政治教育本性情况"，主体迷失主要表现为"导向性缺失"和"话语失真"。[①] 他通过辨析哲学主体概念后指出，思想政治教育主体并不是一个抽象的概念，"而是指在思想政治教育的运行过程中拥有主体地位且发挥主导作用的人或群体"[②]。根据这个定义，思想政治教育主体具体可分为国家等群体组织（实质主体）、思想政治教育者（实践主体）、教育对象或受教育者（自我主体）等三大类。(2) 思想政治教育客体也同样迷失。他认为，"人们对思想政治教育的客体存在许多不正确的认识，对于谁是客体依然认识不清"。在梳理哲学客体概念和评述学界观点的基础上，他明确指出，在思想政治教育活动中，客体只能是作为参与者、受教育者出场。任何个人或群体都可以成为思想政治教育客体。但是，由于思想政治教育的目的不是简单地让客体接受传输的内容，更多在于让客体的思想发生变化，或巩固，或改变，至少不反对主流思想，维护社会的平稳运转，因此，准确地说，思想政治教育客体"应该是人的精神、人的思想"。[③] 思想政治教育改造的不是人的肉体，而是人的精神、思想，这些认识无疑是具有建设性的。但是，他还是没有完全把问题解释清楚。

刘建军修正了关于思想政治教育主客体的早期认识[④]，进而系统地从

---

① 参见李合亮《解析与建构：当代中国思想政治教育的哲学反思》，人民出版社 2010 年版，第 34—35 页。

② 李合亮：《解析与建构：当代中国思想政治教育的哲学反思》，人民出版社 2010 年版，第 50 页。

③ 参见李合亮《解析与建构：当代中国思想政治教育的哲学反思》，人民出版社 2010 年版，第 84 页。

④ 在某种程度上来说，刘建军的早期观点也是一种"抛弃说"。他曾明确指出，"如果不涉及思想政治教育的主体和客体这一对概念，那么在现有的思想政治教育基本理论中，确认思想政治教育对象的积极性主动性，反对把受教育者当作消极被动的硬性灌输的对象，那是十分容易做到的，大概也不会引起这样多的歧义和不同看法。有了这对概念后，反而把事情弄复杂了。"（参见刘建军《思想政治教育学原理建构中哲学思维的运用》，《思想教育研究》2012 年第 4 期）也就是说，放弃这对概念可能是解决争论的一种有效方案。这个认识在他后期的文章中可以得到印证，他说他也一度"质疑思想政治教育学引入哲学上主客体概念的必要性"。（参见刘建军《思想政治教育主客体难题的哲学求解》，《教学与研究》2016 年第 2 期）

哲学中求解这个理论难题。他分析指出，(1) 思想政治教育是一种对象性活动，哲学上的主客体概念是绕不开的。人类活动大致可分为对象性活动和非对象性活动。从根本上说，哲学上的主客体范畴是对人的对象性活动基本要素和结构的最高抽象。这也就是说，"凡是人类的对象性活动，其中就一定包含有主客体及其关系"。这是无法回避的一对关系或范畴。承认思想政治教育也是一种对象性活动，那么，"教育双方就无法避免教育主客体的关系"。① 即使我们有意或无意地回避使用主体与客体概念，分别用教育者和受教育者进行替换，其结果也是一样的。(2) 哲学上的主体和客体展现了人类对象性活动中的两个不同的角色。"人是活动者，是活动的发动者和实施者，这就是主体。人活动的对象是客体，它是人的活动指向的对象和这种活动的承受者。"事实上，从哲学高度来看，主体与客体角色具有丰富的内涵，大致可以从主客之名、位、体、性、用、势、价等七个层面予以说明。② (3) 思想政治教育学引入哲学上的主客体概念的目的，是为确立最基础的分析框架，而不是为了厘清其过程中的复杂关系。刘建军并不认为引入这对概念"是出于应对思想政治教育动态过程中的复杂性关系的需要，而是为了进一步探索这些复杂关系而奠定一个最简单的框架和起点"③。因此，在他看来，我们不能赋予主客体太多的含义和层次，试图用主客体解释和指导思想政治教育解决其过程中的复杂关系。(4) 要有限制、有选择地使用思想政治教育主客体概念。刘建军深入分析后指出，对于简明版或者普及版的《思想政治教育学原理》教材来说，可以不使用思想政治教育主客体概念，直接用教育者和受教育者（教育对象）这一对概念就足够了，2016 年版"马工程"重点教材《思想政治教育学原理》采用了这种方式。这样，在受教育者的能动性问题上的争论和质疑就会消解，从而减少许多不必要的争论。但是，"对于具有研究性质的教材，特别是个人专著性教材，则可以引入主客体概念并作理论上的探讨。……而对于思想政治教育元理论研究，或思想政治教育哲学这一分支领域而言，主客体概念不可少，

---

① 参见刘建军《思想政治教育主客体难题的哲学求解》，《教学与研究》2016 年第 2 期。
② 参见刘建军《思想政治教育主客体难题的哲学求解》，《教学与研究》2016 年第 2 期。
③ 刘建军：《思想政治教育主客体难题的哲学求解》，《教学与研究》2016 年第 2 期。

是必需的。"①

二 思想政治教育主客体关系争论的症结

思想政治教育主客体这个理论难题始终没有得到有效的解决。而要解决这个理论难题，可能需要首先找准40余年来争论的症结。在我们看来，以下两个方面的可能正是最重要的症结所在。

（一）我们能否将人理解为客体？

通过梳理目前的主要争论可以发现，"思想政治教育主客体关系论争的主要方面在思想政治教育客体上。"② 因为，一般认为，只有人才能成为主体、物才能成为客体，而受教育者是活生生的人而不是物，思想政治教育者和受教育者不是人与物的关系，而是人与人的关系，即"主体—主体"关系，是不能理解为"主体—客体"关系的。这是那些反对使用这对概念或客体概念的学者们的核心论点。把主体理解为人，把客体理解为物，这样的认识符合马克思主义主客体理论吗？无论支持与否，马克思主义经典著作中"主体是人，客体是自然"③ 的明确表达给人们带来了一定的认识困境。如果紧紧抓住这句话不放，受教育者就被等同于自然，就会被当作物。将思想政治教育者和受教育者的关系理解为"主体—客体"关系的人们无法回应这样的质疑：受教育者是活生生的人，如何就成为了自然或物呢？遗憾的是，质疑者并没有怀疑自己对客体理解是否完整、准确，而是根据人类活动的现实，匆忙地在此基础上反思主客体关系，甚至主张抛弃"主体—客体"关系的指称，将人与人的关系理解为"主体—主体"的关系。主体际哲学就是从这个方面批评主客体分析框架的。任平曾批评指出，实践观上的"主体—客体"两极框架或模式存在严重的缺陷和不足，因为这个框架"撇开了实践主体与主体之间的物质交往关系或社会联系，使实践中的主体、结构和关系单一化"④。无论是人与人的关系，还是人与物的关系，实质上最终都是人与人的关系，因而必须根

---

① 刘建军：《思想政治教育主客体难题的哲学求解》，《教学与研究》2016年第2期。
② 张业振：《思想政治教育主客体关系的论争、症结及其解决的"可能方案"》，《湖北社会科学》2017年第12期。
③ 《马克思恩格斯文集》第8卷，人民出版社2009年版，第9页。
④ 任平：《马克思主义交往实践观与主体性问题——兼评"主体—客体"两极哲学模式的缺陷》，《哲学研究》1991年第10期。

据人的实践活动为实践观寻找新出路。因此，他创造性地提出了交往实践观，构建了"主体—客体—主体"的新框架。这很快就被思想政治教育理论吸收借鉴了，有学者依据主体际哲学提出了共同主体和共同客体的理论观点，强调"教育者与受教育者二者都是思想政治教育的主体，是复数的主体，他们把教育资料作为共同客体，与教育资料构成'主体—客体'的关系。"①

然而，这些批评和改进真的合理吗？客体真的只能是自然或物吗？事实上，将客体等同于自然或物并不准确。郭湛对客体的认识是十分深刻的，他具体把客体划分为五种基本形态。具体来说，"主体是人，客体是自然"中的自然是自在自然，是第一客体，是原初意义上的，随着人类社会活动的发展，人化自然也只能包含到第二客体。思想政治教育活动虽然不能离开自然或物，但其对象毕竟不是自然或物，而是人，思想政治教育不直接改变世界，而是通过改变人来改变世界，或者说，通过改变人的观念世界来改变现实世界。因此，在思想政治教育主客体关系中，其客体既不是第一客体（自在自然），也不是第二客体（人化自然），而是第三客体（感觉、情绪、形象、观念、符号等）、第四客体（人自身和社会）、第五客体（人的某种活动）。② 所以说，把客体仅仅理解为自然或物，并以此作为批判人与人的主客体关系的理由是不妥的，这是没有真正理解客体内涵的表现和结果。在这个认识基础上，讨论主客体关系才是有意义的，也才能继续深入下去。根据李德顺的分析和概括，主客体关系至少包括四个层次，揭示了主客体关系的多样性、变动性、灵活性和不确定性。③ 也就是说，"主体—客体"关系不仅能指称人与自然或物的关系，还能指称人与人、人与社会的关系。因为，"主体—客体"关系的实质是人类对象性活动基本要素和结构的最高抽象。"凡是人类的对象性活动，其中就一定包含有主客体及其关系。"④ 在思想政治教育过程中，教育者

---

① 张耀灿等：《思想政治教育学前沿》，人民出版社 2006 年版，第 359 页。
② 参见郭湛《主体性哲学：人的存在及其意义》修订版，中国人民大学出版社 2011 年版，第 12—14 页。
③ 参见李德顺《价值论——一种主体性的研究》第 3 版，中国人民大学出版社 2013 年版，第 31—32 页。
④ 刘建军：《思想政治教育主客体难题的哲学求解》，《教学与研究》2016 年第 2 期。

与受教育者形成对象性关系,其中一方必然是主体,而另一方必然是客体,因而"从总体指称和描述思想政治教育活动的意义上,我们只能称教育者一方为思想政治教育主体,而受教育者一方则是思想政治教育的客体。"①

(二) 客体能否容纳人的主体性?

然而,长期以来人们对客体的认识是模糊不清的或是单一的、固化的,仅仅将客体理解为自然或物,客体又只有客体性,总是处于被动、支配的地位。这样一来,我们就无法安顿受教育者的主体性。然而,我们又不能回避,必须正视受教育者的主体性。进入现代社会以来,人(包括教育者和受教育者)的主体性不断增强是不可否认的基本事实。对中国而言,特别是改革开放以来,通过解放思想、建立社会主义市场经济体制,人们的主体性迸发,从而创造了"中国奇迹"。这是其中的一方面。另一方面是,人们主体性的增强为思想政治教育提出了新的时代课题,原来的政治动员,如"我说你听""我推你动""我拉你进"等传统方式有效性不断弱化,受教育者的主体意识不断增强,利益诉求、价值追求、生活方式、交往方式等都变得多样化,整个社会对精细化、精准化思想政治教育的要求越来越强烈。随着互联网时代的到来,教育者的传统权威正在遭到解构,受教育者掌握信息的能力可能远比教育者强。实践是理论的源泉,思想政治教育具有自我革新的理论品格,当然更加注重时代变化对其提出的新要求,因而强调要提高受教育者的地位,激发受教育者的主体性,"双主体说"就是这方面的理论创新。毋庸置疑,这个出发点当然是好的,方向也是正确的,但若将受教育者转化为具有哲学意味的客体,思想政治教育主客体关系的难题就出现了,客体的主体性就无法安放了。②

"受教育者主体性的现实需要和理论无力促生了思想政治教育主客体难题,要解决这个难题需要正确处理客体与主体性的关系,其症结也就在

---

① 刘建军:《思想政治教育主客体难题的哲学求解》,《教学与研究》2016年第2期。

② 刘建军曾详细指出了思想政治教育主客体关系理论难题的形成,他说:"如果我们在原理教材编写中不使用主客体概念,不把教育者和受教育者称之为思想政治教育的主体和客体,而是就事论事地谈论受教育者的特性,那我们就可以很容易地把受教育者的能动性加进去。我们只需说'受教育者具有能动性'就可以了,而且也不会引起逻辑上的矛盾和争议。"(刘建军:《思想政治教育学原理建构中哲学思维的运用》,《思想教育研究》2012年第4期)

于客体能否安顿主体性。"① 因为,"思想政治教育主客体争论的起因和实质并不复杂,无非是如何在思想政治教育基本理论中确认和安顿受教育者的能动性。"② 事实上,只要我们抛弃"主体是人,客体是自然"的教条主义认识,真正理解了客体的全部内涵,就能接受用客体来指称人的观点,进而也能接受用"主体—客体"来指称人与人的关系的观点。在对象性关系中,作为对象的客体,在实体上可以是人;作为人(完整的人)就一定具有主体性,这是不能被否定的。因此,在人类对象性活动中,客体是能安顿、容纳、释放主体性的。针对这个问题,刘建军指出,受教育者"作为客体有其受动性的一面,但其作为人的主体资质并不因此而消失,因此,在其受动性之内和之外仍有主动性存在。"经过刘建军的重新理解,客体概念能够容纳能动属性。他进一步强调:"受教育者的能动性能够在这里得到接纳和安顿,而且不是勉强的接纳和安顿,而是成为本质性要求。"③

三 思想政治教育主客体关系争论的突破

思想政治教育在实践中是一种复杂活动,在理论上是一个复杂概念。事实上,思想政治教育自身具有不同层次、不同形态,这就决定了思想政治教育主体、客体及其关系在不同层次、不同形态中会具有不同的体现。因此,解答思想政治教育主客体关系理论难题,突破现有思想政治教主客体关系的争论,最根本的是要全面把握思想政治教育自身。

(一) 从思想政治教育自身的层次来突破

目前,理论层面的思想政治教育,主要是以课堂教学活动为实践样本构建起来的,因而大多数理论其实都是一种微观理论。然而,实践层面的思想政治教育并不是课堂教学活动所能全部涵盖的,思想政治教育的关系客观存在于个体与个体之间、个体与群体之间、个体与共同体之间、群体与群体之间、群体与共同体之间、共同体与共同体之间。微观理论既难以解释思想政治教育的丰富现实,也难以指导思想政治教育的具体实践。理

---

① 张业振:《思想政治教育主客体关系的论争、症结及其解决的"可能方案"》,《湖北社会科学》2017年第12期。
② 刘建军:《思想政治教育主客体难题的哲学求解》,《教学与研究》2016年第2期。
③ 刘建军:《思想政治教育主客体难题的哲学求解》,《教学与研究》2016年第2期。

论与实践的这种割裂与不匹配，同样反映到思想政治教育主客体关系问题上来。如果我们只关注微观思想政治教育，那么，我们就只能理解到微观思想政治教育主客体关系，更为宏观的思想政治教育主客体关系就无法纳入理论解释范围。也就是说，理论与实践的脱节或者不匹配，即"理论的微观性与实践的丰宏性之间的矛盾"[1]，是当前思想政治教育理论创新面临的重要难题之一。因此，我们应该使思想政治教育理论从微观拓展至宏观，实现微观理论与宏观理论的良性互动。这对我们突破思想政治教育主客体关系争论同样具有启示。

在这样的情况下，要想突破思想政治教育主客体关系的争论，就需要我们对思想政治教育自身有一个正确的、全面的宏观认识。也可以说，我们要从多个视角去把握思想政治教育自身，不能仅仅局限在课堂教学层面。这产生了一系列的连锁反应，概括来说，主要有三个问题：一是错将思想政治教育教学过程中的主客体关系等同于思想政治教育主客体关系，没有看到二者的区别；二是简单移植教育学中的主客体关系理论，对思想政治教育学与教育学的界限划分不明确；三是长期的质疑将会损害学科的形象，容易使人认为思想政治教育在这一基本理论问题上的游离不定。然而，当我们放弃思维定式——思想政治教育就是课堂教学，我们就会发现，思想政治教育具有诸多特殊性，思想政治教育既是主流意识形态的传播活动，也是人类自身改造主观世界的活动。总而言之，我们不能用课堂教学直接代替思想政治教育，思想政治教育具有不同的层次，因而具体的思想政治教育主客关系也就会有所不同。思想政治教育在宏观层面是"人类改造主观世界的实践活动"，其主体是以类主体的形式出现的，其客体就是类主体自身的主观世界。思想政治教育在中观层面是"传播统治阶级意识形态和主流价值观的主要方式"，其主体是统治阶级及其代言人，其客体就是被统治阶级或者说该社会的全体成员。思想政治教育在微观层面（即在大多数情况下）是思想政治理论课教学活动，其主体由教育者、受教育者共同来担任，其客体就是受教育者的主观世界。因此，综合分析，我们发现，主体和客体在宏观层次是统一于现实的人；主体和客体在中观层次并不平等，表现出鲜明的阶级性和政治性；主体和客体在微

---

[1] 沈壮海：《宏观思想政治教育学初论》，《思想理论教育导刊》2011年第12期。

观层次是平等、互动、多变的关系。①

（二）从思想政治教育自身的形态来突破

在《政治经济学批判序言》中，马克思指出："大体说来，亚细亚的、古希腊罗马的、封建的和现代资产阶级的生产方式可以看做是经济的社会形态演进的几个时代。"② 后来的马克思主义者以此为主要文本依据，进一步将人类社会划分为五种社会形态，即我们常说的原始社会、奴隶社会、封建社会、资本主义社会、社会主义社会和共产主义社会。如果将思想政治教育理解为人类进入阶级社会以来的社会实践活动，那么，原始社会就没有独立形态的思想政治教育，其独立形态应该诞生于奴隶社会，是人类进入阶级社会后的事情。共产主义社会，作为马克思主义的理想社会形态，但至今还未到来，还未成为现实社会。我们暂且不讨论当前意义上的思想政治教育在那时是否还存在，但奴隶社会、封建社会、资本主义社会、社会主义社会的思想政治教育都是客观存在的，这应该是没有什么异议的。作为中观层面的思想政治教育，其具体形态受制于社会形态，也就是说，在不同的社会形态中，思想政治教育具有不同的具体形态，在思想政治教育主客体方面同样也有不同的具体体现。具体来说，思想政治教育主体，在奴隶社会是奴隶主阶级及其代言人，在封建社会是地主阶级及其代言人，在资本主义社会是资产阶级及其代言人，在社会主义社会是广大人民群众。在奴隶社会、封建社会、资本主义社会，思想政治教育主体都是由统治阶级担任的，而客体则都是被统治阶级，思想政治教育主客体关系实际上也就是阶级矛盾的具体体现。然而，在社会主义条件下，思想政治教育虽然还具有阶级性，但整个社会中的阶级剥削已经被消灭，因此，思想政治教育主客体关系就不再属于阶级矛盾，而属于人民内部矛盾，是人民内部矛盾的具体体现。

思想政治教育的具体形态，除了可以根据社会形态划分外，还可以根据其活动性质或形态进一步划分为认识活动、实践活动、价值活动和审美活动等。当然，这些活动类型之间并不是孤立的，而是相互联系、相互促进的，从而共同构成了完整的思想政治教育活动。没有认识活动的思想政

---

① 这些观点我最早以《论多重视角下的思想政治教育主客体关系》为题，发表在《教学与研究》2014 年第 9 期。本书第五章、第六章将有进一步的论证。

② 《马克思恩格斯文集》第 2 卷，人民出版社 2009 年版，第 592 页。

治教育必然是盲目的。把思想政治教育理解为一种认识活动，其认识主体就不只是教育者，受教育者同样也是认识主体，他们有共同的认识客体，既包括他们自身，同时也包括教育内容、教育环境、教育政策等等。可以说，"一切参与到思想政治教育教学活动的任何事物都能够被纳入到认识客体的领域"。思想政治教育在本质上是一种实践活动，准确地说，是一种精神实践活动。把思想政治教育理解为一种实践活动，其实践主体是人类自身，实践客体就是人类的精神世界。当然，在具体的运行过程中，实践主体与实践客体是不断变化的，具体指向也不尽相同，二者的"具体指向与实践活动的形式密切相关，有什么样的实践活动，就会有相应的实践主客体。"思想政治教育同时也是一种价值活动，这其实强调的是"思想政治教育本身相对于主体的生存与发展所体现出来的意义，是一种带有主体目的色彩的事实关系。"把思想政治教育当作一种价值活动，价值客体是思想政治教育本身，而价值主体相对复杂，大致可以划分为外部主体、内部主体两种类型。思想政治教育主客体的审美关系，"是思想政治教育审美主体的特殊本质力量与思想政治教育审美客体的特殊本质力量相对应而形成的一种特殊的对象性关系。"把思想政治教育当作一种审美活动，其审美主体不仅包括教育者，同时也包括受教育者，审美客体主要包括思想政治教育的内容、方法、形式、过程等。[①]

[①] 这些观点我最早以《思想政治教育主客体关系的马克思主义逻辑》为题，发表在《教学与研究》2017年第7期。本书第五章、第六章将有进一步的论证。

第三章

思想政治教育主客体关系的理论基础论

每一门学科都有自己的理论基础，每一门学科的具体内容也有自身的理论基础。思想政治教育主体与客体的关系是思想政治教育理论体系的基本内容，全面准确地把握思想政治教育主客体关系，需要以马克思主义哲学、马克思主义人学及社会学等理论为基础进行正确认识和科学构建。这些理论基础对思想政治教育主客体关系的研究具有极其重要的作用。

第一节 思想政治教育主客体关系的哲学基础

哲学是对普遍而基本问题的研究，其研究任务是对现实世界的元理层面的把握，即"元知识"或者"元理学"。思想政治教育是以马克思主义为理论基础的，研究思想政治教育主体与客体的关系，也必须从其"元理"层面进行，从马克思主义哲学当中寻找理论支撑。马克思主义哲学是关于认识论、实践论、方法论及价值论的科学理论，研究思想政治教育主体与客体关系，进而推进思想政治教育实践活动科学化，必须以马克思主义哲学为理论基础。

一 马克思主义认识论基础

认识事物是一切活动的开端，认识论的科学与否将影响实践活动科学与否。马克思主义认识论是科学的认识论，是我们认识事物的科学指南。思想政治教育主客体关系是思想政治教育活动的首要和特殊的关系，如何认识思想政治教育主客体关系，决定着我们开展思想政治教育实践活动的方式和途径。

（一）认识论的起源和发展

马克思主义认识论诞生之前，近代西方的认识论是以形而上学为典型特征的，正是马克思在认识论中引入实践的观点，对近代西方认识论的脱离实际进行批判，才形成了以实践为中心的认识论。

近代西方认识论建立在科学技术发展的基础上，人们通过科学技术对世界的认识更加深入，也通过科学证明的方式增强了人的理性。"然而，他们却把人从现实生活实践中抽象出来，变为单纯的认识者，甚至抽象化为纯粹的意识者、'思者'，从自我封闭的意识主体出发建构认识论体系，在抽象的主体意识中寻求知识客观必然性的基础和条件。"① 因而他们把人看作抽象的个体，不是从实际中去认识世界，而是从实际中脱离。恰如马克思批判以前的唯物主义"对对象、现实、感性，只是从客体的或者直观的形式去理解，而不是把它们当做感性的人的活动，当做实践去理解，不是从主体方面去理解"②。马克思与他们的不同之处在于，他认为"形体、存在、实体是同一种实在的观念。不能把思想同思维着的物质分开"③。他将人的认识和现实世界相联系，是通过实践去认识世界的。马克思主义以前的唯物主义是形而上学的唯物主义，只强调客观物质性，而忽视人的主观能动性。这是马克思主义以前的哲学的缺陷。马克思将实践这一概念引入，克服了这一缺陷，形成了科学的认识论。

马克思主义认识论不仅是从旧唯物主义中批判性地发展的，也是从唯心主义中批判地发展的。"和唯物主义相反，唯心主义却把能动的方面抽象地发展了"④，近代的唯心主义，看到了人的主观能动性，但也夸大了人的主观能动性。这是与旧唯物主义不同的地方。而马克思结合了两者正确的地方，形成了科学的认识论，既强调客观物质性，也强调人的主观能动性。这是马克思对于前人的超越。正是将实践的观点引入，将客观物质性与主观能动性相结合，进而形成了科学的认识论，指导我们认识世界，开展实践活动。

(二) 马克思主义认识论的主要内容

马克思主义认识论是关于认识的来源、内容和发展的科学理论，是我们认识事物的指导思想，其核心内容是思维与存在、主体与客体、认识与实践的相互关系。马克思主义认识论的主要内容包括四个方面：

---

① 李淑梅：《马克思主义认识论对形而上学的超越》，《教学与研究》2002年第12期。
② 《马克思恩格斯文集》第1卷，人民出版社2009年版，第499页。
③ 《马克思恩格斯文集》第1卷，人民出版社2009年版，第332页。
④ 《马克思恩格斯文集》第1卷，人民出版社2009年版，第499页。

第一，能动的反映论。马克思主义认识论对于思维与存在有经典的阐述，探究"究竟什么是思维和意识，它们是从哪里来的，那么就会发现，它们都是人脑的产物，而人本身是自然界的产物，是在自己所处的环境中并且和这个环境一起发展起来的"①。客观存在是第一性的，而存在于人脑中的思维与意识，是客观存在的产物。思维的具体内容不是人脑对客观存在机械的反映，而是能动的、革命的反映，"观念的东西不外是移入人的头脑并在人的头脑中改造过的物质的东西而已"②。

第二，实践对认识的作用。"全部社会生活在本质上是实践的"③，实践是人类活动的本质，因而认识活动也是在实践中进行的。"共产党人的理论原理，决不是以这个或那个世界改革家所发明或发现的思想、原则为根据的。这些原理不过是现存的阶级斗争、我们眼前的历史运动的真实关系的一般表述。"④ 人们对于客观事物的认识都来自实践，实践是人们认识的来源和基础。与此同时，认识对实践也具有积极的能动作用。"批判的武器当然不能代替武器的批判，物质力量只能用物质力量来摧毁；但是理论一经掌握群众，也会变成物质力量。"⑤ 人的认识虽然是一种精神力量，但认识对人们的行动会产生一定的影响，因而认识对实践具有能动作用。

第三，实践是检验真理的标准。马克思认为，一个理论是不是真理，或者是否具有真理性，实践是检验的标准。"全部社会生活在本质上是实践的。凡是把理论引向神秘主义的神秘东西，都能在人的实践中以及对这种实践的理解中得到合理的解决。"⑥ 实践是检验真理的唯一标准，这是马克思对于如何辨别真理的重要阐述。

第四，人类认识的有限性和无限性。由于受到自身的寿命及其他客观条件的限制，个人对于自然界和社会的认识是有限的；但是人类会不断地探索自然，深入分析社会，因而对自然界和社会的认识是无限的。"一方面，人的思维的性质必然被看做是绝对的，另一方面，人的思维又是在完

---

① 《马克思恩格斯文集》第9卷，人民出版社2009年版，第38—39页。
② 《马克思恩格斯文集》第5卷，人民出版社2009年版，第22页。
③ 《马克思恩格斯文集》第1卷，人民出版社2009年版，第501页。
④ 《马克思恩格斯文集》第2卷，人民出版社2009年版，第44—45页。
⑤ 《马克思恩格斯文集》第1卷，人民出版社2009年版，第11页。
⑥ 《马克思恩格斯文集》第1卷，人民出版社2009年版，第501页。

全有限地思维着的个人中实现的。这个矛盾只有在无限的前进过程中，在至少对我们来说实际上是无止境的人类世代更迭中才能得到解决。"①

马克思主义认识论的主要内容包括思维与存在的相互关系、认识与实践的相互关系、实践是检验真理的标准以及人类认识是有限性与无限性的统一。马克思主义认识论是我们认识客观世界，进行实践活动的理论指导，认识思想政治教育主客体关系必须坚持它的科学指导地位。

（三）马克思主义认识论是思想政治教育主客体关系的理论基础

马克思主义认识论是认识事物的科学理论，是正确认识事物、认识社会的思想指导。马克思主义认识论也为我们认识思想政治教育主客体关系提供了理论指导，是思想政治教育主客体关系研究的坚实理论基础。

第一，认识是客体之于主体的能动反映和能动作用，科学揭示了受教育者的积极作用，澄清了仅仅把受教育者理解为被动的客体的认识误区。以往大家大多把教育者视为主体，把受教育者视为客体，教育者是积极的、主动的，而受教育者是消极的、被动的。马克思主义认识论认为思维的产生是人脑对客观事物积极的、能动的反映，不是机械的反映。因而受教育者在接受教育时，对于教育者传授的教育内容是有自己筛选过程的，是通过自己大脑加工后接受的，而不是如"美德袋"般全盘接受。因此，受教育者在思想政治教育过程中是具有能动性和创造性的，并且能发挥他们的积极、主动作用。马克思主义认识论科学揭示了受教育者的能动作用，澄清了受教育者被看作被动的客体的误区。在思想政治教育过程中，必须把受教育者看成具有能动作用的人，要尊重受教育者，激发受教育者的主动性和积极性。

第二，实践在认识中的决定作用，指导我们在科学认识思想政治教育主客体关系时，要在实践中认识，而不是从理论上认识。关于思想政治教育主客体的关系，从最初的"单主体说"，到"双主体说"，再到"主体间性说"，表明了学界对思想政治教育主客体关系的认识在不断深化。辩证地看，思想政治教育主客体关系的多种认识中，每种认识都存在一定的合理性，也存在一定的不足之处，学界也一直未达成统一的认识。因此，还需要我们不断加强对思想政治教育主客体关系的研究。实践是认识的来源，也是检验认识是否具有真理性的标准，要正确认识思想政治教育主客

---

① 《马克思恩格斯文集》第9卷，人民出版社2009年版，第92页。

体关系,就必须将其放在实践中检验;同时对新的理论认识,也必须借助思想政治教育实践来检验,不断深化对其关系的认识,使其更趋近科学的认识。只有正确认识思想政治教育主客体关系,才能增强思想政治教育的实效性。

马克思主义认识论是思想政治教育主客体关系的坚实理论基础,为我们科学地认识受教育者的积极性和主动性,纠正受教育者是被动客体这一误区,同时也为我们继续深化对思想政治教育主客体关系的认识提供了理论指导。

二 马克思主义实践论基础

实践论贯穿于马克思主义始终,是其首要的理论观点,是认识论和历史观的重要基础。马克思主义是思想政治教育最重要的理论基础,作为马克思主义首要观点的实践论,必然是思想政治教育主客体关系的理论基础。

(一) 实践论的起源

"实践"一词源远流长,可以追溯到古希腊时期。古希腊时期,亚里士多德用"实践"指代技术类的活动,认为理论活动优于这种实践活动。康德是正式引入"实践"一词的人,他为实践正名,修正了理论活动优于实践活动的观点。黑格尔认为实践是有目的的活动,也是理论向真理前进过程中的重要环节。但是他所认为的实践是一种精神性的活动,而不是客观的物质性活动。费尔巴哈对实践也有自己的理解,他认为实践相对于理论来说,更能解决问题。但是他所认为的实践是个人的生活实践,而不是人类实践活动。马克思批判地继承了前人的理论,形成了科学的实践论。

实践的观点是马克思主义理论首要和基本的观点,贯穿于唯物主义、辩证法和历史观中。马克思认为在人类产生以前,自然是未被人化的自然,而在人类产生以后,自然就变成了人化自然。"人化自然是指被人的实践改造过并打上了人的目的和意志烙印的自然。"[①] 自然之所以变成人化自然是因为人类的实践活动,实践活动是促成自然分化的原因。"人通

---

① 陶德麟、石云霞主编:《马克思主义基本原理概论》,武汉大学出版社 2013 年版,第 39 页。

过自己的实践活动在自在世界的基础上建造了属人的世界,从而使世界二重化为自在世界和人类世界,实践是自在世界和人类世界分化和统一的基础,是人与世界相互作用的最根本方式。"① 因而,实践首先促成了自然的分化,促成了人类世界的变化。实践在分化自然的同时,也使得主体和客体分化。在一种实践活动中,总是存在作用与被作用的对象。因而实践的产生,使得人与对象分化为主体和客体,主体是作用于客观事物的人,客体是被作用的客观事物。因此,实践分化了主体和客体。实践的产生,还使得主观与客观分化、对立。实践使得人头脑中的主观的东西,与客观实践存在的东西分化开来,形成对立的关系。因此,实践使得人与自然、主体与客体、主观与客观分化对立。与此同时,实践也是它们统一的基础和途径。

(二) 马克思主义实践论的主要内容

实践论的主要内容包括实践的本质、实践的特点及实践的主要形式,把握实践论的主要内容对正确认识思想政治教育的主客体关系有重要意义。

第一,实践的内涵。实践是人类进行的有目的地、能动地探索和改造世界的一切社会性的客观物质活动。其分化了人与自然、主体与客体、主观与客观。但同时,"环境的改变和人的活动的一致,只能被看做是并合理地理解为变革的实践"②,因此,实践又将分化的人与自然、主体与客体、主观与客观重新统一起来。

第二,实践的特点。其特点包括三个方面,即客观物质性、主观能动性、社会历史性。第一个特点是实践具有客观物质性。实践是人通过自己的身体与外界接触而获取感性认识的活动,是人与客观世界相互作用的活动,因此实践也被称作"感性活动",具有显著的客观物质性。第二个特点是实践具有主观能动性。实践的主体是人,人的活动是有明确的目的性指向的,而有意识的人进行的实践活动必然是人主动对客观世界进行改造的活动,因而具有主观能动性。第三个特点是实践具有社会历史性。可以从两个方面来理解,一方面实践是处于社会关系中的人进行的活动,因而实践具有社会性;另一方面,实践又是在一定的历史条件中进行的,受历

---

① 陶德麟、石云霞主编:《马克思主义基本原理概论》,武汉大学出版社 2013 年版,第 39 页。

② 《马克思恩格斯文集》第 1 卷,人民出版社 2009 年版,第 504 页。

史因素的制约，因而实践又具有历史性。实践的社会历史性是实践的首要的特点，也是实践的本质。

第三，实践的形式。人类的实践活动丰富多样，其主要的形式有三种：生产实践、社会关系实践、精神生产实践。生产实践主要是处理人与自然关系的实践，主要是通过自然界获取生存资料，进行物质生产的过程。社会关系实践是人们处理、调整和改变社会关系的活动。精神生产实践是指人们通过创造精神文化产品来满足人们的精神需求的活动。

实践是人类进行的有目的的客观物质活动，实践将人与自然、主体与客体、主观与客观分化对立，同时又是它们统一的途径。

（三）马克思主义实践论是思想政治教育主客体关系的理论基础

实践将参与实践活动的人和对象二分为对立的主体与客体，同时又将两者统一起来。因此，要正确理解和把握思想政治教育主客体关系，我们应当从实践论中寻找依据。

作为人类的一种实践活动，思想政治教育也存在主体与客体的二分对立，起初人们认为教育者是主体，拥有绝对权威；认为受教育者是客体，是作用对象。主体与客体的关系是对立统一的，两者既有区别，相互斗争；又有联系，相互联结。在思想政治教育实践中，与一般的生产实践不同的是，思想政治教育客体是人，而不是物品，具有能动性和创造性。因此，思想政治教育主体相对客体来说，并没有绝对的权威。同时，"在新的历史条件下，教育对象自主性增强，他们不再消极被动地接受教育，而是对来自教育者的灌输表现出很大的逆反和抵触心理，对教育的内容表现出很大的选择性，因而在教育方式没有发生重大改变的情况下，教育效果大大降低了"①。因此，无论从理论的角度还是现实的角度，都不能把教育者看成具有绝对权威性的主体，把受教育者仅仅看成教育者的教育对象。

在思想政治教育实践中，人们只看到主体与客体对立的一面，而没有看到两者的统一。思想政治教育主客体是统一的，两者互为对方存在的根据；在一定条件下主体与客体可以相互转化。没有主体就没有客体，两者是相互依存的，因而两者是统一的。在思想政治教育实践中，受教育者也

---

① 刘建军：《思想政治教育主客体难题的哲学求解》，《教学与研究》2016年第2期。

能成为主体，对教育者进行教育，实现"教学相长"。主体与客体的统一是在具体的思想政治教育实践中实现的，主体与客体都是平等的人，需要进行平等的沟通，在改造对方的同时也改造自己。

三　马克思主义方法论基础

马克思主义既是世界观，也是方法论，是思想政治教育的指导思想。马克思主义是世界观和方法论的结合，有世界观，才有方法论。马克思主义方法论的创立是伟大的革命，是思想政治教育十分重要的理论与实践基础，同时也是研究思想政治教育主客体关系的理论基础与方法指导。

（一）方法及方法论的含义

"方法"一词，来源于希腊文，意指沿着正确的路线和方向前进。中国古代对于方法的解释不同于希腊文中方法的含义，"方"是"没有规矩，不成方圆"的方，是一个形状，"法"是规则，因而方法是呈固定形状的规则。"方法"的含义现在演变成了做各种事情的手段或办法。"方法是人们在实践活动中按照主体活动的目的和客观对象的规律建立起来的，认识世界和改造世界的目的、方向、途径、策略手段、工具和操作程序的总和。"[①]

方法的内涵包括：第一，使人的目的达到的手段和途径。人类的活动使用某种方法是为了达到某种目的，而方法就是达到这种目的的手段和途径。第二，方法是人类活动必须遵守的规则。古语中"没有规矩，不成方圆"是对方法的一种界定，方法是人类活动必须遵守的规则，强调对客观规律的尊重。这两层含义是方法的主要内涵，首先明确方法的内涵，才能更清晰地明确方法论。

方法论是形成系统理论的方法，是对方法的概括和提炼。方法论是从哲学的高度总结和提炼人们运用的经验，是关于方法的规律性的认识。方法论是高度抽象的理论，可以运用到各种实践活动中，具有普遍性。方法论主要分为具体科学方法论和哲学方法论，具体科学方法论是对某一门学科的方法的总结，为某一门科学的实践活动提供指导；哲学方法论是一种高度抽象的方法论，指导人们的一切实践活动。

马克思主义方法论是一种高度抽象的，并指导人类一切实践活动的方

[①] 陈华洲：《思想政治教育方法论》，华中师范大学出版社2010年版，第2页。

法论,只有遵循马克思主义方法论的指导,实践活动才能沿着正确的方向推进。马克思主义方法论是从马克思主义基本原理中引出的分析和解决问题的规则和方式,有世界观才有方法论,两者是相互依存的关系。马克思主义方法论为人们的实践活动提供方法论指导,但是具体运用时,不是生搬硬套,而是具体问题具体分析。恩格斯指出:"马克思的整个世界观不是教义,而是方法。它提供的不是现成的教条,而是进一步研究的出发点和供这种研究使用的方法"①。因此,在运用马克思主义方法论时,必须具体问题具体分析,不能直接套用。

(二) 马克思主义方法论的内容

马克思所创立和运用的方法是丰富的,但是最主要的方法是马克思主义方法论。马克思主义方法论是指导我们具体实践活动的科学的方法论,其主要内容包括唯物辩证法、矛盾分析法、历史分析法以及阶级分析法。

唯物辩证法是马克思主义永葆生机的动力,是马克思主义方法论的重要内容。"而辩证法不过是关于自然界、人类社会和思维的运动和发展的普遍规律的科学。"②唯物辩证法的核心是具体问题具体分析,一切以时间地点条件为转移。现实中的每一具体情况的不同,决定了人们应当作出的选择也不同,因而坚持具体问题具体分析是最重要的方法。同时,还要突出"革命性"与"批判性",马克思、恩格斯指出:"辩证法在考察事物及其在观念上的反映时,本质上是从它们的联系、它们的联结、它们的运动、它们的产生和消逝方面去考察的。"③马克思的理论本来就是具有革命性和批判性的,他提出的理论是对前人理论的批判,是其进行的全新的革命。

矛盾分析方法是马克思主义的又一重要方法,这一分析方法不仅适用于对自然界的考察和分析,同样也适用于对现实社会的分析。恩格斯对矛盾有经典的阐述,"在进行较精确的考察时,我们也发现,某种对立的两极,例如正和负,既是彼此对立的,又是彼此不可分离的,而且不管它们如何对立,它们总是互相渗透的"④。事物中存在相互对立的矛盾,是事物发展的动力,因而要重视矛盾,分析矛盾,要抓事物的主要矛盾。

---

① 《马克思恩格斯文集》第 10 卷,人民出版社 2009 年版,第 691 页。
② 《马克思恩格斯文集》第 9 卷,人民出版社 2009 年版,第 149 页。
③ 《马克思恩格斯文集》第 9 卷,人民出版社 2009 年版,第 25 页。
④ 《马克思恩格斯文集》第 9 卷,人民出版社 2009 年版,第 25 页。

历史分析方法也是马克思主义的科学方法,是人们正确看待历史、总结历史的正确方法。马克思主义的历史分析方法也是人民主体方法,人民群众是历史的主体,人民群众是历史的创造者。"其实,正是人,现实的、活生生的人在创造这一切,拥有这一切并且进行战斗。并不是'历史'把人当做手段来达到自己——仿佛历史是一个独具魅力的人——的目的。历史不过是追求着自己目的的人的活动而已。"① 历史分析方法要求重视人民群众的主体地位,尊重人民的选择,正确看待历史事件。

阶级分析方法是马克思分析和观察社会现象的重要方法,在阶级社会里这是不可或缺的方法。"全部历史都是阶级斗争的历史,即社会发展各个阶段上被剥削阶级和剥削阶级之间、被统治阶级和统治阶级之间斗争的历史"②。马克思运用阶级分析方法考察当时的社会现象,得出了社会日益分裂为对立的资产阶级与无产阶级,进而提出了无产阶级的使命和任务。阶级分析方法是分析阶级社会的重要方法,即便在今天的中国,剥削阶级已经被消灭了,但是整个人类社会仍处在阶级社会之中,因而我们仍要用阶层分析方法对社会不同阶层进行分析。

上述四种方法是马克思主义方法论的主要内容,为我们的实践活动提供了方法指导,我们必须坚持这些理论的指导。

(三) 马克思主义方法论是思想政治教育主客体关系的理论基础

马克思主义方法论是思想政治教育极其重要的理论与实践方法指导,同时也是研究思想政治教育主客体关系的理论基础和方法指导。唯物辩证法、矛盾分析方法、历史分析方法和阶级分析方法为我们正确理解思想政治教育主客体关系提供了不同的角度,从这些方法中我们可以发现,理解思想政治教育主客体关系有许多不同的视角。

唯物辩证法要求具体问题具体分析,改变了我们主客体是僵化不变的思想。在思想政治教育中,教育者是主体,受教育者是客体,主体与客体处于不同的地位,承担不同的角色。在最开始的思想政治教育实践中,人们认为教育者的主体地位是绝对的,而受教育者只能处于被教育的客体地位,两者的地位是僵化不变的。唯物辩证法要求我们具体问题具体分析,在现今这个信息大爆炸的时代,受教育者由于自身占有的信息和资源,有

---

① 《马克思恩格斯文集》第1卷,人民出版社2009年版,第295页。
② 《马克思恩格斯文集》第2卷,人民出版社2009年版,第9页。

时能让教育者接收新的信息,让教育者受到新的启发,而成为思想政治教育活动的主体。因此,在思想政治教育实践中,要具体问题具体分析,教育者与受教育者的地位并不是绝对僵化的。

矛盾分析方法要求重视矛盾,抓主要矛盾,让我们既重视主体,也重视客体。思想政治教育主体和客体是一对矛盾,两者相互对立,又相互统一,有主体才有客体,因而既要重视主体,也要重视客体。在具体实践中,教育者处于主体地位,受教育者处于客体地位,两者是互相对立的两极。但是,受教育者往往在接受教育的同时,也对教育者进行教育,实现教学相长。这时主体与客体就实现了转化,两者实现了统一。在思想政治教育实践中,主要矛盾是"教育主体对于教育客体的指导性和教育客体对教育主体的能动性之间的矛盾"①,思想政治教育实践必须抓住这个主要矛盾,解决这个主要矛盾。

历史分析方法要求重视人民群众的作用,发挥人民群众的主体作用,我们要尊重受教育者,重视受教育者的需求。历史分析方法认为人民群众是历史的创造者,人民群众书写历史,要重视和发挥人民群众的主体作用。在思想政治教育实践中,必须重视受教育者的需求,尊重受教育者,激发其积极性和创造性。

阶级分析方法要求从阶级利益出发分析社会现象,分析人民利益,实现人民利益。阶级分析方法是考察社会的重要方法,在我国,虽然剥削阶级已经消失,但是我们还是应当坚持阶层分析方法,以此来分析社会现象。思想政治教育活动是符合人民的利益的,既实现了人自身的发展,也促进了社会的发展。但是,不同的阶层有不同的利益,我们应当从阶层出发,分析不同阶层的利益,重视受教育者的差异性,更有针对性地进行教育。

总的来说,马克思主义方法论要求我们重视客体,重视客体的地位,充分发挥受教育者的积极性和主动性,改变主客体对立、僵化不变的思想。

四 马克思主义价值论基础

马克思主义价值论是马克思主义哲学理论的重要组成部分,它以实践

---

① 罗洪铁主编:《思想政治教育学原理》,西南师范大学出版社2009年版,第8页。

唯物主义和历史唯物主义为基础，以人的活动为对象，是研究价值和价值问题的理论。马克思主义价值论深刻剖析并揭示了人的价值，为人类解放奠定了理论基础。思想政治教育主客体的研究涉及价值问题，马克思主义价值论也是思想政治教育主客体关系的理论基础。

（一）价值论的起源

"价值"一词来源于古代梵文和拉丁文，其本义是对人的维护作用和保护作用，发展到今天成为对事物属性的判断。中国古代哲学对价值的探讨主要集中于义利之争或理欲之争。古代西方对价值的探讨主要涉及一些具体的价值，而没有上升到抽象的价值理论。西方价值哲学流派是较早将价值纳入哲学范畴的流派，从而人们开始在哲学领域研究价值。

在马克思主义价值论诞生以前，已经有许多价值论。美国实用主义哲学对价值论进行了研究，从唯心主义出发研究价值，否认价值的客观性。英国哲学家罗素认为价值问题不过是人们的情感问题；法国存在主义大师萨特认为价值是人们想要实现而又没有实现的东西，也即自由；新托马斯主义将价值看成一种客观精神。可以看出，马克思主义以前的流派对于价值的研究都是从唯心主义出发，他们认为价值是人的主观情感的表达，或是上帝的创造物。

马克思主义价值理论来源于威廉·配第和亚当·斯密的经济学，马克思认为价值是决定商品价格的基础，而不是一般认为的使用价值决定商品价格。马克思在他的《资本论》中详细阐发了他的价值论，经济学上的价值论为他的哲学价值论奠定了基础。经济上的价值是通过商品交换这种实践活动来实现的，因而价值是客观的；在这种实践活动中，人是实践主体，因而人是价值主体。正如马克思指出的，价值是从人们对待满足他们需要的外界物的关系中产生的。因此，在马克思主义价值论中，人是价值主体，价值是客观事物对人的需求的满足，只有当客体满足了主体的某种需求，客体才具有某种价值。因而，与西方的各种价值论学说相比，马克思主义价值论是从唯物主义出发的，具有科学性和革命性。

（二）马克思主义价值论的主要内容

马克思主义价值论是从唯物主义出发的，是具有科学性和革命性的价值论。马克思主义价值论的主要内容包括价值的含义、价值的本质以及人的价值。

根据马克思对价值的经典阐述，价值是客观事物对人的需要的满足，价值是主客体之间的一种关系。"价值是关系，也是属性，是在关系中表现出来的属性。物的价值属性同其他属性，同自然属性的不同在于，物的自然属性是物在与物的关系中表现出来的；而物的价值属性则是在物与人的关系中表现出来，即在主客体关系中客体所表现出来的能够满足人的某种需要的那样一种属性。"① 因此，价值"就是主体在实践活动中建立起来的，以主体的尺度为尺度的一种客观的主客体关系，是客体的存在及其性质是否与主体的本性、目的和需要等相一致、相适应、相接近的关系"②。

价值是主客体的一种关系，其本质应当从人的"两个尺度"来理解。马克思指出："动物只是按照它所属的那个种的尺度和需要来构造，而人却懂得按照任何一个种的尺度来进行生产，并且懂得处处都把固有的尺度运用于对象；因此，人也按照美的规律来构造。"③ 因而，"两个尺度是：（1）'对象的性质'所决定的客体尺度；（2）人的'本质力量的性质'所决定的主体内在尺度。""两个尺度是统一的，统一于人、人的主体性活动。"④ 价值的本质是从这"两个尺度"来理解的，价值既具有主观性，也具有客观性。价值的主观性表现在价值因主体的不同而不同，其价值特性表现或反映了主体性的内容。价值的客观性表现为客体是客观存在的，同时客体满足主体需要的属性也是客观存在的。因此，价值是主观性与客观性的统一，这是价值的本质属性。

价值与人的价值是密切相关的，马克思认为人的价值分为人的自我价值和社会价值。人的自我价值是人的行为对自身需求的满足，人的社会价值是人的行为对社会的满足。人不仅要实现自我价值，更要实现社会价值，社会价值是整个社会存续发展以及个人人生意义实现的重要方面。人的价值，应该"从人的贡献和满足的统一，人的权利和义务的统一，人作为目的和手段的统一中全面把握人的价值"⑤。

---

① 袁贵仁：《价值观的理论与实践：价值观若干问题的思考》，北京师范大学出版社2013年版，第23—24页。
② 项久雨：《思想政治教育价值论》，中国社会科学出版社2003年版，第38页。
③ 《马克思恩格斯文集》第1卷，人民出版社2009年版，第163页。
④ 李德顺：《价值论——一种主体性的研究》，中国人民大学出版社2013年第3版，第49、50页。
⑤ 袁贵仁：《价值观的理论与实践：价值观若干问题的思考》，北京师范大学出版社2013年版，第32页。

(三) 马克思主义价值论是思想政治教育主客体关系的理论基础

价值涉及主体和客体之间的关系及关系的程度，价值是客体对主体需要的满足及满足的程度。在思想政治教育实践中，主体是人，客体也是人。而价值学范畴中，主体是人，客体是物，这种主体与客体是不同于思想政治教育实践中的主体与客体的。因此，在思想政治教育实践中，"受教育者是存在着的客体又是活动着的主体"[①]，即"双主体"。在思想政治教育实践中，必须把受教育者也看成活动的主体，充分发挥其积极性和主观能动性。

价值是主体对客体需要的满足，而思想政治教育中，既存在自我需要，也存在社会需要。在思想政治教育实践中，人的需要是最重要的实践依据。教育者对受教育者进行教育，是满足社会需要，而受教育者在这种教育过程中必然也会产生自身的需要。受教育者自身需要的产生是进一步接受教育的基础，受教育者只有将自身的需要与社会的需要联系起来，才能寻求自身的更好发展。因而，在思想政治教育实践中，教育者必须重视受教育者的需要，满足受教育者的需求。

个人价值与社会价值是价值论中的重要部分，人类的实践活动需要将个人价值与社会价值统一起来。在思想政治教育实践中，受教育者有自身的需要，他必须对自身的需要进行满足；教育者代表社会需要，是对社会需要的满足，因此两者是不同的。但是思想政治教育最终必须实现个人价值与社会价值的统一，要求受教育者将社会需要与个人需要相统一，从而促进个人和社会的发展。因此，为了实现受教育者的个人价值，教育者必须重视受教育者的需要，引导受教育者的需要与社会需要相结合。

马克思主义价值论让我们在思想政治教育实践中重新审视并重视受教育者的主体地位及其需要，从而科学地建构思想政治教育主客体关系，实现主体价值与客体价值、个人价值与社会价值的统一。

第二节　思想政治教育主客体关系的人学基础

马克思主义人学理论是思想政治教育主客体关系的人学基础，这一理

[①] 武步成、王海建：《科学实践观视域中思想政治教育价值论》，山西人民出版社2015年版，第51页。

论包括"以人为本"思想、马克思主义主体理论和人的自由全面发展理论。思想政治教育主客体关系的实质是人与人的关系,围绕着"人"的研究必然离不开马克思主义人学这一科学理论的指导,因而马克思主义人学理论理当是思想政治教育主客体关系的理论基础。

一 马克思主义"以人为本"思想

"以人为本"思想将人的生存和发展作为最重要的目标和最重要的尺度,高度概括了马克思主义人学理论。思想政治教育关注人的行为和发展,"以人为本"思想是研究思想政治教育主客体关系的首要理论基础。

(一)"以人为本"思想的发展历程

关于"以人为本"的思想源远流长,其发展经历了漫长而曲折的过程。马克思主义人学理论是在批判地继承前人成果的基础上形成的。"以人为本"是对马克思主义人学理论的集中概括,我国对"以人为本"的研究始于改革开放之后,其研究历程经历了三个不同阶段,最后形成了以"以人为本"为核心的科学发展观。

1. "以人为本"的起源和发展

古希腊时期人类就对人本身开始了思考,古希腊神话"斯芬克斯之谜"开始了"认识你自己"的思考。古希腊哲学家普罗泰戈拉将人作为衡量事物的尺度,从此,人类开始了对人这一命题的思考,这一命题也成为哲学命题的重要部分。在中世纪时期,封建神学体制压抑人性,束缚人的精神和肉体,人消解于神,人被上帝所掩蔽。文艺复兴时期,思想家们提倡解放人的思想,肯定人的存在。至此,人们发现了"人",但并没认识"人"。启蒙运动中,启蒙思想家们强调"天赋人权",这是对人的肯定,但机械唯物论者认为"人是机器",对人的认识又走向错误。康德提出"人是目的,不是手段(或工具)"[1],这一命题是对人的研究的巨大突破,关于人的认识日渐科学。费尔巴哈提出了"人是感性实体",阐释了"以人为本"的内涵,确立了"以人为本"思想,为马克思主义人学理论提供了借鉴。马克思指出:"人直接地是自然存在物"[2],"全部人类历史的第一个前提无疑是有生命的个人的存在。因此,第一个需要确认的

---

[1] 周辅成:《西方伦理学名著选辑》下卷,商务印书馆1987年版,第370页。
[2] 《马克思恩格斯文集》第1卷,人民出版社2009年版,第209页。

事实就是这些个人的肉体组织以及由此产生的个人对其他自然的关系"①。现实中的人是马克思主义人学理论的逻辑起点。同时,他也指出"人的本质不是单个人所固有的抽象物,在其现实性上,它是一切社会关系的总和"②。可以看出,马克思认为人是自然中的人,也是社会中的人。马克思提出人是现实中的人,是实践中的人,"这是一些现实的个人,是他们的活动和他们的物质生活条件,包括他们已有的和由他们自己的活动创造出来的物质生活条件"③。马克思既看到了"人",也认识了"人"。

马克思研究的人是现实的人、实践的人,对人的本质进行了规定,体现了"以人为本"思想,是研究思想政治教育主客体关系的逻辑起点。"思想政治教育是人类社会实践的一个重要方面。自阶级形成和国家产生以来,这项实践活动就是一种客观存在。历史上依次更迭的各社会阶级,都以各种形式从事思想政治教育活动,以争取或维护本阶级的统治。"④因而思想政治教育活动是人类实践活动的产物,要研究、改变人的思想和行为。"思想政治教育存在就是为了解决人的思维和行为之间的矛盾问题,引导人们正确解决主观和客观的矛盾,使主观正确反映客观,从而形成正确的认识,在解决实际问题中发挥作用。在这一过程中,人既是认识主体,也是实践主体。从思想政治教育目的的角度来说,思想政治教育将人的全面发展和社会的进步作为其追求的宗旨,这里的人是具有社会性、实践性的现实的人,这里的社会是由许多个现实的人组成的统一体。"⑤

2. "以人为本"思想在我国的发展

改革开放以后,"以人为本"思想在我国才逐渐被提出和研究,进而逐渐地转变了人们对于思想政治教育主客体关系的认识。改革开放初期,思想政治教育具有较强烈的政治属性和阶级属性,人们较少在思想政治教育中讨论人性、人的需要。有些人谈论到人道主义,提出在思想政治教育中坚持社会主义人道原则,但只是小范围地提出和讨论。20世纪90年代,人们开始对人学进行研究,认识到人的主体性,尤其是在思想政治教

---

① 《马克思恩格斯文集》第1卷,人民出版社2009年版,第519页。
② 《马克思恩格斯文集》第1卷,人民出版社2009年版,第501页。
③ 《马克思恩格斯文集》第1卷,人民出版社2009年版,第519页。
④ 教育部社会科学研究与思想政治工作司组编:《思想政治教育学原理》,高等教育出版社1999年版,第1页。
⑤ 项久雨:《以人为本:思想政治教育主客体关系的马克思主义人学之维》,《教学与研究》2016年第2期。

育中受教育者的主体性。但仍然没有摆脱主客二分的理论局限，依旧视教育者为思想政治教育活动的主体，视受教育者为客体。21世纪初，人学思想的研究逐渐加强，走向系统化。随着人学思想研究的深化，思想政治教育也实现了观念上的转变，对思想政治教育主客体关系的认识也逐渐科学。"教育者和教育对象都是思想政治教育过程中的主体，二者是以教育资料为共同客体的一种双主体协同发展的关系。"① 这一思想的提出突破了主体论思想，从而使思想政治教育主客体关系的研究逐渐步入新局面。21世纪初期以来，"以人为本"思想逐渐成为科学发展观的核心，也成为指导思想政治教育的重要遵循。"到了21世纪，'以人为本'的观念终于融入中国共产党的主流意识形态，成为中国共产党改革政策的重要理论基础。"② 人们逐渐加强了对人的关注，更加科学地认识思想政治教育主客体关系，不再把受教育者简单地看作被动的接受者、"美德袋"，而是赋予受教育者主体地位，肯定其主体的能动性。

过去人们认为在思想政治教育过程中只存在单一主体，否定了主体地位的转换，这种僵化的理解具有片面性。后来提出"双主体"说，肯定了受教育者的主体地位，将其他的思想政治教育因素看作客体，也存在一定的片面性。紧接着又提出"双向互动说"，将教育者和受教育者都看作为主体，两者互相转化为主体。现阶段"主体间性说"的研究逐渐增多，这种说法让人们重视受教育者的主体地位，重新思考思想政治教育主客体关系。思想政治教育主客体关系的构建要以"以人为本"思想为原则，不仅因为它是党的主流意识形态，而且在于它是思想政治教育最终目的的体现。以"以人为本"思想肯定教育者与受教育者的主体地位，尊重受教育者的需要，促进了受教育者的发展。

(二)"以人为本"思想的内涵

"以人为本"思想进入公众的视野，是在党的十六届六中全会后由胡锦涛提出的，此后胡锦涛对"以人为本"思想进行了阐释，"实现好、维护好、发展好最广大人民的根本利益，始终是我们党全部奋斗的最高目的"，"保证我们党的路线方针政策和全部工作更好地体现人民群众的利益"③，"要始终把实现好、维护好、发展好最广大人民的根本利益作为党

---

① 苏斌：《思想政治教育主体论论纲》，《学校党建与思想教育》2003年第7期。
② 俞可平：《思想解放与政治进步》，社会科学文献出版社2008年版，第3—4页。
③ 《十六大以来重要文献选编》上，中央文献出版社2005年版，第646页。

和国家一切工作的出发点和落脚点"①。

"以人为本"思想内涵丰富，是马克思主义人学理论的重要内容。马克思主义人学理论的主要内容包括对人的认识以及对人的本质的认识，"以人为本"思想是对马克思主义人学理论的概括，其具体内涵包括广义的和在思想政治教育活动中的狭义内涵。"以人为本"是科学发展观的核心，"从广义上来讲，以人为本就是以最广大人民群众的整体利益为出发点，也就是要把人民群众当成发展的最终受益人、最终评判人，并随时倾听人民群众的声音，全心全意为人民群众服务"②。这是党的文献对于"以人为本"思想的理解。而从思想政治教育角度来看，其内涵有所具化，主要包括以下三个方面：

第一，"以人为本"思想的出发点是人，是具有能动性、创造性的人。马克思在论述主观与客观的关系时，既阐述了客观存在对主观意识的决定作用，也强调了主观意识的能动性和创造性。在思想政治教育过程中，坚持"以人为本"思想，就必须承认教育者和受教育者都是具有能动性和创造性的人，尤其是要强调受教育者的能动性和创造性，而不能将其看作被动的客体。

第二，"以人为本"思想的根本指向是人的自由而全面的发展。这一目标的实现关涉到人的需要，这种人的发展的需要体现在思想政治教育活动中就是要充分关切受教育者的需要，在认识、尊重受教育者需要的基础上，以教育实践活动来满足受教育者的需要，进而不断提升、促进并实现受教育者自身的发展。

第三，"以人为本"思想体现了个人与社会的统一性。"以人为本"思想强调人的重要性，把人看作一切活动的出发点和落脚点，但它并不否定社会，而是强调个人与社会的统一。"以人为本"中的人不是指个人，而是指全体人民，是社会与个人的统一体，并不是只强调个人，而否定或是忽视社会。因而在思想政治教育活动中，是要将受教育者个人的需要与社会发展的需要相统一，促进个人的发展和社会的和谐发展。

只有准确把握"以人为本"思想的科学内涵，才能以其为标尺，正

---

① 《十七大以来重要文献选编》上，中央文献出版社2009年版，第12页。
② 刘亦工：《论高校思想政治教育以人为本理念的内涵与实践》，《学校党建与思想教育》2011年第12（中）期。

确认识思想政治教育主客体关系并指导实践活动。传统的思想政治教育主客体的界限被打破，教育者不再是单一的主体，受教育者同样是主体，"以人为本"思想将是构建科学、和谐的思想政治教育主客体关系的重要原则。

二 马克思主义主体理论

马克思主义主体理论贯穿于马克思主义哲学、政治经济学、科学社会主义等理论之中，是马克思主义理论的重要内容。在马克思的哲学理论中，人是认识的主体，实践的主体，价值的主体；在他的经济学理论中，资本主义经济以牺牲人的发展为代价，牺牲了人的主体作用；在他的科学社会主义理论中，共产主义社会要实现人的全面发展。因此，主体理论是贯穿于他的所有理论之中的。

（一）马克思主义主体理论的主要内容

马克思主义主体理论是科学的理论，是对人的主体地位的正确认识。马克思肯定了人，肯定了人的主体地位。马克思的主体理论不是凭空产生的，在他的理论之前，已进行了许多关于主体的理论探索。

中世纪时期，宗教神学占据社会的主导地位，它提倡作为万物创造者的上帝是主体，人在上帝面前是渺小的，只能匍匐于上帝脚下。唯心主义认为精神是主体，精神作为人的头脑的产物，是人的主体的体现，这种逻辑看似肯定了人的作用，强调人的精神的主体地位，但其实质却是两种存在的混淆，即人的存在和精神的存在的混淆。典型的例子有康德的"主体就是自我"，其决定和行动是按照自己的自由意志形成的。笛卡尔的"我思故我在"将自我神秘化、唯心化。旧唯物主义认为主体和客体是绝对对立的，而没有看到主体与客体之间的联系。因而，马克思以前的理论，对于主体的认识都存在一定的局限与偏差，只有马克思正确认识了主体和客体，形成了科学的主体理论。

马克思指出："主体是人，客体是自然"[①]，这是他将人作为主体的发声，而且他进一步强调："我们的出发点是从事实际活动的人"[②]，更加肯定了人的主体地位。人是一切实践活动的主体，与其他作为客体的自然物

---

① 《马克思恩格斯文集》第 8 卷，人民出版社 2009 年版，第 9 页。
② 《马克思恩格斯文集》第 1 卷，人民出版社 2009 年版，第 525 页。

相联系。马克思在他的辩证法、唯物论和实践观中引入了他的主体思想，将主体思想贯穿于他的全部理论之中。关于主体的界定应该从以下两个方面来看："（1）从外在关系上看，主体是相对于一定的客体而存在的人；（2）从内在本质上观，主体是从事自由自觉活动的人。"①

马克思主义主体理论的内容十分丰富，首先体现在他的实践理论之中，其主要内容包括主体的基本形态和人的主体性发展。主体的基本形态主要有三种：实践主体、认识和评价主体以及历史过程的主体。人的主体性发展也划分为三种历史形态："人的依赖关系""物的依赖关系"和"人的自由个性"。

马克思主义主体理论是以实践为出发点而形成的，实践导致了主客二分，而又将主客体相联结。实践是人作用于自然的过程，这个过程将人与自然联结起来，而人作为具有主观能动性的个体，必然是主体。因而，在实践的过程中便产生了主体。"实践的过程就是人与自然、主体与客体之间发生相互联系、相互作用的过程，是主体对象化的过程，也是人的主体性在实践中得到确证的过程。"②

人作为实践的主体，有意识有目的地改造客观世界，具有能动性、自觉性、选择性和创造性。人的主体地位不仅体现在实践中，也体现在认识和评价中。人作为有思想的生物，是不同于其他动物和植物的，人能够认识世界，人是认识的主体。人在认识活动中，是有自己的主观性、能动性和创造性的。人对事物的认识是能动的反映，是带有自己的主观色彩的。人对自然的认识是具有创造性的，人具有想象力，因而是能动地、富有创造力地认识世界。人们对自然界和社会的认识与评价是分不开的，人们在认识事物之后，必然会对其进行评价。价值评价是客观性和主观性的统一，人是价值评价的主体，事物是否具有价值是看其是否满足人的需求。因而，人是认识的主体，也是评价的主体。

人作为历史的主体而存在是马克思主义人的主体地位的一个非常重要的体现，"全部人类历史的第一个前提无疑是有生命的个人的存在"③，马克思在这里阐述了人是历史的前提，表明人在历史过程中的重要作用。马

---

① 李为善、刘奔主编：《主体性和哲学基本问题》，中央文献出版社2002年版，第12页。
② 骆郁廷：《马克思主义主体性理论的三个维度》，《武汉大学学报》（人文科学版）2009年第1期。
③ 《马克思恩格斯文集》第1卷，人民出版社2009年版，第519页。

克思认为人民群众是历史的创造者，是社会的主体。他充分肯定人在社会历史中的主体作用，肯定了人民群众对社会历史发展和变革的重要作用，否定了英雄史观，让人们正确看待历史人物和人民群众的作用。

马克思主义主体理论将人的主体性发展划分为三种历史形态，即"人的依赖关系……以物的依赖性为基础的人的独立性……建立在个人全面发展和他们共同的、社会的生产能力成为从属于他们的社会财富这一基础上的自由个性"①。这是马克思根据人的发展形态来划分主体性历史形态的理论，充分体现了马克思对人的主体性的肯定。"在人的发展的早期，个人依附于特定的共同体……个人与其他人是按照他们在共同体内的地位、作用和职能以及自然血缘关系而发生关系的。"② 在资本主义社会，人们表面上实现了"人身自由"，是"独立的个人"，但事实上，却是停留在"以物的依赖性为基础的人的独立性状态"，人依赖于物，即依赖于货币、资本和机器。马克思认为只有在共产主义社会，人才能实现个性自由发展和社会关系全面发展。马克思以人作为主体划分社会历史形态，充分肯定了人的作用，表达了解放全人类的愿望。

（二）马克思主义主体理论是思想政治教育主客体关系的理论基础

马克思主义主体理论深刻揭示了人的主体地位和主体作用，思想政治教育涉及主体与客体的关系，马克思主义主体理论对思想政治教育主客体关系的认识和处理具有指导意义。

1. 实践主体

马克思认为人是实践的主体，在实践中有意识、有目的地改造客观世界。在思想政治教育实践中，教育者是主体，受教育者是客体，这种主客体之分，是因为教育者在思想政治教育中起主导作用，因而教育者是主体，受教育者便成为与之对应的客体。但是，马克思认为人都是实践的主体，自然才是客体，因而在思想政治教育活动中，必须把具有能动性和创造性的受教育者也看成主体。因此，在思想政治教育实践中，主体和客体相对应而存在，但主体和客体就其本质而言，两者都是实践主体。

作为实践主体的人，是具有能动性、自觉性、选择性和创造性的。在思想政治教育活动中，作为主体的教育者具有这些特性，同时受教育者也

---

① 《马克思恩格斯文集》第 8 卷，人民出版社 2009 年版，第 52 页。
② 中共中央党校马克思主义理论教研部：《马克思主义关于人的学说》，人民出版社 2011 年版，第 88 页。

具有这些特性。教育者在思想政治教育过程中要看到受教育者的这些特性，充分尊重受教育者拥有的这些特性，同时还要在具体实践中，激发和引导受教育者充分发挥这些特性。只有如此，受教育者才是作为实践主体而存在的人。

2. 认识和评价主体

马克思主义主体论认为人是认识和评价主体，只有人才能进行认识活动，人对客观事物的反映是能动的反映。"价值直接表现和反映着人的需要、能力和目的，它是依主体不同而不同的，是以主体为尺度的。"①

人作为认识主体，"认识的实际发生，是个体在为处理自己与环境关系而不断从事的一系列积极活动中实现的"②。在人的实践活动中，人是一种积极的主体，主动去认识世界，理解世界。因而人在认识活动中必然是主体。在思想政治教育活动中，教育者和受教育者都是认识主体，教育者和受教育者都在不断地认识世界。教育者由于其掌握教育资源的相对优势，使教育者认识主体的地位更加明显。而受教育者在思想政治教育活动中由于更具有选择性和创造性，他们有选择地接受教育信息和接受影响，创造性地运用学习的理论，甚至在一定程度上给予教育者新的启示，其认识主体的地位更应该被重视。

人作为价值主体，判断事物是否具有价值是以是否满足自己的需要为标准的，而且这种价值判断因主体不同而不同。在思想政治教育实践中，受教育者对思想政治教育是否有价值，是以思想政治教育是否满足其需要为标准的。受教育者的需要具有多样性、多层次性，有物质方面的需要，也有精神方面的需要，有追求真理的需要，也有谋求自身发展的需要，受教育者是评价思想政治教育效果的主体。受教育者之间还存在差异，不同的受教育者有不同的需要，因而还应该将受教育者的差异性的需要纳入考虑之中。

3. 历史主体

马克思主义主体论充分肯定人民群众的历史主体地位，强调人民群众创造历史，书写历史。人是改造自然、改造社会的主体，因此人必然是历史活动的主体。历史的发展不是单个人的意志，而是全部人的意志的合

---

① 李为善、刘奔主编：《主体性和哲学基本问题》，中央文献出版社2002年版，第319页。
② 欧阳康：《马克思主义认识论研究》，北京师范大学出版社2012年版，第76页。

集，因而人民群众创造历史，书写历史。只有人民群众发挥自己的主体作用，充分发挥自己的积极性、主动性和创造性，才能促进生产力发展，促进社会发展。

以马克思主义主体论来考察思想政治教育活动，教育者和受教育者都是历史的主体。教育者在思想政治教育活动中承担了思想政治教育的任务，为受教育者的发展及社会的进步贡献了自己的力量，诠释了教育者的历史主体地位。受教育者接受教育，看似没有承担历史主体的责任，但是在实际教育的过程中，他们对教育者提升教育效果的启发是他们主体作用发挥的很好体现；另一个能更好地体现受教育者发挥自己历史主体作用的方面是他们接受教育的最终目的是为将来推动社会和历史的发展贡献力量。因此，受教育者在思想政治教育实践中，也是历史的主体。

4. 人的发展状态决定的三种历史形态

马克思根据人的发展状态，划分了人类社会的三种历史形态，即人的依赖关系、物的依赖关系和人的自由个性全面发展。在人的依赖关系阶段，人们依赖于自然，依赖于共同体，没有个性，没有自由。在物的依赖关系阶段，人们依赖于物或物化，表面上实现独立和自由，但实质上未摆脱对物的依赖，人的主体性是片面的。在人的自由个性全面发展阶段，人摆脱了对自然和物的依赖，实现真正的独立和自由。

马克思对历史形态的划分，不仅为我们明确了历史发展的规律，也为我们的发展指明了方向，还表明了人的主体地位。我们最终要实现的是人的自由全面发展，这为我们的思想政治教育指明了方向。在思想政治教育实践中，教育者对受教育者进行教育，不仅是为了满足社会发展的需要，更是为了促进受教育者的发展。思想政治教育要以人的自由全面发展为目的，必须将受教育者作为主体，满足其需要，促进其发展。

马克思主义主体理论认为人是实践主体、认识和评价的主体以及历史过程的主体，强调了人的主体作用，为我们正确认识思想政治教育主客体关系提供了理论基础。

三 马克思主义人的自由全面发展理论

实现人的自由全面发展是共产主义社会的价值目标，体现了马克思主义对人的生存关怀和无产阶级追求全人类解放的价值理想。探讨思想政治教育主客体关系，必须立足对人的自由全面发展思想的理论把握，从理论发展的历史进程深入到理论内涵的本质规定，进而探析和选择实现人的自由全面发展的路径。

(一) 人的自由全面发展理论的思想渊源

人的自由全面发展理论不是凭空出现的，它是在充分吸收前人思想成果的基础上发展而来的，众多研究者对人的发展问题的思考与实践探索，都为马克思、恩格斯关于人的自由全面发展问题提供了重要的思想启迪，并逐步确立了马克思主义的人的自由全面发展观。

1. 关于人的发展思想的探求

自古以来，思想家们高度重视人的发展问题。在从原始社会向前资本主义社会发展的进程中，人们认识到人的生存发展需要首先解决物质需求满足的问题，如获取食物等，进而参与其他社会活动来满足自身更多需要，人的发展要靠不断拓展和完善其社会活动和自身需要来实现，多样性的社会活动和发展需要能够使人自身更好地适应社会的发展，也能更好地为社会的进步提供助推力，思想家们开始对人的发展提出多方面的要求。古希腊时期的圣贤们曾经指出，"公民的教育包括音乐、讲故事、体育训练、识字、阅读、道德教育、算术、几何、天文、音乐理论、辩证法等"[①]。人的发展从最初的钻木取火、获得食物向诉诸学习获得更多的生存技能演变。在提出多方面的发展要求后，为实现物质与精神的和谐发展，精神教育和发展的问题越来越多地被重视起来，"统治阶级的思想在每一时代都是占统治地位的思想。这就是说，一个阶级是社会上占统治地位的物质力量，同时也是社会上占统治地位的精神力量"[②]。

在前资本主义时期，封建阶级主导社会的发展，由于政治体制和阶级出身的差异，社会中的人被划分为三六九等，王公贵族和士农工商的身份和地位不同，最终导致他们在个人和所属群体的发展上也大相径庭。在这样的时代环境中，思想家们虽然看到了人在发展问题上的差异性，但也无法突破其阶级局限认识到问题的根源所在，只能从抽象的角度来认识，在人的发展方向上提倡符合天道伦理的要求。例如，我国古代儒家对"君子"理想人格的崇尚、对"三纲五常"规范的重视，以及西方早期思想家们对宗教教义和德性伦理的宣扬等，事实上这种发展是一种非理性的认

---

① 陈志尚主编：《人的自由全面发展论》，中国人民大学出版社2004年版，第3页。
② 《马克思恩格斯文集》第1卷，人民出版社2009年版，第550页。

识，发展的结果不是完善人自身的需要，而是满足统治阶级进行政治统治和思想控制的需要，人的发展在这种非理性认识的指导下长期处于一种消极发展状态。进入资本主义社会后，资本在利益的驱使下运转，生产社会化的扩大促使社会分工细化，人的地位日益受到重视，人的主体性和价值性不断彰显，人的个性发展越来越得到尊重，人的发展一度成为推动社会前进的重要力量。但同时由于分工导致的劳动异化程度加深，人的片面发展也成为此时期的一个突出问题。在以商业、货币关系为轴心的社会交往中，人们开始打破地域、血缘的限制，人与自然、人与人之间以及人与工具之间的异化导致人的发展呈断裂性、片面性等特点，对金钱、地位的狂热追求加重了劳动剥削和精神压榨，人的发展变得利己化、自私化和极端化。

进入 19 世纪，通过对资本主义社会和人的发展状况的批判，空想社会主义者再次将人的发展引向积极的方向，提出了"人的全面发展"。圣西门的"实业制度"、傅立叶的"法郎吉"以及欧文的"劳动公社"都是对实现人的全面发展所进行的实践方案尝试。需要指出的是，尽管空想社会主义者最后并没有解决人的全面发展问题，但是他们关于人的全面发展内容和要求，以及意识到人的发展不平等的问题，并试图解决的尝试，都为马克思关于人的自由全面发展理论提供了有益借鉴。

2. 关于人的本质思想的探求

对人的本质是什么的探讨，最早从古希腊智者学派思想家们的思想主张就可以窥见。从泰勒斯的"水是人的本原"学说和后来的"气原说""火原说"直到普罗泰戈拉"人是万物的尺度"都将自然界中的事物作为人的本原，主张自然性是人的本质。从苏格拉底"认识你自己"开始，对人的探讨才回归到人本身，柏拉图对苏格拉底的人学思想有所继承发展，从人的灵魂去考察人的本质，古希腊哲学思想的集大成者亚里士多德则在柏拉图的基础上进一步阐发人的理性理论，认为人的灵魂中理性的成分是人所特有的，同时他提出的"人天生是一种政治动物"的观点，突破了对人的本质仅停留于人个体本身的片面认识，开始将群体的关系纳入人的发展之中。但到黑暗的中世纪时期，理性哲学开始受到宗教神学的冲击，教条主义盛行，"原罪说"否定人的尊严和价值，人学研究也一度没落，人的本质被神秘化、宗教化。资本主义时期，从"文艺复兴"运动开始，肯定人的思想得到弘扬，主张以人为中心代替以神为中心，人的本质从神性重新回归到人性。后来的启蒙运动和资产阶级革命更彻底地排除了宗教的影响，对人们具有思想启蒙作用，关于人的本质认识朝向理性主义发展。

人的本质问题也是马克思人学理论的重要组成部分。费尔巴哈的人学思想对马克思研究人的本质和发展具有重要启迪，马克思曾多次在其著作里提及人的本质问题，概而言之，总共有三处定义性的论述：在《黑格尔法哲学批判》导言中，马克思提出"人是人的最高本质"[1]；在《1844年经济学哲学手稿》中，马克思提出人的类特性恰恰就是"自由的有意识的活动"[2]；在《关于费尔巴哈的提纲》中，马克思提出人的本质"在其现实性上，它是一切社会关系的总和。"[3] 马克思在论述人的本质问题时，区分了人的类本质和个体本质。因此可以说，马克思是从社会关系和劳动实践两个层面认识人的本质问题的，社会关系决定了人的本质是社会性的而非自然性的，劳动实践决定了人的本质不是抽象的凝固不变的，而是具体的历史的。

（二）人的自由全面发展理论的内涵规定

人的自由全面发展理论是在人的发展和人的本质的思想不断演进的过程中形成和发展的，其内涵包括人的自由发展、人的全面发展以及马克思主义人的科学发展观。这一内涵丰富的理论体系，是马克思主义人学理论的重要组成部分，也是实现共产主义理想社会的一个十分重要的前提条件。

1. 人的自由发展

人的自由全面发展的首要维度是人的自由发展，而自由的含义是抽象的，涉及的内容也是多方面的，从根本上说人的自由发展是人作为主体在发展选择权上的主动性表现，而实现发展的主动选择权，也是需要一定的条件作为支撑的。

首先，实现人的自由发展，要给予作为活动主体的人一定自由，即主体的自由。这种自由涉及两个方面，一是指人的身体能够从繁重的体力或脑力劳动中解放出来，获得生理上的轻松；二是指人的心灵能够得到慰藉，生存资料的占有和发展资料的获得不会给人造成巨大的精神压力，从

---

[1] 《马克思恩格斯文集》第1卷，人民出版社2009年版，第18页。
[2] 《马克思恩格斯文集》第1卷，人民出版社2009年版，第162页。
[3] 《马克思恩格斯文集》第1卷，人民出版社2009年版，第501页。

而能够享受心理上的愉悦。

其次,人的自由发展也要留有一定可供自由支配的时间和自主安排的活动,即时空的自由。这种自由的实现需要所在群体环境和社会规则的配合,例如生产制度的完善将会促进生产时间的合理安排,空闲时间的增多是自由发展必不可少的条件;良好群体环境的建设会推动人与人之间的社会交往增多,从而丰富交往活动和方式,增加交往关系的密切程度。

最后,人的自由发展最终是要实现人在灵魂上的美好向往,即灵魂的自由。人虽身处繁杂的社会现实中,却能不畏惧现实的泥沼,不逃避暂时的困境;个人有实现理想的志向,群体有实现和谐的信任。这是人最高层次的自由发展,也是人类社会发展的最高诉求。但这既需要经济生产力的现实保障,也需要社会制度的进步和完善,更需要人类道德的和谐共存。

在人的自由发展中,自由是相对的,是权利与义务的统一,是制约性与主动性的结合,绝对的自由是无法实现的。主体上的自由需要主体自我约束,时空上的自由离不开社会群体的限制,灵魂上的自由也不能脱离现实存在的社会,只有这样,人类社会才能真正实现从必然王国到自由王国的飞跃。

2. 人的全面发展

人的全面发展是人的自由全面发展的第二个维度。全面既是一片横向散开的点,又是一条纵深延展的线,人的全面发展包含在横向上影响人的发展的众多因素,包括人的能力、社会交往关系、个性、素质等,同时也意指在每个因素影响程度上的要求,如人的智力水平、素质高低等。具体说来,人的全面发展主要表现在:

第一,人的能力的全面发展。人的能力主要包括了人的体力和智力两大方面,首先是人的体力得到全面充分的发展,即人们不再单纯将劳动视为一种谋生手段,而是在劳动中充分运用体力优势,享受劳动带来的成果收获和愉悦情感。其次就是人的智力得到全面充分的发展,"一方面广泛吸收人类文化史上的全部优秀遗产和最新科学成果,另一方面注重于将知识转化为人的智力和发展能力"[1]。

---

[1] 朱解放:《马克思人的自由全面发展理论的现代诠释》,《改革与战略》2015年第3期。

第二，人的关系的全面发展。马克思曾指出："人的本质不是单个人所固有的抽象物，在其现实性上，它是一切社会关系的总和"①，人生活在社会之中，通过社会交往与他人、组织、群体等结成不同的社会关系，人的全面发展意味着人的社会关系突破原有的地域、社会地位、身份等限制，人们广泛参与各种类型、各个领域的社会交往并形成发达的社会交往关系。

第三，人的个性的全面发展。人的全面发展意味着所有人都能得到普遍的发展，同时所有人的普遍发展又不会阻碍个人的个性发展。人通过社会实践获得满足其需要的生存和发展资料，在满足需要后通过学习完善和提升自身，实现个性发展。

第四，人的素质的全面发展。人的素质的全面发展主要包括人的身体素质及心理素质的健康发展。在共产主义社会，生产劳动不再是人的谋生手段，人的各项需要全部得到满足，人们有更多的空闲时间安排自己的业余生活，进行体育锻炼和身心放松活动，提升人的各项素质，实现人的自我价值等。

另外，人的全面发展是相对于人的片面发展而言的，这种片面发展是由资本主义生产方式中的旧式分工造成的。"所谓旧式分工，就是资本主义制度里生产机构内部的分工，这种分工破坏了一部分人的智力发展和另一部分人的体力发展的基础。"② 分工使得劳动方式细化和发展方向单一化，"劳动生产了美，但是使工人变成畸形"③。要想获得或者提供实现人的全面性发展的社会条件，必须克服分工所造成的片面性和局限性。

人的全面发展不仅涉及了单独个体的发展方向和发展结果，还涵盖了人类社会全体发展的全面性。社会中的全部人都得到普遍的发展，同时每一个个体的个性也得到充分的丰富的展现，全部人普遍地发展不造成个性普遍地发展的缺失，两者能够和谐相生没有偏废，这才是人的全面发展的准确规定。

（三）人的自由全面发展理论与思想政治教育主客体关系

人的自由全面发展是实现共产主义的前提条件，是对人实现发展的积

---

① 《马克思恩格斯文集》第 1 卷，人民出版社 2009 年版，第 505 页。
② 陈小鸿：《论人的自由全面发展》，人民出版社 2004 年版，第 367 页。
③ 《马克思恩格斯文集》第 1 卷，人民出版社 2009 年版，第 158—159 页。

极探索。思想政治教育的目的是提高人的思想道德素质和科学文化素质，进而推动人的发展，是实现人的自由全面发展的重要力量。马克思在《德意志意识形态》中关于人的自由全面发展的思想，对思想政治教育主客体关系研究提供了理论启示。

首先，马克思关于人的自由全面发展理论肯定了有生命个体的存在是一切历史活动的前提，因而思想政治教育的前提首先是自然状态下的人，人既是思想政治教育的主体，也是思想政治教育的客体，其主客体身份的转换基于思想政治教育活动的实际需要，思想政治教育的主体也可能是全部自然人，而其客体是客观世界中的事和物，可能是实体存在物，也可能是抽象性的思维形态等。因而把握思想政治教育的主客体关系首先要肯定人的主体性，这是主客体关系研究必须承认的前提之一。

其次，在社会分工形成以后，人的自由全面发展的重要途径是依靠社会实践，因而具有实践能力的人是思想政治教育发挥价值的关键，对思想政治教育主客体关系的考察也必然要在实践中进行。实践使人类的物质生活和精神世界得到极大发展，在思想政治教育中教育者和受教育者都是实践者和参与者，而传统的思想政治教育却只关注教育者作为实践主体的作用，忽视了受教育者的实践主体性，忽略了在接受教育后受教育者还有进行自我教育的主动实践性，因而传统的思想政治教育在发展中日渐受到挑战和质疑。人的自由全面发展理论重视所有实践人的主体地位，思想政治教育也应该正视过去一直处于客体地位的受教育者的主体性，充分发挥其实践参与的积极性和主动性。

最后，自由全面发展的人也是思想政治教育培养的终极目标。思想政治教育主客体关系研究的不断深化，推动着作为主体与客体的人向着自由全面发展的方向不断前进，思想政治教育将人的自由全面发展既作为理论指导，又定为发展目标，关注人的个性解放和全面发展，通过辩证性的理论修正，使研究思想政治教育主客体关系理论的科学化水平不断提升。

第三节　思想政治教育主客体关系的社会学基础

作为一种社会性活动，思想政治教育主体、客体思想的形成与发展都要受一定的社会因素的影响和制约，例如一定的社会条件和社会环境。基于对社会各种现象的研究所形成的众多社会理论，特别是研究人在社会中进行的各种交往活动的社会交往理论、探讨主体之间平等关系的主体间性理论以及满足人的主体需要与自由全面发展的社会学习理论等，都对研究思想政治教育主客体关系具有深厚的理论指导价值。

一　社会交往理论

交往是人类社会得以发展和延续必不可少的社会活动，交往使具有生命体征的自然人发展成为适应社会生存规则的社会人，人在交往中发现并满足需求，也在活动中建立和完善关系，从而推动社会历史不断发展前进。社会交往理论研究的核心是交往问题，是对交往活动这一实践性的行为进行理论沉淀和学理升华，从而更好地指导下一次交往的进行。

（一）社会交往理论的历史分析

马克思交往理论的形成和哈贝马斯交往理性变革使人们更多地开始了解和关注"交往"问题。然而事实上，对于"交往"的理解和研究，早在17世纪，在英国思想家洛克那里就可以寻找到理论渊源。洛克的交往理论源于他对人的相互理解问题的研究，他反对先验的认识论，提出人的心灵"白板说"，主张人的观念认识来自与其亲近的人、群体通过相互理解来达到观念上的理解和共识，从而获得感性的认识和判断。洛克的交往思想是建立在认识论基础之上的，而且关于交往的认识也是感性层面的，但不可否认，他指出了人不是"单个的抽象的存在物"，而应通过与社会群体的交流建立关系，这对后来哈贝马斯交往理性的变革具有不可替代的理论奠基作用。

英国思想家休谟在洛克的基础上有所进步，源于他将人的交往问题从认识论中独立出来，成为一个独立的社会研究理论。休谟提出社会交往的进行需要通过"共感"来达到，"共感"是对洛克"同意"概念的延续，这种"同意"是需要通过"沟通"实现的相互理解的一致"同意"。在这个层面上，休谟的交往理论带有一定的认识论意义，而"沟通""理解"达到的"同意"更具个人感情色彩，更富情感实质，所以休谟的交往理论大体上已经属于社会学范畴了。在人性问题上，休谟承认人的自私性，但同时他指出人可以克服自身的自私性而形成"共感"进行交往是因为，首先人体的自然结构具有相似之处，人有达到思维相似和理解的自然生理结构；其次，在空间距离相近的人群上容易形成"相近的关系"，特别是亲近关系的确立有助于情感的共通性；最后，生物遗传上的血缘关系也是交往"共感"形成的重要因素。休谟的交往理论虽然对洛克的认识论局限有所突破，但是其情感色彩十分浓厚，与其经验主义立场有着密不可分的联系。

到了18世纪，法国思想家们开始将交往问题的研究上升到社会哲学领域，着重从人的普遍的社会关系的视角考察和揭示人与人的交往关系。其中以孟德斯鸠、爱尔维修和霍尔巴赫等人为主要代表。孟德斯鸠提出的四条"交往法则"是克服洛克侧重于认识的交往而忽略了人的自然法则思想的一大进步，其内容包括"和平""设法养活自己""快乐"以及"过社会生活"，并且孟德斯鸠肯定了交往满足人的物质需求的目的性，这是趋于用唯物主义视角来认识交往问题的积极尝试。爱尔维修、霍尔巴赫继承并沿用了孟德斯鸠的思想，他们认为，"向往快乐，避免痛苦乃是人性所固有的普遍特征"[①]，人与他人、群体进行的交往是为了使自己能够避免痛苦获得快乐。

这种相互利用之上所进行的社会交往是建立在功利主义的价值基础之上的，虽然它超越了洛克和休谟等人的认识论和情感论局限，并以此作为在社会领域推动交往活动的一大动力，但在康德看来，单独个体之间交往的愿望和关系发展不足以构成社会历史和现实发展的动因，因而他以"绝对命令"否定了个体的真实性的存在，提出了"恶性的交往"，从人的类存在发展来考察人在交往活动内部的矛盾和发展，主张通过"恶与恶的斗争"来达到"善"性。康德的交往理论体现其辩证思维，对交往的社会发展具有十分深刻的历史意义。在康德之后，哲学家费希特对人的交往过程也进行了辩证的阐释。"依据'自我'与'非我'的理论前提，引出'相互承认'概念，并以之为基础，把交往关系作为'我—他'的对立统一关系来把握"[②]，是费希特理解交往关系的突出特点，这一理论实则是"自我""非我"哲学思想在社会领域的延伸和应用，对后来黑格尔交往理论的形成和发展产生了重要影响。

黑格尔也承认交往要建立在"相互承认"的基础之上，但同时他特别提出劳动在交往中的重要意义，劳动使交往主体成为交往中劳动着的

---

① 欧力同：《交往理论的演变：从近代到当代》，《上海社会科学院学术季刊》1995年第4期。

② 欧力同：《交往理论的演变：从近代到当代》，《上海社会科学院学术季刊》1995年第4期。

人，普遍的交往活动和交往关系都要以"劳动"为基础。黑格尔的学生费尔巴哈对交往关系的理解站在了费希特和黑格尔的对立面，将费希特的"我—他"的辩证交往关系转变成"我—你"的关系。他认为"主体是相对于客体而言的，抽象的人不能作为主体，因为它无对象而不过是'无'。在现实世界进行交往的主体，只能是有血有肉的人，因为他有着真实的对象作为'你'来与'我'相对立、相交往"[①]。但是费尔巴哈忽视了交往过程中劳动的作用，使其交往理论失去了社会性，而恰恰是劳动将人与人之间的交往变得丰富多彩。

马克思从历史唯物主义视角来解释交往问题进而克服了交往问题的唯心主义倾向。马克思交往理论不是凭空产生的，而是建立在对众多形态的交往理论的批判发展之上，其对人在社会中的交往过程和交往关系发展进行唯物主义和辩证法的运用和考察。从马克思关于交往的一系列论述可以看出，"现实中的人"是社会交往的主体；劳动是人与人之间最基本的交往活动；交往的形式是丰富多样的，涉及物质的与精神的，内部的和外部的、个体的和普遍的等，其中物质交往是最根本性的交往，它决定了其他一切的交往形式；社会交往的发展与生产力和生产方式的发展具有密不可分的联系等。马克思的社会交往理论体现了其历史唯物主义倾向，是对人的交往现象的一种科学的审视和方法归纳，是其人学思想的重要组成部分。

现代马克思主义者哈贝马斯一方面沿袭了"交往"概念的历史演进理路，就社会交往问题形成了自己的理论体系，另一方面，在批判工具理性、实践理性的基础上提出重构"交往理性"，并着重突出了作为交往桥梁的普通语用学在交往过程中的价值，强调通过语言的理解达到交往理解，并最终达到"生活世界"的互相信任。其交往理论对现代社会发展所呈现的众多弊病下实现成功交往具有深刻的反思意义，但他批判马克思交往理论中劳动是最基本的实践，曲解马克思交往思想的历史唯物主义内容而主张"以历史唯物主义为出发点"诉诸道德和环境的理想化条件，不可避免地具有浓厚的情感论色彩。相较于马克思的交往理论，一方面我们需承认哈贝马斯的交往理论发展有其独到之处，另一方面也应看到其理

---

① 欧力同：《交往理论的演变：从近代到当代》，《上海社会科学学术季刊》1995年第4期。

论具有不可忽视的局限性。

(二) 社会交往理论的内涵规定

通过对"交往"概念发展演变的历史作系统梳理,分析其主要的理论形成背景和主要内容,对于正确理解社会交往理论的内涵规定具有重要的启发意义。

1. 社会交往需要建立平等的主体关系

从洛克到哈贝马斯都强调将交往的进行建立在相互理解、"相互承认"之上,在交往过程中,交往主体之间以劳动实践为基础并借助一定的语言表达,从而进行平等的交流。成功的社会交往需要实现在理解和接受基础上的价值认同,而在理解和接受基础上的价值认同只有在交往活动中建立平等的主体关系才能实现。处于平等地位的人与人之间的交往活动能以最大的相似性和角色互动性进行理解,这种理解不再是传统的工具性理解,而是在交往主体层面所形成的一种互动性理解,是主体之间开展的交互性意识活动。在资本主义社会,生产资料占有的不平等导致阶级上的不平等,在经济剥削和压迫下所呈现的社会交往也是不平等的畸形交往,被剥削者和被压迫者在交往中无法主动实现自身的需要,只能被动地接受处于有利地位的资本占有者的些许施舍和部分劳动付出补偿,而这点施舍和补偿远远低于他们本身的劳动价值,更无法满足他们基本的物质生活需求。社会交往的发展无疑要为实现人的自由全面发展服务,资本主义社会下的畸形交往必然是要被历史所淘汰的,满足人的需要和发展是社会交往实现的最基本的内涵。

2. 劳动是最基本的社会交往活动

无论是黑格尔还是马克思,他们都把劳动纳入人的交往过程,这也是他们的理论相较于其他交往理论的进步性所在。但是黑格尔在此所说的劳动是抽象的观念层面的精神劳动,是唯心主义的;而马克思所指的劳动则是进行物质生产的物质性劳动。马克思在黑格尔的基础上进一步将劳动视为人与人相互交往的基础,以物质劳动生产为基础的物质交往决定了其他一切形式的交往活动,并决定了一定时期的生产力和生产关系的发展方式。劳动作为社会生产的基本实践,是最基本的交往活动形式,人的现实的交往关系的实现离不开劳动生产的助推。

3. 语言是社会交往的有效媒介

语言对于社会交往的作用,是实现从"共感"到"相互承认"最后到"快乐"的重要媒介。而语言媒介的运用，一方面需要建立共同认可的语言形式和内容，即哈贝马斯所指出的普通语用学的运用，只有在具有相似性的语言环境中才有可能达到对交往的正确理解，从而通过语言交流传达社会交往的价值和意义，这一点在理解多民族内部以及各民族间的交往时尤为重要；另一方面，用于社会交往的语言不只是语言文字在文学意义上的简单借用，在深层次上体现为对社会规则和社会行为规范的内在认同，即将自我需求以社会规范能够理解的方式表达出来进行交流，以自我性的部分让渡来促成交往的顺利进行，这也是语言媒介能够发挥作用的潜在条件。

4. 社会交往的发展与社会发展相一致

社会交往作为一种横向的关系性现象，涉及交往主体在政治、经济、文化、社会等层面需求满足上的内在和谐发展；作为一种纵向的活动性现象，包含了交往对象的关系发展、交往形式和交往环境的演变等。而这一系列发展的进行是与一定历史时期的社会发展状况紧密相关的。在特定的历史发展阶段，生产力的发展状况决定了生产关系的发展模式，生产关系的确定影响交往的愿望和目的，进而影响交往关系的发展。研究社会交往理论的内在含义，必须结合一定时期的社会历史背景，将社会交往活动置于大的历史环境下考察，虽有可能在细节方面有所出入，但在发展方向和发展趋势上总是相一致的，这也是社会交往符合历史发展规律的重要体现。

(三) 社会交往理论与思想政治教育主客体关系

思想政治教育主客体关系的研究离不开社会交往理论的指导，社会交往理论的形成与发展对深化思想政治教育主客体关系研究具有重要的理论意义。思想政治教育的传统模式强调理论灌输，教育者按照一定的要求将理论强行输送给受教育者，忽略了受教育者在受教过程中的个人感受，单向的理论灌输并不能实现理论的理解和认同，更无法将之付诸实践。社会交往理论强调在交往过程中的相互理解和情感认同，注重交往对象在理解和接受上的平等相处和交流互动，这为思想政治教育者的教育活动提供了启发和引导。思想政治教育活动的开展也是一次社会交往，需要在角色上的相互尊重，在语言上的情感共鸣等，突破了传统的单一主导型方式，从而推动思想政治教育主客体关系的科学发展。同时，社会交往理论将劳动生产实践作为最基本的交往活动，而当下的思想政治教育更多地集中在理论教育上，对于思想政治教育实践的重视远远不够。理论教育层面，教育者在理论涵养、个人阅历等方面总是一定程度地优于受教育者，容易导致教育者一言堂式的主体灌输教育。因而丰富思想政治教育的实践方式，将理论运用于实践，既能使抽象的理论具象化，便于理解，又能在实践中增强互动性、合作性，完善思想政治教育的主客体关系。

二　主体间性理论

主体间性理论最早出现在伦理学和社会学领域，后经发展在哲学领域被广泛应用。将主体间性理论的成果运用于思想政治教育领域来考察和研究相关问题是近年来一种新的研究趋向。探讨主体间性理论对思想政治教育主客体关系发展的影响，应该从这一理论的历史发展着手，深入理解该理论的内涵要义，从而为研究思想政治教育主客体关系发展提供理论基础和实践指导。

（一）主体间性理论的历史发展

主体间性理论是当前学界普遍关注的一大热点问题。其理论根源来自现代哲学理论，最早萌芽于古希腊思想家柏拉图、亚里士多德等人的伦理学思想之中，虽然在当时他们并没有提出"主体间性"这个概念，但是他们提倡用日常辩论来探求问题的方式就在某种程度上涉及了主体间性，参加辩论的人在言论主体上具有独立性和平等性，当然这是多元主体的主体间性表现方式。

主体间性理论真正得以确立是在20世纪西方现代哲学发展时期，其中胡塞尔、海德格尔和哈贝马斯关于主体间性的思想对于这一理论的形成发展具有重大的历史意义。胡塞尔是最早提出主体间性理论的，他是从认识论角度来理解这一理论的，他的"思我"思想开始了由自我的"思我"向他人的"思我"的思维转变，在他看来，每个人都存在先验的"思我"，个体"思我"的实现需要他人"思我"的配合和让渡，体现了他在思维上承认先验的认识主体的一致性和合作性，是主体间性在认识论上的表现。胡塞尔从认识论上论述主体间性理论，对于打破传统的主体性哲学思维具有启发意义，但是他先验地认为个体与他人的"思我"相互配合，带有浓厚的理性主义和唯心主义色彩，而且带有明显的唯我论倾向。

海德格尔以存在论提出主体间性理论，强调生存论的"此在"是其根本。共同存在是他考察主客体关系的基点，他指出要突破孤独的自我的存在方式，寻求与他人、他物的融合与共生。在他看来，以生产的实践方式为媒介进行交往从而肯定自我与他人的共同存在，体现了他对人的主体以及主体间产生共鸣的关注，但是他将生产实践交往仅仅抽象为一种谋求生存的状态，是一种先验的存在主义，忽视了人的社会性，真正的在主体层面的具有交互性质的主体间性理论在他这里并没有形成。

哈贝马斯在提出重构交往理性的基础上提出了主体间性理论。在他看来，交往理性的实现要达到以相互理解为前提，在交往理解的前提下，交往对象在活动过程中的主体间性主要表现在：一是交往主体在语言理解上的交流与对话；二是交往主体在活动进行上的互动与合作。主体在交往过程中的平等对话和交互影响，对于其突破传统意义上的主体主导客体接受型的工具性理解，从而在自我同一性结构基础之上实现主体间性具有巨大的进步意义，从而促使交往过程的合理化。

（二）主体间性理论的内涵规定

由于实现了从主体性哲学向"主体—主体"哲学的研究范式转变，主体间性理论实现了对传统主客体二元对立关系的重大变革，将主体性视角不再聚焦于单一个体，而是在双主体乃至多元主体之上。把握主体间性理论的内涵规定，离不开对多重主体关系的主体性、平等性、交互性和实践性等特征的理解。

1. 重视主体性

主体间性理论实现了由"主体—客体"二元对立模式向"主体—主体"交互式模式的转变。虽然它否定了人将自我视为主体而将其他一切的人和物都视为客体的单一主体性地位，但它并没有忽略主体性甚至否定主体性，这种主体性是人的自我意识的确立，之于客体实践，这种主体性体现出自主、能动及创造的特性。主体间性理论肯定了多维层面的主体性，强调在交往和教育过程中两个及两个以上的主体相互尊重彼此的主体地位，设身处地地为他人着想，充分地理解他人，同时发挥自身的主动性和创造性，在实现和理解他人的同时完善和提升自己。那种认为主体间性理论完全抛弃人的主体性而弱化人的地位的思想都是对该理论的曲解，是错误的甚至是有害的。

2. 实现平等性

主体之间平等的交流与沟通是主体间性理论所具有的本质内涵。以前的主体性教育强调教育者在教育过程中的权威地位，占据主导性和把控性，形成了"我讲你听""我说你做"的强压驱动模式，受教育者完全处于丧失主动性和话语权的被动地位，无法实现两者之间平等的沟通与交流。主体间性理论强调，受教育者在接受教育的同时也能发挥自身的主体性，主动就教育方式、教育内容等与教育者平等交流，提出问题和想法，并积极与教育者一起探讨解决方案，通过合作实现观念和知识上的共同进步。主体间性理论是在肯定多维主体的主体性基础之上强调的平等性，这里的平等不仅只是话语表达上的平等，更是主体之间角色和地位的平等，即人格上的平等，这种人格平等是所有平等的基础。在实现主体平等性的同时也要注意防范任何一方主体在情感和地位上的优越感，以免造成对平等意识和氛围的破坏。主体间性理论重视平等性是对单一主体形成的霸权意识和个体异化导致的极端倾向的理性矫正，交往主体只有在平等的基础上才能实现主体间的共同进步和提升。

3. 注重交互性

在交往过程中实现交互性意识和行为的确立是主体间性理论区别于其他理论的一大显著特征。交互性是在肯定主体性、实现平等性之上对主体角色展现的另一大促进，意为在交往活动中主动地展示自我以对其他主体产生思维影响，同时也积极配合其他主体的沟通以实现自我思维的冲击和更新。在这样的互动意识和行为表现中，交往主体的自我完善更趋向于有利发展，也对整个交往活动的推进产生积极反馈和影响。交互性在交往中多以对话式、讨论式以及辩论式等形式进行，它相较于单纯的理论灌输方式更具潜在性和隐蔽性，更易于被接受，对主体双方乃至多方的影响更具有实效性。意识和行为的交互性有利于打破固有的思维认知方式，突破传统理论的故步自封，从而为交往主体打开更为广阔的思维格局，实现思维上的转变和更新。

(三) 主体间性理论与思想政治教育主客体关系

近年来，以主体间性理论视角切入思想政治教育的研究逐渐增多，从主体间性理论考察，思想政治教育活动中教育者和受教育者都呈现出自主、能动、创造等特征，表现出主体性。运用主体间性理论深化思想政治教育主客体关系的研究，对于提升其研究的科学化水平有重要的现实意义。

1. 确立受教育者的主体地位

传统的思想政治教育只承认教育者的主体地位，认为教育者是教育活动的策划者、组织者和引导者，在整个教育过程中处于支配和管理地位，而受教育者只能被动地接受教育者进行的一切理论灌输，没有任何主观能动性。主体间性理论指出，任何交往对象在交往过程中都具有主体性，即在思想政治教育过程中，受教育者也具有对教育内容、教育形式和教育方法等方面的自主选择性和主动参与性，在接受教育者的灌输教育的同时还存在自我教育的内化过程。主体间性理论对受教育者主体地位的确立有两重积极意义。一方面可以发挥受教育者的主体性，提高思想政治教育活动的实效；另一方面，对教育者自身主观能动性的发挥也有积极的促进作用。"在教育过程中，教育者对受教育者而言，是施教的主体，具有能动性、诱导性，但他的能动性受到对象（客体）的认识能力、理解水平和学习进程的制约。"[①] 以主体间性理论为指导，肯定并确立受教育者的主体地位，开辟了思想政治教育主客体关系研究的新场域，为研究思想政治教育主客体关系提供了新的思路。

2. 正视思想政治教育的双主体

主体间性理论认为思想政治教育活动中存在"双主体"，对于突破传统的受教育者是客体并一直处于被动的认识具有认知上的革新意蕴。主体间性理论认为，"思想政治教育者与受教育者的关系不是主体与客体的关系，而是主体与主体之间的关系，而且这两个主体又是两个不同的、有差别的主体，其中，教育者是主导主体，受教育者是主动主体，二者在思想政治教育过程中相互影响，相互配合，相互理解。"[②] 作为主导主体的教育者依旧对整个教育过程起组织、引导的作用，但与以往有所不同的是，教育者不再仅仅从自身出发，取而代之的是更多地关注受教育者的实际需求及现实理解状况，进而不断优化教育活动方案，调整教育进程。受教育者作为主体，其主动性主要表现为对教育过程的积极主动参与及自主性、创造性的主体发挥，在主动接受教育的同时进行积极的自我教育，吸收内化教育内容，并自主选择外化表现形式。通过对思想政治教育过程"双主体"的正视，确立正确的意识，密切关注新形势下思想政治教育主客体关系的发展演进成果，对于提高思想政治教育的针对性和实效性具有积极意义。

---

① 陈岸然：《对政治教育"灌输问题"的再思考》，《空军政治学院学报》1999年第1期。
② 石书臣、周跃新：《主体间性理论对思想政治教育主客体关系发展的启示》，《学校党建与思想教育》2017年第1期。

3. 实现教育者和受教育者教学相长

树立思想政治教育过程的"双主体"意识，确立受教育者的主体地位，对于新的发展环境下思想政治教育的创新发展还远远不够，还应在此基础上通过教育者与受教育者的相互尊重、平等互助、合作交流等实现两个主体的共同进步和教学相长，即主体间性理论所强调的"融合共在"。教育者和受教育者实现教学相长是一个相互的过程，一方面需要教育者抛弃固有的优越意识，在某些问题上真心诚挚地向受教育者请教和学习，以达到认知上的与时俱进和情感上的和谐共鸣。另一方面也需要受教育者尊重教育者的主导地位，在理论理解和行为表现等层面虚心聆听、主动请教讨论，以获得对问题认识和判断的知识基础。两者在主体性确认的平等基础上进一步实现交流与合作，追求理性和情感上的交融共生，思想政治教育的主客体关系发展也就更具科学理性和人文情怀。

三 社会学习理论

社会学习理论兴起于 20 世纪五六十年代，主要是研究人在社会环境中如何通过学习保存个性、实现发展的问题，涉及人的认知、行为以及环境等的相互关系。厘清社会学习理论的历史发展，理解其内涵规定，学习借鉴其相关理论与思想，对于科学把握思想政治教育的主客体关系无疑是一大助推力。

（一）社会学习理论的历史理路

社会学习理论是行为主义学习理论在 20 世纪中期发展阶段的理论表现形态，回顾其发展历程可知，很多社会学家、心理学家都对其进行了研究，其中对社会学习理论发展具有重大影响的人主要有罗特、班杜拉和米歇尔，他们三人关于社会学习的思想既有相互发展融合之处，又有各自的理论着力点和创新之处，共同推动着社会学习理论的丰富发展。

罗特是美国著名的人格理论家和心理治疗专家，也是新行为主义的代表人物。他关于社会学习的理论最早在 20 世纪 40 年代末 50 年代初形成，其理论基础是以五种假设为前提的，"第一种假设是人和对其有意义的环境相互作用。人们对环境刺激的回应并不取决于环境本身，而是我们所赋予事件的意义。第二种是假定人格是习得的。由此，他推论出人格并不是在某个特定阶段产生或发展的，而是人们学习的结果。第三种假设是人格具有相对的稳定性，并不随外界改变而改变。第四个是假设动机是受目标指引的。他主张人们的行为是由期望目标所激发，反对人们是以降低驱力或寻求快乐为主要动机的主张。第五个假设是人类都有预测各种事件的能力，即人们能够预先感知周围事件的发生变化。"[1] 传统的行为主义注重对个体机能内部的结构研究，并没有将个体机能与外在环境联系起来，罗特在吸取前人的研究成果之上将认知观与强化观相结合，他认为人格由内部期待决定，他更强调外部强化的作用，打破了传统理论只偏重内部期待的狭隘。罗特的社会行为理论是对人类个体在社会情境中学习现象的阐释，他将人的认知动机、行为表现动机与社会情境联系起来考虑，通过一些操作定义和精确概念的使用，较为清晰地揭示了个体认知、行为发展与社会环境的内在关系。他还特别注重理论的应用研究，在应用对象上也由各种小动物转向人自身，尤其是在关于人格研究的测量方法上，创造了很多符合人本身的测量量表。罗特的人格理论是对新行为主义学习理论的一大突破，通过个体人格的差异性分析，使得社会学习和强化表现更具有个体针对性，对于人的社会发展具有重要意义。"罗特的行为学习理论是行为主义逐渐向社会学习理论的过渡，他在两者之间搭起了第一个桥梁，为米歇尔和班杜拉等人的理论产生和发展起了重要的启迪作用。"[2]

班杜拉是社会学习理论的重要奠基者和理论创始人，其理论发展也体现出对传统行为主义理论的批判和继承。班杜拉一生的研究都聚焦在认知、行为和环境三者之间的关系上，其"三元交互决定论"揭示了人、行为与环境三种独立因素如何在动态发展过程中使各两者之间双向互动、交互发展。他将人的学习视为一个动态发展过程，而且是一个三维交互的发展过程，突破了单一因素决定论和双因素交互论的理论局限，是对个人主体、行为与社会环境关系的一种科学考察。同时，班杜拉所提出的"观察学习"也强调个体在特定情境中通过模仿他人的行为表现从而更新和强化自身的外在行为，观察学习涉及对观察对象的观察过程，观察者进行模仿的学习过程以及模仿形成以后的行为表现过程。在这之中，选取适宜的榜样进行行为示范，对整个观察学习的效果起着举足轻重的作用。班杜拉将观察学习视为社会学习的主要形式，其结果是一方面可以实现对新

---

[1] 张献英、朱龙凤：《朱利安·罗特的社会学习理论简评》，《社会心理科学》2016年第2期。
[2] 张献英、朱龙凤：《朱利安·罗特的社会学习理论简评》，《社会心理科学》2016年第2期。

行为的学习获得,另一方面也可以在原有行为的基础上进行矫正发展。但无论是人、行为与环境的交互影响,还是对他人行为的观察学习,都更多地涉及了外在因素的影响,因而他所提出的"自我效能论"则将侧重点转到人内部的期望与预测上来。"自我效能是个体对自身能否在特定水平上来完成该活动时,主体的感受和把握。"① 自我效能是一种心理潜在因素,自我效能感强的人能够迎着困难勇敢挑战,最后实现个人的期望,通过学习加强和提升自我效能感,促进个体自我价值的实现。班杜拉的社会学习理论实现了对传统行为主义理论的突破,是一次重要的理论变革,从而将解释人类行为的理论参照坐标推向了新的方位。

在社会学习理论的发展上具有重大影响的第三人就是米歇尔。米歇尔的认知社会学习理论是对当今社会学和心理学发展具有重要研究意义的理论体系,其主要理论贡献在于率先开始了对儿童满足延宕行为的心理研究并在其范式研究上取得了突破发展;同时,在个人人格研究方面,他打破传统的研究方法,提出了人格上的认知—情感论。米歇尔的满足延宕论是个体自我控制力在行为上的约束表现,满足延宕即指个体为了能够实现高于现在的期望和价值奖赏,通过自我控制和自我管理,抑制自身对此刻可以得到的期望和奖赏的需求。这种自我约束心理和行为的养成,对以后的社会适应能力和群体环境下的个体行为表现具有长远的潜在影响。其认知—情感论的人格研究方法,强调了个体认知和心理结构的差异对其行为选择上的差异所造成的影响;在人与环境的关系上,承认两者之间的交互作用,它们共同影响着人的行为表现;注重研究的系统性,尝试对人格研究和社会行为发展作出趋于全面性综合性的整合阐释等。米歇尔的认知社会学习理论,是继罗特和班杜拉之后,对传统行为主义发展的一大理论创新,其影响力波及社会学、心理学、教育学以及教育实践研究等。

(二) 社会学习理论的内涵规定

在系统梳理社会学习理论的历史理路的基础之上,我们可以掌握其理论发展的脉络以及方向延伸,并通过深入的对比分析,理解其深刻的内涵要义。

1. 认知和强化是进行社会学习的前提

---

① 徐欢、吴国斌:《班杜拉社会学习理论的德育价值探索》,《人民论坛》2015年第2期。

无论是罗特还是班杜拉和米歇尔，他们都重视认知对于个体能力发展的作用。社会学习理论指出，个体基于其对过去经验的加工进行合理预期，社会行为的表现首先要通过认知的判断，正确预期下的行为表现符合认知期望，将对行为形成鼓励刺激，进而实现社会学习和个体发展。预期在社会行为开展之前，强化则在社会行为完成之后，班杜拉对强化理论有所发展，区分了直接强化、替代强化和自我强化三种不同类型的强化，观察学习即为一种替代强化，通过这种强化促使个体加强行为表现动机，从而影响个体在社会情境中的行为选择和行为表现差异。

2. 个体与环境在社会学习中交互影响

关于个体与社会环境的关系问题，社会学习理论指出，个体的人格、心理等发展离不开社会情境的影响，同时具体情境的选择塑造也因个体差异性而有所差别，两者之间进行交互影响。罗特和米歇尔都认为，个体和情境共同决定人的行为表现；班杜拉还指出，个体、行为和环境之间两两交互作用，形成一个三维互动的动态发展过程。由此可见，社会学习理论强调环境与个体行为的交互关系，主张人与环境通过交互作用产生决定性影响，从而影响社会学习过程理论和内容理论的完善发展。

3. 观察模仿是最普遍的社会学习形式

班杜拉曾经指出，观察学习是社会学习理论最主要的表现形式。观察者通过对观察对象的仔细观察，首先获得行为表现的方向性指引，通过思维记忆和行动模仿，再外化出行为表现，最终完成整个学习过程。观察模仿的对象选择涉及榜样示范的有效发挥，在方式选择上又包含了具体的行为动作示范、语言内容示范以及象征抽象示范等多种类型，而各种榜样的寻找和确立则是在社会生活中观察者依据自身学习需要自行确定的，或通过个体与他人、社会的交往活动等直接形式，或通过文本、图像等间接材料的展现等。观察学习是个体在社会生活中最容易实现的学习方式，因而它也是最普遍的社会学习形式。

(三) 社会学习理论与思想政治教育主客体关系

社会学习理论充分吸收了行为主义理论、社会心理学、认知心理学以及人本主义等理论的思想内涵，通过不断发展完善构建起自己的理论框架，其内容的丰富性和逻辑的辩证性对于思想政治教育活动的开展提供了理论指导，为主客体关系的考察提供了社会基础。

1. 教育者和受教育者都有成为榜样的可能

社会学习理论主张在观察学习过程中发挥榜样的示范作用，思想政治教育也将其纳入方法途径和实践应用上，但是教育者在进行榜样选择时往往先入为主，以自身优势将受教育者排除在榜样选择的范围之外，忽视其特有的表现力优势和参与热情。事实上，在某些方面尤其是新媒体环境下的技术运用和知识更新上，受教育者往往具有教育者群体不具有的创新活力，这也是教育者需要向他们学习借鉴的地方。在某些情境中树立榜样，受教育者自身往往比其他榜样更具生动性和现实说服力，因此受教育者和教育者都有成为榜样典型的可能，这就要求教育者充分尊重受教育者的地位和价值，发挥他们的主观能动性，用更科学的方式调动他们的参与积极性和思维创造性，对他们进行合理的鼓励教育，帮助他们强化自身的优势认同，树立自信心和责任感。这对于变革传统的思想政治教育以教育者为主体，受教育者只能被动接受安排的主客体关系提供了新的思路。

2. 受教育者的自我教育是内在强化的表现

主客体二元对立的思想政治教育思维只注重教育者的灌输教育和受教育者的接受教育这种单向性的教育方式，忽略了受教育者作为具有活跃思维的人还存在自我教育的可能。班杜拉的社会学习理论在强调强化对于学习的作用时区分了外在强化和内在强化两种强化类型，他指出认知上的直接强化和观察学习中的替代强化都是外在的强化，而自我强化是个体的内在性强化。自我强化具有潜在性特点，它的进行没有具体的行为依据可以作为判断，但它又是客观存在并可以实现的。自我强化是在个体接受外界刺激之外对自身认知和行为的一种预期强化，对于个体在接下来的社会学习过程中提升自我效能感、发挥主动性具有积极作用。根据社会学习理论，在思想政治教育过程中只依靠教育者的单向灌输无法实现思想政治教育的预期目标，必须充分发挥受教育者的自我教育和自我内化。教育者可以积极引导受教育者不断进行自我教育，根据个体自身的特点有选择性地吸收内化教育内容，最后形成符合一定社会要求的行为表现。实现自我教育，引导受教育者进行自我管理、自我约束，对于发挥思想政治教育的育人作用，完善思想政治教育的主客体关系发展具有重要价值。

第四章

思想政治教育主客体关系的历史视阈论

历史是什么？针对这个问题，英国著名史学家爱德华·霍列特·卡尔（E. H. Carr）进行深入剖析后提出"历史就是与现实不断的对话"的命题，阐明历史与现实的密切关系，历史反映的是过去的事实，而现实生活中发生的事情在历史中也能找到影子。那么历史究竟有何作用？唐太宗李世民曾作出这样的比喻，"夫以铜为镜，可以正衣冠；以古为镜，可以知兴替；以人为镜，可以明得失"[1]，认为历史就像一面镜子，对现实有较强的借鉴意义，以免重蹈覆辙。德国近代教育家雅斯贝尔斯（Karl Theodor Jaspers）也提出同样的看法，"在历史这面镜子中我们看到了当下的狭窄性，并找到了衡量事物的标准。没有历史，我们将失去精神的空气，如果我们掩饰历史，那么在我们不知道是何原因的情况下，我们将遭到历史出其不意的袭击。"[2]

因而，从历史的视角来探讨思想政治教育主客体关系，可以清楚地认识和了解思想政治教育主客体关系的源流以及发展脉络，通过反思当前主客体关系的矛盾与缺陷，为未来主客体关系的和谐发展提供借鉴与参照，以保证思想政治教育活动的有效性。本章对古代中国道德主客体关系、近现代中国德育主客体关系的变迁、近代西方主体性德育思想进行深入探讨，力图展现主客体关系发展的全貌。

需要说明的是，思想政治教育是当代马克思主义者进行思想政治工作的提法，内容上包括思想教育、政治教育和道德教育。在西方，通常采用"德育"（Moral Education）一词，广义上德育不仅仅包括学校德育，还包括社会德育、家庭德育、社区德育等等，是对社会成员有目的地进行思

---

[1] 转引自韩国磐《隋唐五代史纲》，人民出版社1979年版，第134页。
[2] [德] 雅斯贝尔斯：《什么是教育》，邹进译，生活·读书·新知三联书店1991年版，第136页。

想、政治、道德教育的活动，即便"不一定有'思想政治教育'之名，但绝对有'思想政治教育'之实"①。而在我国，1902年《钦定京师大学堂章程》中才最早出现"德育"这一术语，"外国学堂于智育体育之外，尤重德育。"古代学者更多地使用"道德教化"或"道德教育"的说法，有着明显的思想教育色彩和政治化倾向。本章中，"德育"与"道德教化""道德教育"通用，不加以区别，在阐述共产党成立以后的"德育"时，采用"思想政治教育"一词。

第一节 中国古代道德教育主客体关系及启示

中国古代道德教育思想源远流长，伴随着教育实践活动而生。诸子百家中对后世产生深远影响的要数儒家、道家两大教育思想流派。西汉武帝时期，董仲舒提倡"罢黜百家，独尊儒术"，确立了儒学的正统之位，开启了长达数千年的儒家道德教育。汉魏以后，儒道合流，玄学产生，乃至隋唐，佛教传入，不同思想之间的交流碰撞，使得儒家道德教育思想不断改造与发展。宋明时期，程朱理学、陆王心学发展迅猛，进一步促进和深化了儒家道德教育思想，强化了孔子以来以"仁"为核心的道德教育思想的合理性，从而使儒家道德教育思想趋于完善。

为了维护封建王朝的统治需要，统治阶级极度重视道德教育，不论是社会层面，还是家庭、学校层面，作为道德教育主体的统治阶级及其代表都以"三纲五常"的儒家伦理道德来教化民众，最终实现"化民成俗"。本节在阐述中国古代不同类型教育中道德教育主体和道德教育客体的具体含义基础上，探讨道德教育主客体关系的共同特征，并对古代道德教育主客体关系加以评析。

一 中国古代道德教育主体和客体的含义解析

主体和客体是一对哲学范畴，"道德是调节社会生活中人和人之间关系的一种特殊的行为规范的总和"②，其本质是处理人与人之间的关系。可以说，道德教育主体是道德教育的能动者，道德活动的发生者；道德教

---

① 陈立思：《当代世界的思想政治教育》，中国人民大学出版社1999年版，第2页。
② 詹小美：《论道德文化及其现代价值》，《中共沈阳市委党校学报》2001年第2期。

育客体是道德教育的受动者，道德活动的接受者。道德教育主体是人，包括与人有关的相关组织以及社会阶层，其范围宽泛，可以是单主体、类主体，不同的利益集团、社会机构都可以作为道德教育主体在实践活动中发挥主观能动性。然而，道德教育主体并非孤立存在的，必须与道德教育客体发生一定的关系才能获得自身的意义，"当人们在处理个人与个人、个人与社会、此集体与彼集体、集体与社会关系的时候，后者便作为道德主体的对立物——道德客体而存在着"①。道德教育客体是指受到道德教育主体作用的人，是道德教育主体在道德实践活动过程中所指向的对象，与道德教育主体一起构成了一定的道德教育关系。总的说来，道德教育主体是伦理道德规范的制定者，指导着道德实践活动中道德教育客体的行为。在古代中国，道德教育主体依据统治阶级的道德原则与道德规范，控制和支配道德教育客体的实践活动。

人性善恶是中国道德哲学的核心问题，自古以来争论不休，主要有性善论、性恶论、性亦善亦恶论、性无善恶论四种观点。儒家学派代表人物孟子提出"性善论"，主张通过道德修养，使人回归善的本性，实现"人皆可以为尧舜"的美好设想，后世儒家学者关于人性问题虽然有不同的阐述和发展，但离不开这一核心思想。在"性善论"基础上构建的传统社会伦理道德体系深刻地影响了普通民众的思想观念和道德行为，培育了传承不衰的优秀民族精神，见证了古代中国的兴衰荣辱。传统社会伦理道德崇奉"天地君亲师"，其中"君"即国家统治阶级、王权的象征，"亲"即宗亲家长，"师"即教师，天地对人有自然的生养之恩，君亲师则承担着对臣民子弟的教导之责。个体没有独立的社会地位，在阶级关系、血缘关系、师生关系基础上建立的人类共同体中生存，君、亲、师是道德教育主体，臣、子、生成为道德教育客体。古代道德教育便在相应的关系中展开，在社会、家庭、学校层面实施道德教化。此外，个体在提升道德修养过程中还存在着一定的自我教育。

（一）社会层面

西周以前，学在官府、学术官守，官方立学垄断教育，只有奴隶主贵族子弟拥有受教育的权利。乃至春秋战国时期，礼崩乐坏，官学失守，学术下移，私学出现，但其规模与官学无法比拟。汉朝以降，学校教育蓬勃

---

① 祁述宏：《论道德主体与道德客体》，《学术界》1991年第2期。

发展，秉持着"殊其士庶，异其贵贱"的原则招收官员子弟，教育并不是所有人都可以享受的权利。为巩固国家政权，统治阶级采取一种面向社会大众的道德教化方式——政教合一，即以政令来引导和维护社会道德秩序，是道德与法治融于一体的治国方略。因而，在社会层面进行的道德教育是指统治阶级以"政教合一"方式面向臣民实施的社会教化，道德教育主体是统治阶级及其代表，道德教育客体是相对立的其他阶级的全体成员，如普通民众。

君主作为道德教育主体，君、师身份合一，不仅拥有最高政治权力，还被塑造成最高道德人格的承载者，以道德典范的形象教化着道德教育客体。"天降下民，作之君，作之师，惟曰其助上帝，宠之四方"①，孟子引《尚书》逸文肯定最高统治者所具有的君、师双重身份，并阐明其作用在于协助上天守护百姓、治理社会。孔孟所称道的尧、舜、禹、汤、文、武、周公作为道德典范备受推崇，上行下效，影响着普通民众的道德行为。正如孟子所言："君仁莫不仁；君义莫不义；君正莫不正。一正君而国定矣。"② 由于儒家伦理道德符合统治阶级的利益需求，得到了来自封建王权的有力支持得以长足发展。虽然中国古代社会朝代更迭不停，但是以儒家伦理为核心的社会道德规范体系是封建社会的主旋律。

道德教育主体将礼教作为社会道德教化的主要方式，来维护社会秩序和伦理道德，与强制实施的政令一道构成政教互补的治国方略。礼教的本质是以道德伦理为核心的行为规范教育，囊括了几乎社会生活的所有方面。"一曰以祀礼教敬，则民不苟。二曰以阳礼教让，则民不争。三曰以阴礼教亲，则民不怨。四曰以乐礼教和，则民不乖。五曰以仪辨等，则民不越。六曰以俗教安，则民不偷。七曰以刑教中，则民不虣。八曰以誓教恤，则民不怠。九曰以度教节，则民知足。十曰以世事教能，则民不失职。十有一曰以贤制爵，则民慎德。十有二曰以庸制禄，则民兴功。"③ 周朝的十二教涉及民众生活的方方面面，是以礼为本而实施的道德教化，通过礼教规范人性，有利于营造良好的社会风气。所以，孔子提出："道之以政，齐之以刑，民免而无耻。道之以德，齐之以礼，有耻且格"④。

---

① 转引自冯友兰《中国哲学史新编》，人民出版社1998年版，第352页。
② 转引自周远斌《论语校释辨正》，人民出版社2014年版，第162页。
③ 转引自柳诒徵《中国文化史》（上），东方出版社2008年版，第130页。
④ 转引自胡适《中国哲学史大纲》（卷上），东方出版社1996年版，第107页。

其中"德"与"礼"紧密相连,"礼"是外在的行为规范,对"德"加以评判和规定,内在精神实质是"德"。仅靠政令和刑罚来治理国家是远远不够的,还需要用道德和礼制引导普通民众,这种化民成俗的道德教育方式,成为后世社会教育的重要方法。

"三纲五常"是道德教育主体实施社会道德教化的基本内容,"三纲"即"君为臣纲、父为子纲、夫为妻纲","五常"即"仁、义、礼、智、信","三纲"规定了人与人之间的关系,"五常"是指具体的道德规范。道德教育主体借由儒家伦理道德规范对人的要求来构建封建社会秩序,强化封建社会中人与人的阶级关系。

阶级社会中,为培育皇权簇拥者来巩固国家统治,封建君主通过察举制和科举制选拔官吏,具体的选拔标准体现着统治阶级的意志和需求。正所谓"任人唯贤",这要求选用的人才不仅能力出众,德行上还需符合社会伦理道德规范,忠于统治者。举孝廉是汉代察举制的一种重要方式,即推举孝子和廉吏,奉行"德行为先"的原则,以德行作为选拔官吏的重要标准,而科举考试以四书五经为主要内容,是对道德认知的考察,使得普通民众为走上仕途之路去研习儒家经典。所以,道德教育客体为提升社会地位和跨越社会阶层,无论道德认知还是道德行为上都必须遵守道德教育主体制定的社会伦理规范。

(二) 家庭层面

除了君主制和官僚制在社会道德教化中的突出作用,宗法制凭借血缘关系对族人进行管理和处置,成为统治阶级维护政治和社会秩序的重要手段。宗法制度下,在家庭内部实施道德教育时,道德教育主体是家庭成员中的父母或者长辈宗亲,尤其是男性家长,规定并维系家庭内部长幼、亲疏、贵贱关系的行为准则,道德教育客体是子女和晚辈。"夫同言而信,信其所亲;同命而行,行其所服"[①],父母或者长辈对子女和晚辈的教育因血缘、威望、情感而更能令人信服,有着得天独厚的优势。同时,家庭关系是社会结构的缩影,家庭道德教育是社会伦理道德发展的客观要求。因此,道德教育主体对道德教育客体实施家庭道德教育和社会性教化,使其遵守家庭和社会伦理道德规范体系,维护封建父系家长制权威,目标是培养符合统治阶级要求的孝子和顺民。

---

① 转引自严耀中《中国历史·两晋南北朝史》,人民出版社 2009 年版,第 66 页。

魏晋南北朝时期，社会动荡、世风日下、官学衰落，为避免家族子弟受到不良风气的熏染，士族承担起社会教化的责任，注重家教与门风的家庭教育蓬勃兴起。在家庭教育理论方面，颜之推所著《颜氏家训》系统阐述了他的家庭教育理念，用儒家思想来教育子孙以保持家庭的传统和地位，可谓家庭教育的典范之作，并创造了"家训体"的家庭教育文献形式，在家庭教育发展史上写下浓墨重彩的一笔。颜之推身处社会动荡、文化融合的南北朝时期，儒释道均通，但教育理念仍未脱离儒家思想的框架。颜之推继承并发展西汉董仲舒的"性三品说"，将人性分为三等，即上智、中庸和下愚，"上智不教而成，下愚虽教无益，中庸之人，不教不知也"①。道德教育的重点对象是属于大多数的"中庸之人"，肯定教育和环境对人的德性形成具有特别重要的作用。

道德教育主体以"三纲五常"的儒家道德伦理教化道德教育客体，强调父慈子孝、夫义妇顺、兄友弟恭的家庭伦理道德。家庭关系的稳固，是中国封建时代政治结构稳定的基础。"孝为百行之首，犹须学以修饰之"②，不懂得奉养双亲的人，需要效仿古人"先意承言，怡声下气，不惮劬劳，以致甘腴，惕然惭惧，起而行之也"③；不懂得服侍君主的人，需要效仿古人"守职无侵，见危授命，不忘诚谏，以利社稷，恻然自念，思欲效之也"④。孝文化培育出的孝子亦是忠臣，对父母尽孝道的人才会对君主尽忠。因而，"举孝廉"是古代社会一种重要的入仕方式，作为遵守家庭伦理道德、维护家长权威的直接途径，有利于培养孝子、顺民和忠臣。

具体的道德教育方法上，道德教育主体采取严慈相济、言传身教、熏陶渐染的方式。"父母威严而有慈，则子女畏慎而生孝矣"⑤，道德教育主体对道德教育客体严格要求的同时，还需要以身作则，产生潜移默化的效果。"夫风化者，自上而行于下者也，自先而施于后者也。是以父不慈则子不孝，兄不友则弟不恭，夫不义则妇不顺矣。"⑥父、兄、夫作为道德教育主体对于道德教育客体的子、弟、妇，负有相应的教化责任，需身教

---

① 转引自胡晓林《新编中国魏晋南北朝史》（下册），人民出版社1995年版，第205页。
② 转引自胡晓林《新编中国魏晋南北朝史》（下册），人民出版社1995年版，第7页。
③ 转引自徐儒宗《人和论——儒家人伦思想研究》，人民出版社2006年版，第188页。
④ 转引自徐儒宗《人和论——儒家人伦思想研究》，人民出版社2006年版，第188页。
⑤ 转引自胡晓林《新编中国魏晋南北朝史》（下册），人民出版社1995年版，第210页。
⑥ 转引自徐儒宗《人和论——儒家人伦思想研究》，人民出版社2006年版，第286页。

示范，在生活中熏陶教导。此外，作为思想内容载体的家训，推崇忠孝节义、教导礼义廉耻，将伦常道德具体化为日常的行为规范，有助于道德行为向道德品质的转变。

唐代官学发达，承担了战乱时期主要由私学和家学承担的教育任务，成为教育体系的核心。然而，由于官学的主导地位，家庭教育的发展相对受到一定影响，整体发展速度较为缓慢。但是，唐太宗李世民所著《帝范》将古代帝王家教推至新的高度，以帝王和父亲的双重身份来教育子孙，阐述成为圣明君主应具备的品德才智，以使国家长治久安。可以说，我国古代家庭教育中道德教育客体多样化，上至帝王、官僚贵族，下到平民百姓，家庭教育内容从经书，到家训、家范，再到格言、家规，逐渐走向大众化和平民化。

（三）学校层面

中国古代教育史是一部道德教育史，学校教育的核心内容是道德教育，教育目标是培养君子，最终目的是培养统治阶级所需要的人。《学记》有云："建国君民，教学为先"[1]，"君子如欲化民成俗，其必由学乎"[2]。可见其继承了先秦儒家思想理念，将教育作为治理国家的最有效手段，表明国家办教育的重要性，教化民众，维护封建皇权。学校教育体现的是统治阶级的意志，教师是统治阶级的代言人，学校教育中道德教育主体是教师，道德教育客体是学生。

身为道德教育主体的教师对道德教育客体的学生而言，享有绝对的权威，强调师道尊严，"凡学之道，严师为难。师严然后道尊，道尊然后民知敬学"[3]。荀子提出"贵师重傅"，并将教师的作用同国家兴亡和统治阶级的前途联系起来："国将兴，必贵师而重傅；贵师而重傅，则法度存。国将衰，必贱师而轻傅，则人有㤲。人有㤲则法度坏。"[4] 道德教育客体对道德教育主体的轻贱会使其失去管束教诲而自我放纵，以至于毁坏法度，造成严重的社会后果。基于道德教育主体的权威性，更强调其所具有的道德典范作用，实施道德礼仪教化，化性起伪。"人无师法，则隆性

---

[1] 转引自杨雅丽《〈礼记〉撷论》，人民出版社2014年版，第28页。
[2] 转引自陈其泰、李廷勇《中国学术通史》（清代卷），人民出版社2004年版，第237页。
[3] 转引自杨雅丽《〈礼记〉撷论》，人民出版社2014年版，第28页。
[4] 转引自史仲文、胡晓林主编《新编中国春秋战国史》（下册），人民出版社1995年版，第19页。

矣；有师法，则隆积矣"①，在师法的教化下，道德教育客体才能提高道德修养，将外部行为内化为德性。

教学内容上，先秦时期学校中开设的"六艺"，即礼、乐、射、御、书、数，其中礼教和乐教实际上与道德教育密切相关，如《周礼·师氏》中有言"三行"，即"一曰孝行，以养父母；二曰友行，以尊贤良；三曰顺行，以事师长"②。儒家以《诗》《书》《礼》《易》《春秋》《乐》六部经籍为其德育思想的主要且直接来源，也为学校道德教育提供了丰富的内容。西汉时期，汉武帝采纳董仲舒建议设立太学，确立了以经学教育为基本内容的封建学校教育制度。太学作为儒学专门学校，传授的是儒家经典，鼓励博通"五经"（因《乐》的佚失，"六经"演变为"五经"），除了中央官学——太学之外，还设有地方官学以面向更多的学生，教学内容上仍以经学教育为主。宋明理学奠基人程颢、程颐将《大学》《中庸》从《礼记》中单列出来，与《论语》《孟子》并称为"四书"，"四书五经"成为儒家经典著作，是接受学校教育的道德教育客体所必须学习的。秉持着"学而优则仕"的理念，道德教育客体接受教育的最终目的是出仕，成为维护统治阶级的官吏。因而，古代学校道德教化逐渐形成由中央到地方官学教师主导，以"四书五经"等儒家经典为道德规范，道德教育客体从知识学习、品德内化到行为外化的过程。

（四）个人层面

除了外界所施加的道德教化以外，个体的自我修养也是十分重要的一个环节。儒家主张"为仁由己"，强调自教自律、修身养性。在自我教育中，道德教育主体和道德教育客体均统一于进行自我教育的个体。

纵览中国历史，早在先秦教育思想家们实施道德教化的过程中，便已出现自我教育。与儒、墨相抗衡的哲学家杨朱提倡"贵己""重生"，重视个体生命，反对他人对自我的掠夺，是自我概念最早的显现。杨朱反对墨子的"兼爱"以及孔子的"礼教"，而将个人凌驾于国家之上，主张建立一个"人人不损一毫，人人不利天下"的社会，因而其思想不受统治阶级青睐和推崇，逐渐沉隐于民间。同时，杨朱也受到儒家学者的质疑，孟子批驳了杨朱的利己主义原则，曾言"杨子取为我，拔一毛而利天下，

---

① 转引自徐儒宗《人和论——儒家人伦思想研究》，人民出版社2006年版，第456页。
② 转引自史仲文、胡晓林主编《新编中国远古暨三代史》（上册），人民出版社1995年版，第93页。

不为也"①。孔子重视"修己",提出了自我修身的一些重要原则,如"学思并重""慎言力行""见利思义""杀身成仁"。②"学思并重""慎言力行"从道德认知和道德行为两个方面加强道德修养,达到"从心所欲不逾矩"的境界;"见利思义"回答了如何处理"义"与"利"的关系,以"义"的标准来衡量"利"是否符合要求;"杀身成仁"是儒家修身理论的最高要求,提倡为维护高尚道德而英勇献身的精神。孟子倡导以"反求诸己""反身而生""求其放心"为核心的"反省内求",主张运用反思的方法来求取善良美德的本性。荀子围绕着自我修身提出一系列方法,强调践行、积善和至诚。

孔子、孟子、荀子三位先秦思想家有关自我教育的理论创造产生了无比深远的影响,后世历代儒家学家虽然在具体方法上有所差别,但思想上与三位儒学大师保持一致。董仲舒在自我道德修养方面继承了孔子的义利观,将国家道义置于对个人利益的追求之上,"天之生人也,使人生义与利。利以养其体,义以养其心。心不得义不能乐,体不得利不能安。"③朱熹认为自我修身是"革尽人欲,复尽天理"的过程,需要通过"居敬""穷理""存养""笃行"的方法来强化"反省内求",突出道德教育主体的主观能动性。陆王心学代表者王阳明提出道德修养是"致良知"的过程,"良知"是做人的基本准则,对人立身于世、安定社会极为重要,主张采取省察克治、静处体悟、事上磨炼、知行合一的方法。

儒家教育思想家们建立了一套道德修养的方法,包括内省、克己、慎独、存心、养性、求放心等,是世人加强道德修养的重要方式,本质上都强调自我的概念,首先注重"内省",进而在利义取舍方面重义轻利,最终践行道德价范。所以,在自我教育中,作为道德教育主体的"我"具有践行道德的能力,从作为道德教育客体的"我"出发,依照儒家社会伦理道德规范的要求不断完善自身,最终成为拥有高尚道德情操的人。

总的来说,在中国古代社会、家庭和学校中,道德教育主体表现为统治阶级及其代表,而相对立的其他阶级的全体成员则成为道德教育客体,道德教育主体实施道德教化的最终目的是维护封建王权的统治。虽然自我

---

① 转引自梁启超《先秦政治思想史》,东方出版社 1996 年版,第 138 页。
② 参见黄钊《儒家德育学说论纲》,武汉大学出版社 2006 年版,第 66—68 页。
③ 转引自冯友兰《中国哲学史新编》第 3 册,人民出版社 1985 年版,第 78 页。

教育中道德教育主体和道德教育客体统一于个人，但仍按照儒家社会伦理道德规范要求自身，以格物致知为起点，诚意正心为本，加强修身，最终达到齐家治国平天下的目标。

二 中国古代道德教育主体和客体的关系特征

虽然社会、家庭、学校、个人层面道德教育主体和道德教育客体的含义有所不同，但是二者之间的关系有着共通之处，具体表现为如下特征：

（一）道德教育主体与客体皆遵从儒家伦理道德规范

以孔子、孟子、荀子为代表的先秦儒家学者确立了以"仁"为中心的道德教育思想体系，主张"仁政"与"德治"的一致性，施行德治的必要手段便是进行道德教育，目标是实现"君子"的道德理想人格。西汉时期，董仲舒主张罢黜百家、独尊儒术，确立了此后数千年儒学的正统之位。此后，班固、颜之推、王通等人继承和发展了传统儒家思想学说，丰富了道德教育的内容和方式方法。宋明时期，程朱理学、陆王心学对儒家思想有了新的发展和提炼，要求民众克服私欲，以"仁"的思想规范行为，进一步强化了儒家道德教育思想的合理性，巩固了儒家伦理道德规范在我国封建社会中所具有的统治地位。

为了维护阶级统治和国家稳定，道德教育主体依据儒家的道德原则与道德规范，控制和支配道德教育客体的实践活动，二者皆遵从儒家伦理道德规范。无论是社会教育、家庭教育还是学校教育都没有脱离儒家的思想框架，将"礼"作为道德的最高准则，礼教的本质是以伦理道德为核心的行为规范教育，囊括了几乎社会日常生活的所有方面；以"四书五经"为代表的儒家经典著作是道德教育客体必须习得的，以实现知识学习、品德内化到行为外化的转化；"三纲五常"的道德教化使得道德教育客体服从道德教育主体，进而服从于王权统治。儒家的伦理道德规范成为社会、家庭、学校的基本联结纽带，确立了"父子有亲，君臣有义，夫妇有别，长幼有序，朋友有信"[①] 的社会纲常伦理，最终实现"化民成俗"。

（二）相较于道德教育客体，主体具有主导性和阶级性

根据儒家伦理道德规范，道德教育主体规制了相应的道德教育内容和

[①] 转引自张立文《中国哲学思潮发展史》（下），人民出版社2014年版，第1447页。

原则，道德教育客体必须遵循这些原则方法，道德教育主体始终主导和支配着道德教育客体的发展。即便儒家主张"民本论"，以民为本，归根结底还是为了服务统治阶级。孟子曾言："民为贵，社稷次之，君为轻。"① 所谓"民贵""君轻"，并非将"民"的地位置于"君"之上，而是提醒统治者重视民众的力量，来保障统治阶级地位。在儒家伦理思想下，道德教育客体对道德教育主体地位的超越是相对的，究其根本，道德教育主体仍具有主导道德发展过程的权利。例如，学校教育中信奉师道尊严，教师享有绝对权威，对学生道德知识的学习和道德行为的践行负有主要责任，在学生的道德发展中起着主导作用。

阶级社会中一方面，道德教育主体作用是站在阶级利益的立场上来实现的，道德教育主体相对于道德教育客体具有绝对的阶级性。"董仲舒关于'三纲'思想的论述，将儒家伦理同封建秩序的构建结合起来，论证君与臣、父与子、夫与妇三种对偶关系之间统治与被统治的关系，这对于强化封建社会中人与人之间的等级关系，影响极为巨大。"② 此后历朝历代在阐述君臣关系、父子关系、夫妇关系时，都是以"三纲"为标准，无出其右。据此标准，道德教育主体与道德教育客体之间并非平等的关系，而是具有阶级性质，是统治与被统治的关系。另一方面，道德教育客体在道德教育过程中受制于道德教育主体的教育目的和统治阶级的利益需求，道德教育客体从属于道德教育主体，道德内容、原则、方法都表现出强烈的阶级性。例如，孔子倡导的道德范畴体系中，"忠"是其中一项德目，有着忠君的含义，"君使臣以礼，臣事君以忠"③。臣民必须忠心地侍奉君主，并按照礼的要求，不得有僭越行为。这种忠君的思想是封建社会特有的产物，禁锢了普通民众的行为和观念，却成为古代社会道德教育客体不得不接受的道德教化内容。

（三）在阶级社会中，道德教育客体仍具有能动性和创造性

道德教育客体虽然受制于道德教育主体，但是道德教育主体所提出的道德教育目标，必须通过道德教育客体的内化才能实现。可以说，在社会教育、家庭教育和学校教育中都存在一定程度上道德教育客体的自我教育。道德教育主体对道德教育客体的主导作用是道德教育客体道德发展的

---

① 转引自陆玉林《中国学术通史》（先秦卷），人民出版社 2004 年版，第 136 页。
② 黄钊：《中国古代德育思想史论》（上），中国社会科学出版社 2011 年版，第 396 页。
③ 转引自冯友兰《中国哲学史新编》第 1 册，人民出版社 1982 年版，第 150 页。

必要条件，道德教育主体按照传统儒家伦理道德规范对道德教育客体提出要求，然而道德教育客体的自我教育，使其正确认识自己、评价自己，自觉按照外界要求进行自我修身，能动地朝统治阶级要求的方向发展。事实上，只有在道德教育客体能动地发挥作用时，才能真正达到道德发展的实质性效果。因而，在特定条件下，道德教育客体接受道德教化时，可以自觉地服从社会伦理道德规范和原则，从被动的服从变为主动的律己。

虽然道德教育主体制定了伦理道德规范和具体内容、原则，但是道德教育客体仍可以适应并进行改造，使之符合自身的道德发展方向和进度。正所谓"授人以鱼不如授人以渔"，道德教育主体无法覆盖到道德教育客体发展的所有细节之处，给予了道德教育客体以有限的自由，道德教育客体遵照既定的伦理道德规范和原则，来自定步调地提升自我道德修养。

三 中国古代道德教育主客体关系的批判与启示

虽然中国古代道德教育中主客体关系被打上了阶级社会的烙印，束缚了个体的道德发展，但是仍对当代道德教育有一定的借鉴作用，理应去粗存精，充分吸取儒家伦理道德的优势之处，使中华优秀传统文化重新焕发生机，进而增强我国文化软实力。

（一）寻求道德教育主客体之间的平等关系

中国古代道德教育体现了统治阶级的利益需要，遵从于封建社会的利益法则，为维护封建专制的统治而产生和发展。统治阶级及其代表是道德教育的实质主体，是最原始的发动者、深层次设计者与控制者、最终成果的享有者。统治阶级及其代表既是社会道德规范的自觉维护者，又是新规范的建设者。道德教育主体将道德教化所强调的"三纲五常"作为统治道德教育客体的工具，来试图说明君贵臣贱、父贵子贱、夫贵妇贱的合理性。君权、父权、夫权三座大山压迫着劳苦大众，束缚着普通民众的思想和行为，道德教育客体必须恪守这些价值规范，封建道德伦理变得凝固化、神秘化。

当代道德教育理应寻求道德教育主体与道德教育客体之间的平等与合作，从对权威的服从转向主客体之间的理解与交流。在如今开放、民主的时代，道德的内涵发生转变，是人们共同生活及其行为的准则和规范，人与人是平等、民主的关系，而非阶级社会的等级关系，不能再以传统伦理道德思想中主体对客体的绝对统治来理解如今的道德主客体关系。道德教育主体启发和主导着道德教育客体的发展，二者之间是在平等的基础上交流和对话、相互理解的。此外，当今社会倡导终身化学习的理念，道德教育客体获得自身发展的同时，道德教育主体理应谋求自我提升，甚至道德教育客体可以给予一定的指导，这也是《学记》中阐述的"教学相长"教育思想。道德教育主体与道德教育客体的位置不再固化，可以相互转化，因而道德教育主体必须转变已有的阶级观念，使道德教育主客体关系朝着更加民主和平等的方向前进。

（二）重视道德教育客体所具有的主体性

人性善恶自古以来是思想家们争论不休的问题，早在先秦时期，便已产生四种观点，孟子的"性善论"、荀子的"性恶论"、世硕的"性有善有恶论"以及告子的"性无善无恶论"，从不同角度提出了关于人性的见解，从本质上探求如何在道德上达到"善"的境地。然而这四种观点都"把人性看成是上天赋予的一次性完成的东西"，是"人性天赋一次完成的静态生成论"[①]。董仲舒的"性三品论"将人性分为三等，即"圣人之性""中民之性""斗筲之性"，"斗筲之性"指人性无善质，教化无用，只能以刑罚进行处置，是悲观的人性论。宋朝时期，"理学"的思想开始显现，"理学"是一种特定的阶段性哲学思维形态，程朱理学主张"存天理，灭人欲"，认为复归人的至善本性，须革除人们的要求和欲望，包括对物质生活的欲求，这实质上是对人性的压抑，扼杀了人的主体性。明朝道德哲学家王阳明在孟子"良知良能"说的基础上，提出"致良知"的新理念，否定程朱理学过分强调"天理"的作用，独辟蹊径走向"复归本心"的心学之路。"无善无恶心之体，有善有恶意之动，知善知恶是良知，为善去恶是格物。"这四句是王阳明对自身思想的总结，意指良知是心的本然状态，是人皆具有的普遍特性，反对传统人性的等级论。致良知是为了为善去恶，以实践的方式实现人的自我完善，充分肯定了道德教育客体在道德教育发展过程中的主观能动性。

通过梳理封建社会中关于"人性论"的发展历程，可以发现从单纯的对人性善恶的探讨，到对人性善的肯定，再到人的主体性的复归，这一演变过程亦是道德教育客体地位的提升过程。道德发展不仅仅是道德灌输的过程，不能片面地将其归于道德教育主体的责任，而忽视道德教育客体

---

① 黄钊：《中国古代德育思想史论》（下），中国社会科学出版社2011年版，第1055页。

所具有的能动作用。所以，在道德教育中，要挣脱传统伦理道德教育施加的精神枷锁，充分发挥道德教育客体的主体性，使其成为自我道德发展的能动者。具体而言，应引导道德教育客体将外在的社会道德规范转化为自身的道德责任感和内在的道德诉求，并在实践中加以践行，使其逐渐形成主体性意识。此外，自我教育中道德修养方式所呈现的主体性也是值得重视的，如内省、慎独、律己等方法注重激发个体的道德自觉，在践行道德规范和养成道德观念的过程中表现出明显的主体性特征。因此，在道德发展过程中，必须尊重并高扬道德教育客体的主体性，使其从道德教育主体的附庸真正转化为自我发展的主人。

（三）提升学校教育中主体的地位

在批判古代道德教育主体对道德教育客体所享有的绝对权威时，理应看到过于彰显个性的今天，学校道德教育所面临的紧迫问题。"师道尊严"被视为封建师生关系的残余而遭到摒弃，在师生之间因产生分歧而出现争执时，社会舆论习惯性地将学生视为弱者，一边倒地认为教师以权威压制学生，颇有矫枉过正的嫌疑，"师道尊严"演变为"生道尊严"。就师生关系而言，有学者认为，"'师生关系平等'只适用于人格领域，指的是'人格平等'……在社会关系的意义上，师生天然是不平等的。但是，在人格关系上，师生之间却是绝对平等的"，"它所要反对的是那种'不平等的'、'专制的'师生关系"[①]。当代道德教育中，主张道德教育主体与道德教育客体的平等与合作关系，是为了破除二者之间的阶级性，并非完全的对等无差异，毕竟道德教育主体与道德教育客体所承担的角色是不同的。

学校教育中，教师承担学生道德发展的重任，理应给予教师以充分的尊重。同时，教师对学生的严格要求、适度批评并不等同于强制，与民主平等不相背离，不能侵犯教师的尊严，一味地否定"尊师重教"所具有的积极作用。所以，"师道尊严"在今天仍具有一定的现实意义，教师作为道德教育主体在学校教育中的地位有待提升，从而便于教师顺利开展道德教育实践活动，进而促进学生的全面发展。

---

① 石中英：《"师生关系平等"的一点反思》，《中国教师》2005年第7期。

第二节　中国近现代德育主客体关系的变迁

鸦片战争打开了近代中国的大门，使中国由一个独立自主的封建国家逐渐变成一个半殖民地半封建社会的国家，中国人民逐渐觉醒，前仆后继地反抗帝国主义侵略和封建统治，沿袭了几千年的封建传统伦理受到前所未有的挑战。救亡图存成为时代的主题，先进分子开始了艰难的救国之路。洋务运动、维新变法运动、辛亥革命运动的兴起与失败，表明了资产阶级道路在中国行不通。然而在德育领域，中国传统儒家德育思想与西方资产阶级德育思想之间进行博弈与较量，使得传统德育主客体关系发生转变。五四运动的爆发，开启了中国新民主主义革命时代，其承担着反对帝国主义、封建主义、官僚资本主义的历史重任，这段时期各种社会思潮融汇，造就了中国德育复杂的局面。新中国的成立意味着中国半殖民地半封建社会的结束，中国共产党废除了封建主义和法西斯主义教育，在实践中坚持以马克思主义为指导的、服务于革命战争和阶级斗争的思想政治教育。随着社会主义改造的完成，中国全面进入社会主义建设时期，德育的"左"倾错误愈发严重，在"文化大革命"时期达到顶峰，德育主客体关系发生扭曲，背离了革命时期思想政治教育的优良传统。

近现代中国德育的发展糅合了多种社会思潮，是对传统儒家文化以及明清启蒙思潮的承继、西方近代资产阶级伦理思潮的吸收以及马克思主义思潮的接纳，在不同历史时期呈现出不同的特点。本节选取了清末民初、五四时期、"文化大革命"时期三个重要时间点，来探讨中国近现代德育主客体关系的变迁。

一　清末民初中国德育主客体关系的转变

清末民初，中国社会正处于发展转型的时期，在西方资产阶级文化的强烈冲击下，资产阶级文明与中国传统文明之间产生了矛盾和冲突，由此展开了一场传统儒家德育思想与西方资产阶级德育思想之间的博弈与较量。随着社会变革的加深，以封建伦理道德为基础的传统儒家德育思想逐渐吸收了资产阶级的科学文化和德育理论，二者之间产生了交流和融合，传统德育主客体关系也相应地发生转变，德育主体对德育客体的权威性和阶级性逐渐丧失，取而代之的是以资产阶级性质的平等关系，具体表现为晚清时期传统儒家德育主客体关系的"不变"与民初时期传统儒家德育主客体关系的"变化"。

（一）晚清时期中国传统德育主客体关系的不变

在经历两次鸦片战争的失败和太平天国运动的打击之后，清朝部分官僚终于从"天朝大国"的梦中惊醒，寻求御侮自强之术，于19世纪60—90年代开展了一场以"中体西用"为宗旨、"自强"和"求富"为口号的轰轰烈烈的"洋务运动"，企图借西方科学技术来重振清帝国和巩固封建统治。"中体西用"论的思想由洋务派大臣张之洞在其著作《劝学篇》中系统阐述，即"中学为内学，西学为外学；中学治身心，西学应世事"，得到了以慈禧为首的晚清政府的一致赞赏。"中体西用"即"中学为体，西学为用"，主张通过学习西方的先进科学技术以及文化教育方面的具体措施来巩固封建统治，同时保持以三纲五常为核心的封建伦理道德不变。在这一思想的指导下，1904年清政府颁布了近代中国第一个在全国范围内推行的学制——"癸卯学制"，制定了较为系统的学校教育制度，促进了各级各类学堂的兴办。然而，受制于科举取士的选才方式，新式学堂难以发展，1905年清政府下令废除沿用了1300多年的科举制。科举制的废除极大地冲击了传统儒家"学而优则仕"的思想，打破了以经史子集为主体的学术传统，取而代之的是以分科教育为特色的近代学术体系，在课程设置中保留了"修身""读经讲经"等内容。1906年3月，为进一步贯彻"癸卯学制"精神，清政府提出"忠君、尊孔、尚公、尚武、尚实"的教育宗旨，要求各地学堂"以经学为必修之课目，作赞扬孔子之歌"，强调"忠君尊孔二义，固尽人皆当知而行之矣"[①]。可以说，晚清政府实施学制改革、颁布教育新政的根本目的是维护封建统治秩序和儒学的正统地位，洋务派所提倡的"中体西用"也只是中西方文化的简单拼凑，实际上仍坚持封建道德伦理不可废弃。虽然传统儒学的核心地位正岌岌可危，但是这一时期开展的道德教育仍承袭了中国传统儒家德育思想，德育主客体关系基本上保持不变。

中日甲午战争的失败宣告着洋务运动的失败，伴随着中国民族资本主义经济的产生和发展以及西方资产阶级思想的影响，中国兴起了资产阶级

[①] 舒新城编：《中国近代教育史资料》（上册），人民教育出版社1961年版，第219—222页。

维新变法运动。以康有为、梁启超、严复等人为代表的资产阶级维新派，以"新学"批判"旧学"，对封建伦理道德进行了尖锐的批判，提出了较为完整的资产阶级德育思想。作为维新派精神领袖的康有为，是一名教育救国论者，他认为只有效法西方兴办教育，引进资本主义教育制度和先进科学文化技术才能使国家富强起来，而德育则是教育的重中之重。被誉为"睁眼看世界第一人"的严复疾呼变法，主张"废除八股而大讲西学"，反对洋务派"中学为体，西学为用"，提出"鼓民力、开民智、新民德"。其中，"新民德"是指"通过道德教育培养民众的爱国心和社会公德，实质是企图以资产阶级的民主、自由等道德观念代替封建的伦理道德"[①]。梁启超在严复德育思想的基础上，进一步提出"新民说"，认为德育的目的是培养"新民"，"并非全盘吸取西方思想的民族虚无主义，而是既批判继承中国传统思想中的合理部分，又吸取西方资产阶级文化中'最适于今日之中国者'"[②]。梁启超的"新民说"培养的是资产阶级的理想人格，随着维新变法的失败而终告破产。维新变法是一场资产阶级改良运动，在政治上和思想上均表现出民族资产阶级固有的软弱性，维新派德育思想虽然突破了洋务派"中体西用"的思维模式，但是尚未同封建道德伦理彻底决裂，表现出新旧观念交织的思想状态，传统儒家德育主客体关系遭到冲击，但尚未发生转变。

（二）民初时期中国德育主客体关系的变化

1911年，以孙中山为首的资产阶级革命派明确提出"驱除鞑虏，恢复中华，建立民国，平均地权"的资产阶级民主纲领，发动了震撼世界的辛亥革命，推翻了清王朝统治，结束了两千多年的封建帝制，传播了资产阶级民主思想，中国德育发展开启了新的篇章。1912年1月，蔡元培出任南京临时政府教育总长，次月在《教育杂志》上发表《对于新教育之意见》一文，指出"忠君与共和政体不合，尊孔与信教自由相违"[③]，同时将孔子的学术思想与传统儒教、孔教分离开来，可见蔡元培主张废除的是作为统治阶级意识形态象征的"忠君"和"尊孔"教育宗旨。在同

[①] 罗炽、简定玉、李太平、陈会林：《中国德育思想史纲》，湖北教育出版社1998年版，第735页。

[②] 罗炽、简定玉、李太平、陈会林：《中国德育思想史纲》，湖北教育出版社1998年版，第722页。

[③] 蔡元培：《对于新教育之意见》，《教育杂志》第3卷第11号，1912年2月10日。

年7月召开的全国临时教育会议上，蔡元培以养成"健全人格"为出发点，提出"五育"并举的教育方针，指出："当民国成立之始，而教育家欲尽此任务，不外乎五种主义，即军国民教育、实利主义、公民道德、世界观、美育是也。五者以公民道德为中坚，盖世界观及美育皆所以完成道德，而军国民教育及实利主义，则必以道德为根本。"① 这五种教育自成体系，缺一不可，其中公民道德教育是"五育"的根本，也是教育的根本目的，"德育实为完全人格之本。若无德，则虽体魄智力发达，适足助其为恶，无益也"②。经过临时教育会议审议，除世界观教育以外的其他"四育"均被采纳，作为民国的教育宗旨予以公布。担任教育总长期间，蔡元培制定了一系列有关公民道德教育的方针和政策，体现出对儒家传统德育思想的继承和发扬以及对西方德育思想的汲取，他认为"学习西方不仅在于其先进的科学知识，还要在价值与文化层面批判、反省传统伦理道德观念，积极吸收西方价值观，建立新的伦理道德文化"③。

蔡元培从社会现实以及人的生活实际出发，借鉴西方"自由、平等、博爱"的思想，并将其比作儒家文化的"义、恕、仁"："自由者，'富贵不能淫，贫贱不能移，威武不能屈'是也，古者盖谓之义；平等者，'己所不欲，勿施于人'是也，古者盖谓之恕；友爱者，'己欲立而立人，己欲达而达人'是也，古者盖谓之仁。"④ 蔡元培赋予"自由、平等、博爱"以中国儒家文化内涵，使之符合中华民族社会心理特点，易于接受，同时没有改变反帝反封建的根本性质。平等是针对封建统治阶级和等级思想提出来的，是"己所不欲，勿施于人"的恕道，是人与人之间相处的基本原则，贯穿于学校和家庭道德教育主体和客体的关系中。在学校和家庭中，作为德育主体的教师和家长，通过言传身教来影响作为德育客体的学生和子女的道德品质，以言行举止来引导和感染学生接受公民道德观念，其效果远胜于传统的灌输式道德教育。这种德育主客体的平等关系突破了封建社会道德教育中主客体之间明确的阶级界限，对于当时中国德育领域有着十分重要的反封建意义，然而由于没有挣脱

---

① 高平叔编：《蔡元培全集》第2卷，中华书局1984年版，第263页。
② 高平叔编：《蔡元培教育论著选》，人民教育出版社1991年版，第76页。
③ 刘正伟、薛玉琴：《清末民初蔡元培对西方道德教育理论的传播》，《浙江大学学报》（人文社会科学版）2012年第6期。
④ 蔡元培：《我的人生观》，中国工人出版社2013年版，第134页。

资产阶级道德思想框架,不适应近代中国复杂的国情,仍具有一定的历史局限性。

二 五四时期中国德育主客体关系的主要特征

辛亥革命后,民主共和的思想深入人心,然而袁世凯窃取革命成果复辟帝制,推行尊孔复古的逆流,中国先进知识分子敏锐地认识到,"为了使中国真正成为一个民主共和国,就必须大张旗鼓地宣传民主主义的新思想、新道德、新文化,彻底反对封建主义的旧思想、旧道德、旧文化。"①胡适、陈独秀、李大钊等受过西方教育的知识分子发起了一场具有深刻历史意义的新文化运动。俄国十月革命后,陈独秀、李大钊等人以高昂的热情宣传马克思主义,新文化运动迅速发展成为以宣传马克思主义为中心的思想运动。1919年5月4日,以反对不公正的《巴黎和约》为导火索,在青年学生的首倡下,广大群众、市民、工商人士等中下阶层共同参与,发起了一场由北京到全国的"五四"爱国运动。这场运动是中国人民彻底的反帝反封建的爱国运动,打开了中国新民主主义的大门,中国无产阶级作为政治力量开始登上历史舞台,进一步促进了马克思主义在中国的传播。

然而,在五四运动爆发的前几天,1919年4月30日,应中国五所学术机构联合邀请,美国著名教育家杜威由日本乘船抵达上海,开始了为期两年零两个月的访问和讲学活动。在华期间,杜威在北京及全国各地开展讲演,内容涉及社会与政治哲学、教育哲学、伦理学等多个方面,其实用主义教育思想在社会各界产生了巨大的反响,国内掀起了杜威教育理论的学习与研究热潮。杜威在哥伦比亚大学任教时的学生陶行知深受其影响,将实用主义教育思想与中国国情结合起来,提出了"生活即教育""社会即学校""教学做合一"等教育命题,并致力于改造平民教育、乡村教育,在中国近代教育史上有着举足轻重的地位。

五四运动之前,学校德育以儒家伦理道德为核心,清末民初开始的传统儒家德育向现代德育转型,于五四时期达到顶峰。新旧德育思想的博弈、西方德育思潮的引入以及马克思主义思想的传播,造就了五四时期中

---

① 庞仁芝:《中国共产党与辛亥革命》,《中国特色社会主义研究》2011年第5期。

国德育复杂的局面，具体表现为以下几个特征：

(一) 彻底反对中国传统儒家德育思想

新文化运动中，陈独秀、李大钊等人以《青年》杂志（后改名为《新青年》）为阵地，抨击封建统治和儒家伦理道德。针对袁世凯复辟以来的尊孔复古逆流，陈独秀进行了强烈的批判，"孔子生长封建时代，所提倡之道德，封建时代之道德也；所垂示之礼教，即生活状态，封建时代之礼教，封建时代之生活状态也；所主张之政治，封建时代之政治也。封建时代之道德，礼教，生活，政治，所心营目注，其范围不越少数君主贵族之权利与名誉，于多数国民之幸福无与焉。"① 同时，陈独秀将进化论作为思想武器，论述了尊孔对社会进化的阻抗，阐明了反孔所具有的时代意义，"一种学说，可产生一种社会；一种社会，亦产生一种学说。影响复杂，随时变迁。其变迁愈复杂而期间愈速者，其进化之程度乃愈高。其欲独尊一说，以为空间上人人必由之道，时间上万代不易之宗，此于理论上决为必不可能之妄想，而事实上惟于较长期间不进化之社会见之耳。"② 李大钊在《由经济上解释中国近代思想变动的原因》一文中运用唯物史观，对以儒学为中心的封建纲常伦理作了深刻的揭露和批判，"看那二千余年来支配中国人精神的孔门伦理，所谓纲常，所谓名教，所谓道德，所谓礼义，那一样不是损卑下以奉尊长？那一样不是牺牲被治者的个性以事治者？那一样不是本着大家族制下子弟对于亲长的精神？……孔门的伦理，是使子弟完全牺牲他自己以奉其尊上的伦理；孔门的道德，是与治者以绝对的权力责被治者以片面的义务的道德。"③ 李大钊认为，封建纲常伦理并非亘古不变的真理，它只适应二千余年来未曾变动的农业经济，已不适用于现代社会经济生活，需要取而代之以新思想、新道德。

不同于晚清政府所倡导的"中体西用"思想和民国政府温和的德育改革，五四时期是彻底地反对中国传统纲常伦理，全盘否定儒家价值观念。"首先，教育知识分子和普通民众在极端现代性意识的鼓动下，放弃了自身的文化认同。其二，'五四'知识分子未能理性地区分'权力化儒家'与'精神儒家'的区别，……却把权力化儒家当作儒家的整体。最终，他们的批判意识往往被激进主义者所利用，成为'全盘西化'思潮

---

① 《陈独秀文集》第1卷，人民出版社2013年版，第189页。
② 《陈独秀文集》第1卷，人民出版社2013年版，第185页。
③ 《李大钊全集》第3卷，人民出版社2013年版，第186—187页。

的形式上的'领头羊'。"① 这种彻底抛弃儒家传统的极端心态，导致了儒家德育思想在中国近代教育转型过程中的全面崩塌，然而激进主义者将"三纲五常"的封建伦理完全等同于儒家学说，忽视了儒家道德体系中爱国主义等优良传统，落入了"虚无主义"的旋涡之中。

（二）积极吸收现代西方德育思想

五四时期，现代西方教育思潮涌入中国，资产阶级启蒙学者高举科学和民主的旗帜，彻底批判旧道德，倡导独立自主、积极进取的新价值观念。这些教育思潮中，影响最大的要数以杜威为代表的实用主义教育思想，"壬戌学制"的出台和平民教育运动的兴起便是最好的例证。事实上，早在1913年，近代中国教育家黄炎培先生在其《学校采用实用主义之商榷》一文中，"不仅从理论上论证了教育与生活、学校与社会的联系及其必要性和可能性，而且结合当时中国的普通教育和实业教育情况具体提出了采用实用主义的方案"②。推动了实用主义教育思想在中国的传播。随着1919年杜威访华，中国对实用主义教育思想的学习达到高潮。在实用主义看来，学校教育不能脱离社会脱离生活，道德教育也要遵从"学校即社会""教育即生活"的原则，不能仅仅只传授道德知识，而是要把教育与现实生活联系起来，注重学校教育与社会教育的统一。受杜威思想的影响，1922年北洋政府出台颁布"壬戌学制"，规定学校教育制度采用美国的"6-3-3制"，并列出"七项标准"，即"一是适应社会进化之需要，二是发挥平民教育精神，三是谋个性之发展，四是注意国民经济力，五是注意生活教育，六是使教育易于普及教育，七是多留各地方伸缩余地"③。1923年平民教育运动兴起，主张普通民众均享有受教育的机会，实现平民的政治和社会改造，形成独立的人格和平等的思想观念。

在西方德育思想的影响下，不少中国先进知识分子进行了教育实践探索，陶行知创办晓庄师范、开展乡村教育实验来实施生活教育，晏阳初致力于通过平民教育运动、乡村教育运动来造就"新民"……这些教育实

---

① 叶飞：《儒家德育的衰落与消亡：从晚清到"五四"的历史考察》，《湖南师范大学教育科学学报》2012年第2期。
② 单中惠：《杜威教育思想与近代中国教育》，见《纪念〈教育史研究〉创刊二十周年论文集——中外教育比较研究（含比较教育等）》，中国地方教育史志研究会，2009年，第2050页。
③ 单中惠：《杜威教育思想与近代中国教育》，见《纪念〈教育史研究〉创刊二十周年论文集——中外教育比较研究（含比较教育等）》，中国地方教育史志研究会，2009年，第2050页。

验运动通过对普通民众施以文化教育，改造固有的封建主义的旧思想、旧道德，传递以独立自主、人人平等的新价值观念，在启迪民众思想方面发挥了重大作用。

（三）倡导独立人格的德育目标

独立人格的培养是五四时期中国德育最主要的特征。中国劳苦大众在经历封建统治、帝国侵略、军阀混战后，终于走向人格的独立。封建社会时期，儒家倡导培养圣人、贤人的理性人格，抹杀了人的个性。民国成立之初，时任教育总长的蔡元培提出培养国民健全人格的德育目标，但随着袁世凯复辟称帝而未能实施。五四时期，先进知识分子运用马克思主义的观点阐述了个体解放、人格独立的德育思想，揭开了现代德育的新篇章，给新民主主义时期德育带来了全新的理论和观念。陈独秀积极主张自我解放，以实现个人的完全发展。在他看来，自我解放包含着两层含义："一是完成个人独立自主之人格，二是不应主我而奴他人。"[①] 陈独秀强调个体的独立自主的人格，关注于人的自由、价值、尊严，体现了对人性的尊重和对封建伦理的批判。李大钊则进一步提出要培养平民个性解放、自由独立的人格，"他们立足于现实，而又面对未来，要变革传统，应为实现未来的'大同'的社会理想而英勇奋斗"[②]。同时，他对独立自由作了深入解读，"人类相互之间，自然要各尊重各的个性。各自的个性，不受外界的侵害、束缚、压制、剥夺，便是自由。真实的自由，都是建立在'爱'字上的。"[③] 自由独立的人格是自重和尊重他人，主张人与人之间互相尊重，建立爱与信任的关系，这才是"大同"社会的理想人格。

德育目标的变革，独立人格的形成，是个体完全发展的需要，也是中国革命事业发展的需要。中国处在社会转型的艰难时期，需要一大批具有独立人格的有志青年投身革命，在实践中茁壮成长，带领广大民众完成中国人民的解放事业。

[①] 罗炽、简定玉、李太平、陈会林：《中国德育思想史纲》，湖北教育出版社1998年版，第803页。

[②] 罗炽、简定玉、李太平、陈会林：《中国德育思想史纲》，湖北教育出版社1998年版，第790页。

[③] 李大钊：《双十字上的新生活》，《新生活》1919年第8期。

第三节　西方近代主体性德育思想评析

西方中世纪时期，道德教育受制于宗教势力，宗教机构和学校宗教教育通过宗教仪式、教规等方式使学生屈从权威、服从宗教教义和纪律，禁欲主义主张培养具有深厚信仰的"宗教人"。基督教宣扬"原罪说"，认为人生来就是有罪的，人处于世是为了赎罪，凸显了人性恶的一面，这对西方道德教育产生了极大的影响。随着文艺复兴运动的兴起，人文主义思想家批判中世纪教育对人性的压抑，将人从宗教神学的禁锢，从对神灵的依附中解脱出来。近代以来，资产阶级革命致使政教分离，教育权归属于国家，宗教内部不同教派之间的冲突，使得宗教教育逐渐与学校德育分离开来，学校德育世俗化加强。与此同时，科学技术迅猛发展，为学校德育的科学化与民主化进程作出了重要贡献，具体表现在德育过程中德育目标、内容、方法等方面，受到自然科学、心理学、社会学等学科发展的影响，德育脱离于神学，不再按照神职人员的目标培养人，而是最终为了培养民主社会的公民。

在文艺复兴运动、启蒙运动、资产阶级革命等不断进行的社会改革和思想文化运动的冲击下，历史上长期延续下来的、深受宗教教育影响的传统教育理念有所削弱。传统道德教育有以下特点："在性质上，它是一种强制的、灌输式的教育；在目的上，它试图通过一切可能的方法和措施使学生接受并最终形成特定社会所要求的固定的道德价值观念和道德行为习惯；在内容上，所要传授给学生的乃是人们推崇并为大多数人一致认可的、具体的道德规则、规范或宗教教条；在方法上，通常诉诸直接的问答式教学、规劝、说服、纪律、强迫执行、训诫、奖励和惩罚以及榜样等。"① 这种僵化的、教条式的道德教育模式束缚了学生的思想，使其缺乏独立自主性和创造性。20世纪初在以杜威为代表的进步教育思想抨击下，教师不再单纯地灌输和讲授道德知识，而是试着去尊重学生独立思考的能力。道德教育产生了新的教育诉求，要求培养能动积极的社会主体，即具有独立个性和主体性的现代人。

---

① 戚万学：《冲突与整合——20世纪西方道德教育理论》，山东教育出版社1995年版，第3页。

基于对黑格尔哲学的批判和康德哲学关于"科学与价值"的二元分析，近代西方哲学形成两大相互对立的哲学思潮——科学主义（Scientism）和人本主义（Anthropocentrism），深刻地影响着社会的发展进程。20世纪科学主义迅猛发展，渗透到人们生活的方方面面，不仅改变了人们的思维方式及对人类自身和社会的认识，还影响着人文社会学科的发展方向，为其提供了新的研究范式。科学主义将人视作自然的一部分，试图挖掘人的科学理性、实用价值。科学主义信奉自然科学，注重事实、经验、客观性，主张实证主义和理性主义取向的方法论；而人本主义从非理性主义的角度出发，关注理性主义所忽视的人的意志、情感、欲望等生物本能，尤其是人的存在、价值、尊严、主体性等内容，是对人性的张扬。乃至20世纪中叶，具有激进色彩的后现代主义思潮兴起，批驳人道主义和理性主义等资产阶级主流意识形态，对后工业社会面临的人与自我、人与人、人与自然、人与社会之间的问题进行反思，主张多元反对统一，主张解构主义反对结构主义，主张局部反对整体主义。这些思潮影响到道德教育领域，形成了不同流派的德育理论，如尊重人性的人本主义德育理论，遵循儿童主体原则的道德认知发展理论，以及重视主客体沟通的关怀德育理论。从本质上来说，这些德育理论都从属于主体性德育思想，其尊重人的道德发展，强调师生关系的平等与合作，重视开展道德教育实践活动。所谓主体性（subjectivity），是指活动主体在同客体的相互作用中所表现出来的功能特性，"主体性在西方已经走的和正在走的道路，强调的是人的精神能动性、思维的建构性、人的个体存在、非理性和意义世界"[①]。主体性德育强调受教育者在活动与交往中的主体地位，在与环境的相互作用中以及自我建构与自我表现中的能动性，注重激发受教育者的主体性，从而更好地进行德育实践活动，其中教育者和受教育者之间是平等与合作的关系。

一 人本主义德育理论对人性的尊重

近代人本主义思潮的形成与文艺复兴运动的兴起密切相关。"早期资产阶级文艺复兴运动不但复兴了欧洲历史上的古典学说，而且创造性地改

[①] 肖前、李淮春、杨耕主编：《实践唯物主义研究》，中国人民大学出版社1996年版，第227页。

造了古典文化，从中发掘了符合资产阶级需要的人本主义的思想内核，欧洲古典文化中的人本主义思想内核被早期资产阶级思想家发挥改造成近代资产阶级的人本主义思想。"[①] 人本主义思潮肇始于 14 世纪下半叶意大利北方地区，摆脱了封建神学对人性的束缚，承认人的价值和尊严，将人重新纳入到自然和历史世界中去，并以此来探讨人的本质。在这个层面上，"人本主义"与西方文化学中"人文主义"的概念有相似之处，都关注人的本质及人性，然而"如果说人文主义是建基于对中世纪禁欲主义反动的基础上对人的欲望和利益的彰显……那么，人本主义则是建立在哲学的系统思维基础上对人的存在本质、存在意义的阐释与理解。作为一种哲学思潮，人本主义的一般性、包容性、渗透性更强"[②]。伴随着科学技术发展和工业化进程带来的环境污染、人的奴役和异化等生存危机，科技理性、技术理性大行其道，人本主义思潮不仅没有销声匿迹，反而有了新的发展，如弗洛伊德的"性本能理论"、萨特的"人学观"、以马斯洛和罗杰斯为代表的人本主义心理学等。人本主义者们从非理性的角度来揭示人的本质，认为人并非单纯的理性存在，而是具有非理性的意志、情感和欲望，并唤起对人所处环境的关注。

目前关于人本主义思潮尚未形成统一的概念和定义，但作为一种思想观念深刻地影响了近代西方社会的思想发展和文明进程，为道德教育的发展提供了思想基础和精神动力，对德育的价值观和方法论的发展起着引领作用。它超越了绝对理性的禁锢，强调对个性的关怀和人性的尊重。人本主义德育理论是人本主义思潮在德育领域的呈现，倡导将人作为道德教育的核心和出发点，反对科技理性至上的精神，其思想内涵丰富，根源于现象学、存在主义哲学、精神分析理论、人本主义心理学等人本主义理论，下面借由这四种最能代表人本主义思潮且对西方德育产生直接影响的理论来具体阐述人本主义德育理论的核心精神，即对人性的尊重。

(一) 现象学

现象学（Phenomenology）由德国哲学家胡塞尔（Husserl）所创立。他指出："现象学：它标志着一门科学，一种诸科学学科之间的联系；但现象学同时并且首先标志着一种方法和思维态度：特殊的哲学思维态度和

---

① 周敏凯：《现当代西方主要社会思潮》，中国社会科学出版社 2012 年版，第 16 页。
② 唐爱民：《20 世纪西方社会思潮与道德教育》，山东人民出版社 2010 年版，第 111 页。

特殊的哲学方法。"① 胡塞尔的观点可分为两部分：作为哲学的现象学与作为方法的现象学。从本体论的角度而言，胡塞尔主张"回到生活世界"，反对人为地割裂人的经验世界，旨在寻找人的价值和意义；从方法论的角度而言，胡塞尔将现象学视作一种描述性的研究方法，通过还原事实本身来探求现象本质。作为一种高度重视技术的方法，海德格尔（Martin Heidegger）将其用于存在主义哲学的研究，此外其他学者还将其应用于心理学和社会学研究中。

现象学是以经验事实为基础的先验科学，其核心精神是"回到事实本身"，以便最终发现自我意识的先验结构。"悬置"和"还原"是现象学理论中重要的两个概念，是指将现有的观念搁置起来，存而不论，以便于还原和呈现事实的本来面貌，进而把握本质。"是悬置把对象从其在自然生活方式的掩藏中解放出来，使现象学者可以直面现象。"② 在教育现象学中，主张通过悬置和还原的方法回到儿童的生活世界，即将儿童从成人固有的思想观念中解放出来，要求站在儿童的立场来看待教育，直接关注儿童的生活世界和经验世界，尽可能地还原事实本身。成人需要将已有的教育观念和个人观点搁置起来，不加偏见地看待教育现象，在此基础上进行反思才能触及教育现象的本质。

无论是本体论还是方法论意义上的现象学都将"人的问题"作为需要探寻的核心议题。在这个前提下，现象学在发展过程中逐渐分化演变成不同学派，其中以海德格尔（Heidegger）、萨特（Jean-Paul Sartre）等人为代表的存在主义现象学派，通过对人的生活世界和意识生活的追问来探究人的存在与价值，但最为重要的是探究人生的意义问题。

（二）存在主义哲学

存在主义（Existentialism）哲学诞生于20世纪初的欧洲，以人的存在为核心研究问题——尤其是对人的本质的探讨，关注现实人生。存在主义所讨论的基本主题包括"个人和制度（the individual and systems）、意图（intentionality）、存在和荒谬（being and absurdity）、选择的本质和意义（the nature and significance of choice）、极端经验的作用（the role of ex-

---

① ［德］埃德蒙德·胡塞尔：《现象学的观念（五篇讲座稿）》，倪梁康译，商务印书馆2017年版，第33页。

② 张汝伦：《现象学方法的多重含义》，见《中国现象学与哲学评论·第二辑：现象学方法》，上海译文出版社1998年版，第43页。

treme experiences)、交往的本质（the nature of communication）"①。在这些主题中，与存在主义联系最为紧密的是由法国哲学家萨特提出的"存在先于本质"这一著名命题，即关于"存在和荒谬"。萨特作为无神论存在主义的代表人物，反对先验的人性论，强调人类的自由，将人的本质看作自我选择和自我超越的过程，这也是人类不同于动物的"存在"。世界是荒谬的，人的存在本来是毫无意义可言的，但是人可以创建和塑造自己的存在，人的存在是个人选择的结果。因而，以萨特为代表的存在主义者认为，"在人的世界、人的主体性世界之外并无其他世界"②，客观世界依赖于人本身的现实存在。"人除了他自己创造的那样以外，什么也不是。这就是存在主义的第一原则。它也就是被称做为主体性的东西……存在主义的第一步就是让每一个人都意识到他是什么，对于完全依赖于自己的存在承担完全的责任。当我们说一个人为自己负责的时候，我们的意思并不只是说他对自己个体负责，而是对所有的人负责。"③ 萨特认为人之所以为人，不仅承担着无法逃避的个体责任，同时还承担着改进人类生存环境的重任，这个过程所具有的主体性是人类所独有的。人作为个体的自由、选择使个体"生存"主体性凸显，人类通过选择可以创造价值，进而对现实社会造成一定的影响。

存在主义哲学强调个人的主观性，是非理性主义思潮的典型代表。它关注作为主体的人所具有的意识、情感和欲望等非理性情绪状态，批判资本主义社会物质文明所带来的人的异化，工业化大生产使人被机器所奴役，失去个人自由。存在主义以独特的"人的主题"吸引了人们的目光，影响了20世纪西方价值观念和日常生活方式，并引起了道德教育领域思想观念的变革，推动了强制的、灌输式的传统道德教育模式的转变。

（三）精神分析理论

论及人本主义思潮，不得不提到由奥地利医学家西格蒙德·弗洛伊德

---

① ［美］奈尔·诺丁斯：《教育哲学》，许立新译，北京师范大学出版社2017年版，第59页。
② ［美］奈尔·诺丁斯：《教育哲学》，许立新译，北京师范大学出版社2017年版，第62页。
③ ［美］奈尔·诺丁斯：《教育哲学》，许立新译，北京师范大学出版社2017年版，第62页。

（Sigmund Freud）所创立的精神分析（Psychoanalysis）学派。它彻底改变了人们关于人性的看法，其影响早已超出心理学而渗透到哲学、社会学、伦理学、教育学等领域，深刻地影响着学术理论发展和人们的日常生活。"在弗洛伊德看来，所有的行为都是动机引发的。行为从来不会由随机和突发事件引起，所有的行为都是由动机所决定的。人类的每一个动作都有一个原因和一个目的，这种原因和目的能够通过对思维联想、梦、错误和其他的关于内在情绪的行为线索进行分析而被发现。"① 基于此，弗洛伊德提出人所具有的两种基本驱力，一是与自我生存相关的，二是性本能。其中性本能的冲动和对性本能的压抑构成了一切心理活动的内容，性本能冲动是心理活动的内驱力，当性冲动得到满足之后人可以获得各种各样感官的快乐。

精神分析理论便是围绕着"性本能"理论建立和发展起来的，而人格结构理论则是弗洛伊德理论的核心。弗洛伊德通过对心理障碍病人的深入研究，将正常人格的结构划分为本我（Id）、自我（Ego）和超我（Super-ego）。本我是本然的我，并非理性的存在，而是受到人的本能的驱动和快乐原则的支配，追求即时的满足感；超我是理想自我，也是价值观的体现，告诉自己什么行为是合乎道德的，可以践行的；自我则是现实的自我，受到现实原则支配，用于调节本我冲动和超我需求之间的矛盾冲突，选择那些既能满足本能冲动又能遵循社会规则的行为。本我、自我、超我三者既存在着冲突，却又相互制衡，以保障人格和道德的健全和完善，道德教育的最终目的在于使儿童的人格达到超我的理性境地。

精神分析理论阐明了本能冲动在心理活动中至关重要的作用，将病态人格和健康人格一道视为心理发展过程中所必须关注的主题，揭示了人性的弱点，尤其潜意识所具有的非理性的、原始的冲动得不到满足时，便会引发精神疾病，这正是所谓"天才与疯子仅一线之隔"。精神分析学派将"人性""本能""潜意识"等词纳入研究视野，并使人们逐渐认可和接受自身行为受到本能冲动支配这一事实情况，为人本主义德育理论夯实了心理学基础。

（四）人本主义心理学

人本主义心理学（Humanistic Psychology）的发展得益于现象学和存

---

① [美] 理查德·格里格、菲利普·津巴多：《心理学与生活》第 16 版，王垒、王甦等译，人民邮电出版社 2003 年版，第 394 页。

在主义两大哲学流派的理论滋养。现象学为人本主义心理学提供了方法论基础，主张心理学研究应该"回到事实本身"，重在对人的心理活动和经验世界的描述而不是因果分析；源自存在主义哲学对人的意志、情感、欲望等非理性因素的关注，人本主义心理学注重主体的价值存在、自我实现等内在体验，从人的本性来探求人的心理。作为一个心理学流派形成前，人本主义心理学亦被称为"存在主义心理学"，而后人本主义心理学被视作精神分析学派、行为主义心理学（Behavioral Psychology）之外的心理学"第三势力"，开辟了一条新的心理学路线。相较于行为主义心理学将"可观察的行为"作为心理学研究的主题，首要目标是预测和控制行为，人本主义心理学则突出人的本性在心理学中的地位，坚持人具有自由意志，认为人可以自由地进行选择，在合适的条件下能够实现自身的潜能和价值，这样才能适应社会的千变万化。人本主义心理学还强调人的责任，人是自身生活的主动建构者，可以积极选择构建个人的生活。

马斯洛（Abraham Harald Maslow）是人本主义心理学的代表性人物，他认为精神分析学派和行为主义心理学集中于研究人的病态和动物性方面，忽视了人所具有的积极本性，主张心理学应该关注对个人和社会有意义的问题，从个体的整体人格来看待分散的行为，通过整体分析法来探索心理发展和个人成长的价值。马斯洛将人与动物本能加以区别，提出"需要层次理论"，按从低到高的形式将其划分为"生理需要、安全需要、归属与爱的需要、自尊需要和自我实现需要"[①] 五种类型。其中生理和安全需要被视为人的基本需要，后三种需要是人的发展需要，为人类所特有，体现的是人的存在价值。马斯洛认为只有在低层次的需要满足以后，才会迈向高层次的需要。自我实现是人的终极需要，超越了人类基本需求而追求潜能的发展，最终的结果是塑造完美人格，道德教育是人类"自我完善"的过程。此外，马斯洛还反对价值中立的观点，主张对人的本性特质如需要、价值、尊严等进行研究，认为"科学过去不是，现在不是，并且也不可能是完全客观的，科学不可能完全独立于人类的价值"[②]。人本主义心理学对个人价值的追求深刻影响了西方德育的发展，形成了价值澄清流派。价值澄清流派高度重视"价值"对人的意义，认为道德教

---

① 转引自朱国云《组织理论：历史与流派》，南京大学出版社2014年版，第110页。
② [美] 亚伯拉罕·马斯洛：《动机与人格》第3版，许金声等译，中华人民出版社2012年版，第243页。

育的重点在于自我价值的澄清而非价值观知识的传授,最终目的是帮助学生建立清晰的价值观念,从而形成明确的生活方式。

弗洛伊德的精神分析理论过于悲观与压抑,满是矛盾、焦虑、绝望,人本主义心理学倡导人们追求快乐与自我实现的健康人格。正如另一位代表人物罗吉姆·杰斯（James Beeland Rogers Jr.）所言:"当我看着这个世界时,我是悲观主义者；当我审视这世界的人们时,我是乐观主义者。"罗杰斯给人们描述了一个充满希望的未来世界,始终以乐观的心态对人性抱有期望,最大限度地去理解人类。

总的来说,人本主义德育理论将人作为道德教育的核心和出发点,尊重人的自由选择,关注健全人格的形成,是一种以人为本、尊重人性的道德教育理论。在人本主义教育家们看来,道德教育因人而存在,是一个促使"自我"或"人格"形成的过程,理应根据受教育者的具体情况来实施,道德教育的目标是培育"完整的人",最终目的是促进个体的"自我实现"。在道德教育实践活动中,教育者应以受教育者的自由发展为宗旨,充分挖掘和释放其潜能,凸显其主体性,在教学方法上反对强制性灌输以及单纯的道德知识教育,要将受教育者的情感、意志、需要纳入到德育内容,而人本主义德育理论形成与发展中产生的价值澄清模式则很好地彰显了道德教育途径与方式的人性化,体现了以人为本的主旨。人本主义德育理论具有丰富的理论根基,无论是哲学意义上人的存在、选择、生活世界等命题,还是心理学研究中本能、冲动、需要等生理特征,探讨的都是关乎"人"的问题,批判了传统道德教育模式对人性的蔑视,宣扬人的自由、意志和价值,彰显的是对人性的尊重。

二 道德认知发展理论中的儿童主体性原则

道德认知发展理论（Cognitive Development Theory）是科学主义思潮直接影响近代西方德育发展的代表性成果。道德认知发展理论兴起于20世纪60年代,以认知心理学的研究范式为主导,将实证主义、理性主义、技术主义等科学主义的思维范式引入道德教育领域,并将关于道德的知识和技能视作道德教育理论发展与实践应用的核心任务。其代表人物是让·皮亚杰（Jean Piaget）与科尔伯格（Lawrence Kohlberg）。皮亚杰对儿童道德判断作了开创性研究,科尔伯格继承并深化了相关研究,激励了后来者追寻道德推理在社会道德表现中的发展特点,从而凸显了儿童的主体性。

(一) 皮亚杰的道德发展理论

瑞士心理学家皮亚杰在《儿童的道德判断》(The Moral Judgement of the Child) 一书中系统地阐述了其儿童道德发展理论。该书聚焦于儿童道德判断的起源和发展，创造性地采用"对偶故事法"，通过与儿童交谈来判断儿童的道德发展程度，认为儿童的道德发展历经前道德阶段（0—2岁）、他律道德阶段（2—7岁）、自律道德阶段（7—12岁）和公正阶段（12—15岁），是一个由抽象到具体、由低级向高级逐渐发展的阶段性和连续性过程。所有儿童都以同样的顺序经历这些阶段，不可能任意跳过某个阶段，跃迁到下一个阶段，但是某些儿童可能需要更长的时间来通过某个特定的阶段。处于前道德阶段的儿童以自我为中心，以行为结果为导向进行行动，并不理解规则的含义，其行为既不是道德的，也不是非道德的。在他律道德阶段，儿童单向地尊重和推崇成人的权威，遵从成人的限制并服从道德规则，按照行为的后果而非意图来承担道德责任。相较于他律阶段产生的强制性道德，自律出现在平等的同伴群体关系中，产生的是合作道德，能够促使儿童对公正有更平衡的理解。除了行为的后果，儿童还需考虑行为的动机，可以根据主观的价值标准来进行道德判断。在公正阶段，儿童不再以固定规则来进行道德判断，会考虑到一些具体的情况，形成了关心与同情的道德关系。

经验主义认为，儿童获得道德的观念是环境影响的结果，是一个由外向内不断生成的过程。皮亚杰部分肯定这个观点，认为道德的形成不可避免地要从儿童接受成人的权威开始，但是儿童最终将形成新的社会关系，道德规则被赋予了新的意义。此外，皮亚杰认为儿童道德的发展与其认知能力的发展休戚相关，可以通过监控儿童道德认知发展水平来衡量儿童道德发展的水平。随着儿童认知能力的提高，儿童会从只注意行为的结果转换到既考虑结果也考虑意图。总的来说，儿童道德发展源于其与外部道德环境的积极交互作用，是儿童主动建构的结果。而非外界强加给儿童。这表明，皮亚杰的道德发展理论充分尊重儿童的主体性。

(二) 科尔伯格的道德认知发展理论

科尔伯格是美国著名的道德教育家和心理学家，被誉为"现代道德教育复兴运动中最著名的人物"。其道德认知发展理论的形成，受到了古往今来诸多学者的影响，包括苏格拉底、柏拉图、康德、杜威、皮亚杰等人。康德创立的哲学体系是其理论的根源，科尔伯格的认知发展理论"强调道德推理、赋予一个单一原则（罗尔斯的正义原则）为首要地位，以及它把'道德'等同于正确（the right）而不是善（the good），所有这一切都是与康德主义协调一致的"①。科尔伯格还继承和发扬了杜威的德育思想，反对直接的道德教学，主张道德教育应培养道德观念，重视道德推理而不是道德行为。而皮亚杰对科尔伯格的影响最为直接，正如科尔伯格所说："'我的道德研究工作是从皮亚杰的阶段概念以及他认为儿童是一个哲学家的看法出发的'。并'受皮亚杰把结构的方法运用于道德发展研究的先驱性探索的激励'。"②科尔伯格在拓展和深化皮亚杰的道德阶段理论的基础上，把儿童的道德发展创造性地划分为"三水平、六阶段"，具体内容及其关系如下表所示：

三个水平	六个阶段	道德行为理由
前习俗水平	服从与惩罚定向	避免痛苦或避免被抓住
	利己主义定向（道德相对主义）	取得奖赏
习俗水平	人际和谐与一致	获取赞同，避免遭反对
	维护权威与社会秩序定向	服从规则，避免责难
后习俗水平	社会契约定向	推进社会福利
	普遍伦理原则	坚持普遍性原则，超越社会规范的指导

处于前习俗水平的儿童，具有自我中心和他律的社会道德观，道德行为是基于对惩罚的恐惧和奖赏的期望，往往根据行为的物质后果来判断行为的好坏；处于习俗水平的儿童，认识到社会的规则和要求，以此来规范自身的行为，并自觉维护和支持这些规则，尊重权威。在这个阶段，自我利益服从于群体关系和社会本身的利益；处于后习俗水平的儿童，不仅能自觉遵守某些行为准则，还能超越特定文化的规则，提出普遍的正义原则。这个阶段所要进行的道德判断已超出某些社会规章制度，开始从道德的本质来思考问题。

可以看出，道德的发展伴随着关注点从自我利益到社会利益进行转化，这是道德发展到一定程度的表现。与皮亚杰的道德发展理论相似，科尔伯格认为儿童的道德发展阶段顺序是固定不变的，尽管个体的发展速度

---

① ［美］奈尔·诺丁斯：《教育哲学》，许立新译，北京师范大学出版社2017年版，第162页。
② 转引自魏贤超《道德发展心理学与道德教育学》，浙江大学出版社1995年版，第77页。

可能存在差异。个体的道德发展由低级向高级逐步迈进，不能发生跳跃，但是很少有人能够达到道德发展的最高阶段，即知晓和遵循普遍伦理原则。科尔伯格设计了一系列的道德两难问题，通过儿童的不同回答来判断其道德发展水平。道德两难法，亦被称为"道德教育的新苏格拉底法"，是在皮亚杰"对偶故事法"的基础上建立起来的，是一种典型的科学实证主义研究方法，包括理想类型评定法（ideal type rating）、解构问题评分法（structural issue scoring）和标准问题评分法（standard issue scoring），需要解决的两难问题关注于法律、生命、人与人之间的义务、信任和权威之间的冲突。然而，科尔伯格也逐渐认识到道德两难法仍有局限性，未必能够解决现实生活中道德教育可能面临的所有问题，于是尝试探索新的道德教育方式，提出了一种新柏拉图模式的公正团体法。所谓公正团体法，是指"通过一个公正的合作性团体的实践活动，为学生创造一种公正而民主的集体氛围，提高团体成员的道德判断水平、促进其道德行为，以达到团体成员自我管理和自我教育的目的的一种道德教育方法"①。这种方法注重在一种公正的集体氛围中促进儿童的个体发展，同时形成强烈的集体规范意识和拥护民主群体的态度，有助于儿童应对日常生活中遇到的种种现实性道德问题，这是道德两难法所难以企及的。

（三）儿童主体性原则

儿童主体性原则是道德认知发展理论的重要原则，即在实现自身道德发展时将儿童视作主体，儿童道德发展的过程是主体积极建构的过程，反对任何形式的道德灌输和道德行为的机械训练。皮亚杰和科尔伯格一致认为："儿童是他自己道德的建构者；儿童的道德，既不是固有的善良本性的展开，也不是单纯环境强化的产物，而是主体与环境相互作用的结果；道德发展经历了一个有阶段的连续发展的过程，儿童的思维特别是逻辑思维是其道德发展的必要条件；儿童的思维的发展和道德发展有某种程度的平行关系；道德教育的主要任务在于促进儿童道德判断、道德推理能力的发展，而不是向他们教授某种具体的道德规则。"②

以认知心理学为基础发展起来的道德认知发展理论，将道德知识、道

---

① 余维武：《冲突与和谐——价值观多元背景下西方德育应对路径评析》，博士学位论文，华东师范大学，2007年，第78页。

② 戚万学：《冲突与整合——20世纪西方道德教育理论》，山东教育出版社1995年版，第33页。

德认知能力尤其是道德判断能力视为道德教育理论研究与实践应用的核心任务。"儿童的道德发展既不是行为主义所推崇的对规则的单向服从，亦非康德式的道德意图的确定与培养，而是一种基于道德认知发展水平之上的道德决策和判断能力以及根据道德判断而付诸行为的能力。"① 皮亚杰和科尔伯格使道德发展领域的研究焦点从行为主义道德观转向道德判断。儿童在道德判断的初始阶段，无法区分道德价值和物质价值，以及道德价值与他人利益和需要，而在儿童早中期，道德判断也不能以对权威的尊重、规则的遵守为基础。直到青少年时期，道德发展才以遵守规则、权威和社会秩序为导向，儿童的道德判断逐渐成为社会系统的一部分，开始尊重法律制度和权威。只有接近成人期时，关于利益、公正和权利的道德判断才从社会系统的规则和习俗中分化出来。

基于儿童认知发展理论而形成的建构主义，强调儿童的道德发展不是对权威规则的单向服从，而是主动建构道德知识与道德判断的过程，提倡在教师指导下儿童能动地发展。儿童在道德教育的过程中并不是消极的，教师不能将固有观念强加于儿童，而是去引导学生推动自身的道德成长。在道德发展低级阶段，通过教师对儿童的帮助实现儿童道德认知能力的提高，儿童逐渐以社会准则乃至正义原则为根本，从已有道德经验出发，通过新旧观念的相互作用来形成、调整自己的道德认知结构，并非由教师从外部直接灌输道德知识。因此，"儿童道德成熟的标志，是他做出道德判断和提出自己的道德原则的能力，而不是遵从他周围的成年人的道德判断的能力"②。在儿童道德发展过程中，发展着的个体变成了道德的主体。

道德认知发展理论摆脱了遗传和环境的争论，创造性地提出道德发展是主体与环境相互作用的结果，儿童的道德发展是主体自我选择、自我调节、自我建构的过程，教师是儿童道德发展的引导者，遵循的是儿童主体性原则。

三 关怀德育理论对主客体沟通的重视

关怀德育思想主要来自美国著名的哲学家、教育学家内尔·诺丁斯（Nel Noddings），她从女性主义的视角，深化发展了以"关怀"（care）

---

① 唐爱民：《20世纪西方社会思潮与道德教育》，山东人民出版社2010年版，第203页。
② 瞿葆奎主编：《教育学文集·教育与人的发展》，人民教育出版社1989年版，第721页。

为核心的关怀伦理学。关怀伦理学最早的提出者是美国女性主义伦理学代表人物卡罗尔·吉利根（Carol Gilligan），她在研究时发现以往道德发展理论中忽视了女性的"不同的声音"，"科尔伯格的道德认知发展理论存在男性的偏见，女性是以与男性截然不同的方式来开展道德推理的。男性倾向于以正义作为解决道德问题的核心价值，而女性则倾向于以关怀和责任作为核心价值来解决道德问题。"[①] 科尔伯格的道德推理中较少关注情感和生命质量，吉利根以女性体验为基础创建了关怀伦理学，诺丁斯进一步深化这一理论并将其应用到道德教育实践中，关怀德育理论便是关怀伦理学在道德教育领域的延伸。

（一）关怀德育理论的形成

在全球化时代到来之际，政治、经济、文化等领域发生剧烈变革，自然危机、社会危机、精神危机对人类生存造成巨大威胁；西方女性主义运动高涨，为争取女性的合法权利、反抗对女性的性别歧视和精神压迫发出呐喊；社会变革除了影响人们的日常生活方式，还带来传统家庭结构关系的变化，儿童得不到足够的关怀；学校道德教育重视学生道德行为和认知的发展，而忽略学生的道德情感需求……如此种种，都诉求生成一种新的道德教育方式，从根源上来规整道德行为，满足精神需要，解决社会现实问题。基于此，关怀德育理论应运而生。其形成受到后现代主义思潮兴起的影响，理论基础是女性主义伦理学和人本主义德育理论。

后现代主义（Postmodernism）思潮源自工业文明，同时对工业文明的负面效应进行了深刻反思，是一种反传统、反理性的社会思潮。其影响力遍及人文与社会科学学科，集中表现在如下三个领域："文学艺术与建筑上的后现代主义，哲学上的后现代主义，文化和社会政治批判意义上的后现代主义。"[②] 后现代主义是相对于现代主义提出的概念，它批驳现代主义所提倡的人道主义和理性主义等资产阶级主流意识形态，对后工业社会面临的人与自我、人与人、人与社会、人与自然之间的问题进行反思，主张多元反对统一，主张解构主义反对结构主义。关怀德育理论试图在人与人之间建立起关怀与情感的纽带，正确处理人与自身以及周遭环境的关系，以应对资本主义社会中存在的精神裂变现象。

---

① 赵雪霞：《西方道德教育模式的比较：正义与关怀》，博士学位论文，东北师范大学，2008年，第3页。

② 高春花：《当代西方社会思潮述评》，人民日报出版社2013年版，第244页。

女性主义伦理学伴随着西方女性主义运动的三次浪潮而产生和发展。女性主义运动以谋求男女平等和妇女解放为宗旨，女性主义者强烈抗议科学家群体中盛行的男性意识形态，因为这种偏见使得人类主体客观化以及自然性别化，其目的是控制女性和自然。女性主义伦理学是在妇女解放运动的基础上，产生的一种活跃的社会思潮，它从女性主义的视角来批判贬低和歧视妇女的伦理理论，旨在建构男女平等的伦理学说。针对以"正义"作为核心的道德认知学派，吉利根代表女性发出道德发展上"不同的声音"，还原女性在道德中的主体地位，并提出以"关怀"为核心的道德价值取向。诺丁斯进一步扩充了吉利根关于"关怀"的思想，认为"关怀"不是女性所独有的特征而是人类都应具有的素质，并试图论证人类中存在一种自然的、可理解的关怀模式。

人本主义德育理论是一种以人为本、尊重人性的道德教育理论，根源于现象学、存在主义哲学、精神分析理论、人本主义心理学等人本主义理论，其教育目标是培育"完整的人"，最终目的是促进个体的"自我实现"。关怀德育理论吸收了人本主义思想的精华，将人作为道德教育的核心和出发点，对盛行的道德认知学派提出怀疑，特别是科尔伯格的道德认知发展阶段理论，主要表现在以下三个方面：第一，重视道德知识的传授和道德行为的培养，未将道德情感的需求考虑在内；第二，忽视不同性别和多元文化之间存在的差异，道德发展阶段的普遍性有待考量；第三，道德两难问题在现实生活中出现概率较小，道德实践性不强，易沦于道德相对主义。可以说，关怀德育理论是基于对道德认知发展理论的批驳建立起来的，它弥补了道德认知流派所忽略的道德情感因素，给予了道德发展过程中的儿童更多人性的关怀。

(二) 关怀德育理论的内涵

诺丁斯在成为教育研究者之前，已经积累了多年的教学经验，对现实中道德教育实践存在的问题有着很深刻的认识。相较于吉利根将研究的重点置于女性的道德问题上，诺丁斯从哲学和历史的视角全面构建关怀伦理学，并将其应用到教育领域，尤其是道德教育中。关怀德育理论并非仅仅适用于女性，其教育对象是整个人类社会，在诺丁斯看来，"必须有一种广角的教育引导所有的学生关怀自己、关怀自己身边的人们、关心人类，关心植物、动物、环境、工具和思想。"① 该理论紧紧围绕着"学会关怀"这一主题，从培养目标、课程内容、教学方式和师生关系等方面对道德教育进行了重构，具体内容如下：

在培养目标上，道德教育主要是培养关怀型的人，使所有的学生都学会关怀他人。关怀与被关怀是人类的基本需要，因为"没有这种关心，我们就无法生存下去，成为一个完整的人"②。人之所以成为一个完整的人，是因为关怀，而这仅靠学校课程教学是无法实现的。诺丁斯批判了现行人文教育对智育的过分推崇，忽视人的情感历程、现实生活和道德行为，"我们总的教育目的是鼓励有能力、关心人、懂得爱人也值得别人爱的人的健康成长"③。

在课程内容上，分为关怀主导的课程和传统课程。重点是在关怀主导的课程中，学生首先要学会关爱自我，学习关于自我的知识，构建自我的意识和形象。关爱自身亦是关怀他人的起点，逐渐从注重对自身的关怀转向对他人的关注和关心，感知他人的需求与情感，学会与他人建立起良好的相互关系。最后，要学会去关怀周遭环境、其他物种乃至整个世界。关怀德育倡导的是关怀人类自身以及所生存的世界的价值观念。面对严峻的生态危机，人类理应对大自然怀有敬畏之心，关注长远的生存问题。

在教学方式上，关怀伦理主张构建人际关系而不是进行道德推理，采用四种可操作性强的教育方法，即榜样、对话、实践和认可。榜样，是指教师向学生展示如何关怀，而不是讲授关于关怀的知识。对话，不仅仅意味着交谈，还有对未知问题的探寻，对话过程中求同存异，师生之间互相理解和包容。实践，是为了积累经验，学生需要实践如何去关怀他人，才能发展相关的能力，尤其是培养关怀的意识。认可，要求对学生的动机或行为进行确认和鼓励，教师要认可学生的关心行为以及为此付出的努力，以激励学生更好地发展。这四种方法统一于整个道德教育过程，相互配合、互为补充、相互制约。

在师生关系上，关怀德育试图建立起一种新型关系——关怀者与被关

---

① 转引自侯晶晶《关怀德育论》，人民教育出版社2005年版，第55页。
② [美]内尔·诺丁斯：《学会关心——教育的另一种模式》，于天龙译，教育科学出版社2003年版，第1页。
③ [美]内尔·诺丁斯：《学会关心——教育的另一种模式》第2版，于天龙译，教育科学出版社2011年版，第15页。

怀者（即关怀主体与关怀客体）的关系，这亦是"关怀"的本质所在。教师将学生视作完整的人、道德发展的主体，以身作则地引导学生学会关怀。此外，关怀者与被关怀者是相对而言的，身份可以互换。在教育教学过程中，师生双方可以互换位置和角色，是一种交互式的关系而非单向性的主客体关系。

总的来说，关怀德育理论是在后现代主义思潮的影响下，吸收人本主义德育理论和女性主义伦理学精华而建立起来的，倡导学会关怀他人、关怀人类命运的价值观念，以榜样、对话、实践和认可的方式培养关怀型的人，强调具体的道德情境而反对道德原则的普遍性，试图构建关怀式的人际关系，并主张道德情感培育与传统教育所重视的道德知识和道德行为一同构成现行学校道德教育的核心内容。

（三）关怀德育理论的主客体关系重建

在后现代主义看来，主体与客体之间已不存在明确的界限，其解构和批判一切的风格弱化了道德认知学派所倡导的儿童主体性原则，而转向主客体之间的沟通与交流。诺丁斯认为道德教育中主客体是相互依存的："关怀伦理拒斥真正自律的道德主题的观念，接受道德相互依赖的现实。我们的善和生长不可避免地与我们所遭遇的他人的善和生长联系在一起。作为教师，我们依赖于我们的学生，就像他们依赖于我们一样"[①]。关怀德育理论重建了道德教育主体和客体之间的关系，不同于道德知识传授中教师权威和道德推理中的儿童主体，其倡导一种更为平等的主客体关系。

在关怀德育理论中，主客体关系的核心和纽带是"关怀"，始于关怀者，终于被关怀者。作为主体的教师要弱化自身的地位，不应以权威的姿态进行道德教育实践活动，而应努力与作为客体的学生建立亲密的关怀关系，满足他们多样化的需求和兴趣，引发他们强烈的情感体验和情感认同。此时，教师扮演着关怀者和榜样的双重角色，在教育实践活动中展示如何关怀，教师要帮助学生对实践进行反思和批判。需要注意的是，对话是最能体现主客体平等关系的德育方法。师生之间以对话的方式展开交流，任何出于理智旨趣的话题都是合法的，没有预设的标准答案，对话并不是为了强迫对方接受自己的观点，而是在这个过程中关注、理解、接纳

---

① ［美］奈尔·诺丁斯：《教育哲学》，许立新译，北京师范大学出版社2017年版，第214页。

彼此。既然关怀者与被关怀者是平等的，那么意味着被关怀者并不是无条件享有关怀，关怀者也是一名潜在的被关怀者，需要得到尊重。简而言之，师生位置可以互换，学生主体要试着去关怀教师客体。在对话中，学生更能理解教师的价值观念，同时学生对教师的关怀行为进行回应和反馈，以帮助教师获得成长。这种观念将教师拉下神坛，尊重教师的情感体验和需求，把教师视作一个完整的人。可以说，关怀亦是教学相长的过程。关怀型的教育模式的构建离不开教师自身的综合素质，教师既要掌握任教学科的内容，还要超越学科的限制，以敏锐的观察力和准确的判断力来关怀学生的道德发展，形成关怀型的师生关系。

此外，诺丁斯认为对话中蕴含着关怀现象学的思想，并提出关怀现象学这一全新的研究视角，通过描绘关怀者所具有的意识特征，来探讨关怀者与被关怀者之间的关系。诺丁斯得出两个结论："首先，关爱者是以一种我称之为全神贯注（engrossment）的特殊方式对待被关爱者的……也就是说，当我们真正关爱别人的时候，我们会不加选择地接受别人的思想。我们不会把自己的意识结构强加于人，也不把别人所说的话只是作为点滴的信息加以同化……其次，当我们全盘接受别人的时候，我们感到我们的精力流向别人的困境或项目，我们想减轻一项负担，激活一个梦想，分享一种快乐或解除一种困惑。我们自己的项目被临时搁置，我们被卷入一种推动着我们去帮助他人的'我必须'的内在情感之中。"[1] 关怀者以更加包容和开放的方式接纳被关怀者，通过此类关怀现象来探寻关怀者与被关怀者关系的实质。当然这仅是从关怀者的视角进行探究，被关怀者的意识方面还有待进一步的考量。但是不论如何，关怀主体与客体之间应注重沟通与交流，关怀并不是脱离于主体或者客体而单独存在的。

体谅关心模式是关怀德育理论作用于教育实践的产物，强调道德情感在学校教育中的作用，主张应以培养学生学会关心、学会体谅为道德教育的要旨。该模式有助于教师全面认识学生在人际交往中可能存在的种种问题，从而引导学生学会关心和体谅他人，提高学生的人际意识和交往意识，重视教师与学生、学生与他人之间的沟通与交流。

关怀德育理论承认了由社会文化所造成的两性在道德发展中存在的差

---

[1] [美] 奈尔·诺丁斯：《教育哲学》，许立新译，北京师范大学出版社 2017 年版，第 69—70 页。

异，以关怀为核心、以道德情感的培养为切入点重构了学校道德教育，在榜样、对话、实践和认可中建立关怀者与被关怀者的关系，体现的是对主客体沟通的重视。

四　近代西方主体性德育的普遍特征

近代西方主体性德育思想内涵丰富，受到人本主义、科学主义以及后现代主义社会思潮的影响，吸收现象学、存在主义哲学的人本思想菁华，融合精神分析学派、人本主义心理学、认知心理学的核心内容，并探寻性别与道德发展这一颇具争议的议题。主体性德育思想的具体内容依据不同的流派观点而相应有所侧重，但究其根本来说，都是为了人的道德发展具有如下普遍特征：

（一）尊重人的道德发展

不论人本主义德育理论还是道德认知发展理论，抑或是关怀德育理论，最终的落脚点都是人。这些理论共同批判了传统灌输式和说教式的道德教育，这种道德教育模式与人性的需求相违背，并不符合人的成长发展规律，无法培养适应现代社会发展的公民。

人本主义德育理论将人作为道德教育的核心和出发点，探讨了人的存在、本能、价值和尊严等等关乎人的议题，尊重人的自由选择和主体性，教育目标是为了培养完整的人。人本主义教育家们主张道德教育是一个自我完善、自我实现的过程，道德教育因人而存在，理应将人置于核心地位。人作为独立的个体，享有自我道德发展的主动权和选择权，只有在自主选择的实践活动中才能实现道德成长。

皮亚杰曾提出"儿童是哲学家"的命题，科尔伯格进一步将其发展为"儿童是道德哲学家"，这并不意味着儿童的道德水平已发展至哲学家的程度，而是意味着"儿童对道德问题的思考遵循着如同哲学家那样的自主推理和判断，这种自主推理和判断使得儿童不断形成自身的道德认识和道德结构"[①]。皮亚杰和科尔伯格挑战了传统教育中教师的绝对权威，肯定了儿童自主发展道德的可能性，充分尊重儿童的主体性，认为经由儿童作出道德判断和选择的实践经验才能促进发展。因此，在道德教育过程中不可违背儿童的意志，强迫其接受某种道德观念，这样只会让其陷入价

---

① 唐爱民：《20世纪西方社会思潮与道德教育》，山东人民出版社2010年版，第217页。

值混乱，适得其反。

关怀德育理论关心个体的情感和生命质量，体现了较强的人文关怀，尤其是公正伦理所忽略的女性的声音。诺丁斯尊重学生的生命，将学生视作具有独立人格和尊严的完整的人，重视学生的体验和感受，引导学生关怀自我，关怀他人，进而关怀周遭环境、其他物种乃至整个世界。诺丁斯关注的人，不是单独的个体而是关系中的个体。以往伦理学通过自我与他人的分离来彰显人的自主性，诺丁斯主张关系网络中的自主性，强调人与人的对话和交流，提倡人在实现道德发展的同时还要注重人与人、人与自然的和谐关系，超越了个体发展的狭隘视角。

（二）强调师生关系的平等与合作

在传统德育模式中，教师是道德知识的权威，其主要任务是讲授和传递道德知识，学生充当被动的接受者。在主体性德育思想影响下，教师不再是道德教育内容的灌输者，而是作为指导者，引导学生自发地进行道德提升，其作用看似有所弱化，但事实上对教师的综合素质提出了更高的要求。主体性德育思想反对将灌输或直接的道德教育作为学校的教育教学方式，主张道德教育由"教师中心"转向"学生中心"；在教育关系中，强调师生之间的平等与合作关系。

人本主义心理学家罗杰斯提倡"非指导性教学"，反对传统教育压抑人性以及重在道德知识传授忽略情感需要，主张建立平等的师生关系，以激发学生的主观能动性、创造性，消除学生对教师的过分依赖。在教学中，师生关系最重要的三个要素是真诚、信任和理解。教师向学生如实地表达自己的价值观念和情感，并不强加于学生；教师对学生给予充分信任，正确认识学生的发展潜能；教师尊重学生，仿若心理咨询中对来访者的同情式理解，从学生的角度来看待道德发展的各种问题，在与学生的交往中学会理解对方。非指导性教学模式代表了人本主义教育家们的期望，希冀学生能在一种自由平等的氛围中自我实现。

科尔伯格主张"公正团体法"，旨在创造一种公正而民主的集体氛围，提高团体成员的道德判断水平、促进道德行为，体现的是民主与平等的人际关系。应用到学校道德教育中，要在儿童发展阶段及其特性的基础上，以适应儿童的方式进行教导，反对单向式的强制灌输。在建构主义学习理论影响下，教师不再是课堂的主导者，而是根据学生已有经验，调整教学内容和教学方式来教导学生，将儿童的自我发展凸显出来，师生之间是平等与合作的关系。

关怀德育理论认为教师与学生之间是平等、互助的关系，同时也是一种双向的关系。教师具有榜样的作用，向学生示范如何进行关怀，而不是空泛地传授关于关怀的知识。作为关怀者的教师给予学生足够的被关怀体验，只有当学生接受教师的关怀并作出回应时，关怀的关系才建立起来，这需要师生双方的沟通与联系，单独一方的道德行为不足以构成关怀。此外，学生作出的回应有助于教师调整教学方式，更好地去关怀学生，教师与学生之间互相帮助、共同进步。

（三）重视开展道德教育实践活动

受进步主义教育运动家杜威"教育即生活"思想的影响，近代西方道德教育十分重视道德实践活动的开展，道德的发展与学校和社会生活是紧密相连的。人本主义德育理论主张关注日常生活经验，道德教育需要回到学生的生活世界，脱离学生的生活经验而施行的道德教育是难以达到成效的。道德认知发展理论为学生创设了道德发展的具体情境，在道德两难故事法的艰难抉择、公正团体法的集体氛围中提高道德判断和道德推理能力，实现道德发展。实践是诺丁斯关怀德育理论中很重要的一种教育方法，学生在道德实践中学习如何去关怀他人，才能发展关怀的能力，尤其是培养关怀的意识。

理论正确与否最终还需要靠实践来检验。西方主体性德育理论具有丰富的道德教育实践成果，应用于教育实践均产生了相应的道德教育模式，如价值澄清模式、道德认知模式、体谅关心模式等，并在教育领域得到了大力推广。价值澄清模式很好地彰显了道德教育途径与方式的人性化，体现了以人为本的主旨；道德认知模式以道德判断和道德推理能力的发展为主要任务，力求增强学生在实现自身道德发展过程中的主动性；体谅关心模式以教育学生学会关心、学会体谅为要旨，重视道德情感的培养以帮助学生建立良好的人际关系。总的来说，这些道德教育模式以学生的道德发展为宗旨，充分挖掘和释放其潜能，凸显其主体性，在教学方法上反对强制性的灌输以及单纯的道德知识传授，并将学生的道德经验、道德认知能力、道德情感需求考虑在内，积极引导学生自由选择、主动建构自身的道德。

第五章

思想政治教育主客体关系的认识论

思想政治教育的主客体及其相互关系是思想政治教育学科中的基础理论问题之一。在当前的现实环境中，思想政治教育的环境发生了与时俱进的变化，唯有清楚主客体二者之间的相互关系才有助于应对复杂的形势和多变的环境，才能实现有效的发展。思想政治教育主客体关系的认识论是形成关于思想政治教育主客体及其相互关系的内涵和特征的认识，是研究思想政治教育主客体发展现状、优化主客体关系的重要基础。

第一节 思想政治教育主体

对于思想政治教育主体的认识实际上就是弄清楚"什么是主体"，"谁是主体"以及"如何成为主体"的问题，即思想政治教育主体的含义、表现以及特征。

一 主体的含义

在界定思想政治教育主体的含义之前，我们需要对哲学话语中的"主体"这一概念进行梳理。

在现代汉语中，"主体"是一个含义丰富的词语，在哲学、法学、化学等领域都有使用，而使用最为广泛的就是哲学领域中的"主体"，即对客体有认识和实践能力的人。现代汉语对主体的理解有一个哲学的前提，就是主体与客体是二元对立的。但是主体与客体的二元对立绝不是先天存在的，主体的产生经历了一个漫长的历史过程。

在原始社会，人类服从自然，人与自然是完全统一的。随着人类社会的发展，人的自我意识逐渐觉醒，到了古希腊时期，人的主体性思想就开始萌芽，其中普罗泰戈拉指出："人是万物的尺度（权衡者），是存在者如何存在的尺度，也是非存在者如何非存在的尺度。"① 这一命题后来被黑格尔称为是"伟大的命题"②。虽然后来一直饱受争议，但毫无疑问的是，这一命题直接彰显了人的主体性特征，这是人类社会在早期发展中自我意识觉醒的表现。需要指出的是，普罗泰戈拉将人作为"万物的尺度"只是表明了人的主体性特征，这种主体性将矛头间接指向宗教神学，却并没有认识到人就是主体。因为在这一历史时期，哲学的认识论还没有将主体从整个世间万物中分离出来。与"人是万物的尺度"同样具有重要价值的哲学命题是苏格拉底提出的"认识你自己"这一命题，这一命题虽然触及哲学认识论，但是依然没有将主体与客体分离开来，依然停留在主体思想的萌芽阶段，这是整个古希腊哲学的历史局限性导致的。

哲学主体思想的真正产生源于近代，其社会背景就是宗教改革的进行与个人主义的兴起，这两种社会思潮几乎是同时产生的，直接导致了人们对社会外部权威的质疑，以及对人本身的关注。在这一社会背景下，哲学主体思想才逐渐产生，其中最著名的代表人物就是笛卡尔，他提出的"我思故我在"对自我的主体能动性给予了充分的肯定。虽然笛卡尔认识到了自我的主体性，但他同样认为人的主体性是需要上帝引导的。把上帝引入到认识领域，也就意味着，笛卡尔并没有真正重视人作为主体以及关注人自身的主体性问题。从康德开始，主体性原则得到真正确立。在康德的哲学思想中，人的"自我意识"被认为是人的本质属性，是人区别于动物的标志。这种"自我意识"就决定了人在认识过程中的理性特征。

尽管经历了漫长的历史发展，但是在马克思主义哲学产生之前，哲学领域并没有真正回答主体与客体二者究竟是一种什么关系，以往的哲学家们要么从本体论的角度出发，将人作为世间万物的一部分，从而将主体与客体混为一谈；要么从认识论的角度出发，将人作为认识的主体，承认人的主体能动性，却与客体彻底撇清关系。

直到马克思主义将"实践"这一概念引入到哲学领域，不仅解释了辩证唯物主义与过去一切唯物主义的区别，也明确回答了哲学中主客体的二元分离是如何产生的。正是因为实践概念的引入，使马克思主义哲学对

---

① 转引自汪子嵩、范明生、陈村富等《希腊哲学史》第 2 卷，人民出版社 1993 年版，第 254 页。
② ［德］黑格尔：《哲学史讲演录》第 2 卷，贺麟、王太庆译，商务印书馆 2009 年版，第 29 页。

主体的界定远比过去更加具体。比如认识主体、价值主体、行为主体等等，其实都是指从事认识活动的人、进行价值活动的人以及表现某种行为的人，而主体的活动对象就是客体。

在马克思主义哲学中，主体既具有确定性，也具有不确定性。马克思指出："主体是人，客体是自然"①，但是，马克思并没有说清楚主体是何种形态的人，因为在哲学话语中，人的形态也是具有多样性的。人并不一直都是具体从事某种活动的人，而是在不同的情况下，有着不同的形态。因此，在马克思主义经典文献中，主体至少有四种形态。

第一种是个体主体，或者可以称为是"现实的人"，马克思曾经指出"社会联系的主体，即人，是自身异化的存在物。人们——不是抽象概念，而是作为现实的、活生生的、特殊的个人——就是这种存在物。"②当然，这里说的"现实的人"并不是马克思创造的概念，而是源自费尔巴哈，也就是将人局限为具体的、现实的个体存在，他是为了与过去将精神实体作为主体的唯心主义主体论进行区别，从而强调主体的具体性和现实性。不过，马克思对个体主体的认识并没有停留在这个层面，而是在此基础上进行了发展，并从三个层面对个体主体进行了规定。首先是自然性方面，指出"人直接地是自然存在物"，是"自然的、肉体的、感性的、对象性的存在物"③；其次，是从社会性的角度出发，认为人在满足自然需求的过程中必然会形成某种社会联系，从而使主体之间具有社会性的特征；最后，马克思主义还从实践性的角度出发，将"在一定的物质的、不受他们任意支配的界限、前提和条件下活动着的"④ 人作为出发点。从这三个方面来说，马克思对主体的第一种形态作出了规定，主体即在社会中从事实践活动的现实的人，它也是主体最基本的形态。

第二种是群体主体，或者称为集体主体。马克思指出"人是最名副其实的政治动物，不仅是一种合群的动物，而且是只有在社会中才能独立的动物。"⑤ 自人类社会产生之日起，无论是生产力极其低下的原始社会，还是生产力高度发达的现代资本主义社会，人类社会从未离开过群体生

---

① 《马克思恩格斯文集》第8卷，人民出版社2009年版，第9页。
② 《马克思恩格斯全集》第42卷，人民出版社1979年版，第25页。
③ 《马克思恩格斯文集》第1卷，人民出版社2009年版，第209页。
④ 《马克思恩格斯文集》第1卷，人民出版社2009年版，第524页。
⑤ 《马克思恩格斯文集》第8卷，人民出版社2009年版，第6页。

活。现代社会,随着生产力水平的发展,人与人之间的依赖从表面上来看是逐渐减弱的,但实际上一个人必然地从属于一个家庭、一个集体、一个社会或一个国家,所以人与人之间的依赖并不是减弱了,而是加深了。与个体主体不同的是,群体主体具有一种趋同性,它是在与外界力量相抗衡的基础上产生的,是具有共同价值追求的主体形式。

第三种是社会主体。社会主体的提出首先可以在马克思的《1857—1858年经济学手稿》中找到思想的源头。马克思指出:"整体,当它在头脑中作为思想整体而出现时,是思维着的头脑的产物,这个头脑用它所专有的方式掌握世界,而这种方式是不同于对于世界的艺术精神的,宗教精神的,实践精神的掌握的。实在主体仍然是在头脑之外保持着它的独立性;只要这个头脑还仅仅是思辨地、理论地活动着。因此,就是在理论方法上,主体,即社会,也必须始终作为前提浮现在表象面前。"① 在这里,马克思批判黑格尔将思维作为主体,提出应该将大脑之外的整个社会活动作为主体,即社会主体。社会主体不是个体主体的简单集合,而是一种紧密的关系组合。个体作为主体在相互之间产生联系,这种组成形态构成了整个人类社会发展的历史。

第四种是类主体。马克思提出了"人是类存在物"这一著名论断。这里所谓的"类主体"有两种意义上的解释。一是人与动物相区别,马克思指出:"人是类存在物,不仅因为人在实践上和理论上都把类——他自身的类以及其他物的类——当做自己的对象;而且因为——这只是同一种事物的另一种说法——人把自身当做现有的、有生命的类来对待,因为人把自身当做普遍的因而也是自由的存在物来对待。"② 另外一种是将整个世界的人作为一个命运共同体而存在,直接指向人类的解放事业,马克思指出:"社会从私有财产等等解放出来、从奴役制解放出来,是通过工人解放这种政治形式来表现的,这并不是因为这里涉及的仅仅是工人的解放,而是因为工人的解放还包含普遍的人的解放"③,这两种对"类主体"的理解都有一个共性,即人是作为整体参与世界的认识和改造的,也正是在这种对象化的认识和改造中,人也证明了自己的类存在。

马克思主义将哲学中的主体分为不同的层次,也就意味着我们对于主

---

① 《马克思恩格斯文集》第8卷,人民出版社2009年版,第25—26页。
② 《马克思恩格斯文集》第1卷,人民出版社2009年版,第161页。
③ 《马克思恩格斯文集》第1卷,人民出版社2009年版,第167页。

体的界定不可能是固定不变的，而是要做到具体问题具体分析。因此，在思想政治教育中，对于主体的研究也不可能是单一的、平面的，而应该是综合的、立体的。

思想政治教育作为一种认知学习和社会行为相互促进相互转化的实践活动，它不仅富有一般实践活动的特征表现，同时还表现出自身的特殊性。其一般性主要表现在思想政治教育作为一种实践活动，是人类社会历史发展的产物，是在改造客观世界的过程中，改造主观世界的过程。而其特殊性则表现为阶级性、政治性和教育性。思想政治教育的阶级性是指思想政治教育是统治阶级进行意识形态传播的工具；其政治性则是从思想政治教育的内容来说的，主要是执政党的政治主张和政治理念，其教育目的就是帮助人们形成正确的政治理念，认知、认同执政党的政治主张，这也是它与政治学的区别所在；其教育性体现在要通过恰当、合适的方式让受教者接受并且认同思想政治教育的性质、内容等，因而也需要遵循一般教育活动的规律。

基于以上对马克思主义哲学中主体内涵的梳理以及对思想政治教育实践活动特殊性的认识，关于思想政治教育主体的涵义，我们可以作出基本的判断，即思想政治教育主体并不是一个单一的概念，而是一个复合概念，这个复合概念至少包括四个层面的主体形态，即个体主体、群体主体、社会主体和类主体。但由于这四个主体并不是独立而生的，且相互之间的界限划分也不是明晰不变的，它们相互融合并统一作用于思想政治教育实践，因而我们在把握思想政治教育主体时还需要着眼于其总体性，进而从本质上抽象出其内在涵义。马克思主义认为"人是一个特殊的个体，并且正是他的特殊性使他成为一个个体，成为一个现实的、单个的社会存在物，同样，他也是总体，观念的总体，被思考和被感知的社会的自为的主体存在"[1]，正是因为这样，从广义上来说，思想政治教育主体就是思想政治教育实践的参与者，但是这个"人"既可以指参加思想政治教育活动的个人和组织，也可以是开展自我教育活动的整个人类。具体而言，思想政治教育个体主体是指具体参与思想政治教育教学活动的每个参与者；而思想政治教育群体主体则是就系统论而言的，在思想政治教育整个系统中，一定的社会阶级和群体用一定的思想观念、政治观点、道德规

---

[1] 《马克思恩格斯全集》第3卷，人民出版社2002年版，第302页。

范，对其成员施加有目的、有计划、有组织的影响，在这个过程中群体主体就是系统及活动的实践者；思想政治教育类主体则是指进行自我认识、自我改造、自我发展的人类社会。

但是，我们现阶段对思想政治教育的理解还没有上升到整个人类社会统一的高度，思想政治教育仍然是某一特定的阶级或组织对其成员施加的有目的、有计划、有组织的影响，使其形成符合一定社会所要求的思想政治规范的社会实践活动。因此，我们对思想政治教育主体的界定还需要结合当前的社会现实，从狭义上对其进行界定。从主体的一般特性与思想政治教育具体特征来看，所谓思想政治教育主体，就是指具体参与到思想政治教育的实践活动之中，并在实践活动中能动地进行思想观念、政治观念和道德观念输出和输入的个人、群体或阶级。

二 主体的表现[①]

在思想政治教育中，主体从来就不是一个固定的形式，而是一个多样性存在的复合体。因此，要全面准确地了解思想政治教育主体的内涵，还需要在概念梳理的基础上进一步分析思想政治教育主体在不同维度下的具体表现。

(一) 从主体的层次形态来分析主体的表现

思想政治教育在时代的影响下取得进一步的发展，当前的思想政治教育已经不能停留在过去的理论灌输层面。就教育过程的角度来研究，它也不是单纯的意识形态传播的工具价值层面。思想政治教育已经成为一个立体式、多层次的实践活动。就层次性来说，思想政治教育至少存在宏观、中观、微观三个层次，而在三个层次中，思想政治教育主体自然就存在三种不同的表现形态。

在宏观层面，思想政治教育主体表现为人类主体。站在整个人类社会发展历史进程的角度来看待思想政治教育活动，通过对历史进程演变的梳理可以发现，虽然思想政治教育这项实践活动在任何一个历史时期都有其特殊的存在方式，但其中有一点是不变的，即如果按照马克思将人类社会实践分为物质生产和精神生产两种活动来区分的话，思想政治教育活动就

---

① 本节内容我曾以《论多视角下的思想政治教育主客体关系》为题发表在《教学与研究》2014年第9期，此处略有改动。

是一项"重要的精神生产活动"。而在这项创造精神财富的活动中,毫无疑问,人类自身就是主体,也就是类主体,人类社会将自身作为主体,认识客观世界,并将来自客观世界的认识内化为自我精神存在。但是,人类不仅仅将自己作为主体来认识和改造客观世界,人类社会的活动还需要认识和改造自我。因而,思想政治教育被当作一种精神生产活动不仅仅因为它创造了重要的精神财富,更重要的是它也是一种自我觉醒和自我改造的精神活动。当思想政治教育实践被看作是人类认识和改造主观世界的实践活动时,其实就承认了一个重要的逻辑前提,即人将自己一分为二,既是主体又是客体。

我们现在所规定的思想政治教育内容的各个组成部分,如各种思想观念、道德观念、政治观念其实都是人类在长期历史发展过程中,认知和改造客观世界和主观世界而形成的,同时它也是与思想政治教育的根本目的相一致的。思想政治教育从宏观视角来看是主体"提高人们认识世界与改造世界的能力,在改造客观世界的同时改造主观世界"[1] 的实践活动,这里的主体并不是以单个人的形式存在,而是以类主体的形式存在。也正是因为如此,人与其他动物相区别,人不仅能够认识世界和改造世界,同时还能够通过改造自身的主观世界,提升自身的思想道德素质并发挥主观能动性,从而更好地实现对客观世界的改造,在这个不断反复、循环进行的过程中,人类和整个社会才得以不断进化,从而实现更高水平的发展。因此,类主体作为最高形式的主体形态,也是思想政治教育最为理想的主体形式,它标志着人类自觉改造主观世界的过程。

中观视角下思想政治教育主体表现为群体主体。我们现在经常使用的各种版本中关于思想政治教育的概念大多是从中观层面界定的。如"所谓思想政治教育,就是一定阶级或政治集团,为了实现其政治目标和任务而进行的,以政治思想教育为核心与重点的,思想、道德和心理综合教育实践。"[2] 再如"思想政治教育是指社会或社会群体用一定的思想观念、政治观点、道德规范对其成员施加有目的、有计划、有组织的影响,使他们形成符合一定社会、一定阶级所需要的思想品德的社会实践活动"[3] 等

---

[1] 张耀灿、郑永廷、吴潜涛、骆郁廷等:《现代思想政治教育学》,人民出版社2006年版,第136页。

[2] 陈秉公:《思想政治教育学原理》,辽宁人民出版社2001年版,第3页。

[3] 陈万柏、张耀灿:《思想政治教育学原理》,高等教育出版社2007年版,第4页。

等。所有这些概念基本上都是将思想政治教育作为意识形态传播的工具，由某一社会群体通过一定的方式传递给社会成员。因此，如果从这个层面来说，"一定的阶级或政治集团""社会或社会群体"等就成为思想政治教育的主体，毫无疑问，在这个层面上，主体表现为某一特殊的群体，而其他社会成员自然就成为被这一群体认识和改造的对象。从中观层面分析思想政治教育，实际上是将思想政治教育看作是某一个群体作用于另一个群体的过程。因此，在中观视角下，思想政治教育主体并不是整个人类社会，但也不是单个的人，而是处于相同历史地位、具有共同的历史使命和共同的思想政治观念的群体。在阶级社会中，思想政治教育群体主体就表现为统治阶级及其代表。

在微观层面，思想政治教育主体表现为个体主体。这一视角要求将思想政治教育视为具体的教育实践活动，而参与、从事这一具体活动的人只能够是具体的、现实的人。由于具体的思想政治教育活动有多种形式，因此即使是在微观视角下思想政治教育个体主体的具体表现形式仍然是不同的，除了传统的思想政治教育课堂教学、课外自我教育等形式以外，网络思想政治教育逐渐走入人们的视野之中并日益受到重视，但无论是哪种具体的形式，思想政治教育微观主体一定是以个体的形态呈现的。目前从微观层面划分思想政治教育主体的观点和说法有很多种，例如"教师主体说""学生主体说""双主体说""主体间性说"等，但可以肯定的是其主体都是具体存在的个体主体。

（二）从历史发展的视角来分析主体的表现

就概念而言，"思想政治教育"一词产生于中国改革开放和社会主义现代化建设新时期，但思想政治教育这项广义的实践活动早就客观存在于不同的国家和地区，历史久远且形式多样。究竟思想政治教育实践活动产生于何时呢？目前学术界主要有两种观点：一种观点认为思想政治教育产生于原始社会；另一种观点认为思想政治教育是阶级社会的产物。我们借助马克思主义唯物史观的分析方法，可以发现自从阶级社会产生以来，思想政治教育就以传播统治阶级主流意识形态的形式出现。另外，从已有的对思想政治教育根源问题和思想政治教育历史发展的研究来看，更多的学者倾向于将思想政治教育视为阶级社会的产物。对此，马克思也曾明确指出，统治阶级"作为思想的生产者进行统治，他们调节着自己时代的思想的生产和分配；而这就意味着他们的思想是一个时代的占统治地位的思想"①。在这里，"思想的生产和分配"实际上就是统治阶级将自己的主流意识形态通过某种方式传递给被统治阶级，使其成为全体社会成员共同的意识形态。因此，从社会历史演变发展的角度来看思想政治教育的产生和发展，可以发现思想政治教育主体在不同的历史时期具体表现也有所不同。

在奴隶社会，思想政治教育主体是奴隶主阶级及其代言人。无论是在中国还是西方都经历了漫长的奴隶社会，虽然生产力相对低下，但是却产生了伟大的思想智慧，其中最具有代表性的就是中国的孔子和西方的柏拉图。从他们留给后人的精神财富来看，无论是孔子对儒家思想的宣传，还是柏拉图对"理想国"的呼吁，其实都暗含了对统治阶级思想的宣传。而孔子、柏拉图等人，尽管在他们的思想中蕴含了许多至今依然具有重要意义的思想智慧，但不可否认的是他们受到时代的局限，很自然地成为统治阶级的代言人，而广大的奴隶阶级自然就成为被改造的对象。

在封建社会，思想政治教育主体是地主阶级及其代言人。中国有着两千多年的封建王朝历史，在漫长的历史时期，中国经历了无数个王朝的更替，但有一点是始终不变的，即封建帝王的统治。在中国封建社会中，虽然也有农民阶级通过仕途的方式实现了身份的转变，但是自从他转变身份，成为地主阶级的那一刻开始，他就无形中沦为地主阶级的代言人，其思想充满了对封建帝王和封建统治的维护。从社会制度层面来看，我国在封建社会时期就已经成立了比较发达的思想政治教育机构，例如该时期的私塾教育和宗教传播，它们是当时思想政治教育和道德教化的重要途径。为了强化统治，中国历代王朝都建立了比较完整的学校教育和宗教管理体制。在西方的中世纪，虽然经历了宗教与王权的激烈斗争，且宗教在竞争中基本都是处于优势地位，但教皇作为国家的实际统治者，也是与普通市民相对立的。所以，在中世纪的欧洲，思想政治教育的主体实际上就是宗教势力。

在资本主义社会，思想政治教育主体是资产阶级及其代言人。在资本主义国家，"思想政治教育"这个概念是不存在的，他们从来也没有提出过这一说法，但思想政治教育却在其社会发展中真实存在。比如，美国的

---

① 《马克思恩格斯文集》第1卷，人民出版社2009年版，第551页。

爱国主义教育始终与资本主义的政治教育、公民教育、国家精神教育等联系在一起。而在俄罗斯的高等教育系统则开设大量的历史、哲学、心理学等必修课程，从而将本国的政治理念与政治宣传蕴含其中。这些看似与思想政治教育无关的教学课程，实际上都承载了思想政治教育的重任，发挥着思想政治教育的功能。而且在资本主义社会，宗教也为资产阶级传播意识形态发挥了重要的作用，在很多资本主义国家，宗教和国家之间形成一种伙伴关系，可以通过遍布全国的宗教将资产阶级所宣扬的价值灌输给更多的社会大众。

在社会主义社会，思想政治教育主体是人民群众。本书在前面一部分，介绍了思想政治教育的三个层次，其中宏观层面的主体是人类，而中观层面的主体是社会群体。而具体到社会主义思想政治教育，由于阶级对立已经基本上消失，所以不存在一个阶级向另一个阶级传播意识形态的问题。但是，我们却不得不警惕资产阶级思想的渗透和影响。因此，针对我国的现实情况，思想政治教育的主体就是人民群众，思想政治教育的过程实际上就是人民群众在改造客观世界的同时改造自身主观世界的过程。同时，虽然阶级对立已经基本消失，但是人民内部矛盾并没有消除，因而在这种社会形态下，思想政治教育还需要承担向一些敌对分子进行思想教育、政治宣传和道德教化的任务。

三　主体的特征

内涵在一定程度上通过特征得以表现，把握思想政治教育主体的内在涵义，离不开对思想政治教育主体的特征进行梳理和分析。

（一）能动性与实践性

马克思在《关于费尔巴哈的提纲》中指出："从前的一切唯物主义（包括费尔巴哈的唯物主义）的主要缺点是：对对象、现实、感性，只是从客体的或者直观的形式去理解，而不是把它们当做感性的人的活动，当做实践去理解，不是从主体方面去理解。因此，和唯物主义相反，唯心主义却把能动的方面抽象地发展了，当然，唯心主义是不知道现实的、感性的活动本身的。"[①] 在此，马克思强调并区分了过去所有唯物主义，尤其是费尔巴哈的唯物主义与自己的唯物主义哲学的本质区别，即将"实践"

---

① 《马克思恩格斯文集》第1卷，人民出版社2009年版，第499页。

这一概念引入哲学之中,将"实践"作为主体与客体相互联系的重要方式。

思想政治教育作为一项社会实践活动,自然具有实践活动的一般特征,而参与其中的思想政治教育主体自然也就具备了实践性的特征。根据马克思主义唯物主义哲学的原理,一切人类的实践活动,不能单纯地从客观世界去理解,而是应该把它当作人的感性活动,从人的主观方面去理解。也就是说,对于思想政治教育活动,我们绝对不能够把它当作对思想政治教育对象的教育和改造,不能够单纯从教育对象的角度去理解,而是要从思想政治教育的主要参与者角度去认识,即着眼于主体层面来看待思想政治教育活动,既要注重教育者的能力、素质、方式方法等问题,同时更要关注受教育者的心理态度、接受能力、思想动态等方面的问题。在这个过程中,思想政治教育主体的主观能动性得以有效发挥,思想政治教育也不再只是单纯的知识传递和意识形态的灌输,而是有了更加丰富的内容和多样化的形式。因此,能动性和实践性是思想政治教育主体的突出特征,缺乏能动性,机械地传递意识形态的内容,思想政治教育主体就沦为了"机器",教育也不可能取得好的效果,甚至可能会产生排斥的效应。而如果没有实践性,思想政治教育主体就会成为像马克思所批判的那样"对对象、现实、感性,只是从客体的或者直观的形式去理解"[1],从而使主体成为抽象的存在,而不可能真正进行思想政治教育活动,也就不可能实现思想政治教育的目标。

(二) 多样性与交互性

思想政治教育具有多种多样的表现形式,其主体也突破了单一性的存在方式,而表现出多样化的特征。具体来说,按照思想政治教育主体的层次形态来划分,主要有类主体、群体主体和个体主体等;按照思想政治教育历史发展的阶段来划分,思想政治教育在不同的社会形态下表现为不同的形式,即使在具体的某一层次中,思想政治教育主体也有不同的表现,例如,在高校思想政治教育中,究竟谁是主体?教育者?受教育者?管理者?如果对教育过程进行细致的分析,不难发现,无论是主导教学过程的教育者,或是参与教育过程的受教育者,还是组织实践活动的管理者,都可能在思想政治教育过程中掌握主动权,发挥主观能动性,从而成为

---

[1] 《马克思恩格斯文集》第1卷,人民出版社2009年版,第499页。

主体。

思想政治教育主体的不同形态和多种表现形式，为我们全面把握、深刻理解和深入研究思想政治教育提供了一种全方位的研究视角，同时我们在分析主体多样性的过程中也会发现，多样性与交互性是同时存在的。思想政治教育主体的交互性有两种形式，一种形式是：同是主体，却可能有着不同的主体存在形态，如思想政治教育者，既可以作为个体主体，也可以作为群体主体。以高校思想政治教育理论课教师为例，单个教师是思想政治教育活动的个体主体，而全体高校理论课教师则是思想政治教育的群体主体。第二种形式是：在思想政治教育中，主体可能与客体交互性地存在，例如在思想政治教育教学过程中，教师在教育过程中是主体，而学生在接受过程中则是主体，教师主体和学生主体是交互存在的。

（三）历史性与客观性

当前学术界对思想政治教育的缘起问题已开展了一定的研究，但无论是将思想政治教育的起源划分在奴隶社会还是封建社会，有一点是肯定的，就是在不同的历史时期，思想政治教育的主体是不一样的。思想政治教育主体具有历史性。从现有的思想政治教育各种概念分析，也可以得出同样的结论。既然思想政治教育是一定的社会和社会群体将其思想观念、政治观念和道德观念传递给社会成员的过程，那么，在这里，我们所说的社会和社会群体一定是具体的、历史的，而不是抽象的、非历史的。思想政治教育主体之所以具有历史性，是由思想政治教育本身的历史性所决定的，其产生、发展经历了漫长的时期，历史源远流长。因此，思想政治教育主体必然是处于特定历史条件下的人，无论是类主体、群体主体还是个人主体，都是处于一定历史时期中具体的、历史的、实践的人。

人既然是具体的、历史的、实践的，自然也是客观存在的。虽然思想政治教育主体是以某种形式存在的人，但历史唯物主义认为，事物是具有客观性的，即便是作为主体的人同样也具有客观性。可以从两个方面来认识思想政治教育主体的客观性：一是思想政治教育主体是客观存在的，它产生并存在于思想政治教育过程中；二是思想政治教育主体的活动具有客观性，它不是主体主观意愿的表现，也不是主体凭空捏造的，而是由当时的社会产生方式决定的，主体自身之所以能够成为主体，也是由社会客观条件决定的。

(四) 社会性与阶级性

马克思主义认为，人类的生产实践活动主要有两类：物质生产和精神生产。思想政治教育毫无疑问是一种精神生产活动，同时也是社会活动的组成部分，因而其主体也同样具有社会性。思想政治教育主体作为现实的人，其本质是现实社会关系的总和，具有鲜明的社会性，所以思想政治教育主体自然也就带有明显社会性特征。思想政治教育主体的社会性表现在主体不仅是自然界长期发展的产物，也是社会发展的产物。马克思曾经肯定了过去唯物主义的观点，指出："既然人天生就是社会的，那他就只能在社会中发展自己的真正的天性；不应当根据单个个人的力量，而应当根据社会的力量来衡量人的天性的力量。"[1] 思想政治教育主体也是如此，主体所传递的教育内容、所使用的教育方式、所秉承的教育理念都是由当时的社会关系所决定的。因此，也才要求思想政治教育主体不断地与时俱进。

在阶级社会中，思想政治教育的这种社会性则主要表现为阶级性。马克思指出："在不同的财产形式上，在社会生存条件上，耸立着由各种不同的、表现独特的情感、幻想、思想方式和人生观构成的整个上层建筑。整个阶级在其物质条件和相应的社会关系的基础上创造和构成这一切。通过传统和教育承受了这些情感和观点的个人，会以为这些情感和观点就是他的行为的真实动机和出发点。"[2] 阶级社会里，思想政治教育的主体主要是统治阶级及其代言人，因而教育主体的思想深深地打上了统治阶级的烙印。

第二节　思想政治教育客体[3]

客体与主体一起产生，作为对象依托使主体得以存在并发挥作用，只有对思想政治教育客体进行深入分析，才有助于深刻把握思想政治教育主客体关系。

---

[1] 《马克思恩格斯文集》第1卷，人民出版社2009年版，第335页。
[2] 《马克思恩格斯文集》第2卷，人民出版社2009年版，第498页。
[3] 本节内容我曾以《思想政治教育主客体关系的马克思主义逻辑》为题发表在《教学与研究》2017年第7期，此处略微有改动。

一 客体的含义

从客体的本质和地位上来说，它是主体认识和改造的对象，实践活动产生了主体，也必然会产生与之相对应的客体。客体的本质属性以及客体在实践活动中的地位和作用是认识和理解思想政治教育客体的关键所在。近年来，主体间性理论被逐渐从哲学领域引入到思想政治教育领域，并在处理思想政治教育主客体关系问题上取得较大发展，但同时，对思想政治教育主客体问题的研究似乎有忽略客体的倾向，这既不符合主客体理论的基本原则，同时也偏离了研究思想政治教育主客体及其相互关系的初衷。

客体是与主体同时产生的，是实践活动中"主体活动所指向的，并反过来制约主体活动的外界对象"①，"客体既可能是物质的东西，也可能是精神的东西"②。既然客体是物质的东西，那么自然也包括了人，其中可以是他人，也可以是自己。客观事物是否能够成为实践活动的客体，以及成为什么样的客体，如何成为客体，既取决于主体的需要及实践活动的性质，同时也取决于客观事物的属性。

首先，客体必然具有客观性，这是区别于主观性而言的，客观存在是客体之所以成为客体的前提和基础，客观存在的事物包含的范围很广，太阳、河流、生产关系、政党等都是客观存在，但是对于那些主观臆想出来的虚假事物则不能够成为客体，例如，上帝、天堂等等。其次，客体还应该具有对象性，客观存在的事物是丰富多样的，但并不是所有客观存在的事物都可能成为客体。正如马克思所讲的，"工业的历史和工业的已经生成的对象性的存在，是一本打开了的关于人的本质力量的书，是感性地摆在我们面前的人的心理学"③。客体概念仅仅是相对于主体而言的，所以只有成为主体活动对象的客观事物才能够成为客体。对象性是客体之所以成为客体的关键性因素。其三，客体也具有被动性，客体在被纳入主体的对象性活动时就已经体现了其被动性的特征，客体无法自由选择主体，但是主体却可以根据自身的需要选择相应的认识和实践客体。客体在被纳入

---

① 齐振海、袁贵仁：《哲学中的主体和客体问题》，中国人民大学出版社 1992 年版，第 117 页。

② 齐振海、袁贵仁：《哲学中的主体和客体问题》，中国人民大学出版社 1992 年版，第 117 页。

③ 《马克思恩格斯文集》第 1 卷，人民出版社 2009 年版，第 192 页。

主体的活动之后，也是根据主体的原则进行改变的，主体将自身的思想、观点或者行为应用于客体，实现客体的主体化过程。最后，客体还具有规律性，客体的规律性是指客体在参与认识或实践活动时，具有自己相应的准则和规律。客体的规律性一方面制约着主体的认识和实践活动，决定着认识和实践活动的深度和广度；另一方面，客体的规律一旦被主体掌握，也可以帮助主体更加准确地认识客体，改造客体。

根据客体属性的规定，客体具有不同类型。按照客体表现形式的差异，可以将客体分为自然客体、社会客体、精神客体三种类型。自然客体是最显而易见的形式，小到微观领域的分子、原子，大到宏观世界的宇宙，只要是人类认识已经触及的地方，都可以成为人类认识的客体。而且，随着人类认识的不断深入，自然客体的外延会不断扩大。如果说自然客体是自然界存在的客体形式，那么社会客体则处处充满了人类活动的痕迹。社会客体主要包括了人、物质系统和精神系统三个方面。处于社会生活中的人之所以可以成为客体是从主体自身出发而言的，在人相互认识的时候，如果将自身作为主体，对方就成为被认识的客体；而社会客体中的物质系统包括了所有人化自然的产物，是人类创造出来的物质世界；精神系统则是指社会的精神产品、上层建筑以及与之相适应的一切制度的总和。精神客体主要是指人的主观精神和客观精神，主观精神包括了人的思维、情感、意志等非理性的形式，而客观精神则包括了书刊、影像等以客观形式为依托的主观精神的物化形态。精神客体之所以可能被纳入客体系统，主要是因为人类的实践活动不仅仅要改造客观物质世界，同时也要改造人的主观精神世界。对精神世界的改造既是人类实践活动的重要组成部分，也是推动客观世界改造的重要因素。客体的形态虽然具有多样性，但是客体的具体内涵还要以具体的认识和实践活动为依据。

思想政治教育的客体问题往往被主体问题的先在性所掩盖，人们对主客体问题的争论主要是集中在"谁是主体"上，认为主体的另一面自然就是客体，却忽略了客体自身的各种属性和内涵。对思想政治教育客体的把握需要从两个方面入手，一是活动本身的属性，二是客体应该具备的属性。首先，思想政治教育活动的属性、本质问题一直都是存在较大争议的，思想政治教育被贴上了政治性、阶级性、教育性等各种不同的标签。可以发现，对活动本质的认识不同，对客体的认识就会有差异，如果将思想政治教育理解为一项政治传播活动，由于传播只是单方面的活动，传播和接受并不完全是相互对应的，所以，国家权力部门以及相关组织就是传播主体，而各种政治观点和主张、报纸、新闻等则成为有形或者无形的传播客体。而如果将思想政治教育的本质理解为阶级性，那么按照马克思主义的阶级观点，统治阶级的意识形态必然是要占统治地位的，统治阶级通过思想政治教育活动将自身的意识形态灌输给被统治阶级，从而改变被统治阶级原有的思想观点，以满足统治阶级的统治目的。那么统治阶级和被统治阶级自然就构成了这一实践活动的主体和客体。因为思想政治教育是以培养全面发展的人为目的的，所以它亦可以被理解为教育活动，教育活动是教育者和受教育者在相互交往的过程中，提升受教育者原有认识水平的活动。教育活动是由教和学两个部分组成的，在教的过程中，教育者往往把自身作为主体，那么受教育者就成为客体；而在学的过程中，受教育者把自身当作主体，他所认识的对象不是教育者，而是教育者所教的内容，教学内容成为客体进入主体的认识领域。当然教与学并没有严格的时间划分，二者往往是在同一时间发生的。两者的区分是为了说明在教育活动过程中，教育者以及受教育者自身都具有主观能动性，它们都被赋予主体的地位，只不过，受教育者只有在教育者的认识和实践活动中才能够成为客体，其客体地位并不是固定不变的。

通过对思想政治教育客体典型形态的划分和理解，可以发现，无论主体如何被规定，思想政治教育的客体指向一定是某种精神存在物，要么是人的主观精神世界，要么是以物质为载体的客观精神或文化。但这种精神存在物不是被固化的某种规定，而是变化的、多样化的表现，这也是思想政治教育客体区别于其他存在客体的特殊之处。精神能够被定义为客体，首先是因为精神本身也是客观的现实存在。按照心理学的一般原理，认知、情感、意志等是人实实在在的精神现象，这是以人的生理基础为基础的，没有一定的生理基础，作为精神现象的认知、情感、意志等是无法真实地存在的。心理学旨在揭示人主观精神世界的活动及其现象，而社会学、文化学则是表明关于人的外在客观精神世界，例如不同环境影响下所反映的各种文化现象以及不同地区的人文风俗等。主观精神、客观精神都是客观独立且真实存在的，但精神现象一旦与人发生了对象性的联系，就成为人的认识和实践活动的对象，于是就产生了精神客体。正如马克思所说："从主体方面来看：只有音乐才激起人的音乐感；对于没有音乐感的耳朵来说，最美的音乐毫无意义，不是对象，因为我的对象只能是我的一种本质力量的确证"[①]。思想政治教育这项实践活动把现实的人当作出发点，将认识人的精神世界作为对象性活动。因此，思想政治教育客体从本质上来说，就是被主体认识和实践的对象，它以精神为表现形式，以多种方式为载体而存在。

二 客体的表现

探求思想政治教育客体如何得以表现的问题，首先要对哲学中客体的类型进行一个简单的梳理，这样才能够保证在分析思想政治教育客体时不至于出现遗漏。

在哲学思想中，客体与主体总是同时出现的，没有主体就没有客体。客体作为主体认识或实践的对象，也随着主体的不同而不同。但是无论主体的类型如何变化，客体的表现也不外乎以下几种：

第一种是自然客体。自然客体是人类最早认识和实践的客体对象。从人类社会诞生之日起，人类就没有停止过对大自然的认识和探索。也就是说，在人类文明产生主体和客体思想之前，其实就存在主体和客体的实际了。即便是在物质文明高度发展的今天，人类社会也依然没有停止对大自然的探索，比如对各种地质现象的勘测，对人类所需能源的勘探，对各种自然现象的研究等等。上至浩瀚宇宙，下至广袤深海，人类的认识不断超越，这些探索一方面是为了满足人类社会认识发展的需要，另一方面则是为了满足自身不断发展的物质需要。

第二种是"人化自然"客体。与人类社会密切相关的，除了空气、水之类的自然之物之外，还有更多的其实是人类通过智慧和劳动创造出来的"人化自然"存在。赋予了自然人类的产生和生存发展，人的活动又给天然的自然带来了很多"人化"的痕迹，例如为人类社会提供衣食住行的农场、矿场等，以及满足人类精神需求发展的公园、广场等无一不是经过人类社会改造之后的客观存在。与天然的自然不同，这些"人化自然"凝结了人类的智慧和劳动，是人类认识和改造自然的产物，这些社会物质产物作为客体具有二重性：其一，它是人类社会反作用于自然的产物，是通过认识和改造自然而产生的结果，其二，它又为推动人类社会向前迈进，进而实现更好发展奠定基础。

---

① 《马克思恩格斯全集》第3卷，人民出版社2002年版，第305页。

第三种是精神客体。精神客体是从"人化自然"客体中分离出来的具有精神特征的部分。在"人化自然"中，改变的不仅仅是自然界的原有属性，形成了属人的世界，同时也产生了人类的精神生活，共同组成了人类社会统一体。而人类社会的发展除了需要物质基础之外，也离不开精神。精神是社会发展的产物，与物质不同，精神是人类社会产生之后才产生的，所以，精神在产生之时被打上了深深的社会烙印。社会精神与社会物质都是社会发展的产物，只是二者的形态不同。从主体的角度来说，社会物质是主体认识和改造的对象，主体通过对物质世界的认识进一步实现对物质世界的改造，在这个过程中，如何实现从认识到实践的转变，离不开主体的主观能动性，这种能动性是什么呢？其实就是人的意识。而人类社会在长期的发展中，将这种能动性通过有形的文字、图片、音乐等方式记录下来就成为有客观载体的精神文化产物和精神文化现象。除了这些之外，存在于人的思维之中的还有大量的人类精神活动。无论是精神文化产物、精神文化现象还是人类的精神活动，其本质都是不变的，即都是社会发展的产物，都是属于精神的范畴。

第四种是实践客体。人类社会除了已有的物质和精神之外，还存在一种正在进行着的现象，即人类实践活动，比如工人在工厂工作、农民在田间劳动、学生在课堂学习等等。这种实践活动同样可以成为人类认识和实践的对象，比如画家可以通过观察农民在田间劳作而创作一幅艺术作品，对欣赏艺术作品的人来说，这幅画本身就是物质客体，而这幅画所反映的内涵和意义就是精神客体。但是对于画家来说，他创作这幅作品的灵感来源，既不是物质客体，也不是精神客体，而是一种社会实践。社会实践并不是简单的人类的活动，而是社会关系的反映。所以，社会实践客体实际上是最能够直接反映社会发展形态的客体形式。

第五种是符号客体。符号客体顾名思义就是各种符号。从原始社会开始，人类就通过各种特殊的符号记录日常的生产活动，这种最初的符号所承载的内容其实就是人类的社会实践活动和思想精神。随着人类社会的发展，语言、文字成为最为普遍的符号形式，除此之外，还有各种符号系统等等。而信息化的发展，又促使了符号的多元化和时代化，人类已经被越来越多的符号所包围。人类日益加深了对符号的价值性认识，符号甚至成为我们认识当今世界必不可少的客体。

第六种是自我客体。以上五种客体的表现形式都具有一定的独立性，并与主体相对应，主体通过认识和实践与其产生对象性联系。自我客体是建立在主客体统一的基础上，也就是人类自我认识和自我改造的过程中才会产生的客体形式。在这个过程中，人既是主体也是客体，人不仅仅需要认识外界事物和他人，同时也需要认识自己，并且在认识自己的过程中，提升自己，也就是完成改造自己的过程。所以，人既是主体也是客体。

基于以上对六种客体形式的梳理，将哲学中的客体形式与思想政治教育的特征相结合，思想政治教育客体的表现形式主要有以下几种：

第一种：思想政治教育精神客体。精神客体是最重要的客体表现形式，思想政治教育是一定的社会和社会组织将一定的思想观念传递给社会成员，使其形成正确的世界观、人生观和价值观的过程。简单来说，思想政治教育就是主体使社会成员改变原有的错误思想，产生新的正确思想的过程。首先，思想观念就是一种重要的精神客体，它是主体作用的对象，主体要认识这种精神客体，并将其进行某种转化，使其更加符合社会成员的认知；其次，社会成员的思想观念也是一种重要的精神客体，它是主体直接作用的对象，通过对社会成员的教育使其形成正确的思想观念，也就是说，主体要改变的并不是社会成员，而是他们的精神，虽然我们不能够把二者割裂，但是也不可否认，对思想政治教育活动来说，主体作用的对象并不是人的外在形态，而是人类的思想认识，是一种精神存在。

第二种：思想政治教育物质客体。物质客体主要以两种形式呈现：第一种是物质载体。载体是内容的承载形式，思想政治教育具有十分丰富的内容，同时其载体形式也是各种各样的，如相关的书籍、影视作品、实践教育基地等等都体现着一定的思想政治教育内容，思想政治教育主体需要认识这些客体，并且在认识过程中实现思想的转变。另外，载体也是思想政治教育活动的媒介。随着时代的发展，思想政治教育媒介已经从传统的纸质文本转向信息化载体，比如电脑、手机等等。但无论是哪种载体，在教育过程中表现出的都是一种客体形式，它能够帮助主体更好地实现思想政治教育的目的。另一种物质客体是指思想政治教育的物质环境。外在的物质环境，如社会的经济发展水平、思想政治教育的客观条件等，都会影响实践活动的具体开展，主体需要利用有利的环境，改变不利的环境，充分发挥良好物质环境对思想政治教育目标实现的促进作用。

第三种：思想政治教育符号客体。前面说到，文字和语言是最重要的符号客体。在思想政治教育中也不例外，思想政治教育并不是人类自我意识的封闭式发展的过程，而是思想传播并产生影响的过程。在思想的传播过程中需要借助符号进行交流、沟通和表达，达到某种共识并对其产生影响，这才算真正意义的思想政治教育一个周期的完整实现。在整个过程中，语言是最能发挥有效作用的符号，思想政治教育话语的形成绝对不是随着语言的产生就自然产生的，而是思想政治教育主体在长期的教育活动中探索而成，并不断发展的。在教育过程中，思想政治教育话语也被受教育者认识和改造，从而促进了思想政治教育话语的与时俱进。除了语言之外，其他的文字、图片等也是如此，也就是说思想政治教育的符号并不是固定的、一成不变的，符号的产生直接来源于思想政治教育主体客观的、真实的认识和实践活动，同时伴随着主体间交流、沟通以及思维碰撞的加深，符号的创新和变化也得以应运而生。

第四种：思想政治教育自我客体。自我客体就是将自己作为客体，这里先在地认为自己是主体，所以主体和客体是统一的，这种情况主要是为了进行自我教育。自我教育也是思想政治教育的一种表现方式，它是指通过自我学习，实现自我认识和自我改造，进而在思想认识、政治素质等方面提升自己的过程。教育者在这个过程中作为组织者只是发挥引导作用，以一种隐形的方式存在。

第五种：思想政治教育实践客体。努力提高人在主观的精神层面上的认知水平是进行思想政治教育的目的所在，但是这并不是最终目的，正如马克思在论述哲学时所说，哲学的最终目的是要改变世界。以马克思主义为指导的思想政治教育也将其作为自身的最终目的，它要求将马克思主义理论与思想政治教育的实践活动相结合，最后通过对人思想的改变而达到更好地改变客观世界的目的。所以，一切的思想政治教育活动，在判断其有效性的时候，其落脚点都是实践，如何判断思想政治教育的效果，并不是看受教育者记住了多少思想理论，而是要看他呈现出来的是什么行动。比如，在马克思主义理论产生初期，马克思、恩格斯等人是将革命理论与国际共产主义运动相结合的，马克思主义理论也是在国际共产主义运动的过程中不断丰富和完善的；在中国新民主主义革命时期，思想政治教育的目的是要向广大中国人民传播先进的马克思主义理论，从而使中国人民能够为了民族的独立和解放而团结起来；在和平时期，现阶段思想政治教育的目的则是要使广大人民能够为实现中华民族的伟大复兴而作出自己的努力。这些行动和努力其实都是一种实践，什么样的实践成为判断思想政治教育有效性的重要标准，如果仅仅只是思想上实现了转变而没有任何行动，则不能算真正进行了思想政治教育，因为它并没有呈现彻底有效的实践。同时，就思想政治教育过程本身而言，它也是一种实践活动，这种活动也会成为一种客体被教育者、受教育者和教育管理者所认识，所以思想政治教育实践客体是客观存在的。

三　客体的特征

理解思想政治教育客体的特征需要对其本质和规律进行进一步的分析，同时思想政治教育是由各种要素构成的，准确把握各个要素在思想政治教育中的地位和作用，才能够对客体的特征作出全面的判断。

第一，思想政治教育客体具有客观性。客观性是现实客体的首要特点。物质客体和符号客体的客观性很容易理解。这里主要阐述思想政治教育精神客体、自我客体和实践客体的客观性。其一，精神能够成为客体是因为精神也可以成为人类认识和活动的对象，并且人类精神并不是主观臆断的结果，而是社会生产关系的反映。在思想政治教育中，无论是作为思想政治教育内容的精神客体，还是作为被改造的精神活动客体，都是客观存在的，不是凭空产生和消失的。这种客观性主要体现在它们是一定社会经济发展的产物。其二，自我客体的客观性主要是通过人的客观性体现出来的。虽然，自我教育要实现的是自我思想的转变和提升，但是思想是人脑的产物，从这一点来说，思想是主观的，但承载思想的人是客观的，所以思想也具备客观性的特征。其三，思想政治教育实践活动的客观性还体现在教育形式、教育内容的客观性，所谓内容的客观性是指思想政治教育内容所解释的是人类社会发展规律，是科学的真理，这与宗教活动有着本质的区别，虽然宗教活动也有固定的场所，明确的教义，但是其传播的内容却是非科学的，是主观臆断的产物。除此之外，实践客体不仅仅是思想政治教育活动本身，还包括纳入思想政治教育范畴内的一切社会实践活动，比如社会主义精神文明建设活动。

第二，思想政治教育客体具有动态性。思想政治教育客体并不是一成不变的，而是随着主体的变化而变化。从目前学术界对"究竟受教育者是不是客体？"这个问题的争议中就不难发现，客体是一种变化的存在，有人认为受教育者是客体，有人认为受教育者在接受过程中又变成主体，有人认为教育内容是客体，等等。这说明，客体在思想政治教育过程中伴随着教育实践活动的推进而发生改变。整个思想政治教育过程是具有阶段性的，在前期准备、教育过程和后期评估三大阶段中，思想政治教育客体各不相同，即使是在思想政治教育过程中，客体也不是固定的。在前期准备阶段，教育者是主体，教育内容是客体；在教育过程中，受教育者是客体，甚至在某一时刻教育内容、教育载体也可能是客体；在教育评估阶段，整个教育过程则成为客体。正是因为思想政治教育客体具有动态性的特征，才导致思想政治教育主客体关系变得难以把握。因此，要厘清思想政治教育主客体关系必须准确把握思想政治教育客体的动态性特征，从动态的角度来加强对客体的把握。

第三，思想政治教育客体具有历史性。这种历史性主要表现在三个方面：（1）思想政治教育客体的产生是历史发展的产物。自然界客体先于人类社会产生而存在，而思想政治教育客体则出现在人类社会产生后，它伴随思想政治教育活动的产生。（2）思想政治教育客体的发展是随着社会的发展而变化的。无论是哪种形态的思想政治教育客体，都是特定历史时代的产物，不同社会历史形态下的客体呈现也是不同的。奴隶社会、封建社会、资本主义社会，社会主义社会，其思想政治教育客体表现出极大的差异性。（3）思想政治教育客体最终会随着历史发展的进程而消失。恩格斯指出："一切依次更替的历史状态都只是人类社会由低级到高级的无穷发展进程中的暂时阶段。每一个阶段都是必然的，因此，对它发生的那个时代和那些条件说来，都有它存在的理由；但是对它自己内部逐渐发展起来的新的、更高的条件来说，它就变成过时的和没有存在的理由了；它不得不让位于更高的阶段，而这个更高的阶段也要走向衰落和灭亡。"[①]思想政治教育的最终目的是要实现人自由而全面的发展，因此，随着历史的发展和共产主义的实现，人们的思想达到高度的统一，并不存在各种意识形态的相互较量，以及某种思想观念的传播问题，思想政治教育也会退出历史的舞台，有关思想政治教育客体的问题便迎刃而解。

第四，思想政治教育客体具有多样性。客体的多样性与主体的多样性既具有相同点，也有不同点。相同点主要表现在两个方面：（1）在不同的历史时期，思想政治教育主体和客体都有着不同的具体表现；（2）在不同的思想政治教育阶段，思想政治教育主体和客体指向不同。不同点主

---

① 《马克思恩格斯文集》第 4 卷，人民出版社 2009 年版，第 270 页。

要是指，与主体相比较，其客体多样性的内涵更加丰富。在思想政治教育中，在主体相同的情况下，客体有多种存在形式，比如在微观的教育过程中，当教育者成为主体时，教育内容、教育方法、教育对象都可以成为客体；在自我教育中，"我"就是主体，但同时，思想政治教育的内容是"我"认识的客体，"我"原有的思想观点则是"我"认识和改造的客体；而在思想政治教育评估阶段，教育过程、教育者的方法、教育效果等等都可以成为客体。在中观层面的思想政治教育中，思想政治教育主体表现为群体主体，客体既可以是广大的社会大众，也包括主体所要传播的意识形态。

第五，思想政治教育客体还具有主体性特征。主体具有主体性是毫无疑问的，但是客体是否具有主体性呢？在思想政治教育的多种客体中，有一部分客体是不存在主体性的，它们就是物质的存在，但是还有一部分具有主体性特征。其中，最明显的就是自我客体，自我客体是一种特殊的客体，是将人自身作为认识和改造的对象，那么在自我教育的过程中，人作为一个现实的、具体的人很难将自我明确地分成主体和客体，人是主体和客体的统一，在这个过程中，主体客体化和客体主体化也自然统一起来。除了在自我教育中，客体具有主体性特征之外，当思想政治教育群体主体将教育内容传递给社会成员的时候，社会成员作为客体也具有主体性，因为社会成员也是现实的，具有主观能动性的人。而在具体的教育教学过程中，教育主体的对象并不是受教育者的客观的形体，而是受教育者的思想和精神，这种思想和精神也是具有主体性特征的，这种主体性特征导致思想政治教育的受教育者能够在教育过程中能动地选择教育内容，从而实现自我认识的提升，并且还能够反馈教育效果，实现教育过程的优化。

第三节 思想政治教育主客体辩证关系

思想政治教育主体与客体之间的关系是一种辩证发展的关系，主要体现在四个方面，即相互依存、相互制约、相互发展和相互转化。

一 主客体之间的相互依存关系

思想政治教育主客体之间的依存关系是指主客体二者是共同产生的，没有思想政治教育主体就无所谓思想政治教育客体，同样没有思想政治教育客体也就无所谓思想政治教育主体,主体与客体共同产生,相互依存,不可分割。

主客体拥有共同的产生条件。当前,学术界在其起源问题上主要有两种看法:第一种看法认为,思想政治教育产生于原始社会,这时候,"人的依赖关系(起初完全是自然发生的),是最初的社会形式,在这种形式下,人的生产能力只是在狭小的范围内和孤立的地点上发展着"[1]。当原始社会的人类开始进行各种行为规范和社会习俗的确立和传播时就意味着思想政治教育的最初形态产生了,此时的教育并没有从普遍的社会生活中分离出来,而是融入各种生产实践活动之中。第二种看法认为,思想政治教育产生于奴隶社会,它将阶级性作为思想政治教育的本质属性,因为"教育在任何时候、任何地方都有阶级的性质,不管辩护人或信徒是否意识到这一点。问题在于在人类社会中教育都具有完全特定的社会功能,它始终受统治阶级利益的导向"[2]。而奴隶社会是第一个阶级社会,阶级和国家的产生最直接的表现就是人类分化为不同的阶级,由于暴力统治并不能够解决所有的问题,统治阶级为了缓和矛盾就需要通过教育宣传等方式维护其统治。

这两种观念的本质区别就在于对思想政治教育的本质理解不同,第一种将思想政治教育理解为一种教育活动,而第二种将思想政治教育理解为一种政治活动。但是无论是哪一种理解,共同的一点,就是思想政治教育的产生必须具备一些基本条件,这些基本条件就决定了思想政治教育主体与客体的产生是同时的、同步的。

第一,社会分工的产生是重要前提。思想政治教育是一种特殊的社会实践活动,这可以通过其概念内涵和活动规律得以验明,它具有自身的特殊性,而不应该与人类的一般实践混为一谈,它并不是与人类的实践活动同时产生的,人类最初满足自身物质需要的生产活动并不属于思想政治教育活动,而单纯只是为了生存的需要。这一时期,即便人类已经有了制定规范、传承习俗等活动,但这些活动也只是为了满足生存的需要,因此,只有当社会分工产生了之后,才促使一部分人专门被分离出来进行相关思想教育、道德教化、政治传播的相关活动,这些人就自然成为思想政治教

---

[1] 《马克思恩格斯文集》第8卷,人民出版社2009年版,第52页。
[2] [俄]维果茨基:《教育心理学》,龚浩然等译,浙江教育出版社2003年版,第113页。

育的主体，主体在这个过程中的对象就是客体。也就是说，社会分工导致了人与人角色的分类，这种分类进一步产生了思想政治教育主体与客体的分类。同时社会分工也将人类实践活动分成不同类型，进而直接将思想政治教育从一般的生产实践活动中分离出来，成为一种独立的、具有特殊性的实践活动。

第二，社会关系的形成是客观条件。主客体间相互依存还需要有一定的社会客观条件，即社会关系。社会关系不是随着单个人的产生而产生的，因为人都是在生产实践的发展影响下，逐渐从孤立的个体结成群体，进而走向社会，人类所面临的问题不仅仅是对于自然界的认识和改造，还包括对他人的认识，人与人之间的相互交流，以及群体和社会的共同生产。马克思曾指出："人们在生产中不仅仅影响自然界，而且也互相影响。他们只有以一定的方式共同活动和互相交换其活动，才能进行生产。为了进行生产，人们相互之间便发生一定的联系和关系；只有在这些社会联系和社会关系的范围内，才会有他们对自然界的影响，才会有生产。"[①]在对自然进行认识和改造的过程中，一系列的经济关系、政治关系、文化关系得以产生，这些关系的总和构成了人类社会。换句话说，如果没有经济、政治和文化等具体的社会关系，人类可能一直停留在原始社会初期阶段，也就不可能产生思想政治教育，它也不会发展成为人类社会的高级活动，直接影响人的思维观念和行为方式。一定社会关系的形成，既可以成为思想政治教育产生的客观条件，同时也产生了思想政治教育主体和客体本身。人从动物人转变为社会人方能成为思想政治教育主体；而自然界的万物只有被人类所用才能成为客体。

第三，人类自我意识的产生是主观条件。在人类社会发展的历史进程中，人与自然是统一的"人的依赖关系"决定了人类自我的主体意识在这一时期还尚未觉醒，人是自然的奴隶，人不仅对自我没有清楚的认识，更对自然充满了未知恐惧和极度依赖。这一时期，人类主要的活动只是局限于如何躲避自然界灾害，如何获取自然界馈赠，并没有太多思想层面的建构。但是人不可能一直停留在无意识阶段，否则人类社会就不可能进步。也就是说，虽然"原始社会"被认为是"原始共产主义"，表面上看来人与自然之间是和谐相处的局面，但实际上处处充满着矛盾。第一重矛

[①] 《马克思恩格斯文集》第1卷，人民出版社2009年版，第724页。

盾是人类主观愿望与自然现实的矛盾，人类总是希望得到更多的来自自然的赠予，但自然往往并不遂人愿；第二重矛盾是人类自我突破与自然限制之间的矛盾，人与动物一样也向往自由自在的生活，但是大自然往往给人类的生活设置了重重障碍。正是因为人与自然之间存在这种矛盾，才促使了人与自然之间的分离，人类社会也正是在这个分离的过程中形成了对自我的认识以及对人与自然之间关系的认识。这也是人虽然属于动物但又明显区别于动物的重要原因，虽然动物与自然之间也有矛盾，但是动物却没有意识到这个矛盾的存在，正如马克思所说："动物仅仅利用外部自然界，简单地通过自身的存在在自然界中引起变化；而人则通过他所作出的改变来使自然界为自己的目的服务，来支配自然界"①。自我意识的形成，表明人类开始将自我作为主体，并通过自身的认识和实践行为作用于外界。形成独立的自我意识，是人类进行认识和实践活动的基本条件之一。对思想政治教育活动来说，人类只有首先形成自我意识，才能够对自身、对他人的思想进行再认识，才能够对自身或他人的思想产生相关的影响。所以，自我意识的形成是一种主观条件，它能够直接影响思想政治教育主客体关系的形成。

在主客体的作用机制上，二者也是缺一不可的。根据前面的分析不难发现，思想政治教育的产生带来了思想政治教育主体与客体的界分，那么主客体产生之后，二者之间的依存关系有何表现呢？首先，从一般人类认识和实践活动的特征来看，认识活动是认识主体对对象进行认识的过程，这里的对象就是认识客体；实践活动则是实践主体对对象进行实践的过程，这里的对象就是实践客体；甚至连价值也是客体对主体的满足程度。所以，人类的各种一般活动都离不开主体与客体这种相互作用的联系。在作用影响上，思想政治教育既不是单纯的认识活动，也不是单纯的实践活动，同时也不单纯只是价值判断，而是多重关系的融合。思想政治教育是思想政治教育主体对思想政治教育客体的认识和实践活动。如果没有客体，主体就没有作用对象；如果没有主体，客体就永远也无法纳入人类思想认识领域和实践领域。所以，从思想政治教育过程中主客体相互作用的机制来看，主客体之间也是相互依存、缺一不可的。

---

① 《马克思恩格斯文集》第 9 卷，人民出版社 2009 年版，第 559 页。

二　主客体之间的相互制约关系

在前面的论述中，我们指出了历史性是主客体共同拥有的一个特征，这种特征也决定了思想政治教育主体与客体以及思想政治教育活动本身三者之间存在一种三重制约的关系。思想政治教育主体决定了思想政治教育实践活动本身及其客体对象，实践活动本身又决定了活动过程中的主体和客体，客体反过来对实践活动和参与实践的主体产生制约作用。而具体到思想政治教育主客体之间的关系则是一种相互制约的关系，为了对这种相互制约关系有更加清楚的认识，我们需要将以上三者之间的相互制约关系进行深入分析。

其一，主体的表现不仅决定了客体的范围，同时作为参与对象，主体还决定了思想政治教育实践活动的层次。我们在前面说到，主体的表现形式不是单一和固定不变的，而是具有多样化的特征，不同主体的表现特征，决定了其所对应的客体范围也是不同的。思想政治教育的个体主体是将单个人作为主体的，在这种情况下，主体对应的客体也只能是具体的人或者精神思想。比如当人将自己作为主体并进行自我思想政治教育时，他就要改造自己的精神，因而自身的精神就被赋予了客体的地位，当主体是自我的时候，客体就只能是自己的精神，而不可能是其他人或者物。这样就决定了思想政治教育实践活动的层次只能够停留在微观层面。当思想政治教育主体是以某一个组织或群体的形式出现时，它所对应的客体就不可能是某一个具体的人或者思想，而是一群人或一群人的思想，这就是中观层面的思想政治教育。而在整个人类社会发展的历史中，人类自身也是主体，在认识客观世界的同时，还需要对主观世界进行认识和改造，整个人类社会精神文明的发展就是一种思想政治教育实践，人类主体决定了客体也只能是人类社会本身，这就是宏观层面的思想政治教育。不同的主体形态制约着客体的不同范围，同时也决定了思想政治教育实践的不同层次。另外，思想政治教育主体还具有历史性的差异，不同的历史时期下的主体形态不尽相同，呈现出一定的历史和阶级局限性，同时也决定了其客体鲜明的阶级属性，决定了其实践活动只能够是带有阶级烙印的实践活动。

其二，客体的表现不仅制约了主体的指向，还制约了思想政治教育的实践活动的内容。思想政治教育客体的不同表现形态，如精神客体、物质客体、符号客体、自我客体和实践客体等，并不是同时出现在某一具体的思想政治教育之中的，因此客体的表现对主体的具体指向也具有制约作用。精神客体在思想政治教育中是最为普遍的，可以说不管哪种思想政治教育，其本质都是对精神客体的改造，所以，精神客体和实践客体所对应的主体是最为广泛的，凡是参与到思想政治教育实践之中的具有主观能动性的人都可以成为思想政治教育的主体，即实践中的教育者、受教育者都是主体。同时思想政治教育实践活动就是对精神客体的改造活动。在思想政治教育中，物质客体只是起到了一定的辅助作用，它并不是主体要改造的对象，而是主体认识和利用的对象，其最终目的只是要被主体运用，去促进对精神主体的改造，所以物质客体所对应的主体的范围就会狭小很多，比如同样是网络这一物质客体，只是针对利用它的人来说，它是有价值的，是能够增强思想政治教育有效性的，但是对有些不使用它的人来说就毫无意义，它们之间就无法建构成一种主客体关系，因而，这两种不同的人之间所采取的思想政治教育也就存在形式上的差异。符号客体也是如此，它也不是被改造的对象，而是一种介质，所以它也决定了思想政治教育主体不可能是参与实践过程中的所有人。自我客体就决定了思想政治教育主体只能够是自我本身，而不会是其他人，当人将自我作为客体时，也就决定了思想政治教育活动是重新认识和改造自我的精神意识和思想认知，因而它的教育内容区别于一般的思想政治教育活动。

其三，思想政治教育实践活动本身决定了活动过程中主体和客体的在场。思想政治教育的主体和客体之间形成了一种相互制约的关系，同时思想政治教育实践活动对两者也具有制约作用，每一项实践活动所涵盖的具体内容，对主体在参与这个过程的指向，以及被规定的客体涵盖范围都具有决定意义；实践活动的历史阶段决定了主体和客体的属性。

总体而言，思想政治教育主体、客体之间的相互制约关系具体指主客体之间相互作用、相互影响，主体决定客体，同样客体对主体也有反作用，这种反作用主要表现为客体对主体的制约与影响方面。而除了主体、客体、思想政治教育实践活动三者之间的相互制约之外，三者同时受到社会形态的制约。

三 主客体之间的相互发展关系

马克思之前的旧唯物主义哲学对物质的理解往往缺少历史发展性这一认识，正如恩格斯所说，他们"不能把世界理解为一种过程，理解为一种处在不断的历史发展中的物质"①。所以马克思、恩格斯突破了旧唯物主义的局限性，首先从实践的角度出发，指出人自身的发展性，认为人的特征体现为"一个种的整体特性、种的类特性就在于生命活动的性质，而自由的有意识的活动恰恰就是人的类特性"②。接着他以历史发展的眼光评判"人们的社会历史始终只是他们的个体发展的历史"③。马克思关于人和社会的发展性的论述是历史唯物主义的重要观念，这为我们理解思想政治教育主客体及其发展关系提供了重要的理论参考。

第一，主体的发展决定客体的发展。思想政治教育作为一项人类特殊的实践活动，它对人类社会关系的形成产生影响，人类在不同的历史时期所形成的不同社会关系决定了思想政治教育具有不同的特征。在历史发展中，主体从来就不是固定的，而是发展着的。这种发展最初体现在人自身上，当人的自身得到一定发展，就会促使主体在不同的历史时期表现出不同的特性，从"人的依赖关系"到"物的依赖关系"再到"人的自由而全面的发展"决定了在不同的历史阶段，思想政治教育主体的自我意识是具有明显的差异的，从而纳入思想政治教育主体认识和实践范围内的客体自然也会随之而发展。

但是，马克思也明确指出，人的发展从来就不是每个人的孤立发展，而是共同体的发展，因为"人是最名副其实的政治动物，不仅是一种合群的动物，而且是只有在社会中才能独立的动物。孤立的一个人在社会之外进行生产——这是罕见的事，在已经内在地具有社会力量的文明人偶然落到荒野时，可能会发生这种事情——就像许多个人不在一起生活和彼此交谈而竟有语言发展一样，是不可思议的。"④ 换言之，人实质上应该是一种共同体形式的存在，而不是单独的个体，个体只能够存在于共同体之中，并且人只有在共同体中才能够发展自己。社会的发展促进了人的发展，也就是促进了思想政治教育中主体的发展，而主体的发展又决定了客体的发展。无论是哪种类型的客体，在历史上的不同时期的表现是不同的，以符号物质客体为例，思想政治教育的载体经历了传统纸质媒体到新媒体的转变，而这种客体的转变是社会的发展和主体自身的发展所决定

---

① 《马克思恩格斯文集》第4卷，人民出版社2009年版，第282页。
② 《马克思恩格斯文集》第1卷，人民出版社2009年版，第162页。
③ 《马克思恩格斯文集》第10卷，人民出版社2009年版，第43页。
④ 《马克思恩格斯文集》第8卷，人民出版社2009年版，第6页。

的。自我客体也是如此，当自我意识开始出现，人类就可以不断发挥自我能动性，对客观实践产生影响，从而认识和改造自身的主观世界，但是主观世界的改造在人类的不同时期的表现显然是不同的，虽然自我客体这一外在表现并没有任何差异，依然是人自身，但是其精神内核已经发生了变化，也就是说，社会主义时期人的自我教育已经与封建社会时期人们的修身具有本质的差异，而这个差异一方面是社会性质决定的，另一方面也是人自身发展决定的。无论是人的发展还是社会的发展，二者只是从不同的角度来论述历史发展的问题。思想政治教育主体的发展其实就是人的发展与社会发展的统一，但是正因为主体发展了，才决定了客体也必然要随之发展，否则实践活动就是滞后的、不适应发展局势的。

第二，客体的发展促进主体的发展。从人类的最初的认识和实践活动来说，客体一般表现为外在的物质，是人的认识和实践的对象。在人类社会发展进步过程中，客体的本质并没有变化，依然是人的认识和实践的对象，但是其范围却越来越广泛。在思想政治教育的多样化客体中，客体也不是一成不变的，客体一方面会随着主体的发展而发展，另一方面也会随着社会的发展而发展。但是客体的发展对主体也会产生促进作用，具体表现在两个方面。

一方面，思想政治教育客体的发展促使主体不断更新认识。随着网络的发展，现阶段的思想政治教育受教育者群体已经发生了很大的变化，他们的思想也不再像过去一样处于封闭的状态，而是一种开放的状态；同时他们获取信息的方式更加多样便捷，思想的发展也更加迅速。所以，越来越多的思想政治教育理论者认为我们不应该把受教育者作为客体去对待，而应该将其也视为主体，教育者和受教育者之间是双向互动的关系。这是当前思想政治教育面临的客观事实。我们的教育对象已经发生了变化，而主体要改造的对象也发生了变化，这就促使教育主体也要转变认识，即不再将受教育者作为客体来对待，而是也将其作为主体，转而将受教育者的思想作为客体，教育者和受教育者以主体的身份共同作用于受教育者的思想，使其在一定影响下实现发展。另一方面，思想政治教育客体的发展促使主体能力得到提升。客体的发展不仅是教育对象的发展，同时也包括物质客体、精神客体、符号客体等多重客体的发展。客体的发展对教育主体提出了更高的要求。在微观层面，对教师主体而言，过去只需要掌握相关的理论知识就可以开展思想政治教育，但是现在不仅需要理论知识，还需要能够熟练使用各种教学设备，熟练运用多样化的教学方法；对于学生主体而言，过去只需要坐在教室里听教师讲授各种理论即可，而现在也需要主动掌握各种教学工具，并且随着信息化的发展，对学生主体的自学能力也提出了更高的要求。

第三，思想政治教育主体和客体的发展最终是为了人的全面发展。人的发展问题是思想政治教育研究的根本问题，而人的全面发展就是思想政治教育的重要目的。在西方教育史中，普遍认为最早是由亚里士多德提出了人的发展问题，他认为人的发展是从身体到情感再到理性的发展思想，所以他提出了人的体育、德育和智育的发展思想。在亚里士多德之后，又有很多的教育家从体育、德育、智育三个层面来丰富西方教育思想。在这三种教育之中，德育是与思想政治教育直接相关的，但是它要解决的不仅仅是亚里士多德所认为的情感的问题，也包括了理性的相关问题，思想政治教育所要解决的是人的思想认识问题，它立足于德育，但是又建构起人的身体素质、情感素质和理性之间的桥梁。而现阶段，人的发展依然停留在片面性阶段，无论是教育者还是受教育者都尚未成为全面发展的人，思想政治教育将人的全面发展作为最终发展目标，是对全体人类而言的。所以，如果我们从宏观层面来分析思想政治教育的主体和客体，人自身的发展促使了其思想的发展进步，而思想的进步发展又将人的发展推动到更高的境界，主体和客体相互促进、相互影响，思想政治教育也在这一联系中最终实现人的全面发展。

四　主客体之间的相互转化关系

在一般哲学话语中，无论是认识主体和认识客体、价值主体和价值客体还是实践主体和实践客体，主体和客体之间一般不存在相互转化的关系，客体就是对象，就是物，它不具备主观能动性，就不可能成为主体。但是思想政治教育的主客体与一般哲学所指的主客体不同，这也是由思想政治教育主客体本身的特殊性决定的。

当然，思想政治教育主客体之间的相互转化也并不是在任何形式下都会产生的，例如当教育者作为主体，要对相关的教育内容进行认识和处理的时候，教育内容作为客体就不能变成主体，各种思想政治教育主体运用的语言符号等也不可能成为主体。所以，思想政治教育主客体之间的转化主要分析四种情况。

第一种是在自我教育中，主体和客体统一于自身，主体与客体之间是可以相互转化的。这里就有一个疑问，作为同一个个体，是如何实现主客体二分的。实际上，对于这个问题，马克思早就有相关的论述，马克思在解释人跟商品的相似性问题时指出："人来到世间，既没有带着镜子，也不像费希特派的哲学家那样，说什么我就是我，所以人起初是以别人来反映自己的。名叫彼得的人把自己当做人，只是由于他把名叫保罗的人看做是和自己相同的"①。所以，"人对自身的关系只有通过他对他人的关系，才成为对他来说是对象性的、现实的关系"②。也就是说，人对自身的认识实际上是从人与他人的关系中得到的，而人要成为一个什么样的人，也并不是他自身给自己设定的，而是社会关系所决定的，正是因为如此，人才能够实现主客体二分，自我教育才得以产生。在自我教育中，主体就是现实中的人；而客体就是映像中的人，这个映像中的人由两个层面构成：一是社会对他的各种反映、评价和态度，二是国家或群体对它的要求和角色定位。现实中的人通过对映像中的人的认识和把握，来实现自身的改造。在自我教育中，现实主体和映像客体之间是可以相互转化的，这种转化表现为阶段性目标的实现。主体通过一定的途径实现了社会群体对他的要求时，映像客体就成为现实主体，而新的映像客体又产生了。

第二种是在宏观层面的思想政治教育中，人类自身既是主体又是客体，二者是可以相互转化的。宏观层面的思想政治教育是从整个人类社会发展的历史来看思想政治教育活动，这个思想政治教育活动实际上就是人类自我精神世界的改造。这与"自我教育"有着相似之处，只不过，自我教育的主体和客体都是具体的现实的个人，或者是由具体现实的个人组成的集体，而在宏观视角中，思想政治教育的主体和客体都是人类社会。人类在认识自我和改造自我的过程中，无论是在意识上还是实践中都把自己一分为二，既要认识和改造客观世界，又要认识和改造主观世界。人类将自己当作这个过程中的主体，在认识和改造主观世界中体现自身的能动性，同时，人类也把自己当作客体，当作主体认识和实践的对象。

第三种情况则是思想政治教育教学过程中的主客体转化问题。根据马克思主义主客体理论，主体是人，客体是人的作用对象，而在一定的社会

---

① 《马克思恩格斯文集》第 5 卷，人民出版社 2009 年版，第 67 页。
② 《马克思恩格斯文集》第 1 卷，人民出版社 2009 年版，第 165 页。

之中，人与人由于社会地位、个人能力以及承担责任等各个方面都存在差异，所以每个人只是特定意义上的主体。马克思主义在界定主客体时明确指出，实践既有改造客观物质，发展物质世界的活动，也包括了改造自身心智，发展精神世界的实践活动。教育实践活动，并不是指向客观物质世界，而是指向人的主观精神世界，教育实践活动所要解决的主要矛盾就成为"理想自我"与"现实自我"之间的矛盾。自我矛盾的解决只有通过自我主体性的发挥才能够完成，因此，在教育实践过程中受教育者自然也就成为主体。但是，教育者在教学过程中承担设计和实施教学过程的任务，在整个课堂教学中居于主导地位，所以教育者也是主体。因此，教育者和受教育者究竟谁是主体、谁是客体的判断依据，主要在于在施教与受教的过程中，谁充分体现了自身的主观能动性。

第四种情况是网络思想政治教育主客体转化问题。这是思想政治教育信息化发展带来的新问题，表面上看来，思想政治教育借助网络这一平台打破了传统思想政治教育中主客体的角色对立，主体的功能和主客体之间的界限都逐渐模糊，但并不能因此就认为主客体消失了。因为无论网络思想政治教育如何发展，思想政治教育的本质并不会发生变化，网络只是思想政治教育的新工具、新方法和新环境。网络的开放性使主体和客体之间的不平等削减，凡是利用网络发布积极正面的消息，对他人产生正能量影响的都可以成为思想政治教育主体。同时个体也会接收来自其他主体发送的思想政治教育内容，其思想也会受到新的影响。网络发展，使传统课堂教学中所提倡的师生双主体互动关系得到了更加直接的体现，一个人既可以是主体、也可以是客体，主要取决于他在其中是否对他人产生了积极正面的影响。

马克思辩证唯物主义指出，具体问题要具体分析，对思想政治教育主客体关系的分析也是如此，在不同的主客体形态下，在不同的思想政治教育层次中，主客体关系的具体表现可能并不相同，但都是辩证统一的关系。

第四节　思想政治教育主客体辩证关系的特征

思想政治教育主客体辩证关系的表现说明思想政治教育主客体之间的关系既遵从哲学辩证法的一些基本特征；同时，作为人类特殊的社会实践活动，思想政治教育主客体关系也具有其特殊性。

一　思想政治教育主客体关系具有历史性与发展性

思想政治教育主客体关系是历史发展的产物，因此，二者之间的关系具有历史性与发展性的特征。

"历史性"是马克思主义唯物史观的重要特征和基本观点。在马克思的观念中，无论是作为人类认识对象的事物，还是作为人类改造对象的事物，都不可能是天然地出现在人类面前，成为人类认识和改造的对象的，而是以某种具体的感性的形式历史性地呈现在人类面前的。马克思在批判费尔巴哈的时候曾经指出："他没有看到，他周围的感性世界决不是某种开天辟地以来就直接存在的、始终如一的东西，而是工业和社会状况的产物，是历史的产物，是世世代代活动的结果，其中每一代都立足于前一代所奠定的基础上，继续发展前一代的工业和交往，并随着需要的改变而改变他们的社会制度。甚至连最简单的'感性确定性'的对象也只是由于社会发展、由于工业和商业交往才提供给他的。"[1] 同时，在马克思看来，人类社会生活中的任何一种情境都是历史的，甚至包括了自然科学也都是历史的。在论及自然科学的历史性时，马克思提出："如果没有工业和商业，哪里会有自然科学呢？甚至这个'纯粹的'自然科学也只是由于商业和工业，由于人们的感性活动才达到自己的目的和获得自己的材料的。"[2] 据此来看，人类社会的全部生活都是经过人类实践活动改造过的具体的、历史的存在。这样历史辩证地理解人类社会为马克思主义理论打上了深深的历史唯物主义烙印。

毫无疑问，思想政治教育活动作为人类社会的一种具体实践活动，自然具有历史性的特征，关于思想政治教育活动本身的历史性在这里不多加赘述，而思想政治教育主客体关系的历史性则与思想政治教育的发展和人的发展具有深刻的联系。

思想政治教育主客体关系的历史性主要表现在两个方面：一是思想政治教育主客体关系的形成是历史发展的产物；二是在不同的历史时期，主体与客体关系的表现会有差异。

---

[1] 《马克思恩格斯文集》第1卷，人民出版社2009年版，第528页。
[2] 《马克思恩格斯文集》第1卷，人民出版社2009年版，第529页。

首先，人类社会的历史发展产生了思想政治教育的主体、客体以及主客体关系。人类历史的发展产生了思想政治教育的主体和客体，这一点在前面关于主体的特征和客体的特征部分已经有了清楚的论述。不仅主体和客体是历史的产物，二者的关系也是历史发展的产物。在哲学认识论上，主体和客体是相伴而生的，没有主体就无所谓客体，同样没有客体就无所谓主体，但是无论是认识论、实践论还是价值论，主体的表现和客体的表现却是先在存在的，也就是说当还没有主体和客体的观念时，人就已经存在，人类认识的对象自然界也先在存在。人与自然之间尚未形成主客体关系，是人类社会的发展使二者之间产生了某种联系，逐渐促使人类需要去认识自然、改造自然、利用自然，才产生了人与自然之间的认识关系、实践关系和价值关系，也就是说各种社会关系的形成都是历史发展的产物。主客体之间的关系也不例外，在思想政治教育主客体关系尚未形成时，主体也就是人就已经存在，客体也就是人类的精神也是存在的，随着历史的发展，人们需要通过对一些人的精神进行改造以达到某种目的，才产生了思想政治教育活动，随即产生了思想政治教育主体、客体与主客体之间的关系。

其次，在不同的历史时期，思想政治教育主客体关系的具体表现呈现出一定的差异。思想政治教育是一种社会现象，它不仅能够满足一定的社会发展需要，同时也对人的思维和行为产生作用和影响。所以，特定的社会历史环境是任何一种思想政治教育活动开展的前提条件。在不同的历史时期，由于人与人之间的关系表现具有不同的特性，因此思想政治教育的主体与主体之间、主体与客体之间的关系也就会有差异。如果从价值论的角度来说，价值就是客体对于主体需要的满足，无论是个体层次的需求、群体层次的需求还是类主体层次的需求，只要是人的需要，从本质上来说都是一种社会性需要，都会随着社会历史的发展而不断变化。正是在这个意义上，在思想政治教育活动中，其价值主体与价值客体之间的关系也会表现出历史差异性，这种历史差异性主要表现在，在不同的时期，思想政治教育发挥的作用和应有的价值是不同的。

思想政治教育主客体关系的历史性其实还蕴含着发展性。主客体关系的发展性是在其历史性的基础上表现出来的。一方面，主体和客体的发展性促使了主客体关系的发展性；另一方面，时代的发展要求主客体关系的发展。

从整个人类社会历史的发展来说，马克思将人的发展总结为"人的依赖关系""以物的依赖性为基础的人的独立性""自由个性"三个阶段，在这三个阶段，人在与外界的联系中的地位是不同的，也就是说在人类社会的三个不同阶段，主体在主客体关系中所处的地位以及所产生的作用是不同的，人类的自主性和能动性的不断加强导致主客体之间的关系更加趋向主体性特征。主体本身在主客体关系中能够发挥的作用也就越来越突出。当然，主体的发展和主体自主性的增强，并没有限制客体的发展，相反则是促进了客体的发展。从人类认识领域来看，人的发展也促使人类认识的对象在范围上不断扩展，同时在程度上也不断加深。客体的发展同样也推动了认识主客体关系的发展。思想政治教育主体也随着历史的发展而不断发展，从思想政治教育产生和发展的历史来看，主体的能动性不断加强，导致主体和客体之间的关系也越来越复杂，而客体的发展，也导致在主客体之间的关系中已经不能够用改造和被改造这样简单的关系来概括了，而是具有了更加丰富的涵义和多样化的形态。

同样，时代的发展对思想政治教育主客体关系也不断提出新要求。时代的发展推动了主体和客体本身的发展，同时思想政治教育的环境、载体等也随之发生了变化，这些外界环境和载体一方面对思想政治教育的实施过程会产生一定的影响，比如，各种媒体的产生加强了主客体之间的联系；另一方面，时代的发展对思想政治教育在特定历史时期的目标也会产生一定程度的影响，比如，网络时代的到来要求思想政治教育突破传统，寻求创新，对主客体关系发展也提出了新的要求，过去完全由主体来主导的思想政治教育已经不复存在，而是更加呼吁一种由客体主导、主体引导的思想政治教育关系，甚至是消解客体的双主体思想政治教育关系。无论是哪种主客体关系，相对于过去传统的由主体来主导的思想政治教育主客体关系来说，无疑都是一种发展和进步，因为这是对人的主体性的张扬，符合马克思所论述的人发展的三个阶段特征。

二 思想政治教育主客体关系具有普遍性与特殊性

普遍性与特殊性是哲学中的一对重要范畴，普遍性与特殊性往往与哲学辩证法中的其他范畴放在一起，用来描述哲学辩证法的重要思想精髓。具体地看，普遍性与特殊性被用于阐释各种事物或现象之间的关系或者特征，具有丰富的世界观内涵和广泛的方法论意义。单纯从一般哲学的意义上来解释普遍性与特殊性主要有两种，第一种是用普遍性和特殊性来描述某两种事物之间的关系，比如在对"现代化"问题进行分析时，全球的现代化就是具有普遍性的，而具体到每一个国家的现代化则是具有特殊性的。第二种是用普遍性与特殊性来描述某一种事物的特征，比如我国的现代化，既具有全球现代化的一般特征，这就是普遍性特征，同时它也具有中国现代化的特殊性，这就是特殊性的特征。对思想政治教育主客体关系的普遍性与特殊性分析就是第二种解释。也就是说，我们并不是在描述思想政治教育主客体关系之间具有某种普遍性和特殊性的联系，而是单纯分析思想政治教育主客体关系本身的特征，它具有普遍性和特殊性。

普遍性主要是指思想政治教育主客体关系与其他主客体关系之间的共性，而特殊性则是就思想政治教育主客体关系与一般的主客体关系而言，它所具有的特殊之处。要正确理解思想政治教育主客体关系的普遍性和特殊性，我们首先需要对哲学普遍性和特殊性的内涵进行大致的分析。

当前，我们一般是将普遍性与特殊性结合起来进行理解和运用，但是二者其实并不是天然就结合在一起的。在黑格尔之前的哲学中，如果要界定某种概念，往往是通过分析一些类似的具体事物，然后把该事物的特殊性全部去除掉，再把这些事物中共同的东西抽象出来，就形成了概念。这实际上就是将普遍性与特殊性完全对立起来，认为去掉事物的特殊性就是普遍性了。但是黑格尔认为，如果去掉事物的特殊性，剩下所谓的普遍只是抽象、单调的普遍，通过这样的方式界定的概念是不可能真正反映事物的本质属性的。那什么才不是"抽象的普遍性"呢？黑格尔认为对事物的界定不能够脱离事物本身，也就是不能够去除事物本身所具有的特殊性。按照黑格尔的理解，概念只有多样和具体性才能够反映事物的真正本质，所以对概念的界定不能将特殊性剥离开来，而是要将特殊性蕴含在普遍性之中，普遍性贯穿于一切特殊性之中。按照这种逻辑，黑格尔区分了"抽象的普遍性"与"具体的普遍性"，这一点，在马克思的哲学思想中也是有所体现的，比如马克思在描述"具体概念"的思想时，就明确指出，"具体之所以具体，因为它是许多规定的综合，因而是多样性的统一。"[①] 在马克思主义哲学中有很多成对的范畴，例如本质与现象、形式与内容、整体与部分、原因与结果、现实与理想必然性与偶然性等，其实

---

① 《马克思恩格斯文集》第8卷，人民出版社2009年版，第25页。

都直接或间接地和普遍性与特殊性有着"对应"关系,对这些成对范畴的各自内涵及关系的理解,都可以从普遍性与特殊性的概念含义及相互关系出发去认识和理解。

在思想政治教育主客体关系中体现出来的普遍性与特殊性其实也需要我们从认识论的角度出发来认识和把握,分析思想政治教育主客体关系与一般的哲学主客体关系之间,以及思想政治教育主客体关系与一般的事物之间有着何种普遍性与特殊性。

其一,思想政治教育本身是具有普遍性与特殊性的。其普遍性主要体现在思想政治教育存在于一切的时空维度之中,无论是当今社会还是古代社会,无论是中国还是美国,只要这个社会存在政治思想、道德思想等方面的阶级差异,就需要思想政治教育。与此同时,作为一种社会实践活动,思想政治教育又是具体的,在每一个国家、每一个时期都表现出具体的特征。

其二,思想政治教育本身的普遍性与特殊性决定了其主客体关系也具有普遍性与特殊性。与前者相似,主客体之间的关系在任何国家都是存在的,思想政治教育主客体之间都具有对立统一的关系,只是在具体的某一个时期和某一社会形态中,主客体关系的表现具有差异性。

其三,思想政治教育主客体关系与一般的哲学主客体关系之间也体现出普遍性与特殊性的特点。目前,我们主要是从认识论、实践论和价值论三个维度来认识哲学主客体之间的关系,无论是哪种维度,哲学主客体之间的关系都具有主体与对象、主动与被动的关系。毫无疑问,思想政治教育主客体之间也具有这种关系,但是思想政治教育主客体之间还有相互促进发展、相互转化等特征,正是因为思想政治教育主客体关系之间的丰富内涵,使得它与一般的哲学关系不同,进而说明它所具有的特殊性。

以上分析总是要基于一个前提,就是思想政治教育实践活动是具有普遍性和特殊性的。脱离这一基本前提,思想政治教育主客体关系同样也就不可能是具体的,而只能沦为"抽象的普遍性"。

三 思想政治教育主客体关系具有整体性与多维性

一般分析思想政治教育主客体关系时,往往分别从主体的角度、客体的角度来分析二者之间的关系,如果从主体的角度来分析,就出现了"单一主体""二元主体"的观点,而如果从客体的角度来分析,则出现了"客体主体化"的观点。并不是说这些观点本身存在问题,只是分析的视角不一样,自然就出现不同的看法。但正是因为分析视角不同,目前在思想政治教育主客体关系问题上,还无法达成一个统一的共识。那么,如何使思想政治教育主客体之间的关系更加清晰明确呢?还是需要把握哲学辩证法的整体与局部的范畴,具体来说,对思想政治教育主客体关系的研究需要把握其整体性与多维性的特征。

思想政治教育主客体关系还具有整体性特征,通过从概念上进行内涵的梳理,我们发现,思想政治教育具有一定的目的指向性,它是特定的阶级、政党、社会群体为了实现一定的目的,进而对社会成员采取教育的某种实践活动。所以,我们对思想政治教育主客体关系的分析也需要从实践的角度出发,把主客体之间的关系看成是主客体共同经历的一种社会实践活动。在这种实践活动中,主体与客体之间所处的角色不同,因而承担的任务也不同,所需要达到的目的自然也不同,但二者的目标是相同的,都要在完成思想政治教育实践活动的基础上进而实现思想政治教育的最终目的。因此,如果从这个角度来分析,思想政治教育的主体与客体之间是一种对立统一的关系,二者是一个整体,而不是主体与客体的分离。

仅仅从这个角度来分析思想政治教育主客体关系的整体性特征还不充分。历史唯物主义认为,人类社会由低级向高级有规律的运动构成了整个人类历史,而人类历史过程中的各种社会现象也是运动和发展的。所以,对某种现象的分析也应该从运动发展的历史思维来思考。应当从历史发展的视角将思想政治教育实践活动作为一个整体来看待,从而把握其关系的整体性特征。思想政治教育主客体关系之间的整体性特征主要是指主客体发展的共生性,也就是说主体和客体在不同的历史时期的具体表现是不同的,但是无论主体与客体如何变化,二者之间的关系没有发生本质的变化,二者的发展是一种整体性的发展,主体的发展推动客体的发展,客体的发展也促进主体的发展。

辩证唯物主义认为整体是由局部构成的,对思想政治教育主客体关系而言,整体性与多维性是相互统一的。思想政治教育主客体关系的多维性主要体现在,对二者关系的理解必须分析不同的层次,而不是单纯从某一个层次分析得出一种固定的结论。在前文中,我们分析了思想政治教育主体、客体表现的多样性,这些多样性的表现其实就是将思想政治教育理解为一种多层次的实践活动,之所以这样理解,是由主体的层次性和思想政治教育本身的特殊性所决定的。马克思主义主体性理论认为，在社会历史发展过程中，主体的形态并不是单一的存在，而是个人主体、群体主体、社会主体和类主体的统一。所以主体本身应该是一个具有层次性的概念，不同的主体所对应的客体形态自然也就表现出差异性，如此一来，主客体在不同的实践活动中表现出来的关系自然也不同。而思想政治教育本身也是具有层次性的概念，从宏观上来说，思想政治教育就是人类改造主观世界的实践活动；在中观层面，思想政治教育是统治阶级传播阶级意识形态和主流价值观的主要方式；在微观层面，课堂教学或是其他不同方式下的教学活动则是思想政治教育的具体体现。总的来说，思想政治教育主客体关系也至少具有宏观、中观、微观三个维度。

从三个不同的维度来分析思想政治教育的主客体关系，其所产生的结果也是有差异的，在宏观上，思想政治教育的根本目的"就是要提高人们认识世界与改造世界的能力，在改造客观世界的同时改造主观世界"[①]。所以，思想政治教育主体和客体统一于现实的人，这个现实的人并不是具体的个体主体而是类主体。从中观维度来说，思想政治教育是阶级统治的工具，是一种意识形态传播活动，因而思想政治教育的主客体之间表现为阶级性、政治性，主客体之间的关系表现为一种不平等性。从微观维度来说，思想政治教育主客体关系的表现就更加复杂，因为具体的人在思想政治教育过程中承担的角度不同，位置不同，能力不同，认识也不同，这些不同的社会角色也注定了他们只是某种意义上的主体。所以，在不同的情形中，主体不同，主客体的关系也就不同，如课堂教学、社会实践、自我教育、网络教育等不同的教育形式下，主客体之间的关系也存在一定的差异。

思想政治教育主客体关系的多维性也恰好解释了过去我们在思想政治教育研究中对"谁是主体"这一根本问题无法达成共识的原因。但是，对多维性特征的把握必须与整体性相统一，才能够对思想政治教育主客体关系进行准确而全面的分析。

四 思想政治教育主客体关系具有内生性与外显性

思想政治教育主客体关系的内生性主要是指主客体关系产生于思想政

[①] 张耀灿、郑永廷、吴潜涛、骆郁廷等：《现代思想政治教育学》，人民出版社2006年版，第136页。

治教育内部，而不是外部强加的，以下将从三个方面来论述主客体关系的内生性特征。

其一，思想政治教育主客体关系的产生源于主体的自我意识。人类首先要具有主观能动性，产生自我意识，才能够成为主体，才能够确定自己要认识和实践的客体。从这个角度来说，思想政治教育作为一项人类社会的实践活动，与主体的能动性是分不开的，思想政治教育主体与客体虽然是同时产生的，但是主体必然是主动地选择了客体，而主体也是通过选择了客体才让自己成为主体。因而，无论思想政治教育的主客体之间具体存有怎样的关系，它都源于主体和客体自身内部，绝对不可能是外界赋予的。例如，在资本主义社会中，资产阶级为了宣传自己的意识形态，达到阶级统治的目的，会选择一部分人对社会成员进行思想政治教育活动，这些成为教育者的人从表面上看是被统治阶级任命的，而实际上是自我意识发展的产物，这些人首先在思想上就是符合统治阶级的需要的，其次在认识上也超越了绝大多数人，所以他们可以成为代表统治阶级的人，也只有他们自己愿意成为统治阶级意识形态的传播者时，他们才能够成为资本主义思想政治教育的主体，只有他们成为主体，才能够决定客体对象，进而建立主客体之间的关系。

其二，思想政治教育主客体关系的确立需要客体的参与。思想政治教育的客体与一般的自然客体是有本质的差异的，因为思想政治教育的客体是具有主观能动性的人的思想和精神。这些思想和精神不是独立存在的，而是具体到以某一个或者某一群人为载体。因此，当主体形成自我意识并选择教育的客体时，客体是否参与思想政治教育也关系到主客体关系能否形成。比如在具体的教育活动中，教师作为主体对某一个班级的学生进行思想政治理论课教学，但某些学生从来不上课，显然，部分人自己放弃了受教育的机会，所以自然也就不可能成为客体，也就不可能参与思想政治教育实践活动。

其三，思想政治教育主客体关系的内生性还体现在主体与客体之间是相互依存的。无论是主体还是客体，都不可能独立地存在，失去一方必然失去另一方。到了共产主义社会，当人们都实现了"自由而全面的发展"时，也就不再需要进行思想政治教育这项活动，自然也就不再有主体与客体的区分了。

思想政治教育的主客体之间的关系，虽然从产生上来说，它直接来源于自身内部，但是在现实的社会生活中，主客体之间的矛盾又是现实存在的，这种现实存在往往可以通过具体的形式体现出来，这就是主客体关系的外显性特征。

其一，思想政治教育主体与客体之间是有矛盾的。马克思主义哲学认为，哲学的主要目的是为了改变世界，但就认识论而言，有些认识主体对客体往往只是停留在认识层面，认识本身就是目的。但是思想政治教育就不同，在微观层面的思想政治教育中，如果将教师视为主体，学生视为客体，尽管思想政治教育主体也需要对客体有认识，但是这种认识的最终目的是了解客体，从而更好地改造客体。客体作为被改造的对象，自身也是具有主观能动性的，主体与客体之间必然会产生矛盾和冲突。主体需要通过自己的认识和能力去化解冲突，实现自己的教育目标。在中观层面的思想政治教育中，主客体之间的关系表现为阶级性，这种矛盾甚至以严重冲突的形式存在。而在宏观思想政治教育中，类主体将自身作为客体时，这种矛盾同样存在，主要表现为人类在精神层面的曲折发展，人类的精神发展并没有呈现出直线上升的态势，比如在社会主义社会中，封建糟粕的思想依然存在，这就是类主体在自我改造中，当主体与客体之间产生了矛盾，主体的自我改造就无法在理想的条件下进行，也不能完全达到预期的结果。

其二，思想政治教育主客体之间的关系是受到外部环境的影响的。虽然思想政治教育主客体关系产生于内部，但是却不能够脱离外部环境。环境对思想政治教育的影响是被证明过的，无需赘述。这里主要分析社会环境对主客体关系也会产生影响。最明显的例子就是网络技术的发展对思想政治教育主客体关系产生了影响。资本主义社会或是社会主义社会都有网络的应用和发展，网络只是工具技术发展的产物。因此，处于何种社会形态对网络技术的发展没有直接的、本质的影响，但是对思想政治教育而言，却颠覆了过去"一对一""一对多"的教育模式，在互联网技术的影响下，网络思想政治教育主客体也逐渐形成一种网状关系。凡是具有主体意识，其思想能够对他人的思想和行为产生积极影响的人就成为思想政治教育主体，而仅仅局限于信息浏览、被动接受信息的人无疑就成为思想政治教育的客体。当然，这些作为主体的人同时也不可避免地会受到他人思想观念的影响，他也可能成为客体。毫无疑问，网络让思想政治教育主客体之间的关系更加复杂，让主体和客体之间的界限更加模糊，日益复杂的外部环境是影响这种关系发生、发展的主要原因。

其三，思想政治教育主客体之间的矛盾对外界也会产生影响。矛盾是普遍存在的，但是矛盾也是变化的，旧的矛盾的化解和新的矛盾的产生推动了事物的发展。在思想政治教育中，主客体之间的矛盾发展同样推动思想政治教育本身的发展，甚至也对社会产生了一定程度的影响。比如，党的十一届三中全会以后，思想政治教育的任务也从为"阶级斗争"服务转变到为社会主义现代化建设服务，思想政治教育主体与客体之间的矛盾并没有过去那么尖锐，而关系的缓和为社会主义现代化建设营造了一个宽松良好和谐的建设氛围。

思想政治教育主客体关系的内生性与外显性特征不仅描述了主客体关系是如何产生的，同时也表明对主体与客体之间的关系分析绝对不能停留在思想政治教育主客体本身上，还要扩大到更加广阔的视阈之中，才能够理解主客体关系以及探讨主客体关系的现实意义。

第六章

思想政治教育主客体关系体系的构建论

构建思想政治教育主客体关系体系既是对过去的总结和反思，同时也是对思想政治教育自主知识体系建构的展望。思想政治教育主客体关系的体系构建不仅解决了长期存在于学科中一个重要的基础理论问题，对学科发展具有重要的价值；体系构建的层次性还有助于优化思想政治教育过程、提升思想政治教育主体性，最终达到优化教育效果的目的。

第一节 构建思想政治教育主客体关系体系之于学科自主知识体系的价值[①]

思想政治教育主客体关系研究的意义是很明确的，但是已有的研究基本上都是从教育有效性的角度来探讨主客体之间的关系，其目的是要探讨如何优化主客体关系使思想政治教育更加有效。但是，思想政治教育作为一门学科，其自主知识体系的建构一直是一项重要而且基础的工作，对思想政治教育主客体关系的研究是思想政治教育自主知识体系的重要面向，不仅要关注其实际应用价值，也同样需要明确其基础理论价值，从基础理论、实践应用和教育优化三个角度来推动思想政治教育学科自主知识体系的建构。

一 构建思想政治教育主客体关系体系之于思想政治教育学科自主知识体系的基础理论发展价值

首先，从必要性的角度来说，思想政治教育主客体关系研究其实是建

---

① 本节内容我曾以《论构建思想政治教育主客体关系体系的学科价值》为题发表在《湖北社会科学》2016年第7期，此处略有改动。

构思想政治教育学科自主知识体系的需要,思想政治教育主客体关系体系的构建实际上推动了思想政治教育学科自主知识体系的发展。

主客体及其关系问题本是哲学认识论中的核心范畴。虽然说哲学是一切科学的最高指导思想,但是哲学范畴并不能不加以改变而直接应用于任何领域。对于大多数社会科学而言,其关注的是对人类社会现象的阐述,以及对社会问题的解决,而哲学更加注重思辨性的彰显。所以,尽管哲学在社会科学的发展中处于指导地位,但是哲学要融入社会科学之中,还必须要与社会科学自身的特殊性相结合。如果仅仅是把某种哲学理论、哲学范畴、哲学认识移植到社会科学之中,社会科学只能被哲学束缚住,无法实现自身的发展。所以,随着社会科学发展的日渐成熟,很多学者开始提出了社会科学"去哲学化"问题。

当然,在马克思主义的哲学视阈中,哲学与社会科学之间的冲突已大大缩减,致力于"改造世界"的马克思主义哲学将实践的观念作为贯穿整个哲学理论的主线,为哲学指导社会科学提供了更加有力的依据,它摆脱传统形而上学的"唯思辨性",而是将实践作为方法论,将解决现实问题作为研究任务,实现了哲学和社会科学的联盟。

但是,并不是所有的哲学理论都是如此,就主客体关系问题而言,马克思之前的认识论要么将主体和客体作为对立的存在物看待,要么将主体作为纯粹精神的存在,显然都不能揭示思想政治教育中主客体关系问题的本质;而现代主体间性理论则是主张用交互的主体性来取代个人的主体性,认为主体之间的关系是平等的。显然,这种观点无法解释阶级社会中思想政治教育的本质。从过去思想政治教育主客体关系的种种观点中,我们可以得出的基本结论是:主客体问题是思想政治教育的基础理论问题,对思想政治教育的发展具有重要意义,但是这个问题因为涉及哲学理论,所以导致从不同的哲学观点出发得出了不同的理论观点。这说明,构建思想政治教育主客体关系体系不仅必要而且必然。

其次,如果从思想政治教育本身的角度来说,主客体关系从哲学领域进入思想政治教育学科其实是推动了其自主知识体系的建构。

思想政治教育学科成立以来,关于该学科的自主知识体系的研究逐渐成为学科研究的重点问题。从最开始的初步研究到后来的深入研究再到专题研究,基础理论的研究也经历了不同的发展阶段,形成了一套比较完整的自主知识体系系统。思想政治教育主客体关系研究无疑也将成为自主知识体系研究的重要组成部分，构建思想政治教育主客体关系对思想政治教育学科自主知识体系的建构具有极其重要的发展价值。

建构思想政治教育学科自主知识体系需要从以下几个方面着手：思想政治教育学概念、范畴体系；思想政治教育价值体系；思想政治教育目标、内容、原则、方法体系等。这些体系的确立基本上建构出思想政治教育学科自主知识体系的主体架构，但是却不能回答建构思想政治教育学科自主知识体系过程中面临的一些问题。例如，思想政治教育主体和客体之间究竟是什么关系？思想政治教育要如何面临时代发展所带来的技术革新问题等等。所以，理论的发展是从未停止的，我们将哲学关系中的主客体问题引入思想政治教育，这不仅表明了思想政治教育学科坚定的马克思主义立场，而且也是对思想政治教育学科自主知识体系问题的完善与丰富。

与思想政治教育学科自主知识体系的其他组成相比，思想政治教育主客体关系体系更加复杂，它必须以各种理论基础的建立为前提，是综合性的基础理论研究。同时，它又属于专题性的基础理论研究，与思想政治教育的本源研究、环境研究、过程研究、规律研究等类似，都是在思想政治教育基本问题研究的基础之上进行的。这一类基础理论研究不仅是思想政治教育学科纵深发展的必然，而且是建构思想政治教育学科自主知识体系的主要着力点和突破点。

再次，构建思想政治教育主客体关系体系既可以回应学科重大理论问题，也可以解决长期以来学界关于本问题的分歧，极具自主知识体系价值。

早在20世纪90年代，学界已经开始了对思想政治教育中主客体问题的研究，然而至今尚未达成一致意见，现存的各种争论已充分说明它的重要地位。虽然争论一直存在，但也有一些基本的观点得到了学界的普遍认可，比如将主体与客体的概念引入思想政治教育学科之中的原因，普遍认为是为了使复杂的思想政治教育过程简单化、科学化，使思想政治教育实践活动最终能遵循一定的规律有序地进行。

从思想政治教育学科自主知识体系建构的角度来看，构建思想政治教育主客体关系体系的价值是：一方面是体系构建的工具性价值。从宏观上看，构建思想政治教育主客体关系体系能解决不同视角下对该问题的看法。既清楚解释了作为社会实践活动的思想政治教育如何将人作为类主体的问题，又清楚说明了思想政治教育的阶级性，也合理地说明了思想政治教育过程中的师生关系以及自我教育中的"主我"与"客我"的关系。从微观上看，构建思想政治教育主客体关系体系将思想政治教育过程中不同阶段的主客体关系进行了分析和比较，并不存在以偏概全的缺陷。另一方面是体系构建的目的性价值。从人的发展的角度来讲，思想政治教育的根本目的是实现人的自由全面发展。自主性发展不仅是全面发展的重要方面，而且是全面发展的重要途径。思想政治教育主客体关系体系构建不仅解释了过去的思想政治教育主客体关系问题，而且对如何遵守思想政治教育基本规律、实现人的主体性最大化的问题进行了研究。

二 构建思想政治教育主客体关系体系之于思想政治教育学科自主知识体系的实践应用发展价值

马克思在《关于费尔巴哈的提纲》中提到："全部社会生活在本质上是实践的。"[1] 这就表明，人类的实践活动不仅是认识世界的对象性活动，同时也是改造世界的对象性活动；既是以物质为基础所进行的物质、能量、信息之间的社会交换活动，同时也是以现实的人为主体的具有主观目的性的思维活动；既是创造物质财富的物质生产活动，又是创造精神财富的精神生产活动；同时，人类的实践活动还是合规律性与合目的性的统一。思想政治教育活动是人类实践活动的其中一部分，它也符合实践的一些最基本的特征。例如，思想政治教育既研究人的思想发展规律的认识，但是更加关键的是要改造人的思想认识；思想政治教育主要是精神财富的创造活动，但是间接上也推动了人类物质财富的积累和创造；思想政治教育不仅要遵循人的发展的基本规律，而且也要以人的发展为最终目的。所以，对思想政治教育主客体关系问题研究的最终着眼点和落脚点是自主知识体系的实践应用问题。习近平总书记在 2024 年全国教育大会上强调，要"不断拓展实践育人"[2] 的空间和阵地，为思想政治教育实践打开了新天地。

从一般性上来讲，一个学科的发展主要受到两个方面的影响：一方面是相关学科的发展，它主要影响该学科的发展广度；另一方面是学科自身的深化，这决定着学科发展的深度。思想政治教育学科的发展，一方面取决于人文社会科学的整体发展水平，另一方面则是由思想政治教育学科自

---

[1] 《马克思恩格斯文集》第 1 卷，人民出版社 2009 年版，第 501 页。
[2] 《紧紧围绕立德树人根本任务 朝着建成教育强国目标扎实迈进》，《人民日报》2024 年 9 月 11 日。

身发展所决定。构建思想政治教育主客体关系体系是对思想政治教育学科关键性问题的深化与发展，具有对思想政治教育学科自主知识体系建构的实践发展价值。

第一，主客体关系问题的梳理更加准确地把握思想政治教育规律，从而有助于有针对性地实施思想政治教育学科自主知识体系建构的实践活动。规律问题是人文社会科学的重要研究对象之一，同时也是思想政治教育学科研究的关键性问题，甚至有学者认为"思想政治教育学是把人们思想品德形成发展的规律和对人们进行思想政治教育的规律作为自己研究对象的。简言之，思想政治教育学的研究对象是思想政治教育的规律。"[①]目前，在现有的思想政治教育学科发展中，人们已经总结出不少关于思想政治教育的规律，其中既有思想政治教育过程的规律，例如"适应超越律""双向互动律""内化外化律""协调控制律"等；也有关于思想政治工作的规律，例如，掌握思想教育，是团结全党进行伟大政治斗争的中心环节；着重从思想上建设党；共产党员必须加强党性修养；以整风精神进行马克思主义教育；用"惩前毖后，治病救人"的方针解决党内思想矛盾的原则；从世界观的角度解决党风问题等。还有从思想政治教育宏观视角出发探讨的规律，例如，思想品德形成发展规律、思想政治教育服务社会发展的规律。这些对思想政治教育规律的研究既有宏观视角，也有微观视角；既有局部或阶段性规律，也有全局性规律。

之所以要构建思想政治教育主客体关系体系，其实也表明了思想政治教育并不是单一层次上的理论教学过程或者意识形态传播活动，而是多层次、多视角、多维度的社会实践活动，它既有一般社会实践活动的普遍性，也有教育活动的共性，同时也具备思想政治教育自身的特殊性。这也就意味着对思想政治教育主客体关系体系的构建既要从宏观上把握思想政治教育的基本规律，同时也要关注思想政治教育在不同阶段、不同时期、不同情形下的特殊性规律。

反过来，通过对思想政治教育主客体关系体系的构建，能让我们清楚地看到在思想政治教育的不同阶段、不同视角、不同层次中，其规律的表现形态是各不相同的，对主客体体系的构建能帮助我们更加全面地研究思

---

① 张耀灿、郑永廷、吴潜涛、骆郁廷等：《现代思想政治教育学》，人民出版社 2006 年版，第 7 页。

想政治教育中的规律。

第二，主客体关系的层次性构建有助于促进思想政治教育范式的转变。近年来，学术界对思想政治教育范式转变的研究越来越多，普遍认为，思想政治教育正经历着由社会本位的范式向人学范式的转变。因此，从"现实的人"的视角来研究思想政治教育成为当前学科发展的必然之路，同时也是今后思想政治教育的方向。但是我们必须要承认的是思想政治教育是具有工具性价值的，这种工具性价值是将社会作为价值主体，通过对社会成员进行意识形态的灌输而达到阶级统治的目的。随着思想政治教育向人学范式的转变，思想政治教育的工具性价值日渐被忽视了，而将人的发展作为唯一的价值，这显然不符合思想政治教育的本质。

因此，构建思想政治教育主客体关系体系为我们研究思想政治教育范式转变问题提供了新的研究路径。思想政治教育主体的层次性表示着思想政治教育价值多样性，思想政治教育既是人类社会发展的社会实践活动，也是维护社会稳定的政治工具，同时也是促进人的发展的教育活动。思想政治教育范式的转变不仅仅是从社会范式朝着人学范式转变这么简单，而是应该从单一范式转变为立体范式。这种立体范式不仅仅是将思想政治教育价值目标指向个人或者社会，而是包含了个人、社会、人类的三位一体的价值目的，这种立体范式既能解决人的发展问题，也坚持了思想政治教育的意识形态价值；还将思想政治教育上升到促进人类社会发展的高度，这既符合马克思主义理论的要求，也不违背教育的基本原则，是思想政治教育范式转变的新思路。

第三，主客体关系体系的构建有助于进一步推动思想政治教育人性化发展。在主客体范畴中，主体是思想认识或实践活动的发动者和组织者，认识活动和实践活动的产生以及发展都是由主体的需求所引起的，任何一次认识或实践活动的出现都是为了主体的利益而产生的，主体对客体的认识或者改造，其最终目的一定是为了主体自身的需要和发展。但是，长期以来思想政治教育学科忽视了对主体本质的理解，只是从认识论中主客体二者的对象性关系出发来理解思想政治教育中的主客体问题。导致的结果是，思想政治教育学科中长期以来将教育者认为是活动的发起者，因而是主体，而受教育者是主体实践的对象，是客体。这种观点忽视了思想政治教育究竟是为了谁，是要实现谁的利益这一关键性问题，因此受到越来越多的批判和修正。目前，思想政治教育过程中受教育者的主体地位已经日渐得到认可，但是思想政治教育作为意识形态传播的途径，其阶级性、社会性的特征也不能被消解。如何处理二者之间的关系？如何使思想政治教育人性化发展不只是停留于形式？这就需要多层次、多视角地看待思想政治教育，通过构建思想政治教育主客体关系体系，对思想政治教育的政治性与教育性进行合理的阐释；通过对不同层面思想政治教育主体的分析，明确思想政治教育主体并不仅仅是受教育者或者教育者，而是一个多层次的主体。

多层次主客体关系的构建能使思想政治教育不再局限于意识形态传播工具的地位，同时也可缓解课堂教学中教育者与受教育者之间的矛盾。从统治阶级立场出发的思想政治教育无疑具有工具性的一面，统治阶级及集团作为主体，对被统治阶级具有改造的任务，而课堂教学中思想政治教育已经远远超越了政治性，是政治性、社会性及教育性的统一。并且，从更加宏观的视角来看，思想政治教育是人类为了自身发展而进行的改造精神世界的实践活动，无论是出发点还是落脚点，都是为了人自身的发展，这为思想政治教育人性化发展提供了哲学依据。不仅如此，在具体的应用中，构建主体客体关系的系统结构也能使我们在思想政治教育活动中更加尊重人的本质属性，将人的发展作为目的，而不是实现某一些阶级统治另一些阶级的工具。这种对人的主体性的尊重，能有助于促进人的主观能动性的发挥。

三 构建思想政治教育主客体关系体系之于思想政治教育学科自主知识体系的教育优化发展价值

有效性问题是建构思想政治教育学科自主知识体系重要的理论和实践问题，但是对思想政治教育有效性的研究绝不是停留在对结果有效性的简单评估上。正如有学者所指出的，"如果我们对有效性问题的研究，仅停留在实践活动结果有效性的分析之上，那么我们充其量只能辨识结果、享用结果，而不可能有效地优化结果、提升结果，从而实现有效性问题研究的最终目的；我们也便没有全面把握人类实践活动有效性意识的历史演进过程对有效性论域所给出的历史的界定。"[①] 因此，对于思想政治教育有效性问题的研究，也不能仅仅停留在对思想政治教育所产生最终效果的评

---

① 沈壮海：《论思想政治教育有效性问题研究的理论框架》，《教学与研究》2001年第4期。

价上，而是需要有更加系统、更加全面地分析影响效果的各种要素和各个阶段进行全面的了解和把握，从而为思想政治教育学科自主知识体系动态性、持续性的发展提供重要支撑。

就思想政治教育主客体关系而言，体系的建构为我们优化教育过程起到了非常重要的作用。从宏观和微观两个视角入手来研究思想政治教育的过程，进一步分析思想政治教育各个层次、各个阶段的主客体关系，能更加有效地把握主体的需求和客体的属性，并且能更加准确建立主体的需要和客体属性之间的联系，才能促进思想政治教育的过程的优化以及教育效果的提升。尤其是从微观层面来说，对思想政治教育主客体关系的具体分析能清楚地了解在不同情形下思想政治教育主客体的表现和特征，对于进行思想政治教育有效性研究具有重要的意义。

一方面，构建思想政治教育主客体关系体系有助于优化思想政治教育教学过程。按照传统思想政治教育的理解路径，思想政治教育教学过程是思想政治教育者和受教育者之间的施教和受教的过程，教育者把自己当作主体，而受教育者被当作客体。但是随着思想政治教育学科的发展，越来越多的人倾向于将思想政治教育的受教育者也当作主体，将思想政治教育过程看作教育者和受教育者共同的实践活动。但是这种认识并不能体现思想政治教育的社会性和阶级性，所以导致思想政治教育的阶级本质和思想政治教育过程之间的冲突。构建思想政治教育主客体关系体系，将思想政治教育的主体分为人类主体、社会（国家）主体、集团主体以及个人主体，构建思想政治教育的立体结构，将教育过程中的教育者和受教育者之间关系仅仅是作为主客体关系体系的一个层面来理解，将有效解决教育的个人目的和社会目的之间的冲突。

优化思想政治教育过程的关键性问题在于受教育者是否能接受教育内容。按照教育者是主体，受教育者是客体的观点，受教育者只能处于被动地位，其主动性的发挥也是在教育者主体的调动下产生的。只有将受教育者真正当成主体，将教学过程当作教育者和受教育者共同改造受教育者精神世界的教育活动，才能提升受教育者在教学过程中的主动性。受教育者主体地位的确立是思想政治教育过程优化的关键，同时还需要保证思想政治教育政治性和阶级性的根本属性，尤其是在教育内容上不能"泛教育化"，将思想政治教育当成一个无所不包的学科。因为"思想政治教育的内容本质是政治性。思想政治教育中的政治，主要指教育内容的政治性以及人们言行中的政治立场，它源于政治"①。按照思想政治教育主客体关系体系的结构，教育者具有双重主体身份，在教学过程中教育者与受教育者都是个体主体。而当我们将思想政治教育理解为意识形态传播活动时，教育者成为统治阶级以及集团的成员，教育者群体其实就是集体主体。教育者双重主体的身份，有助于教育内容的制定、教育方法的选择，从而有助于教学过程的优化。

虽然教育内容的选择取决于教育者，但是教育内容的接受则完全取决于受教育者。因此，我们过去对"灌输"问题的各种批判和质疑其实是没有抓住问题的关键，也就是说灌输作为一种方法并没有什么问题，问题的关键在于灌输的是什么？对当前的年轻一代而言，大部分都排斥距离他们生活实际太过遥远的历史和事物，这是符合人的心理发展特征的。而年轻人并没有因此就关闭了自己认识世界和改造世界的大门，因此关键问题是该如何选择受教育者愿意接受、喜欢接受、乐于接受的内容的问题。这个过程并不是自然发生的，而是需要主体与客体之间相互交流和沟通，尤其是需要主客体在思想政治教育的不同阶段能清楚确定自身的地位和作用，充分发挥自身的主观能动性。

另一方面，构建思想政治教育主客体关系体系有助于思想政治教育主体性的优化。马克思在《黑格尔法哲学批判》导言中指出，"理论只要彻底，就能说服人［adhominern］。所谓彻底，就是抓住事物的根本。而人的根本就是人本身"②。这说明思想政治教育要发挥其价值关键就在于发挥人的主体性，也就是发挥参与思想政治教育活动的人的主体性。如果说思想政治教育不能说服人，主要就在于对人的理解上，没有把受教育者当作主体来对待，而是当作被动的客体，当作物来被改造。这样的思想政治教育显然没有把人的主体性放在重要的位置。而思想政治教育应该是提升受教育者主体性的活动，它不仅仅是要把受教育者当作主体，而且要使受教育者在已有发展的基础上实现新的发展。构建思想政治教育主客体关系体系为受教育者的主体性发展提供了方向指导，按照马克思主义关于人的存在形式的论述，类主体是超越个体主体的更高形态，而思想政治教育就是要不断优化主体性，使思想政治教育最终成为人类自觉的社会实践

---

① 孙其昂主编：《思想政治工作基本原理》，江苏人民出版社 2002 年版，第 11—12 页。
② 《马克思恩格斯文集》第 1 卷，人民出版社 2009 年版，第 11 页。

活动。

思想政治教育主体与主体性是一组既相互联系又相互区别的概念。思想政治教育的主体性由教育者的主体性、受教育者的主体性和思想政治教育活动的主体性三个部分组成。而"思想政治教育活动是由教育者的活动、受教育者的活动和决策者的活动共同构成的"[1]，因此，思想政治教育的主体性实际上是参与思想政治教育活动的人的主体性的整合。在思想政治教育活动中，显性的参与者是教育者和受教育者，但如果从主客体关系体系来看，参与思想政治教育的还有统治阶级集团、国家机构甚至是整个人类社会。这样，思想政治教育的主体性也具有了层次性，优化主体性不仅成为提高思想政治教育有效性的重要途径，同时也成为思想政治教育发展的最高目的，是建构思想政治教育学科自主知识体系的必然途径。

第二节 构建思想政治教育主客体关系体系的结构要素[2]

构建思想政治教育主客体关系虽然是一项系统而复杂的工程，但其构建离不开一些基本要素，分析这些基本要素是构建思想政治教育主客体关系的基础。

一 "现实的个人"是构建思想政治教育主客体关系的核心要素

思想政治教育围绕的核心其实就是人的问题，人的需求是思想政治教育产生的主要原因，从人出发，又回到人，最终目的就是为了实现人的全面发展。

（一）"现实的个人"是思想政治教育主客体关系的逻辑起点

作为哲学思辨命题的"人的问题"有着悠久而长远的发展历史，最初始于古希腊时期对"人是什么"的追问。古希腊哲学家普罗泰戈拉指出，人是万物的尺度，是存在事物存在的尺度，也是不存在事物不存在的尺度。这一命题是自然哲学长期发展的结果，也是人类在自我认识领域的巨大突破。从此，关于人的学说成为哲学领域的核心问题之一。在马克思

---

[1] 张彦：《思想政治教育主体性研究》，广东人民出版社2006年版，第95页。
[2] 本节内容我曾以《以人为本：思想政治教育主客体关系的马克思主义人学之维》为题发表在《教学与研究》2016年第2期，此处略微有改动。

主义人学问题出场之前，关于"人是什么"这一命题的解释经历了一个漫长的发展过程。从文艺复兴时期对人性的高扬，对人的尊严和地位的肯定，到以笛卡尔为代表的 17 世纪欧洲哲学家对人的理性的关注，再到康德的"人是目的，不是手段"这一著名命题的提出。关于"人本主义"的理解不断进步，日渐科学。对马克思主义人学理论影响较大的是费尔巴哈的思想，他提出了"人是真实的感性实体"，创立了人本主义与自然主义相结合的哲学，为马克思主义人学理论的诞生提供了思想借鉴。

虽然马克思和恩格斯在前人的基础之上形成了关于人学的理论，但是马克思主义人学理论与以往的人学理论有着根本的区别。其中最为核心的就在于，马克思主义所强调的人，是现实的人，是处于社会之中的人，是实践中的人。首先，他强调"人直接地是自然存在物"①"全部人类历史的第一个前提无疑是有生命的个人的存在"②。但同时人又是社会存在物，且人的本质就体现在社会性方面。马克思曾经指出："我们开始要谈的前提不是任意提出的……这是一些现实的个人，是他们的活动和他们的物质生活条件，包括他们已有的和由他们自己的活动创造出来的物质生活条件。"③从这一科学论断中我们可以看出，马克思研究的人"不是处在某种虚幻的离群索居和固定不变状态中的人，而是处在现实的、可以通过经验观察到的、在一定条件下进行的发展过程中的人"④。所以，与以往的哲学家将人的本质界定为理性或者存在不同，马克思认为"人的本质不是单个人所固有的抽象物，在其现实性上，它是一切社会关系的总和。"⑤马克思从唯物史观出发，对人的产生、存在和发展进行了解释和说明，对人的本质规定性给予了科学的界定，即作为实践主体的人是现实的、具体的、社会的人，而这种现实的、具体的、社会的人就是思想政治教育主客体关系研究的逻辑起点。

从思想政治教育发生的角度来说，思想政治教育产生首先是人类社会历史发展的产物，而"历史不过是追求着自己目的的人的活动而已"⑥。

---

① 《马克思恩格斯文集》第 1 卷，人民出版社 2009 年版，第 209 页。
② 《马克思恩格斯文集》第 1 卷，人民出版社 2009 年版，第 519 页。
③ 《马克思恩格斯文集》第 1 卷，人民出版社 2009 年版，第 516—519 页。
④ 《马克思恩格斯文集》第 1 卷，人民出版社 2009 年版，第 525 页。
⑤ 《马克思恩格斯文集》第 1 卷，人民出版社 2009 年版，第 501 页。
⑥ 《马克思恩格斯文集》第 1 卷，人民出版社 2009 年版，第 295 页。

思想政治教育活动的产生与人的存在和发展是密不可分的，它"是人的一种生存和活动方式"①。思想政治教育存在就是为了解决人的思维与行为之间的矛盾问题，引导人们正确解决主观和客观的矛盾，使主观正确反映客观，从而形成正确的认识，在解决实际问题中发挥作用。在这一过程中，人既是认识主体，也是实践的主体。

从思想政治教育目的的角度来说，思想政治教育将人的全面发展和社会的进步作为其追求的宗旨，这里的"人"是具有社会性、实践性的现实的人，这里的"社会"是由许多个现实的人组成的统一体。也就是说，思想政治教育最终目的是人的发展，这突出体现了马克思主义人学思想。

从思想政治教育的价值角度来说，无论是社会经济价值、政治价值、文化价值还是个人的发展价值，其最终都体现在思想政治教育在人类社会发展中的重要价值。而价值判断的标准也是以人的需求是否得到满足为尺度的，是以人的主体性是否得以实现为标志的。马克思当时正是从资本主义非人化的社会条件出发，试图克服资本主义条件下人的异化问题，真正将人作为一切实践活动的主体，实现人的自由而全面的发展。所以，传统思想政治教育主客体关系将教育者作为主体、受教育者作为客体显然是不符合马克思主义人学理论的基本观点的。当前，思想政治教育正逐渐打破传统"社会需要论"的范式，走向"现实个人本位"的范式。构建思想政治教育主客体关系，也应该将"现实的人"作为逻辑起点。

(二) 满足人的需要是构建思想政治教育主客体关系的关键

马克思虽然承认人与动植物一样，是"受动的、受制约的和受限制的存在物"②，但同时人又是有欲望和需要的存在，并且人的欲望的对象"是表现和确证他的本质力量所不可缺少的、重要的对象"③。这说明，正是人的需要构成了社会的变化和发展，人的需要构成了生产观念上的内在动机，是生产的前提和动力，在此基础上形成了社会关系。因此，在各种社会关系中，人的需要、人本身才是目的，而社会制度和社会关系则是满足人需要的手段。社会发展的速度往往与人的需要强弱有关，需要越是强烈，人们改造客观世界的动力也越大，社会的发展速度也就越快。在人与

---

① 褚凤英：《活动视野中的思想政治教育》，博士学位论文，华中师范大学，2004年，第10页。
② 《马克思恩格斯文集》第1卷，人民出版社2009年版，第209页。
③ 《马克思恩格斯文集》第1卷，人民出版社2009年版，第209页。

人的关系方面,需要是否得到满足对人与人之间的关系也有着重要的影响。而思想政治教育就是人们追求精神生活和文化生活、实现自我发展需要的表现。马克思曾经表明,人与人之间建立联系是从他本身的需要以及本性出发的,也就是说通过需要建立起来的社会关系,只有在需要逐渐得到满足的情况下才会出现良性发展的局面。因此,在思想政治教育过程中只有尊重和满足主体的需要,才有利于思想政治教育有效性的提高。

长期存在于思想政治教育学科领域中关于思想政治教育主客体关系的争论其实质上是关于思想政治教育中谁是主体的问题,这决定了思想政治教育究竟是为了谁,也就是满足谁的需要的问题。传统思想政治教育将教师作为主体,实际上是将教师作为一定社会集团的代表,将其思想观点、政治观点和道德规范施加给受教育者。教师作为主体实际上是为了满足社会集团维护社会统治的需要。从这个角度出发,受教育者的需要就被忽略了,将受教育者置于思想政治教育客体的地位显然是不符合马克思主义需要理论的。所以,在处理思想政治教育主体与客体的关系时,应当将满足人的需要作为前提条件,其中既包含了教育者的需要,同时也包含了受教育者的需要。

在具体的思想政治教育过程中,教育者作为教育主体,其需要表现为自我实现的需要,完成教学任务的需要,帮助学生提升思想认识水平的需要;受教育者作为接受主体,主要表现为自我提升的需要。而且需要构成了其接受教育的出发点和归宿,需要越是强烈,接受教育的动力也越大。当然,教育者和受教育者之间的矛盾是不可避免的,但是二者的需要并不是相互冲突的,甚至连教师自我实现的需要,依然是为了帮助学生实现个人发展的需要。因此,提高思想政治教育实效性,并不是要简单重视受教育者的主体性这么简单,而是要真正从人的需要出发,将满足人的需要作为优化思想政治教育主客体的关键。

(三) 促进人的发展是思想政治教育主客体关系优化的落脚点

人的发展问题是马克思主义人学理论的重要内容,也是马克思主义科学社会主义理论的重要组成部分。传统的发展观主要关注经济的增长,认为只要经济发展了,人的发展就是一种必然。根据马克思主义物质决定意识的观点,经济的发展是一切发展的前提条件,但并不是说经济的发展一定会促进人的同步发展。发展观从对人的忽视到重视经历了一个思辨的过程。1848年,马克思、恩格斯在《共产党宣言》中指出:"代替那存在着阶级和阶级对立的资产阶级旧社会的，将是这样一个联合体，在那里，每个人的自由发展是一切人的自由发展的条件"。① 按照马克思主义的发展观，人的发展应该包括个体的发展和人类整体的发展两个层面。马克思认为，在阶级社会中，阶级对立导致了人与人之间是一种不平等的关系，每个人的平等发展是不可能实现的；但是随着社会的进步，阶级终将消失，阶级对立也不复存在，社会将是一个自由人的联合体。这种状态下人的发展才是平等的，并且"每个人的自由发展是一切人的自由发展的条件"②，个人的发展和社会的发展相一致。因此，马克思主义虽然认为发展有个人和社会的区别，但是个人的发展和社会的发展是统一的，是不可相互独立而存在的。社会的发展依赖每个人的发展，个人的发展是人类社会发展的基础。人的发展理论确立了人在社会历史中的主体地位，任何一次社会发展终究是人类活动的产物，人类通过不断改造社会以保证自身的生存和发展。这也是人与动物的区别所在，动物只能消极地适应外界环境以保证生存，而人类则是积极主动地改变外界环境以保证更好的发展。

那么思想政治教育如何能促进人的发展呢？根据马克思主义的发展理论，人的发展首先是实践能力的发展，马克思指出："动物只是按照它所属的那个种的尺度和需要来构造，而人却懂得按照任何一个种的尺度来进行生产，并且懂得处处都把固有的尺度运用于对象"③。人的实践能力的发展是一切发展的前提，但是这种能力并不是与生俱来的。思想政治教育正是通过促进人的精神方面的发展来促进人的各方面能力的发展。其次是人的社会关系的发展，因为从某种程度来说，人的社会关系体现在人本身发展的程度。当今社会条件下，科技的发达使得人们之间的交往越来越频繁和便捷，这也为人的发展提供了良好的社会环境基础。思想政治教育就是通过向人们提供相应的指导思想、价值准则、道德规范等，从而促进人们能协调各种社会关系，形成越来越良好的社会关系。其三是人的个性的发展，马克思所说的个性是指人能摆脱束缚而形成自由且全面的发展。思想政治教育通过价值引导，帮助个体形成正确的价值选择；通过道德规范，帮助个性梳理正确的道德判断；通过优化环境，为人的个性发展提供保障，等等。如果将受教育者当作客体，主体与客体之间是作用与被作用

---

① 《马克思恩格斯文集》第 2 卷，人民出版社 2009 年版，第 53 页。
② 《马克思恩格斯文集》第 2 卷，人民出版社 2009 年版，第 53 页。
③ 《马克思恩格斯文集》第 1 卷，人民出版社 2009 年版，第 163 页。

的关系，那么人的个性必然会被抹平，就不可能实现个性的发展。所以，在思想政治教育中，受教育者也必须成为主体，受教育者的发展是思想政治教育的根本目的。

思想政治教育实际上是通过思想、观念的力量，促进人的发展，而思想政治教育目的的最终指向是人的全面发展。所以，在优化思想政治教育者主客体关系时应该将促进人的发展作为落脚点。在思想政治教育过程中，主体和客体是相对立而存在的，不同层面的思想政治教育，主客体的具体指向也不相同；在思想政治教育不同阶段，主客体关系也呈现不同的特征。从宏观上说，思想政治教育作为人类的一种普遍的实践活动和社会现象，本身就体现了主体的价值追求，是人类不断对现存自我的反思和超越；在反思和超越的过程中，主体的需要得到满足，主体的价值得以实现，从而实现了自我的发展。从微观上来说，思想政治教育是教师和学生之间的一种交往实践活动，促进学生的发展是思想政治教育的重要目标。学生只有发挥主体性，主动接受一切有利于个人发展的知识、技能和品质，才有可能实现真正的发展，任何强制性的灌输式教育是不可能有益于学生的个性发展的。因此，无论是何种层面、哪个阶段的思想政治教育，其主体必然是参与思想政治教育实践活动的人，在思想政治教育主客体关系中，人的发展是最终的落脚点，是否有利于促进人的发展是判断主客体关系是否合理的重要尺度。

（四）"以人为本"思想贯穿于思想政治教育主客体关系优化的始终

在思想政治教育主客体关系层次系统中，主体分别以类主体、集团主体和个体主体的形式出现，其基本构成因素都是现实的人。因而"以人为本"必须贯穿于思想政治教育主客体关系建构的各个环节。首先，这是由思想政治教育的性质决定的。思想政治教育虽然具有政治性、阶级性和教育性等多重属性，但它是为了解决人的思想、政治、道德问题而产生和存在的，是以人的需求为出发点、以人的发展为目的的社会实践活动。"以人为本"的思想要求在思想政治教育过程中将社会要求与人的思想政治素质实际情况相结合，充分尊重人的多样性和主体性，满足人的需求，实现人的价值。其次，这是由人们思想品德形成的规律决定的。思想政治教育要最终发挥作用，需要遵循思想政治教育的规律，其中最基本的是人的思想品德形成规律，客观的思想政治教育内容只有通过人的规范认知、情感认同、意志保障、行为表现，才能最终内化为个人品质。思想政治教育的有效性不仅仅受教育内容是否科学、教育者素质高低等客观条件的影响，更是取决于受教者自我教育内化的程度。在思想政治教育过程中，要充分调动和激发受教育者主体性，让他们能自觉、主动、积极地参与思想政治教育实践活动。再次，这是由思想政治教育目的决定的。思想政治教育的目的是要实现社会的发展和个人的全面发展。"以人为本"要求思想政治教育打破传统思想政治教育的知识性灌输模式，而要将人的需求、人的发展作为出发点，实现人的各方面的整体发展。

思想政治教育主客体关系体系建构中坚持"以人为本"的思想要充分理解马克思主义"以人为本"的科学内涵。"以人为本"是马克思主义在批判西方人本主义思潮尤其是费尔巴哈人本主义的基础之上形成的。费尔巴哈的人本主义虽然也强调人的价值，但是他所指的人是"类"存在意义上的人，是抽象的人。对此，马克思、恩格斯进行了尖锐的批判，对费尔巴哈的人本主义思想进行了扬弃和超越，强调"以人为本"应该是指社会的人、现实的人、历史的人。任何脱离社会、历史和现实的抽象的人本主义都是与马克思主义的本意相违背的。由于思想政治教育主体有类主体、集团主体和个体主体的差异，所以在具体分析问题的过程中，需要把握主体的特殊性；尤其是在微观层次中，思想政治教育主体在某一些阶段表现为教育者，在另一些阶段表现为受教育者，而作为个体的人是存在差异性的，如何调动主体的主动性、创造性并没有固定统一的模式，需要思想政治教育者和受教育者共同参与，找到合适的方式调动教育者与受教育的主动性与创造性。

二 "环境的改变"是构建思想政治教育主客体关系的背景要素

马克思曾经提出了"环境的改变和人的活动的一致，只能被看做是并合理地理解为变革的实践"① 这一著名论断，这是人类哲学历史上第一次运用实践的观点阐述环境的改变与人的活动的辩证关系。马克思所说的环境不仅包括自然环境，而且也包括社会环境。马克思主义环境理论所关注的不仅仅是人与自然的关系，也包括人与社会的关系。马克思主义环境理论认为，人总是生活在一定的环境之中，环境的改变和人的改变之间是辩证的关系。其表现在两个方面：一方面人不能自由地选择他们所处的环

---

① 《马克思恩格斯文集》第1卷，人民出版社2009年版，第504页。

境，这是环境对人的思想和行为的制约性；而另一方面人在环境面前不是消极被动的，而是积极主动的。人可以改造环境，环境与人之间相互联系的桥梁就是实践。简而言之，环境决定和制约人类，而人类通过实践活动改变环境和创造新的环境，我们现在生活的环境是人类实践的产物。

同时，马克思精准地阐述了人与教育之间的关系。他指出："环境正是由人来改变的，而教育者本人一定是受教育的"①。马克思批判了那种先改造人类后改造环境，或者先改造环境后改造人类的思想。他认为人类在实践过程中，不仅改造了环境，也改造了自身。教育者在教育别人的过程中自己也受到了教育，教育者只有自身受到良好的教育之后才可能更好地教育别人。

根据马克思的人与环境的关系理论，我们可以更加清楚地解释教育改革问题。实际上，所有的教育改革无非是为了让"环境的改变和人的活动的一致"②。一方面环境的改变促使我们的教育也要改变，另一方面教育的发展也促进了环境的改变。思想政治教育环境是多层次的，既包括物质环境又包括精神环境。无论是哪种环境，对思想政治教育活动来说，都具有重要的影响。那么，在思想政治教育主客体问题上，环境的改变对思想政治教育主客体关系又产生了何种影响呢？

其一，环境的改变导致思想政治教育主体的改变，主体的改变推动环境的变化。思想政治教育是人类社会的一项实践活动，已经有着悠久的历史。但在不同的历史时期，思想政治教育的主体是不同的。比如在封建社会，思想政治教育的主体是地主阶级及其代言者，到了资本主义社会，思想政治教育主体则由资产阶级及其代言者替代。主体变化的直接原因是社会大环境发生了变化，也即社会关系发生了变化。而按照马克思主义的人类社会发展理论，人类社会是螺旋式上升的，所以从整个社会发展的角度来讲，主体的变化也进一步促进社会环境的改善。

其二，环境的改变促使思想政治教育客体的转变。环境的改变促使思想政治教育主体的更替，同时也促使客体发生变化。思想政治教育环境改变有一个基本的逻辑基础，即整个社会环境的改变，而社会环境的改变也会影响客体。过去我们将受教育者理解为思想政治教育客体。因为在当时

---

① 《马克思恩格斯文集》第1卷，人民出版社2009年版，第504页。
② 《马克思恩格斯文集》第1卷，人民出版社2009年版，第504页。

的社会环境下，知识并不被全社会所共享，受教育者在认识上是绝对低于教育者的。尽管教育者有意愿在教育过程中发挥主观能动性，但是由于受教育者自身能力限制而阻碍其主观能动性的发挥。但在互联网时代，知识不再被某一小部分人所独享，而是以更便捷、更迅速、更开放的方式为所有人共享，受教育者的主观能动性被极大地调动起来。作为客体的受教育者主体化倾向越来越明显，而这一切都是环境的改变所造成的。

其三，环境的改变导致思想政治教育理念的转变。人类在不同的时代教育理念也会发生变化，教育理念的变化一部分是来自其他社会科学的影响，一部分是来自现实的影响。例如主体间性思想虽然是一种哲学思想，但是对现代教育理念以及思想政治教育理念都产生了重要的影响。而时代发展对思想政治教育理念的影响则更加直接，比如在战争年代，我们的思想政治教育的主要任务是要帮助全国人民认识我国面临的局势，从而团结一切可以团结的力量，一致对外，进而实现民族的解放和独立。因此，当时的社会环境就决定了思想政治教育必须实施灌输理念，其主要方式就是宣讲。但是在新中国成立初期，社会环境发生了根本变化，人们一面沉浸在开启新生活的喜悦之中，一面又要警惕各种落后腐朽思想的沉渣泛起，从而导致这一时期的思想政治教育则是以政治运动的形式为主。而到了改革开放之后，思想政治教育的形式更加多元化，教育理念也更加包容和开放，这与我们面临的多元化的社会环境有着直接的关系。

环境的改变对主客体产生的影响也直接影响到了主客体关系，这就是我们在构建思想政治教育主客体关系体系时需要从纵向不同时期、横向不同维度进行思考的原因。无论是社会大环境的改变，还是思想政治教育微观环境的改变都会对思想政治教育主客体关系产生影响。因而"环境的改变"成为构建思想政治教育主客体关系的背景要素。缺少对背景要素的描述，会导致构建思想政治教育主客体关系体系缺少现实环境而失去现实意义。当然，在构建思想政治教育主客体关系体系时，我们对于"环境的改变"的描述不应该是独立的。主客体关系体系应该是一个系统的连续的工程，其背景要素也应是具有相互关联性的，而不是从一种环境向另一种环境的忽然转变。例如，到目前为止，思想政治教育经历了"单一主体""双主体""主体互动"等不同的理论发展，这是与思想政治教育面临的环境的改变具有密切关联的。而之所以没有直接从"单一主体"发展到"主体互动"就是因为环境改变的连续性，导致思想政治教育工作者只有首先对受教育者主体这一主体形式有了认识，才可能构建教育主体与受教育者主体之间的相互联系。

三　教育媒介和内容是构建思想政治教育主客体关系的补充要素

无论是教育者还是受教育者，但凡是参与到思想政治教育实践活动之中的人，只要具有主观能动性，都能成为思想政治教育主体，而被动的一方则成为客体。但是，在思想政治教育主客体关系体系的构建中，除了主体、客体和环境之外，还有一项重要的要素，那就是思想政治教育的媒介和内容。

其一，教育媒介和内容是构建思想政治教育主客体关系体系的重要构成要素。"媒介"一词，最早见于《旧唐书·张行成传》："观古今用人，必因媒介。"在这里，"媒介"是指使双方发生关系的人或事物。其中，"媒"字，在先秦时期是指媒人，后引申为事物发生的诱因。而"介"字，则一直是指居于两者之间的中介体或工具。"凡是能使人与人、人与事物或事物与事物之间产生联系或发生关系的物质都是媒介"[①]，可以说在人们的社会生活中媒介无处不在，媒介是使两个原本并没有任何关系的事物产生联系的重要条件。在思想政治教育中，媒介的存在形式既是丰富多样的，也是必不可少的。如果说媒介是建立主客体之间联系的桥梁，是实实在在的客观存在，那么内容则是主体与客体建立联系的理由。在思想政治教育中，主客体之间为什么要产生联系？很重要的原因是主体需要把一定的思想政治教育内容传递给客体，而客体也需要通过接受主体传递的思想政治教育内容，从而达到实现自我改造的目的。

因此，在整个思想政治教育过程中，媒介和内容是思想政治教育的重要构成要素。无论是缺少媒介还是内容，思想政治教育都不可能发生。在思想政治教育主客体关系体系中，主体和客体作为实践活动的两端需要产生联系，这种联系无疑是通过实践的方式实现的。但是实践需要具体的内容和方法，就如同物质生产实践需要人工，需要原材料，需要机器设备以及方式方法一样。在生产实践中工人是主体，原材料是客体，而机器设备和生产方法同样也是生产实践的重要构成要素。同样，在精神生产中，也需要有主体、客体以及相关的要素，其中媒介和内容是不可或缺的。如果

---

① 田艳艳：《新媒体视域下数字图书馆信息传播活动》，《市场论坛》2011年第7期。

脱离教育媒介和内容来谈主体和客体之间的联系，那么主体与客体之间的关系就会出现我们常说的"两张皮"的现象，不仅是抽象的，甚至导致主体和客体之间根本就无法建立联系。

其二，教育媒介的变化对思想政治教育主客体关系会产生重要影响。我们知道，媒介不仅是承载着传播内容的物质实体，而且还包括了各种传播形式，比如说，报纸、书本、电视机、电脑是媒介，而新闻、视频、互联网也属于媒介。思想政治教育媒介并不是固定不变的，从实质上的思想政治教育产生至今，思想政治教育媒介也随着时代的发展而不断变化。在古代，思想政治教育的主要媒介就是各种报纸，无论是古罗马时期把重大事件写在白板上，还是中国汉代的邸报，其实都已经具备了报纸的雏形。直到19世纪末至20世纪初，报纸实现了从"小众"到"大众"的转变，才真正标志着大众传播时代的到来。在报纸作为主要传播媒介的时代，信息相对闭塞，报纸所传播的内容往往被少数人把控，而成为阶级统治的重要工具。思想政治教育也充分地利用了报纸传播面积广泛，同时又容易控制的特征，进行阶级思想的传播。随着信息技术的发展，报纸，三者主导媒介地位逐渐被削弱，取而代之的是电视、互联网、报纸的三足鼎立，并且互联网的发展已经取得势不可当的优势，其影响已经深入到每一个人的生活中。而思想政治教育要利用互联网这一媒介，就不可能像过去使用报纸媒介一样。

无论是哪一种媒介，在思想政治教育主客体关系构建中都具有桥梁的作用，但是，主体既然是通过一定的媒介与客体建立联系的，媒介不同，主客体之间的关系自然会有不同的呈现形式。比如，在报纸媒介时代，主体与客体是一种"单向度"的关系，思想政治教育主体将代表着一定阶级的思想观念、政治观念和道德规范通过报纸媒介传递给客体，而客体基本上只能是被动地接受，无法主动有效地表达自己的主张，也不可能实现身份的转化。但是进入互联网时代，媒介发生了变化，思想政治教育主客体关系也发生了变化，从过去的"单向度"关系转变为网络关系。在网络思想政治教育中，媒介作为重要的载体和环境，虽然并没有改变思想政治教育内容，但却促使每一个个体所接收到的信息内容更加丰富。对客体来说，其主体性特征表现愈发明显，客体通过互联网传播积极正能量的时候，它也就转变成为主体。主体与客体之间不再是单向联系，而是构成一种网络关系，在这个网络之中，只要是发挥主观能动性，积极主动进行符合时代发展的思想观念、价值观念和道德规范传播的个体或组织都是思想政治教育主体。

其三，合适的教育内容是建立良好思想政治教育主客体关系的纽带。前面提到，主客体之间之所以会产生联系，是因为主体需要把一定的思想政治教育内容传递给客体，而客体也需要通过接受一定的思想政治教育内容，从而实现自我改造。如果思想政治教育内容不合理，那么即便是主体有意愿而且尽力去进行思想政治教育，但是客体却不会或者主观上抗拒思想政治教育活动，主客体之间就无法产生有效的联系，主体与客体之间是相互隔离的状态，甚至有可能是对立的状态。比如在抗日战争时期，国民政府的"不抵抗政策"就显然是不合适的，是不符合广大人民的根本利益的；因此，尽管国民政府尽力进行相关政策的宣传，但是也没有起到良好的效果。而共产党人提出的"联合抗日，一致对外"思想因为符合时代发展的潮流以及历史局势，更重要的是符合了广大人民群众反帝反封建的根本需求，所以能聚集民心，建立与人民群众的深厚联系。也就是说，只有合适的教育内容才是建构良好思想政治教育主客体关系的纽带。当然，思想政治教育内容也不是一成不变的，也会随着时代的发展而不断地更新。但是无论如何变化，都需要满足主体与客体双方的需求，同时也要符合社会历史发展的规律。

第三节　构建思想政治教育主客体关系体系的层次结构[①]

由于思想政治教育主体、客体的表现形态并不是固定不变的，并且思想政治教育本身也是一个具有丰富内涵和外延的概念，因此在构建思想政治教育主客体关系时也必然要考虑层次性，构建具有层次结构的思想政治教育主客体关系。

一　人类普遍的社会实践活动中的主客体关系

从整个人类社会发展的历史视角来看，思想政治教育是人类改造自身

[①] 本节内容我曾以《论多重视角下的思想政治教育主客体关系》为题发表在《教学与研究》2014年第9期，此处略微有改动。

主观世界的实践活动，这种主观世界的改造就是人类普遍的社会实践活动。人类普遍的社会实践活动中的主客体关系是从宏观上来构建思想政治教育主客体关系。

自人类社会产生开始，人类就从来没有停止过社会实践活动。主客体关系的起源也是从人类普遍的社会实践活动开始的。马克思最初在《1844年经济学哲学手稿》中还主要从人与自然之间的关系来分析主客体关系问题，但是到了《德意志意识形态》中就开始从人与社会存在之间的关系来分析主客体关系，进而论述人的社会属性。从人类普遍的社会实践活动的视角来探索思想政治教育的主客体关系，实际上就是从人类社会历史发展的进程中，将思想政治教育作为一种社会实践活动来分析。根据马克思主义主客体理论在人类社会历史发展领域的应用，社会实践活动的主体是处于社会实践活动中的人。马克思主义将人类的社会实践活动分为物质生产实践和精神生产实践，思想政治教育是人们在长期的物质生产实践中形成的，为了满足人们的精神需要、改造自身精神世界的实践活动。

马克思曾经指出，人的活动对象，除了自然界和社会以外，还包括"人的类生活的对象化"。人在意识和实践中把自己一分为二，一方面要认识和改造客观世界，另一方面要认识和改造主观世界。在这里，实际上暗含着一个很重要的思想：人不仅仅是主体，而且当人把自己及其活动当作对象来认识的时候，他就成了客体。各种精神文化的产生，科学规律的总结其实都是人类在长期历史发展过程中，把自然界、社会以及人自身作为认识和改造对象，才逐渐形成和发展的。

思想政治教育的根本目的，"概括地说就是要提高人们认识世界与改造世界的能力，在改造客观世界的同时改造主观世界"[1]。因此，从人类普遍社会实践活动的视角来说，思想政治教育实际上就是作为主体的人，对自身主观世界的改造。这里，作为主体的人并不是个体主体，而是类主体。改造主观世界也是人类社会区别于动物世界的显著标志，人类不仅仅认识世界和改造世界，同时还知道通过改造自身的主观世界，提升自己的社会实践能力和道德素养，从而更好地改造客观世界。因此，如果将思想

---

[1] 张耀灿、郑永廷、吴潜涛、骆郁廷等：《现代思想政治教育学》，人民出版社2006年版，第136页。

政治教育看作一项人类普遍的社会实践，那么，处于社会实践中的人自然地成为这一实践活动的主体，这种主体是以类主体的形式出现的，而人的主观世界则成为改造的对象，成为客体。

在人类普遍社会实践活动中，人既是主体，也是客体，思想政治教育的主体和客体统一于现实的人，而思想政治教育主客体之间的关系就是一种同一关系。

二　阶级的意识形态传播活动中的主客体关系

将思想政治教育作为一种阶级意识形态传播活动，主要是从国家的层面上来说思想政治教育是阶级统治的工具。从这个角度分析思想政治教育是思想政治教育主客体关系的中观视角，即把思想政治教育视为意识形态传播活动，因而思想政治教育的主客体之间表现为阶级性、政治性，主客体之间的关系是不平等的。

从马克思主义基础理论角度看，马克思主义认为，政治是经济的集中表现，而意识形态是对经济基础的反映。"作为思想的生产者进行统治，他们调节着自己时代的思想的生产和分配；而这就意味着他们的思想是一个时代的占统治地位的思想"[①]。在这里，"思想的生产和分配"实际上是统治阶级将自己的主流意识形态通过某种方式传递给被统治阶级，使统治阶级的主流意识成为全体社会成员共同的意识形态。这种意识形态的传播活动包含在人们的物质生产活动和社会交往活动之中，充分体现了意识形态的阶级性和政治性。

从思想政治教育概念产生的历史来看，"思想政治教育"最初就是作为政治宣传等类似概念出现的。早在1847年，马克思和恩格斯就已提出"宣传工作"的概念，1894年恩格斯在《法德农民问题》中提出了"社会主义的宣传"概念，1902年前后，列宁提出了"政治教育"的概念，到了斯大林时期，逐渐产生了"思想工作""政治思想工作"等概念。在中国共产党的历史上，一直强调政治工作的重要性，政治教育是与一般的学校教育相区别的。例如，在1922年中国社会主义青年团第一次全国代表大会制定的《中国社会主义青年团纲领》中就把政治教育划分出来，与社会教育和学校教育相区别。因而，从思想政治教育概念产生的历史来

---

① 《马克思恩格斯文集》第1卷，人民出版社2009年版，第551页。

看，思想政治教育充分体现了思想政治教育的政治性和阶级性。

从目前学界对思想政治教育所下的定义来看，思想政治教育具有深刻的阶级性和政治性的痕迹。有学者就认为，"思想政治教育这一社会实践活动，就是一定阶级或政治集团，为实现一定的政治目标，有目的地对人们施加意识形态的影响，以期转变人们的思想，进而指导人们行动的社会行为。"[①] 也有学者认为"所谓思想政治教育，就是一定经济或政治集团，为了实现其政治目标和任务而进行的，以政治思想教育为核心与重点的，思想、道德和心理综合教育实践。"[②] 还有学者认为，"思想政治教育是指社会或社会群体用一定的思想观念、政治观点、道德规范，对其成员施加有目的、有计划、有组织的影响，使他们形成符合一定社会或一定阶级所需要的思想品德的社会实践活动。"[③] 这些具有代表性和影响力的概念，基本上都从国家、阶级的角度出发，对思想政治教育的本质进行了概括。

从思想政治教育的属性来看，阶级性和政治性是其基本属性，是思想政治教育区别于其他教育活动的显著标志。虽然，从狭义上来说，"思想政治教育"概念是源于现代，但是广义的思想政治教育事实早就客观存在着，只不过在不同的国家和地区、不同的时代，思想政治教育实践活动的具体形态是不同的。但是，不管具体形态差异有多大，我们都发现，无论是从马克思主义唯物史观的角度出发，还是从中国共产党革命实践活动来考察，思想政治教育一直是充满了阶级性的社会实践活动。在思想政治教育过程中，传播统治阶级的主流意识形态是其主要的任务。在阶级社会中，思想政治教育就是一种阶级意识形态传播活动。

以上几个角度，都说明了思想政治教育具有阶级意识形态传播功能，是一种阶级意识形态传播活动。思想政治教育作为意识形态的传播方式，统治阶级必然是居于主导地位的，是思想政治教育的主体，而思想政治教育要解决的问题是要让统治阶级的主流的意识形态得到全体社会成员的认同。因此，全体社会成员就成为思想政治教育的客体，是主体认识和改造的对象，其最终目的是要通过思想政治教育达到阶级统治的目的，主体与客体之间呈现出一种阶级关系和政治关系。

因而，从中观层面构建思想政治教育主客体关系，首先就是要明确思

---

① 陆庆壬：《思想政治教育学原理》，复旦大学出版社1986年版，第4页。
② 陈秉公：《思想政治学原理》，辽宁人民出版社2001年版，第3页。
③ 张耀灿、陈万柏：《思想政治教育学原理》，高等教育出版社2001年版，第4页。

想政治教育的阶级性，将思想政治教育看作某一个群体对社会其他成员进行意识形态传播以及思想改造的过程。对于当前的中国来说，思想政治教育就是传播社会主流意识形态的重要实践活动。在明确了思想政治教育的阶级性之后，就会发现在中观层面，思想政治教育主体既不是整个人类社会，也不是单一的个人，而是具有某种共性、处于相同历史地位的群体。在阶级社会中，思想政治教育群体主体就表现为统治阶级以及代表，而相对立的其他阶级的全体成员则成为群体客体。这样一来，阶级社会中的思想政治教育主客体关系就成为一种统治与被统治、改造与被改造的关系。而在我国，思想政治教育主客体关系就表现为教育与被教育的关系。准确构建中观层面的思想政治教育主客体关系，这就要求思想政治教育工作者和管理者们在进行思想政治教育时，必须明确自己的立场，做一名真正的马克思主义者；要清楚自己的使命，将传播科学的马克思主义理论当作自己的责任和义务；要精通教育内容，拒绝"历史虚无主义"以及形形色色的西方社会思潮。

三　课堂教学为主的教育活动中的主客体关系

无论是将思想政治教育看作人类普遍的社会实践活动，还是从阶级性的角度来看待思想政治教育，最终还是要从微观上来落实思想政治教育的目标。这就需要从微观层面来构建思想政治教育主客体关系，其中最主要的就是构建以课堂教学为主的教育活动中的主客体关系，其中至少包括三种形式的教育，分别是传统课堂教学、实践教学、自我教育。构建以课堂教学为主的思想政治教育主客体关系需要对这三种具体的思想政治教育形式分别进行分析。

其一是对思想政治教育课堂教学过程中主客体关系的分析。参与课堂教学的主要是教育者和受教育者，二者谁是主体，一直都存在争论。存在争议的原因是不同的人从不同的阶段来解读思想政治教育课堂教学过程会得出不同的结论。完整的课堂教学至少包括传授—接受—反馈三个基本步骤，当教育者传授相关思想理论时，教育者无疑是主体，受教育者自然是客体；当受教育者接收到教育者的信息，需要对信息进行处理和接受时，受教育者必然成为主体，教育者反而成为客体；在反馈阶段，教育者和受教育者都是主体，需要对遇到的问题进行分析和解决。

虽然我们对课堂教学的不同阶段进行分析之后发现主体与客体的具体

指向存在差异，但是我们在构建思想政治教育的主客体关系时也不可能做到如此的详细，而只能将课堂教学作为一个完整的整体进行分析。马克思主义在界定主客体时明确指出，实践既有改造客观物质、发展物质世界的活动，也包括了改造自身心智、发展精神世界的实践活动。而教育实践活动，并不是直接指向客观物质世界，而是指向人的主观精神世界，其目的是要促进理想人格的形成，实现人的全面发展。教育实践活动所要解决的主要矛盾就成为"理想自我"与"现实自我"之间的矛盾。而自我矛盾的解决只有通过自我主体性的发挥才能完成，因此，在教育实践过程中受教育者必然成为主体。但是，由于教育者在教学过程中具有实施、设计教学过程的任务，在整个课堂教学中居于主导地位，所以教育者也是主体。教育者主体和受教育者主体共同的作用对象是受教育者主体的精神世界，是要通过教育过程对受教育者的精神世界进行改造。在这一过程中，教育者和受教育者都是主体，同时在某一阶段也可能成为客体。所以，从微观层面构建的思想政治教育主客体关系实际上是相互独立、相互依赖、相互影响的个体主体之间的关系，他们共同的作用对象是受教育者的主观世界，主体之间通过有效的交流、沟通实现对受教育者主观世界的改造，这实际上就是主体互动关系。

其二是实践教学中思想政治教育主客体关系。目前，传统的课堂讲授依然是思想政治教育的主要形式，但是其效果相比过去已经逐渐降低。受教育者由于信息的接收速度快，内容多，已经不再将知识的获取局限于传统课堂讲授，而是期望更多的实践教学，希望自己能参与到思想政治教育过程之中。思想政治教育实践教学实际上就是教育者和受教育者同时参与到实践活动之中，通过实践活动接受教育，比如各种现场参观、社会调查、志愿服务等等。无论是教育者还是受教育者都需要对活动的对象进行认识和改造，因此都是主体。而主体与客体之间的关系则是由活动的性质所决定的，比如现场参观，教育者和受教育者都是认知主体，各种参观的对象则成为客体，主体和客体之间就是一种认识与被认识的关系。

其三是对自我教育中思想政治教育主客体关系的分析。自我教育，就是以自我价值判断为标准，在主体自身原有的认知基础上，对外来的思想政治信息进行反应、处理、内化和外化，从而形成品质的过程。[①] 也有许多学者将自我教育定义为教师帮助学生自我学习的过程。但是无论是学生自我学习还是教师帮助学生自我学习，学习行为意愿的产生必须来自学生，学习行为的实施也必然是学生自身参与，他所进行的实际上是改造自身主观世界的活动。所以，在自我教育中，受教育者既是主体，同时也是客体，主体与客体统一于现实的个体，即受教育者，而教育者、教育内容、教育载体等等都是作为介体的形式参与自我教育这一实践活动的。值得注意的是，自我教育中的主客体统一于现实的个体与宏观视阈中主客体统一于现实的人是有区别的，前者是参与具体实践活动中的现实的、单个的个体，是感性的、具体的、具有主体性的个体主体；而后者是处于人类社会历史发展过程中的、现实的、历史的、社会的类主体。这正是马克思主义关于人作为主体具有层次性的表现。那么，在自我教育中，主体通过自我教育实现精神世界的改造，实际上就形成了一种自我超越的关系，这种关系的存在为实现自我教育目标提供了重要的依据。

从以上的分析可以发现，在以课堂教学为主的思想政治教育活动中，不仅主体与客体是多变的，而且主客体关系也是灵活多变的。但是我们也不能把思想政治教育具体化为每一个具体的环节，所以还是需要从整体上来把握。无论是课堂教学还是实践教学，其实教育者和受教育者都可能既是主体又是客体，主客体之间是一种双向互动的关系；即便是在自我教育中，自我教育者既是主体也是客体，但是由于自我教育是自我不断超越和提升的过程，其实也蕴含着自我内部的互动。

四 构建网络思想政治教育中的主客体关系

随着现代科技的发展，当前思想政治教育所面临的一个重要现实境遇是网络。目前学界对网络思想政治教育的理解主要有两种：一是基于网络的思想政治教育，即把网络作为思想政治教育的新载体、新工具、新方法；二是网络环境下的思想政治教育，即将网络环境作为思想政治教育的社会环境，对传统思想政治教育进行创新。网络本身是具有矛盾性的，对思想政治教育来说，网络虽然为人们提供了多方位了解社会的窗口，但是却容易产生思想的迷失。网络具有自主性、平等性的特征，也就是说每个

---

① 参见兰刚《论传统美德的自我教育价值》，《学术论坛》1997年第5期。

人都可以运用网络表达自己的各种观念、态度和想法。这就使每一个人既是思想的传播者，又是思想的接收者。而网络也使信息的传播速度加快，使传统思想政治教育课堂受到挑战。马克思曾经指出，社会的发展使人们的交往方式和交往范围日趋丰富和扩大，当前社会的信息化使人们的工作和生活节奏加快，这种生活方式使人们更加愿意接受一种便捷的交往方式。正如马克思所言："物质生活的生产方式制约着整个社会生活、政治生活和精神生活的过程。""不是人们的意识决定人们的存在，相反，是人们的社会存在决定人们的意识。"[1] 每个人都具有探寻未知事物的好奇心以及表达自我的强烈愿望，网络正好提供给我们这样一个平台。而当网络与思想政治教育相结合，我们会发现通过网络进行思想政治教育事实上也面临着各种各样的问题。

构建网络思想政治教育主客体关系首先需要明白主体和客体分别是谁。网络的局限性，使得网络思想政治教育的客体只能是网民，而不能是全体社会成员；网络的开放性，打破了主体和客体之间的对立关系，消减了主体与客体之间的不平等，使得客体具有主体性，能针对主体发出的信息进行接收和反馈。但是，并不是说凡是网民不是主体就是客体。判断一个人是不是网络思想政治教育的主体首先看他是不是通过网络进行了思想政治教育内容的传播，传播内容可以是各种思想理论、道德观点，以及各种充满正能量的文章、图片、新闻等等。而判断一个人是不是网络思想政治教育的客体则是看他是不是通过网络接收到了一定的思想理论、道德观点以及各种正能量。网络的开放性也决定了接收信息的人可以成为信息的传播者，也就是说客体也会变成主体。因此，在网络思想政治教育中，每一个参与其中的人，既可能是主体，也可能是客体，判断其是主体的主要标准是看他是否在思想政治教育过程中积极发挥了主观能动性，对其他人产生了积极正面的影响，判断其是客体的标准是通过网络接收思想政治教育内容。

现代科学技术的发展极大地影响了思想政治教育的方式，每一项科技成果的应用都在不同层面上改变着思想政治教育。如果说传统的网络应用只是在观点上改变了思想政治教育，而新网络媒体，例如微博、微信的产生，则是在实际过程中改变了思想政治教育，使得传统课堂教学中教师和

---

[1] 《马克思恩格斯文集》第2卷，人民出版社2009年版，第597页。

学生之间的关系变为双主体互动关系。如今，利用手机等移动设备进行网络思想政治教育活动已经日渐在高校思想政治教育理论课中流行起来。教育者和受教育者之间的互动性变得更加明显有效，而主体与客体之间的相互转化也变得更加明显。因而，网络思想政治教育主体与客体的关系应当是一种多变互动的关系。

第四节　构建思想政治教育主客体关系体系的形态结构[①]

思想政治教育主客体关系除了在不同层次上存在巨大差异，在思想政治教育的不同形式中也存在一定的差异，因此需要构建思想政治教育主客体关系体系的形态结构。所谓思想政治教育主客体关系体系的形态结构，就是将思想政治教育实践活动分别看作不同的形态，分析不同形态中的思想政治教育主客体关系。

一　思想政治教育认识主客体及其关系构建

任何一门学科首先必然是一种认识活动，甚至说任何一种活动都是以认识为基础的。思想政治教育只有在教育者对教育内容、教育环境、教育方法以及受教育者充分认识的基础之上，才能顺利进行。"如果我们把一个具体的认识过程看作是一个表现为一定的活动和功能的动态结构的话，那么，主体和客体就是构成这个结构的两极，缺少其中的任何一极，都不可能构成认识的结构，不可能产生认识的活动和功能。无主体的认识和无客体的认识，都是不可设想的。"[②] 因此，思想政治教育首先要从认识过程开始，这就必然涉及认识主体和认识客体的问题。

毫无疑问，思想政治教育认识过程中的主体是人，而客体则表现出丰富多样性，它可以是思想政治教育方法和内容，也可以是教育环境和载体，还可以是受教育者原本的知识结构和道德品行。在认识过程中，受教育者作为具有主观能动性的人，同样也需要对教育者及其传授的教育内容进行认识。因此，在思想政治教育的认识阶段是存在主客体的，只是二者

[①] 本节内容我曾以《思想政治教育主客体关系的马克思主义逻辑》为题发表在《教学与研究》（2017年第7期），此处略微有改动。

[②] 夏甄陶：《认识论引论》，人民出版社1986年版，第61页。

具体指向并不是固定的。但是,思想政治教育的认识主体和客体之间的关系问题需要从哲学认识论的发展脉络中去寻找答案。近代认识论经历了从旧唯物主义的消极直观反映论,到康德的唯心主义先验论,再到马克思主义能动反映论三个主要阶段。虽然旧唯物主义也肯定了人的主体地位,但是却将认识过程理解为一种主体消极被动地接受客体的过程,是一种消极直观的反映。在这种认识过程中,主体是作为一种抽象的,缺乏能动性和创造性的存在,一切认识只是人对外界事物的一种直观反映,外界事物的存在方式、存在状态直接决定着主体认识的深度和广度。这种认识论虽然承认了主体的存在,但是却没有赋予主体应有的主体性,甚至客体反而对主体的认识产生了决定性的作用。旧唯物主义认为认识客体就是不以人的意志为转移的客观世界,这种理解将客体的概念无限扩大到认识以外的空间,成为与主体毫无关联的存在,实际上是对认识过程中主客体关系的消解。正如马克思所说,"被抽象地理解的、自为的、被确定为与人分隔开来的自然界,对人来说也是无"[1]。既然是"无",那么在人的认识之外的自然界也就无法成为与主体相对立的客体。旧唯物主义特别强调自然界对人的决定作用。在主客体关系方面,旧唯物主义认为作为主体的人是消极的,而外部客体通过自动进入人的认识领域反而是积极的。康德也认识到,旧唯物主义认识论实际上就是直观反映论,这种反映论只可能导致经验主义的盛行,而不能可能使经验的对象上升为具有普遍意义的科学知识。

于是,康德从主体和客体的关系角度来分析认识的产生,强调认识主体的主观能动性,认为认识是主体对客体的接纳和整合。同时他还认为人的先在知识结构和思维方式对认识具有重要作用,它决定着主体对客体的认识方式和认识程度。康德的认识论相对于旧唯物主义来说,是一个巨大的进步。但是这种先在的知识结构和思维方式是如何产生的,为什么人与人之间会存在这种先在知识结构的差异,然而康德并没有回答,因而具有很大的局限性。

在以往哲学的基础上,马克思主义将实践的观念引入认识论,彻底阐释了认识主体和认识客体何以产生以及二者之间的关系问题。马克思指出,实践产生了认识的主体——具有主观能动性的人,区别于旧唯物主义

---

[1] 《马克思恩格斯文集》第1卷,人民出版社2009年版,第220页。

认识论中被动接受的人，以及康德认识论中能动的理想人，而是具有社会性的实践的人。同时，实践也产生了客体，马克思指责旧唯物主义代表人物费尔巴哈"没有看到，他周围的感性世界决不是某种开天辟地以来就直接存在的、始终如一的东西，而是工业和社会状况的产物，是历史的产物，是世世代代活动的结果"①。马克思对客体的认识区别于旧唯物主义所认为的"不以人的意志为转移的客观世界"，也不同于康德认识论中的先验性存在，而是社会实践的产物，是认识主体的对象。在此基础上，马克思提出了认识是在实践基础上主体对客体的能动反映。

三种哲学认识论代表了哲学认识论发展的三个不同阶段，其共同之处就在于都承认了认识过程中的主体和客体的存在，而且将认识主体和认识客体的关系问题作为其核心问题来进行探讨。在后现代哲学中，要么是提倡万物的平等，反对主体与客体的二元对立，从而消灭主体；要么是坚决捍卫主体性，但是强调万物都具有主体性，否定客体的存在。二者都违背了马克思主义认识论关于主客体关系的基本理论。虽然，随着时代的发展，人类的认识方式和认识水平已经发生了很大的变化，现代化传播工具已经逐渐颠覆人们对传统主体的认知，但是任何一次认识活动，都是人的认识，就必然存在主体以及主体所认识的对象。所以，哲学基本理论的指导性在当前并没有丧失其应有的价值。

从认识论的角度来说，任何一次思想政治教育活动，首先都涉及认识主体和认识客体的问题。即便是人自身，在对自己过往的认识进行再认识的时候，也内在地产生了认识主体和认识客体，这里的客体就是过往的知识结构和认识水平。正如马克思所说的，"人不仅像在意识中那样在精神上使自己二重化，而且能动地、现实地使自己二重化，从而在他所创造的世界中直观自身"②。只有这样人才能实现自我的发展和成长。所以，无论时代如何发展，科技如何进步，认识主客体之间的对立关系是不可能消解的。如果否定主体和客体的二元对立，将思想政治教育中的一切要素都看作是平等的，那么教育内容就无法从教育者一方传递到受教育者一方，思想政治教育过程就不可能实现。当然，如果笼统地坚持思想政治教育中人的主体性，将参与思想政治教育活动的人作为主体，将教育内容作为客

---

① 《马克思恩格斯文集》第 1 卷，人民出版社 2009 年版，第 528 页。
② 《马克思恩格斯文集》第 1 卷，人民出版社 2009 年版，第 163 页。

体，那么，教育者的认识活动和受教育者认识活动如何产生联系，教育内容如何从教育者传递给受教育者，教育者如何了解受教育者的需要等等，这些问题都会直接导致思想政治教育的合法性问题的产生。

因此，从哲学认识论的角度出发来建构思想政治教育认识主客体关系，其基础就是要承认思想政治教育中认识主体与客体的存在，并且二者是对立的关系。同时还应该按照马克思主义实践认识论的观点，从具体的认识过程和认识活动中来分析主客体关系。总的来说，思想政治教育认识过程中的主客体之间是一种认识与被认识的关系，而为了实现准确全面的认识，主客体之间又要超越被动认识的过程，而上升到主体能动认识客体的层面。

二 思想政治教育实践主客体及其关系构建

将实践的观点引入哲学领域是马克思主义哲学对过去旧唯物主义哲学的超越。马克思批判了旧哲学仅仅是停留在意识形态的层面，认为实践是未来哲学的基本趋势。实践论成为马克思主义哲学区别于旧哲学的主要标志之一。正如马克思所说："凡是把理论引向神秘主义的神秘东西，都能在人的实践中以及对这种实践的理解中得到合理的解决。"[①]

实践的观点首先在认识论上解决了主客体之间对立的问题，实现了主客体在实践基础之上的对立统一。实践也是历史唯物主义的核心观点，实践是人类产生和发展的方式。因此，马克思主义哲学认为，实践不仅仅是认识的基础和来源，同时实践也是人类的存在方式。在这里，实践论强调的是历史唯物主义中的实践观点，即在实践的基础上，人创造了人自己和一个属人的世界；人既是现实的存在，又是未完成的存在；既是感性的存在，又是理性的存在。人存在的种种矛盾都是通过人类的实践活动体现出来的。这样，马克思主义哲学的实践转向不仅规定了哲学的基本任务是认识世界和改造世界两个部分，同时也将传统哲学对物的客体性的重视转为对主体性的关注。旧唯物主义哲学主要是通过认识世界来把握人与世界的关系，所采用的方法也主要是回答世界是什么的问题。无论是古代朴素唯物主义还是近代形而上学唯物主义，在回答人与世界的关系方面，主要是通过对客观事物的描绘来说明主客体关系的。马克思主义哲学以现实的人

---

① 《马克思恩格斯文集》第1卷，人民出版社2009年版，第501页。

的需求为出发点，以人的发展为方向，以人的主观能动性为动力，引导人们改造世界。其中既包含了客观的物质世界，同时也包含了人的精神世界。人通过发挥主观能动性，使客观外界变成了人的对象性存在，并且按照人的需求进行重塑。

马克思主义哲学第一次从实践的观点出发，将主体与客体关系建立在了科学的实践论基础之上。这一重大的哲学超越，为人类认识和改造世界提供了科学的认识基础。实践使原本模糊混沌的主客体关系变得清晰明朗起来，即实践的主体一定是人，而实践的客体是人的作用对象。其中作为主体的人既可以是独立的个人，也可以是类存在的人，而作为作用对象的客体，既包含除了主体之外的人、物、精神，同时也包括人自身的思想观点。要建构思想政治教育实践主客体关系还需要从马克思主义实践论的基础出发，对思想政治教育实践过程进行分析。

"思想政治教育是指社会或社会群体用一定的思想观念、政治观点和道德规范对其成员施加有目的、有计划、有组织的影响，使他们形成符合一定社会所要求的思想品德的社会实践活动。"[1] 根据思想政治教育的特征，其主客体关系建构可以从三个层面上进行：

首先是从人类社会发展的历史性角度来建构思想政治教育主客体关系。思想政治教育的产生也是一个历史的过程，是人类社会不断学习先进思想理论，实现人的全面发展的过程。从人类社会发展的历史性角度来看，思想政治教育的主体是人类，而客体则是社会现实。主体与客体之间应该是一种改造与改造的关系，其目的是要最终实现主客体之间的自我消解，达到主体自我教育的过程。

其次是从阶级社会意识形态传播的角度来构建思想政治教育主客体关系。根据马克思主义的阶级观，在阶级社会中，思想政治教育的主体是统治阶级及其代表，客体是全体社会成员。统治阶级及其代表将其主流意识形态通过一定的方式传递给社会成员，使社会成员形成符合统治阶级要求的思想品德和行为习惯，从而实现阶级统治的目的。从这个角度来说，主体与客体是统治与被统治的关系。这一点明确了，主体才能坚定自己的立场，才可能达到维护阶级统治的目的。

---

[1] 教育部社会科学研究与思想政治工作司组编：《思想政治教育学原理》，高等教育出版社1999年版，第4页。

再次是从具体的课堂活动、实践活动、自我教育角度来构建思想政治教育主客体关系。思想政治教育教学活动是教育者和受教育者在长期历史发展过程中形成的一种交往实践活动，交往实践的两极分别是教育者和受教育者，但二者并不是一方作用于另一方的简单关系。根据马克思主义交往实践理论，交往是一个普遍的总体性范畴，它包括"物质交往、精神交往和语言交往三个层次，而'物质交往'即交往实践是多极主体间物质交换过程。它构成精神交往和语言交往的基础"①。思想政治教育就是人们在长期的物质交往实践的基础上形成的精神交往形式。在思想政治教育教学中，教育者和受教育者从各自的立场出发，有着不同的目的。从受教育者来说，他需要提升自身的素质，实现自我改造，而对于教育者来说，他们代表社会统治阶级传播知识，改造社会成员。所以，从不同的角度出发可以得出，交往实践与一般的实践活动的区别就在于，交往实践的双方都是主体性存在。思想政治教育"是一种以促进学生的发展为目的的实践活动，但学生不是教师改造的被动的客体，而是一个能动的主体，他的发展只有通过自己的活动来实现"②。因此，在具体的思想政治教育活动中，客体常常被主体化，主体与客体之间是一种双向互动的交往关系。

马克思主义实践观认为，实践主客体的判断标准是其是否主动实施实践活动，具有主观能动性的一方是主体，而实践作用对象是客体。主体和客体通过实践活动相互联系，相互作用，相互转化。在思想政治教育中，也存在着主客体之间相互转化的关系。以宏观层面的思想政治教育主客体关系为例，人民群众通过改造自身的思想道德素质从而实现对客观社会现实的改造。在这一过程中，主体将自身的思想意识作用于社会客体，使社会客体朝着主体期望的方向发展，这是主体客体化的过程；而社会在不断发展和转变的过程中，逐渐被烙上了人类思维的痕迹，这是客体主体化的过程。不同层面的思想政治教育主客体关系的表述不同，但是主客体之间相互转化的客观现实是一定的，这是马克思主义实践论的内在规定性。

---

① 任平：《交往实践的哲学：全球化语境中的哲学视域》，云南人民出版社2003年版，第14页。
② 黄鹏红：《马克思交往实践观视域下的社会主义核心价值观教育》，《现代教育科学》2011年第3期。

三 思想政治教育价值主客体及其关系构建

价值是反映人和外界事物之间的关系范畴，正如马克思所说，"价值"这个普遍的概念是从人们对待满足他们需要的外界事物的关系中产生的。在价值论中，外物通常被称为价值客体，人则是价值主体，价值就是主体和客体发生关系时，客体满足主体的某种需要而产生的。任何一种价值关系都应该具备三种规定性：其一是属人性，或主体性，价值的产生和大小一定取决于主体的尺度和标准，凡是符合主体的尺度和标准的客体才会对主体产生价值。相同的客体对不同的主体可能会产生不同的价值，价值是"以主体的尺度为尺度的一种主客体关系状态"[1]。其二是客体性，价值并不是凭空产生的，也不是人主观臆想的，它必然是源于外部世界的，外部世界作为人的生存和发展的客观条件，能满足人的物质、精神需要。"价值是客体的固有属性（与主体发生关系时）所产生的属性，因而完全存在于客体固有属性之中"[2]；其三是主客体之间必然要形成联系，价值关系是主体和客体在相互作用的过程中形成的，价值就是客体的属性与主体尺度之间形成的有用性关系。从价值论的角度来说，主体的需要和客体的属性是价值关系形成的两个基本要素。

思想政治教育价值主客体关系所涉及的其实就是价值评价的问题，准确来说是对思想政治教育的价值评价，这是一项具有科学性和原则性的价值认识和价值实践活动。构建思想政治教育价值主客体关系首先是要弄清楚价值主客体分别是谁，其次需要确定价值主客体关系确定的标准是什么。主体无疑是人，这一点是肯定的，但是以人为主体也有很多种形式存在，类主体、群体主体、个体主体，这三种基本形态都可以成为主体，在思想政治教育价值评价中，一般就是群体主体和个体主体两种形态。群体主体也称为实在主体，马克思曾经指出："实在主体仍然是在头脑之外保持着它的独立性；只要这个头脑还仅仅是思辨地、理论地活动着。因此，就是在理论方法上，主体，即社会，也必须始终作为前提浮现在表象面前。"[3] 对思想政治教育来说，这里的群体主体自然也是

---

[1] 李德顺：《价值论——一种主体性的研究》第3版，中国人民大学出版社2013年版，第20页。
[2] 项久雨：《思想政治教育价值论》，中国社会科学出版社2003年版，第37页。
[3] 《马克思恩格斯文集》第8卷，人民出版社2009年版，第25—26页。

指社会，因为社会对思想政治教育活动是有一定的期望和需求的，社会需要通过思想政治教育活动来达到一定的目的，而思想政治教育是否满足了社会的这种需要，就会成为群体主体判断思想政治教育价值的重要依据。价值个体主体既可以是参与到思想政治教育活动中的个人，也可以是没有参与到思想政治教育活动的人。对于受教育者来说，思想政治教育对自己产生的影响大小、效果明显与否是他们判断思想政治教育价值大小的依据；作为教育者，其评价往往是从教育监督管理的角度来评价思想政治教育价值大小。当然，思想政治教育之外的其他个人也可以成为个体主体，而他们的判断依据往往是看思想政治教育产生的社会效果。个体主体和群体主体是相对而存在的，群体主体并不是单个个体主体的简单集合，而是以团体或者组织的形式存在，比如集团主体、阶级主体、阶层主体等等。

明确了价值主体之后，价值客体的确立也就相对简单，价值客体就是价值主体评价的对象，也就是我们对什么进行评价。一般来说，思想政治教育价值客体主要有五种形态：一是思想政治教育要素客体，也就是把思想政治教育要素作为客体，评价其科学性和合理性，比如内容、方法、载体、环境等；二是思想政治教育组织客体，也就是对思想政治教育的教育管理部门的评价，比如高校的学生工作部门、宣传组织部门等涉及学生思想政治工作的相关部门都属于这一类客体；三是教育过程客体，就是把整个思想政治教育过程当作一个对象，对其进行评价，对过程的评价是十分必要的，它是我们发现思想政治教育问题的重要突破口；四是思想政治教育参与者客体，这是把参与到思想政治教育中的人作为价值客体进行评价；五是思想政治教育效果客体，就是把思想政治教育产生的影响作为评价对象，但其影响往往是主观的，因而导致这一点最难进行。以上五种形态的思想政治教育价值客体共同决定了思想政治教育价值的大小，同时也构成了思想政治教育价值主客体关系的另一端。

根据以上分析，我们发现思想政治教育价值关系并不是简单的个体主体与客体之间的关系，而是一个多层次的复杂关系。构建思想政治教育主客体关系也应该遵照层次性与整体性的原则。首先，思想政治教育个体与思想政治教育之间具有价值关系。思想政治教育的个体又具有差异性，这种差异性导致思想政治教育的内容和手段具有共性和个性相结合的特点，从而满足不同价值主体的需要。教育者和受教育者作为教学过程的主体与思想政治教育的内容、方法、环境等要素形成了主体和客体的关系，客体的属性满足了主体的需要，从而促进主体的发展。对教育者来说，"教"既是一种需要，同时也是一种属性，同样受教育者具有"学"的需要和属性，所以，教育者和受教育者之间也互为价值主客体。其次，思想政治教育中还存在社会群体与思想政治教育之间的价值关系，社会群体包括了一定的政治群体、经济群体、文化群体等等，思想政治教育以满足和符合这些群体的需要而形成了政治价值、经济价值、文化价值等等。再次，作为类主体的人类社会与思想政治教育之间也存在价值关系。思想政治教育从根本上说就是人类改造主观世界从而推动客观世界发展的实践活动，人类社会要发展，也需要发挥思想政治教育的价值。多层次价值主客体的构建需要注意一点，就是构建思想政治教育价值主客体关系既需要从价值主体，也就是个人、社会和人类的需求出发，同时也需要考虑思想政治教育的时代境遇。

四　思想政治教育审美主客体及其关系构建

人的审美活动不仅是认识世界的一种特殊形式，也是人的精神生产和生活的特殊形式。在审美活动中，主体和对象通过信息的相互交流和更新而实现人的认识上的飞跃和精神上的升华。所以，审美关系中的客体必然也是客观存在的外界事物，而审美的主体则是参与审美活动的人。

思想政治教育中是否具有审美问题呢？这一点在过去是没有研究的，随着思想政治教育学科研究的深入以及思想政治教育面临的新境遇与新问题，人们开始关注思想政治教育的美学价值，认为思想政治教育不仅仅是帮助人们形成正确的政治观、道德观，还帮助人们形成对美的认识。更有甚者，开始从美学的角度来研究思想政治教育的主体美、内容美、过程美、形式美等各个方面。并且随着思想政治教育学科研究的深入发展，思想政治教育审美研究也在逐渐深入。

在肯定思想政治教育审美的基础上，构建思想政治教育审美主客体关系首先需要弄清楚思想政治教育审美的主体、客体究竟是什么？与认识关系、实践关系和价值关系不同，审美关系确定首先要找的不是主体，而是客体，也就是说在思想政治教育中究竟美在哪里？从已有的相关研究来看，思想政治教育中的美主要有主体美，也就是人本身的美；有过程美，也就是思想政治教育过程中的艺术、方法等；有目标美，也就是思想政治教育追求的真善美统一；等等。在这些美的形式中，审美对象就是人，思想政治教育过程、思想政治教育目标等等，这些共同构成了思想政治教育的审美客体。确立了客体之后，主体也应该与之对应，如果将受教育者本身当作审美客体，那么审美主体自然就是教育者，教育者要发现受教育者身上的美，并且将其培养成为自由、全面、和谐发展的个体；如果将思想政治教育过程作为审美客体，那么主体则不仅仅是教育者，而且还应该包括所有参与到思想政治教育过程之中的人，比如受教育者、教育管理者等等；如果将思想政治教育目标作为审美客体，那么主体的范围就更加广泛，凡是对思想政治教育有一定的感性认识，对思想政治教育目标有了解的人都可以作为审美主体。

从思想政治教育的现状来看，虽然思想政治教育审美是存在的，思想政治教育审美主体与客体之间的现有关系并不是一种良性健康的状态，思想政治教育审美主体并没有形成一种积极能动的状态，对思想政治教育的过程、目标等环节也仅仅是从理论上进行建构，而不是从美学的角度进行优化。所以，要建构思想政治教育审美主客体关系就需要弄清楚我们究竟需要建构一种什么样的审美主客体关系。思想政治教育的审美与一般对艺术品的审美有很大的差异，因此思想政治教育中的审美关系也具有其独特性。

其一，思想政治教育审美主客体之间的关系应该是非功利的。审美关系的确立就意味着审美主体在审美的过程中能感受到美好，使主体身心愉悦，所以思想政治教育审美主体应该单纯是从美的层次来看待审美客体，而不是因为思想政治教育带给主体某种现实的好处或者利益才觉得它是美的，否则就无法构成审美关系，而只可能是一种价值关系。其二，思想政治教育审美主客体关系应该是整体的。审美主客体的整体性包括两个角度，从纵向来看，思想政治教育审美主客体关系应该贯穿思想政治教育始终，这也是审美关系与认识关系、实践关系和价值关系的不同之处，即无论是在思想政治教育的哪一个阶段，都可以产生审美的事实，都存在审美主客体关系；从横向来看，思想政治教育审美主客体关系不是单向的、局部的，而是多维的、全局的，也就是说思想政治教育审美关系应该产生于思想政治教育的各个要素之中，而不是存在于某一两个要素中。其三，思想政治教育审美主客体关系应该是普遍的。人对美的追求是普遍存在的，因此思想政治教育审美主客体关系也应该是普遍的。这种普遍性一方面体现在思想政治教育主体对美的需求的普遍性上，即思想政治教育主体无论在哪一个阶段都有美的需要，都希望思想政治教育带给主体是一种美的感受；另一方面体现在思想政治教育主体对美的感受的普遍性上，即无论思想政治教育主体是谁，他们对美的认知基本上是相通的，比如思想政治教育教学手段的美，无论是教育者还是受教育者对其应该有着大致相同的感受，而不是教育者认为美的，受教育者认为不美。

思想政治教育审美主客体关系的构建首先需要从主体、客体两个角度出发，保证审美主客体关系的基础。对主体而言，不仅需要明确自己的主体地位，同时还需要考虑其他主体的感受，无论是教育者、受教育者还是管理决策者，都需要从自身和思想政治教育其他参与者的不同视角去欣赏和感受美。对客体而言，则需要保证思想政治教育过程的连续性、要素的相关性、方法的多样性以及目标的全面性。也就是说，思想政治教育的一切环节、要素、资源等都需要符合思想政治教育主体的审美需要，符合美的一般性特征。总的来说，思想政治教育审美主客体关系的构建需要主体的主动性、全局性和客体的连续性和多样性相统一。

过去思想政治教育被认为枯燥无味的主要原因就是对思想政治教育中审美关系的忽略，尤其是对受教育者作为审美主体地位的忽略，使受教育者无法感受思想政治教育的内容美、过程美、形式美，从而导致思想政治教育成为单方面的灌输活动。构建思想政治教育审美主客体关系不仅要提升教育者的审美能力，善于在教育过程中发现美、运用美、引导美；同时也要将受教育者置于审美主体的地位，教育者帮助受教育者感受思想政治教育的内容、方法、形式、过程中的美，使受教育者在思想政治教育审美过程中提升自己的审美心境。只有构建健康的思想政治教育审美主客体关系，才能使思想政治教育真正成为塑造真、善、美的人的社会实践活动，实现人各方面能力的提升和发展。

五 思想政治教育主客体多种形态间的关系

思想政治教育中不同形态主客体关系既不是相互独立，也不是递进的关系，而是具有一定的逻辑和联系，并且又相互交织的关系。

认识主客体关系是基础。思想政治教育的发生最初都是从认识领域产生的，主体对客体的认识是思想政治教育发生的基础。能打动人心的、有效的思想政治教育必然是主体对客体有了深入、准确的认识之后才产生的。所以，构建良好的思想政治教育认识主客体关系体系不仅是保证思想政治教育有效进行的基础，而且是思想政治教育实践关系、价值关系和审美关系的基础。

实践主客体关系是核心。首先，思想政治教育本质上就是一种社会实践活动。社会实践活动的类型有很多种，但是概括起来就是物质生产活动和精神生产活动。思想政治教育是对人的思想的改造，是精神生产的一种形式。其次，思想政治教育最终效果的评价主要是取决于主体对客体作用所产生的效果。无论是在哪个社会阶级，思想政治教育的目标都是要将统治阶级的思想传递给广大的社会成员，使其形成符合统治阶级要求的思想观念、道德规范和价值准则，而思想政治教育目的的实现只能通过主体对客体施加相关的影响才能达成。再次，思想政治教育过程中的任何一个环节都需要主体与客体的积极参与。无论是思想政治教育的准备阶段，还是教学阶段以及评价阶段，思想政治教育都离不开主客体之间的相互作用。所以，实践主客体关系实际上贯穿于思想政治教育过程始终，实践主客体关系也就成为整个思想政治教育主客体关系的核心。

价值主客体关系是关键。思想政治教育的价值问题关系到思想政治教育合理性和合法性，是思想政治教育基本理论问题中的关键问题之一。在思想政治教育主客体关系体系中，价值主客体关系同样也关系到整个主客体关系构建的合理性和合法性问题，同时也成为思想政治教育主客体关系体系的关键部分。一方面，价值主客体关系的形成直接关系到思想政治教育实践活动有效进行的基础。价值主客体关系其实就是思想政治教育中的认同关系问题，不同的主体对不同客体的认同程度构成了思想政治教育不同层面的价值问题。倘若思想政治教育中无法形成价值主客体关系，也就意味着思想政治教育得不到应有的认同，自然也就无法开展。另一方面，价值主客体关系的构建有助于思想政治教育效果的优化。思想政治教育的效果取决于主体与客体之间的相互促进、共同发展，这也需要在思想政治教育中构建价值主客体关系，推动思想政治教育各个环节之间的相互协同，从而推动思想政治教育的有效进行。

审美主客体关系是保障。一般来说，思想政治教育首先应该是一种思想改造活动，其次才是一种审美活动。但是这种观念正在逐渐发生变化，原因有两个方面：一是随着时代的发展，无论是教育者还是受教育者，都发生了很大的变化，人们对各种思想观念的知晓广度和深度都在不断增加，思想政治教育已经不再停留在过去单纯的理论灌输层面，而是更加指向马克思主义所提倡的自由全面发展，其中就包括人的审美能力的培养。二是随着思想政治教育基础理论问题研究的深入，对思想政治教育本质的界定也不再局限于政治性、阶级性等本质特征，同时也包括了对人性的尊重和关注。所以，现代思想政治教育越来越强调从人的需求出发，并且将人类社会追求的真善美作为其基本的价值准则。

思想政治教育认识主客体关系、实践主客体关系、价值主客体关系、审美主客体关系相互交织、相互影响、相互制约，从形态层面构建思想政治教育主客体关系体系，是整个思想政治教育主客体关系系统的重要组成部分。

第七章

思想政治教育主客体关系发展的当代视野论

21世纪以来,社会发展进入到新阶段,科学技术高度发达、网络通信方便快捷、社会流动性增强,世界各国之间的界限逐渐变得模糊,个人、群体、组织、区域、国家日趋开放。党的二十届三中全会指出:"当前世界百年未有之大变局加速演进,局部冲突和动荡频发,全球性问题加剧,来自外部的打压遏制不断升级,我国发展进入战略机遇和风险挑战并存、不确定难预料因素增多的时期,各种'黑天鹅'、'灰犀牛'事件随时可能发生。"[①] 在世界百年未有之大变局的背景下,伴随着科技的迅猛发展,借助网络在世界范围内传播多元化的思想文化和价值观念,各种社会思潮的交汇使得意识形态领域的斗争愈来愈激烈,思想政治教育的开展面临着新的挑战。当代思想政治教育是在全球化、现代化、多元化、网络化的时代背景下展开的。全球化使得思想政治教育以一种更加开放的姿态来应对更为复杂的环境;现代化进程给思想政治教育带来了新的体制、观念、内容、方法;多元化伴随着世界经济科技全球化、一体化而生,为思想政治教育提供了多样化的选择;网络化给传统思想政治教育带来了根本性变革,推动了网络思想政治教育的诞生。本章从全球化、现代化、多元化、网络化视野来阐述思想政治教育主客体关系的当代发展,通过分析思想政治教育新的时代特征,探讨当代思想政治教育主客体关系的新变化,并预测其未来的发展趋势。

---

① 《中共中央关于进一步全面深化改革 推进中国式现代化的决定》,人民出版社2024年版,第50页。

第一节　全球化视野下的思想政治教育主客体关系

当前，人类迈入了崭新的全球化时代，世界各国的经济发展、文化变革和教育实践均受到前所未有的影响，不同国家、民族之间的竞争与冲突表现得愈发明显，深刻地改变着人们的日常社会生活和思维方式。事实上，"全球化"（Globalization）一词最早是由谁具体提出的已难以考证，但"全球化"的概念伴随着 16 世纪航海大发现、世界贸易的扩张以及资本的原始积累而出现，与资本主义的发展密切相关。法国哲学家阿兰·德·伯努瓦（Alain de Benoist）在《面向全球化》一文中曾精辟地指出："全球化并不是偏离常轨，也不是一种激进的变革，更不是人为策划的结果，它只是推动资本主义发展的长期动力的一部分。"[①] 经济全球化是全球化的首要之义，全球化作为一种经济现象和经济概念，是生产力发展到一定阶段的必然产物。正如《共产党宣言》中所指出的，"资产阶级，由于开拓了世界市场，使一切国家的生产和消费都成为世界性的了。……过去那种地方的和民族的自给自足和闭关自守状态，被各民族的各方面的互相往来和各方面的互相依赖所代替了。物质的生产是如此，精神的生产也是如此。"[②] 所以，全球化不仅限于经济领域，政治、文化、教育乃至宗教都受其影响，并由此衍生出"全球治理""全球公民""普世伦理"等概念。同样，全球化进程也引发了思想政治教育领域的变革，给思想政治教育的发展带来了新的机遇和挑战，也对思想政治教育主客体关系提出了新的要求。

一　全球化时代思想政治教育的新特征

全球化时代，部分发展中国家面临严峻的债务危机，在政治、文化、科技、教育等方面都被打上了资本主义烙印。中国作为世界上最大的发展中国家，在坚持走中国特色社会主义发展道路的同时，应积极加入全球化的阵营，并在全球化浪潮中加强和改进思想政治教育。为了适应全球化发展潮流，保持与时俱进的优良品质，思想政治教育突破了固有模式的局

---

① 王列、杨雪冬编译：《全球化与世界》，中央编译出版社 1998 年版，第 4 页。
② 《马克思恩格斯文集》第 2 卷，人民出版社 2009 年版，第 35 页。

限，表现出新的特征。

（一）强化社会主义核心价值观教育

目前，资本主义主导全球化进程，社会主义在与资本主义的抗争中蓬勃发展，但仍处于经济实力占优势的资本主义包围之中。在文化教育方面，西方发达国家居于强势地位，控制着知识的生产和传播，是资本主义价值观的最强输出者。在学习西方科学文化知识的同时，人们会不自觉地接受着西方国家的价值观念，这有异于历史上强迫式的文化殖民，是一种"自我殖民"的过程，而且表现得更为隐蔽。以"自由、民主、平等、人权"为核心内容的资本主义价值观固然在反对封建专制主义和宗教神学过程中充当有力的思想武器，但是"作为资产阶级进行政治统治和思想控制的工具呈现出抽象人性论、价值绝对化和阶级欺骗性的特性，体现了资本主义意识形态的唯心性与虚伪性。"① 盲从于西方价值观念，容易滋长拜金主义、享乐主义、极端个人主义的思想作风，造成国家和民族内部的精神解体。所以，发展中国家要捍卫自己的价值观念和生存方式，必须尽快培育出一套能引起广泛共鸣的社会主流意识，以抵御西方意识形态的冲击。正如2014年习近平总书记在同北京大学师生座谈会上所言："如果一个民族、一个国家没有共同的核心价值观，莫衷一是，行无依归，那这个民族、这个国家就无法前进。"② 社会主义核心价值观彰显着中华民族的优秀品格，蕴含着中国人民的精神追求，发挥着凝心聚气、强基固本的重要作用。党的十八大以来，中央高度重视社会主义核心价值观的培育和践行，在全社会广泛开展内容丰富、形式多样的社会主义核心价值观教育活动。在全球化时代，强化社会主义核心价值观教育是思想政治教育的核心任务，有利于引导人们坚定社会主义立场，同弥漫于社会中的资本主义价值观念相抗衡，特别对于青年学生和少年儿童来说，具有十分重要的意义。大中小学应积极开展教育实践活动，教育、引导学生将社会主义核心价值观内化于心，外化于行，在日常学习生活中自觉践行，为实现中华民族伟大复兴的中国梦打下良好的思想政治基础。

（二）重视中国传统文化的育人功能

在全球化进程中，世界文化发展表现出一定程度的趋同，但有异于经

---

① 袁银传：《认清资本主义核心价值观》，《求是》2015年第8期。
② 《习近平谈治国理政》第1卷，外文出版社2018年版，第168页。

济一体化的趋势，文化全球化主要是指全球不同文化的共生共存，表现为文化多样化和一体化的协调统一。德国著名历史学家奥斯瓦尔德·斯宾格勒（Oswald Arnold Gottfried Spengler）在《西方的没落》一书中曾作出形象的比喻，"每一种文化都以原始的力量从其母土中勃兴起来，并在其整个的生命周期中和那母土紧密联系在一起"①，文化根植于国家这片"母土"，有着自身的存在价值和历史价值，是各个民族特有的精神财富。在五千多年文明发展进程中，中华民族创造了源远流长、博大精深的灿烂文化。近代中国在反帝反封建革命过程中，曾忽视了传统文化的重要价值，将传统文化等同于封建伦理纲常而一味地否定。改革开放以来，人们逐渐认识到中国传统文化是思想政治教育不可或缺的部分，在思想政治工作中注重发挥中国传统文化的育人功能，使传统文化体现出新的时代价值。当然，传统文化有精华与糟粕之分，理应去粗取精，充分挖掘中华优秀传统文化的合理内涵，汲取其养分，并将其渗透到思想政治教育中，增强民族自尊心和自信心，以应对全球化进程中西方国家文化霸权主义的挑战。

习近平总书记在纪念孔子诞辰2565周年国际学术研讨会上指出，中国优秀传统思想文化"体现着中华民族世世代代在生产生活中形成和传承的世界观、人生观、价值观、审美观等，其中最核心的内容已经成为中华民族最基本的文化基因"②。中国传统文化中蕴涵着中华民族的价值观念、道德目标乃至治国安邦的理论设想，是中华民族的精神血脉、文化根基、思想渊源。自"习式外交"注重中国传统文化的对外传播以来，思想政治教育的受众，由中国扩大至世界范围，在中国文化与西方文化的博弈与较量中，有效抵御了文化霸权主义对人们价值观念的侵蚀。

（三）融入全球公民教育理念

全球化是从"西方化"开始逐渐迈向"一体化"的过程，世界由分散、孤立的状态最终走向整合与统一。人类社会的趋同带来了世界范围内全球公民（global citizen）教育的兴起，超越了传统国家的界限，挑战了民族国家的权威和政治认同。全球化时代，不能将视野局限于个人与单一国家的关系上，一个有能力的公民应具备对全球社会的参与能力，全球公民的素养必须跳脱传统的以国家为本位、强调个人与单一国家的对应关系

---

① ［德］奥斯瓦尔德·斯宾格勒：《西方的没落》第1卷，吴琼译，上海三联书店2006年版，第20页。

② 《习近平著作选读》第1卷，人民出版社2023年版，第282页。

的狭隘观点，而代之以宏观的全球视野。只有认清世界各国相互依存的关系，进而培养世界公民所需的各项能力，方能尽到世界公民的责任。所以，全球公民概念的提出是教育领域面对全球化进程作出的反应，进一步拓展了原有的公民概念。通过培养公民的全球意识，他们能够适应全球化的进程并解决这一进程中出现的全球化问题。在一定程度上，全球公民教育弥补了现代公民教育的不足，即公民教育不能局限于国家民族利益，应该放眼于长远的、全人类的利益，将公民意识从国家民族层面上升到全球层面。

21世纪以来，全球公民教育在美国、英国、日本等国家推广开来，联合国也发起了"全球教育第一倡议"（Global Education First Initiative），将促进全球公民建设作为优先发展的领域之一。在全球公民教育思潮的强力推动下，立足于全球公民的塑造，培养公民全球意识和全球观念，是思想政治教育顺应时代发展的客观要求。改革开放以来，邓小平同志提出要着力培养有理想、有道德、有文化、有纪律的"四有"公民，提高全民族素质，促进人的全面发展，将公民教育和思想政治教育联系起来，更新了思想政治教育的内容和目标。随着全球化的发展，思想政治教育与时俱进，积极顺应市场经济体制和民主法制建设，批判吸收全球公民教育理念，着力培养具有全球意识、竞争意识、民主意识的高素质人才，显著提升中国在全球发展中的竞争力，为实现中华民族伟大复兴的中国梦提供了有力支撑。

二 全球化对思想政治教育主客体关系的新要求

思想政治教育具备与时俱进的优良品质。为了顺应全球化的时代潮流、应对复杂的社会环境，思想政治教育主客体关系在继承与创新中不断发展，体现出新的时代特点。

（一）坚持思想政治教育主体对客体的理论灌输

列宁在标志性著作《怎么办？》中深化了考茨基关于"灌输论"的思想，提出"工人本来也不可能有社会民主主义的意识。这种意识只能从外面灌输进去"[1]，"阶级政治意识只能从外面灌输给工人，即只能从经济

---

[1] 《列宁全集》第6卷，人民出版社2013年版，第29页。

斗争外面，从工人同厂主的关系范围外面灌输给工人。"① 对于怎么灌输政治知识，列宁指出："我们应当既以理论家的身份，又以宣传员的身份，既以鼓动员的身份，又以组织者的身份'到居民的一切阶级中去'。"② 列宁系统地阐述了"灌输"的缘起及方式方法，将"灌输"视作宣扬社会主义意识的原则，形成了"灌输论"的科学理论体系。在无产阶级革命中，马克思主义者将"灌输论"奉为工作的信条，将灌输作为传播社会主义思想和推动无产阶级革命的重要方式。在革命战争年代，中国共产党高度重视对人民群众进行革命思想和理论的灌输，并坚持将其同中国革命的具体实际相结合，形成了具有中国特色的灌输论，对于领导人民群众推翻"三座大山"，取得新民主主义革命胜利发挥了十分重要的作用。

在全球化时代，以美国为首的西方国家重视意识形态的灌输，通过多种形式来输出资产阶级价值观念。比如，对资本主义制度及其优越性、反共产主义、公民权利和义务、国民精神等教育内容的宣传和灌输无孔不入。人民群众在受到西方价值观念的冲击之后，容易引发对我国社会各方面的质疑与不信任，特别是青年学生尚未形成成熟的价值观，更容易受到错误思想观念的影响。因此，教育、引导人民群众树立对马克思主义的信仰，坚定对中国特色社会主义道路的信心，增强对党和政府的信任，是思想政治教育的重要任务。思想政治教育在继承"灌输"传统的同时，需要有所创新。理论灌输应从"强制"走向"对话"，以彰显出思想政治教育客体的主体性，提倡将客体的自主选择同主体的价值引导有机结合。思想政治教育主体应凭借科学、有力的舆论导向、文化辐射和制度保障，开展有组织、有计划的正反面教育，推进主流意识形态的科学灌输，引领多样化的社会思潮，使客体能够有效抵御各种资本主义腐朽思想的侵蚀。

(二) 积极引导思想政治教育客体参与全球化进程

毛泽东同志曾深刻指出："认识从实践始，经过实践得到了理论的认识，还须再回到实践去。认识的能动作用，不但表现于从感性的认识到理性的认识之能动的飞跃，更重要的还须表现于从理性的认识到革命的实践

---

① 《列宁全集》第 6 卷，人民出版社 2013 年版，第 76 页。
② 《列宁全集》第 6 卷，人民出版社 2013 年版，第 79 页。

这一个飞跃。"① 因此，思想政治教育主体对客体的理论灌输，最终还要在社会生活实践中得以应用和证明，这也是马克思主义认识论的客观要求。全球化时代，理论灌输的重点内容是以爱国主义教育为核心的民族精神教育。只有将爱国主义与全球化结合起来，摒弃传统狭隘的民族主义，在与其他国家的交流和对话中学习对方的经验做法，传递我国的价值观念，才能争取最大的国家利益。"社会主义要赢得与资本主义相比较的优势，就必须大胆吸收和借鉴人类社会创造的一切文明成果，吸收和借鉴当今世界各国包括资本主义发达国家的一切反映现代社会化生产规律的先进经营方式、管理方法"②。所以，思想政治教育主体在培养客体爱国意识的同时，还应引导客体主动适应全球化的运作规则，学会运用国际规则趋利避害，积极参与国际规则制定过程，使国际规则不再由西方所控制，提升中国的国际话语权。

全球化的进程是观念更新和范式转变的过程，也是各个国家、民族都必须面对的客观现实。思想政治教育的环境和对象已发生显著的变化，思想政治教育理应走出中国走向世界，来应对全球化带来的挑战。思想政治教育主体必须引导思想政治教育客体积极参与全球化进程，改变过去狭隘、保守的观念和偏见，树立全球意识、爱国意识，充分利用全球化带来的发展机遇，促进自身和人类社会的全面发展，更好地服务于中国特色社会主义建设事业。

（三）科学看待思想政治教育客体的心理特点

近代科学在发展过程中，分化成为极其精细的专门学科，而现代科学则将这种人为的分化重新整合起来。全球化时代，交叉学科的兴起，填补了各门学科之间的研究空白。综合利用各门学科的理论和方法来解决复杂的问题已成为学科发展的新趋势，在人文社会科学领域亦是如此。就思想政治教育而言，如何坚定社会主义立场以及抵制资本主义价值观的侵蚀是目前最为棘手的问题，这一问题的解决仅靠思想政治教育的理论和方法是难以完成的。思想政治教育是一种满足人的生存和发展需求的实践活动，与人的心理活动和心理规律密切相关。因此，以心理为切入点，充分认识思想政治教育客体的心理特征，遵循其成长发展规律，有针对性地开展思

---

① 《毛泽东选集》第 1 卷，人民出版社 1991 年版，第 292 页。
② 《邓小平文选》第 3 卷，人民出版社 1993 年版，第 373 页。

想政治工作，能够提升思想政治教育的有效性。

　　人的思想和道德形成与心理结构是密切相关的，如科尔伯格的道德认知发展理论、埃里克森的人格发展阶段论等，都论述了道德和人格发展的心理规律，充分说明个体在自我发展中的主体性作用。思想政治教育主体理应在马克思主义的指导下，科学地看待思想政治教育客体所具有的心理特点，契合客体的心理接受规律，调动客体的主观能动性，使客体自觉地接受思想政治教育。特别是当代大学生，其思想观念尚不成熟，处于世界观、人生观、价值观的形成时期，具有较强的逆反心理，思想政治教育要遵从青年学生的心理规律，加强人文关怀和心理疏导，培育理性平和的健康心态，使学生全面客观地认识中国、看待世界，自觉把个人的理想追求融入国家和民族的事业中来，成为全球化时代社会主义事业的合格建设者和可靠接班人。

三　全球化视野下思想政治教育主客体关系的发展趋势

　　全球化由资本主义生产方式所驱动，以西欧为中心的资本主义向全球范围的扩张。在新形势下，西方科学技术发达，其意识形态和价值观占据上风。然而，随着第三世界的崛起，世界经济向多极化发展，历史原因造成的各国之间的经济地位不平等被逐渐消灭，各个国家、民族建立起相互依存的关系，政治、文化、教育等领域内相互联系、相互渗透、相互影响。全球化时代的未来，国家的界限将逐渐消失，社会主义终将取代资本主义、走向共产主义。对于思想政治教育主客体关系来说，其发展趋势主要表现在三个方面。

（一）思想政治教育主客体注重理解与交流

　　在全球化时代，由于人们获取各类信息的机会和渠道均等，致使思想政治教育主体的话语权受到挑战。思想政治教育主客体关系从权威和服从转向主客体间的交流和理解，思想政治教育主体对客体的理论灌输由"强制"走向"对话"。

　　全球化进程中世界科学技术的发展，为提升思想政治教育主体和客体的思想政治素质创造了基本条件。对于思想政治教育主体而言，全球化带来了良好的文化氛围，可以从中汲取知识，学习先进的科学理论，掌握科学的思维方法，提升自身的教育教学能力和思想政治素质，为思想政治教育实践打下良好基础。对于思想政治教育客体而言，全球化拓宽了其知识的来源，开阔了视野，在全面了解世界形势后能够更加坚定社会主义理想信念和共产主义远大理想。特别是在高校，学生获取信息能力较强，改变了"教师教，学生学"的传统教学模式，在教师的指导下学生可以自主地、能动地学习，更能激发学生的兴趣，自觉地去探究全球化背景下社会发展的重大现实性问题，在这个过程中获得自我提升，从而克服了传统思想政治教育因内容乏味、形式单调造成的效果不佳现象。只有思想政治教育主体与客体增进互动交流，试着去理解尊重对方的接受能力、知识储备、所处环境，以平等的姿态和谐相处，才能切实提升思想政治教育效果。

此外，随着市场经济的高速发展和改革开放的不断深入，我国思想文化和意识形态领域呈现出多元化的趋势。面对严峻形势，思想政治教育仍需要坚持理论灌输。放弃灌输，意味着放弃思想政治教育的主导作用，会造成意识形态领域的混乱以及个人主义、自由主义的极度泛滥，使得人们在生产实践中失去思想的引领，变得盲目而无所适从。所谓灌输，并不是指强制性的教育方法，而是一种教育理念、原则。在思想政治教育主体与客体交流和对话的基础上，用马克思主义理论进行宣传教育，以提高思想政治素质和主观能动性，树立对社会主义的信念、对改革开放和现代化建设的信心以及对党和政府的信任，才能抵御西方国家各种形式的意识形态侵蚀，增强民族自信心和自豪感，提升国家的文化软实力。

（二）思想政治教育主客体走向开放和自由

全球化时代，世界经济不断走向融合，不同国家、民族之间的合作与交流增多，"培养不同国家、不同民族之间的相互依存与合作意识，学会不同文化、不同价值观念的相互尊重与宽容态度，增强国际理解与国际竞争意识等，是全球化时代教育的重要任务之一"[1]。这在客观上要求思想政治教育更新和拓展教育内容，增强全球意识和人类关怀，尤其是加强不同国家、民族、文化、价值观念之间的理解、对话与尊重。为了顺应这种变化，思想政治教育主客体关系逐渐走向开放和自由。

政治、经济、文化等方面全球化的发展，迫切要求思想政治教育主体提高自身的理论素养和教育教学能力，在面对复杂的社会环境、多元化的社会思潮以及发展变化的客体时，以一种开放、包容的心态来开展思想政

---

[1] 王勤、张丽东：《论全球化背景下的思想政治教育》，《浙江学刊》2001年第5期。

治工作，及时调整固有观念和教育方式，使主客体之间变得更为平等。要正确处理思想政治教育主客体关系，思想政治教育主体必须尊重和把握客体的心理特点和发展规律，教育、引导客体树立全球意识、爱国意识，积极参与全球化进程，更好地服务于人类社会的发展。对于思想政治教育客体而言，将拥有更多的自主发展选择权，而不同政治制度、经济体制、民族文化的共生共存为客体提供了广阔的选择范围，特别是网络信息技术的迅速普及极大地改变了传统信息传播的方式，为客体获取信息带来了极大的便利，强化了客体的主体意识。

"全球化这个流行语也意味着世界范围内空间和时间限制的消失。"① 也就是说，全球化破除了地理、时间的限制，使世界各国的发展超越了狭隘的地域性和民族性，促进了世界范围内人与人之间的普遍交往，营造了一个开放的、自由的环境氛围。思想政治教育主客体关系由封闭转向开放、僵化转向自由，改变了传统教育模式造成的思想政治教育主体与客体的人为分裂，缩短了二者之间的心理距离，并通过科学信息技术来进行即时互动，拉近思想政治教育主体与客体之间的空间距离，从而走向开放、自由的主客体关系。

(三) 思想政治教育主客体走向一体化

走向一体化并不意味着思想政治教育主客体将消失，也不意味着背离自由、开放的主客体关系，而是指思想政治教育过程中注重引导受教育者进行自我教育。"在自我教育中，受教育者既是主体，同时也是客体，主体与客体统一于现实的个体，即受教育者，而教育者、教育内容、教育载体等等都是作为介体的形式参与自我教育这一实践活动的。"② 所以，自我教育中，思想政治教育主体与客体统一于受教育者，这是一种特殊的思想政治教育形式。

在全球化进程中，不同的政治制度、经济体制、文化背景所造成的价值观念冲突将长期存在，对思想政治教育效果产生了严重影响，使其难度明显增加。对此，思想政治教育必须以促进受教育者自我教育为目标，增

---

① [德] 赫尔穆特·施密特：《全球化与道德重建》，柴方国译，社会科学文献出版社 2001 年版，第 239 页。

② 项久雨：《论多重视角下的思想政治教育主客体关系》，《教学与研究》2014 年第 9 期。

强判断力、选择力，使人们得以在复杂的现实社会和网络世界中辨清是非，自觉抵制不良思想的侵袭。思想政治教育要注重培育受教育者自主选择、自主发展、自主评价的能力，增强受教育者的主体性意识，使其真正成为教育实践活动的主体，能动地促进自身的发展，提高思想政治素质。为此，有学者构建了思想政治教育的"自育"模式，尝试从教育内容、教育方式、管理模式、评价过程等方面着手，激发教育对象自身蕴涵的自主性、能动性等主体性潜能，从而引导受教育者发展自我教育的能力，使其无论在工作中还是日常生活中，都能有意识地、能动地进行自我教育。①

第二节 现代化视野下的思想政治教育主客体关系

党的十一届三中全会明确提出将全党工作的重心和全国人民的注意力转移到社会主义现代化建设上来。在完成对党的指导思想和基本路线的拨乱反正后，社会主义现代化建设目标由"四个现代化"发展为"富强、民主、文明"三大目标，并且坚持物质文明和精神文明协调发展，贯彻"两手抓，两手都要硬"的方针。21世纪以来，以江泽民同志为核心的党的第三代中央领导集体形成了物质文明、精神文明、政治文明一起抓的战略思想。党的十六大以来，以胡锦涛同志为总书记的党中央，从党和国家现代化事业发展全局出发，将建设社会主义和谐社会的奋斗目标纳入社会主义现代化建设的目标体系。党的十八大以来，以习近平同志为核心的党中央提出了社会主义现代化建设新目标、新部署，明确以中国式现代化全面推进中华民族伟大复兴的新的起点上中国共产党的中心任务，团结带领全体人民开启了全面建设社会主义现代化国家的新征程。

中国共产党在现代化建设进程中，逐渐对社会主义现代化建设内容和目标有了清晰、理性、全面的认识，提出了中国式现代化的重大论断，形成了中国式现代化的理论体系。为了实现这一目标，政治、经济、文化、教育等领域都顺应时代发展变革，逐步完成了从传统向现代的转换。

---

① 参见杨芷英《经济全球化条件下思想政治教育面临的挑战与应对》，《教学与研究》2002年第3期。

邓小平同志指出："教育要面向现代化，面向世界，面向未来。"[①] 为新时期我国教育体制改革指明了方向。教育要面向社会主义现代化建设，同国民经济建设要求相适应，善于吸收别的国家的先进技术和经验，以谋求教育的长远发展。思想政治教育理应承担起时代的重任，不断完善自身的发展目标和规划，服务于社会主义现代化建设，服务于国家、民族、个人的未来发展。本节从现代化视角切入，重点分析在新的时代背景下思想政治教育主客体关系的发展与变化。

一 现代化条件下主客体关系的消解

在探讨现代化对主客体关系的影响之前，必须厘清"现代化"的具体内涵。那么何为"现代化"？在此不得不提到一个与"现代化"时常共同出现的概念——"现代性"，二者之间的异同是首先应当辨明的。

（一）"现代性"与"现代化"

从起源上看，"现代性"与"现代化"都是启蒙运动以来西方历史文化发展的产物，其中"现代"是与"过去"相对存在的，将现代社会与西方中世纪社会区别开来。

"现代性"一直是学界争论不休的议题，涉及哲学、政治学、社会学、文学等多个领域。有关"现代性"的定义，颇具代表性的观点有两类。第一类观点由英国社会学家安东尼·吉登斯（Anthony Giddens）提出，他从社会学的角度进行考察，认为"在其最简单的形式中，现代性是现代社会或工业文明的缩略语。比较详细的描述，它涉及：（1）对世界的一系列态度、关于实现世界向人类干预所造成的转变开放的想法；（2）复杂的经济制度，特别是工业生产和市场经济；（3）一系列政治制度，包括民族国家和民主。"[②] 吉登斯将"现代性"等同于"工业化的世界"，并认为"现代性"涉及人的价值观念以及经济政治制度。第二类观点是哲学意义上的探讨，法国哲学家米歇尔·福柯（Michel Foucault）认为"现代性"是一种态度，他从哲学的视角进行探讨，认为"所谓'态度'，我指的是与当代现实相联系的模式；一种由特定人民所做的志愿的

[①] 《邓小平文选》第3卷，人民出版社1993年版，第35页。
[②] ［英］安东尼·吉登斯、克里斯多弗·皮尔森：《现代性——吉登斯访谈录》，尹宏毅译，新华出版社2001年版，第69页。

选择；最后，一种思想和感觉的方式，也是一种行为和举止的方式，在一个和相同的时刻，这种方式标志着一种归属的关系并把它表述为一种任务。无疑，它有点像希腊人所称的社会的精神气质（ethos）。"① 在福柯看来，"现代性"是一种与社会现实生活相联系的思想态度和行为方式，涉及政治、经济、文化制度以及相应的运作方式。

目前学界普遍认为，"现代化"是一个世界性的历史过程。美国学者塞缪尔·P. 亨廷顿（Samuel P. Huntington）从心理、智能、人口统计学、社会等多个层面解读了"现代化"的具体含义。② 一般来说，现代化是以近代工业和科技进步为推动力，实现传统农业社会向现代化社会的转变过程，这一过程具体表现在经济、政治、文化、教育等领域，引起社会生活的深刻变革。现代化也是一种发展状态，正如马克思所说："工业较发达的国家向工业较不发达的国家所显示的，只是后者未来的景象。"③ 现代化过程体现了个性与共性的有机统一，并非西方模式的简单移植，其中必然蕴含着各个国家根据民族自身特点的价值取向。

总的来说，"现代性"与"现代化"虽然在具体含义上有所不同，但二者之间有着内在的统一性。现代性是现代化的主要构成要素，现代化是现代性的现实展现。现代性是一种点状现象和抽象理念，而现代化是这一理念扩张的历史进程，是一种广泛蔓延的现实状态。④

（二）传统主客体关系的消解

"现代性"与"现代化"内在统一，都表现出对世界不断改造的要求，表现出与传统相对立的特征。有学者认为，"'现代性'永远是在向人类提问：我们'现在'应该怎样才能做得更好呢？在此意义上，'现代性'具有'解构'（deconstruction）和'重建'（reconstruction）的双重取向。它注重的是'当前'（the present），对过去持批判的态度，以新知识和新发现构筑更美好的未来。"⑤ 而"现代化"是对"现代性"不断追求

---

① ［法］米歇尔·福科：《什么是启蒙？》，见汪晖、陈燕谷主编《文化与公共性》，生活·读书·新知三联书店1998年版，第430页。
② 参见［美］塞缪尔·P. 亨廷顿《变化社会中的政治秩序》，王冠华、刘为等译，生活·读书·新知三联书店1989年版，第30—31页。
③ 《马克思恩格斯文集》第5卷，人民出版社2009年版，第8页。
④ 参见周穗明等《现代化：历史、理论与反思——兼论西方左翼的现代化批判》，中国广播电视出版社2002年版，第165页。
⑤ 余碧平：《现代性的意义与局限》，上海三联书店2000年版，第2页。

的过程,意味着现代社会制度对传统的社会秩序的"解构"与"重建"。也就是说,"某些现代社会的组织形式并不能简单地从此前的历史时期里找得到,例如,民族国家的政治体系的形成,生产的批售对毫无生气的权力系统的依赖,以及劳动产品和雇佣劳动本身的完全商品化"①。现代化条件下,这种变迁十分迅速,涉及政治、经济、文化、教育等多个领域,也影响到人们的日常生活。

在现代化进程中,人作为社会活动的主体,人的主体意识、生存发展等方面势必会受到现代化的影响。现代化的核心是人的现代化,而人的现代化的灵魂是思想观念的现代化,包括人的思想观点、价值观念、精神面貌、思维方式等方面的现代化,具体表现为树立科学的世界观、人生观、价值观,弘扬与时俱进、改革创新的时代精神,培育现代公民的主体意识、竞争意识、责任意识、法治意识、可持续发展意识等。在现代化条件下,主体性地位的提升解构了传统主客体关系的二元对立,使传统主客体关系呈现出消解的趋势。

二 思想政治教育主客体关系的现代化解读

一般而言,思想政治教育现代化是指,通过更新观念、技术和手段来变革传统思想政治教育,使其适应和满足人的发展和社会发展需求,更好地服务于社会主义现代化建设。现代化视野下的思想政治教育主客体关系,同现代化的观念、体制、内容、方法联系紧密。

(一) 思想政治教育观念现代化

思想政治教育归根结底是对人的教育,必须围绕着人的思想观念、政治觉悟、道德品质等多方面来进行。观念现代化是思想政治教育现代化发展的必然要求,也是实现思想政治教育过程现代化的前提条件。一方面,思想政治教育观念现代化体现在对传统思想观念的革新上,要"适应改革开放和国家现代化建设的时代要求,突破落后、保守、迂腐和陈旧的观念,以广阔的视野、活跃的思想和即时的应变能力,实现思想政治教育在继承和发展优良传统的基础上的改进和创新"②;另一方面,思想政治教育观念现代化同时体现在主体观念和客体观念的现代化上。思想政治教育

---

① [英]安东尼·吉登斯:《现代性的后果》,田禾译,译林出版社2000年版,第5—6页。
② 徐志远、陈国忠:《科学化与现代化:思想政治教育的发展趋势》,《当代教育论坛》2004年第2期。

主体要清楚认识当前全球化背景下国际形势和我国社会的发展现状,以开放包容的态度、联系发展的思维看待思想政治教育客体,科学开展各类教育实践活动;思想政治教育客体要树立科学的世界观、人生观、价值观,坚持用马克思主义理论武装头脑,在实践中提高自身思想政治素质,增强国际竞争力,更好地服务于改革开放和社会主义现代化建设。

从根本上而言,思想政治教育观念现代化应深入贯彻"解放思想、实事求是、与时俱进"的思想路线,着力破除陈旧、迂腐的观念障碍,从实际出发,遵循思想政治教育规律,把握时代机遇,勇于探索创新,不断开创思想政治教育新局面。在思想政治教育主客体关系的问题上,应坚持以开放、包容、发展的态度看待和处理二者之间的关系,表现出社会主义民主的特征,不再是主体对客体的压制或者客体对主体的依附,而是一种自由平等的主客体关系。

(二) 思想政治教育体制现代化

思想政治教育体制包括管理体制、运行机制、规范体系等组成部分,是这些部分的有机统一。思想政治教育体制不仅决定了思想政治教育的运作方式,也是思想政治教育实践活动顺利开展的重要保障。郑永廷教授认为,"思想政治教育体制现代化,是教育决策、管理的民主化和科学化。"[①] 其他学者大多持相似看法。所谓民主化,即尊重人们的主体性,将思想政治教育与日常生活实践联系起来,动员和组织更多的人参与到思想政治教育的决策和管理中来,使其充分发挥出主观能动性和创造性。所谓科学化,是指要遵循思想政治教育的规律,改变过去过于依赖经验的弊端,强调科学管理制度、规范流程、方式方法的实际应用。

要推动思想政治教育主客体关系朝着民主化、科学化的方向发展,思想政治教育主体必须遵循教育规律,把握客体特征,尊重客体的主体性,教育、引导客体自觉、自发地参与到教育决策和管理中来,并按照科学的方式方法来开展思想政治教育实践活动。一直以来,党和国家高度重视思想政治工作的开展,陆续出台了一系列关于加强和改进思想政治教育的政策、文件,为思想政治教育主客体关系的民主化、科学化发展提供了有力支撑,表现出与时俱进的优良传统。

---

① 张耀灿、郑永廷、刘书林、吴潜涛等:《现代思想政治教育学》,人民出版社2001年版,第461页。

(三) 思想政治教育内容现代化

内容是有效开展思想政治教育的基础。思想政治教育内容现代化，是整个思想政治教育现代化的着力点，不仅应以马克思主义经典理论为主要内容开展教育，同时必须体现内容的时代性和现实性。内容现代化要求思想政治教育在继承传统的基础上不断革新、与时俱进，体现新的时代特点。

1979年3月，为了在思想上拨乱反正，扫清"文化大革命"的思想荼毒，邓小平同志提出在社会主义现代化建设中必须坚持的"四项基本原则"，同时指出："如果动摇了这四项基本原则中的任何一项，那就动摇了整个社会主义事业，整个现代化建设事业。"[①] 改革开放以来，在世界经济复苏艰难、国内经济下行压力加大、自然灾害频发的复杂形势下，党和国家始终坚持四项基本原则不动摇，取得了举世瞩目的发展成就。在现代化条件下，思想政治教育要充分发挥"生命线"作用，必须坚持四项基本原则不动摇，以习近平新时代中国特色社会主义思想为主要内容，深入开展党史国史教育和形势政策教育，使思想政治教育客体能够正确认识社会发展规律，坚定社会主义的理想信念，承担起应尽的社会责任。基于此，思想政治教育主体和客体应坚持以马克思主义为指导，坚持以人为本，继承和发展马克思主义关于人的全面发展理论，树立同社会主义现代化相适应的思想观念，促进思想政治教育主客体关系和谐发展。

(四) 思想政治教育方法现代化

现代化的体制、观念和内容最终都要通过现代化的方法得以实现。方法现代化是实现思想政治教育现代化的具体路径和技术手段。要实现思想政治教育方法的现代化转变，必须注重对传统思想政治教育方法进行革新，整合多学科的研究成果，充分吸收和借鉴中西方思想政治教育方法的优势，改变传统"说教式""灌输式"的教育方法，代之以"探究式""合作式"的学习方法，通过调动客体的积极性，增进思想政治教育主客体之间的交流互动，使思想政治教育客体自觉地、能动地提升思想政治素质。思想政治教育方法的现代化"就是要利用现代科学技术提供的信息和技术平台来开展思想政治教育，运用现代的技术手段对大

---

① 《邓小平文选》第2卷，人民出版社1994年版，第173页。

量的思想政治教育信息进行选择、获取、储存、加工、输出，也就是要实现思想政治教育的信息化，占领技术制高点。"① 在思想政治理论课上，教师可以采用多媒体技术、交互软件等技术手段来丰富教学方式方法，激发起学生的兴趣。互联网的蓬勃发展也为思想政治教育提供了新的信息平台，弥补了传统面对面式教育的缺陷，思想政治教育主体和客体可以隐匿身份进行交流互动，给思想政治教育客体的发展创造一个和谐宽松的环境。

思想政治教育方法的现代化改变了过去思想政治教育主体对客体的单向式传授，代之以互动式的交流，使平等的思想政治教育主客体关系成为可能，也使思想政治教育客体的主体性得以实现。

三 现代化推动思想政治教育主客体关系的发展

改革开放以来，我国现代化建设取得了举世瞩目的伟大成就。这些成就的取得离不开中国共产党的领导，离不开对马克思主义的宣传、对群众的教育，调动人们的积极性和创造性。其中，思想政治教育充分发挥了"生命线"的作用，使党的路线、方针、政策得以顺利贯彻执行。放眼世界，现代化进程已经席卷全球，现代性的价值观念已然渗入到经济、政治、教育、文化等多个领域，推动这些领域内部发生巨大变革。当然，现代化的进程也对思想政治教育的发展产生了深远影响，正在"解构""重建"着思想政治教育主客体关系，表现出高度的现代性特质。

（一）传统思想政治教育主客体关系的解构

传统思想政治教育主客体的界定建立在西方哲学主客体二元论的基础上。"自笛卡尔之后，西方哲学家认为'一切存在者不是主体的客体，就是主体的主体'。他们倾向于将宇宙万物一分为二：主体与客体，并认为任一存在者不是主体即是客体。"② 这种主客体二分理论强化了主体与客体的对立性，主体可以按照自己的意志来改造客体、改造世界，客体服从并依附于主体。长期以来，思想政治教育领域的主客体关系也彼此对立，主体控制、支配着客体的发展。但是，在现代化进程中，人作为社会活动主体，人的价值观念、精神态度、主体性意识被高扬，无论是主体还是客

---

① 石振保：《思想政治教育现代化的若干思考》，《马克思主义与现实》2008 年第 2 期。
② 卢见：《自然的主体性和人的主体性》，《湖南师范大学社会科学学报》2000 年第 2 期。

体的人,都享有自我选择的权利。客体主体性地位的提升,解构了传统主客体关系的二元对立,谋求主体与客体的和谐相处、共同发展。所以,现代化消解着传统思想政治教育的主客体关系,使主体与客体不再彼此对立,朝着现代性关系的方向发展。

事实上,思想政治教育要在我国的现代化进程中发挥"生命线"的作用,必须大力发扬与时俱进的优良传统,实现自身的现代化转变,从"传统性"转向"现代性"。过去,思想政治教育由于受到社会本位思想的影响,过于强调思想政治教育的社会价值和社会需求导向,在一定程度上忽视了思想政治教育在促进个人成长发展方面的价值和个人的内在需求。当然,在特定的年代,这种社会本位取向发挥了凝聚人心的巨大作用。但在现代化条件下,思想政治教育理应表现出新的时代特征。思想政治教育现代化发展要完成从"社会本位"到"主体本位"的转换,以促进人的现代化为根本目的,并将主体性和开放性作为人的现代化的核心精神,这也是马克思主义关于人的全面发展理论的客观要求,思想政治教育必须回归到主体本身,将人视作具有独立精神和自我意识的存在。在主体本位思想的指引下,思想政治教育应以促进思想政治教育客体的全面发展为根本目的,培育具有现代性和竞争力的人,使其能快速地适应并融入现代化社会。正因为思想政治教育客体的主体性极大提升,使其不再受制于思想政治教育主体,思想政治教育主客体关系开启了新的篇章。

(二) 当代思想政治教育主客体关系的重建

传统思想政治教育主客体关系被解构,并不代表思想政治教育主体和客体之间差异性被完全否定。假如思想政治教育主客体之间的界限彻底消失,那么思想政治教育实践活动也就不会再存在改造与被改造的关系,思想政治教育本身的意义也将不再存在。一旦失去思想政治教育主体的引导,整个思想政治教育过程会变得混乱,其有效性也会大大降低。事实上,思想政治教育主客体的角色并非固定不变,在一定条件下主客体之间可以相互转化,实现主体客体化或客体主体化。比如,在思想政治理论课上,就某个问题进行探讨,教师与学生之间碰撞出思想的火花,这个过程中不仅学生能通过知识学习提高思想认识,教师亦能有所收获,获得自我提升,正如《学记》中所提到的"教学相长"。在此情形下,学生成为思想政治教育的主体,而教师则成为思想政治教育的客体。可见,思想政治教育主客体之间并非二元对立,而是相互交融、渗透的关系。

在现代化条件下重建思想政治教育主客体关系，一方面，思想政治教育主体必须尊重客体作为独立个体所具有的主体性意识，充分调动其积极性，激发其主观能动性，使其能动地、自觉地参与到思想政治教育过程中来。另一方面，思想政治教育必须将社会需要和人的全面发展统一起来，防止过分高扬人的主体性，而导致极端个人主义的泛滥，走入另一个极端。所以，思想政治教育主体应具备良好的思想道德素质、科学文化知识和教育教学能力，尊重思想政治教育客体的主体性，真正做到"以人为本"，努力适应思想政治教育观念、体制、内容、方法的现代化转变，教育、引导思想政治教育客体积极参与思想政治教育实践活动，通过主客体关系的重建推动思想政治教育健康发展。

可见，思想政治教育现代化并不意味着与传统思想政治教育的彻底决裂，而是根据社会主义现代化建设的需要，不断更新思想政治教育的观念、体制、内容、方法，秉持"以人为本"的原则，重塑思想政治教育主客体关系。

第三节　多元化视野下的思想政治教育主客体关系

当今世界正经历着全球化的进程，经济、科技迈向一体化发展，世界逐渐变成一个密不可分的整体，庞大的地球变成了一个"地球村"。全球化使得各个国家、地区、民族之间的差异变小，某些西方国家野心勃勃，企图实施文化霸权主义来"同化"或是"吞并"其他文化，维持全球霸主地位。然而，全球化促进世界殖民体系的土崩瓦解，各国获得独立身份后开始宣扬民族的独特文化，以维持国家、民族的独立性来抵抗文化霸权主义，造就了世界经济、科技全球化、一体化背景下文化的多元化发展。"多元化"概念的提出与全球化的进程是休戚相关的。英国社会学家迈克·费瑟斯通（Mike Featherstone）认为："全球化进程同时呈现出两种文化的形象。第一种形象是某一种文化向外扩展至它的极限而达致全球。异质的文化被吸纳和整合进这种最终遍及全世界的主导文化当中。第二种形象则是不同文化的浓缩，以前相互远离的事物现在彼此接触并共存一处。不同的文化缺乏清晰的组织原则而层层叠加，以至于文化变得过于庞杂繁复而无法处置和组织，难以形成统一的信仰原则、指引方向（means of orientation）和实践知识。"① 西方国家以第一种形象为最终目的，然而第二种形象则更贴近于当前文化发展形势。文化多元化在一定程度上是差异与相似的集合体，注重的是整体的概念，正如中国传统文化一直倡导的"和而不同"的理念，所谓"不同"并不是毫不相关，而是不同文化之间的和谐共处，这是世界多元文化共同繁荣发展的必由之路。

不仅表现在文化方面，"多元化渗入现代社会的各个方面。在现代社会中，社会差别的不断扩大以及社会复杂性的不断增加，不仅强化并部分催生了道德的多样性，同时也使得体现在不同伦理法典和与人们生活各个方面有关的承诺之间的潜在紧张关系更为突出。"② 多元化的背景下，思想政治教育主体拥有多样化的选择，给思想政治教育主客体发展带来了较大影响，也给思想政治教育主客体关系提出了新的要求。

一　多元化背景下思想政治教育主体选择多样化

文化多元化是多元化的首要之义，全球化时代下国家之间的界限逐渐模糊，文化作为各个民族身份的标识而存在，文化多元化成为各个民族文明保留下来的唯一路径。随着多元化的概念深入到社会发展的各个领域，逐渐形成了价值观念多元化、网络信息多元化、经济利益多元化等多重多元化思想，为思想政治教育主体提供了多样化选择。

（一）文化多元化

所谓文化多元化，简单来说是指不同文化的多元共存。有学者认为，"全球化时代的文化多元，不是各民族文化的彼此隔绝、互不相干，而是在全球意识关照下的民族文化的多元化发展，各种异质的、多样的文化'和而不同'，多元共处。"③ 全球化时代中，文化的一体化与多样化之间是协调统一的，尊重不同国家、民族文化之间的差异，保持文化的多样性，同时要坚持文化认同，追求文化的统一性。因此，当今时代是多元文化的"和而不同"。多元文化视角下，各个民族的文化都有着独特的价值，虽然彼此之间存在着差异性，但是文化没有高低贵贱之分。在文化多

---

① [英]迈克·费瑟斯通：《消解文化——全球化、后现代主义与认同》，杨渝东译，北京大学出版社2009年版，第8页。
② [英]理查德·贝拉米：《重新思考自由主义》，王萍、傅广生、周春鹏译，江苏人民出版社2005年版，第279页。
③ 冯建军：《文化全球化与道德教育》，《高等教育研究》2007年第5期。

元化进程中过分强调"差异"会造成"文化孤立主义",阻碍文化发展与文化创新,进而致使文化停滞与衰微。

近代中国发展史上,西方文化作为外来文化,对于开启民智、伸张民权、推动革命发挥了重要作用,人本主义的思想、民主共和的观念、科学探索的精神等等给近代中国反帝反封建斗争带来了强大助力。然而,"近代输入的西方文化并不都是精华,而是泥沙俱下,鱼龙混杂,夹杂着大量腐朽性的糟粕,诸如弱肉强食的侵略理论、白种人至上的种族论、欧洲中心论,以及西方腐朽没落的生活方式等等,传入中国有害无益"[1]。由于既有先进文化的指引,又有腐朽思想的掣肘,既有传统文化的传承,又有西方文化的融入,这种文化多元化的局面使得思想政治教育面临严峻挑战。在面对多元文化时,如何弘扬先进文化,实现"文化育人",是思想政治教育亟须解决的问题。多元文化给思想政治教育主体带来了多样化的选择,但是只有以先进文化作为正面导引,才能教化人们走向道德和真善美,实现立德树人的根本目标。

(二) 价值观念多元化

改革开放以来,随着全球化进程不断加快,不同国家、民族、地区之间的文化交往日益密切,各种社会思潮之间的交流与碰撞造成了价值观念的多元化,引发了价值观的分歧和冲突,迫使人们突破封闭、狭隘的思维模式,用宽容、开放的态度来对待外来思想、价值观念。当前众多社会思潮,如自由主义、民族主义、保守主义、历史虚无主义、民主社会主义、后现代主义等等在中国社会中发生碰撞与交锋,影响到诸多民众的价值观念和思维方式。这在高校学生中表现得更为明显,"青年往往由于自身边缘性的社会地位和发展的不成熟性而成了最易受社会思潮影响的一个群体。"[2] 这正如"大多社会学家认为:青年人是对文化震荡最敏感且受影响最普遍、最深刻的社会群体"[3]。其多样化的社会思潮给青年学生提供了多样化价值观的选择,在一定程度上开阔了视野,促进了思想观念的发展。然而,由于青年学生尚未具备足够的鉴别能力,易受到不良价值观念的迷惑,难以判断是非曲直。尤其是青年学生中盛行的功利主义、拜金主

---

[1] 龚书铎主编:《中国近代文化概论》,中华书局1997年版,第9页。
[2] 万美容:《试论当代青年与社会思潮的互动作用》,《青年研究》1999年第6期。
[3] 张建卫、刘玉新:《隔膜与消解:中国青年的跨文化交流》,《中国青年》1998年第3期。

义价值取向，瓦解了青年学生的理想追求，造成精神颓势，引起人们对于中华民族未来的深深担忧。对此，高校教师要提高辨别力、选择力，帮助学生在多元价值观中树立正确的价值观念。这要求教师从马克思主义的立场、观点出发，引导大学生进行自主选择。正所谓"宜疏不宜堵"，高校教师可以利用不同的教育素材，从正反两个方面来开展思想政治教育工作，引导学生及时进行价值澄清，尊重学生的主体地位，使其充分发挥能动作用。

所以，思想政治教育主体应善于运用辩证唯物主义和历史唯物主义的立场、观点和方法剖析多元价值观念，从正反两个方面来教育、引导思想政治教育客体积极澄清价值观念，树立社会主义核心价值观，坚定中国特色社会主义共同理想和共产主义远大目标。

（三）网络信息多元化

网络信息技术的快速发展，给人们的生活带来极大便利，人们获取信息、传播信息的方式和速度发生根本性变革。信息的种类、来源渠道增多，呈现多元化的发展态势。1993 年，克林顿就任美国总统后提出"信息高速公路"建设计划，作为重振经济、提高国际竞争力的重要决策，以促进美国社会快速迈向信息化社会。"信息高速公路"通过通信网络将每个人紧密联系在一起，实现信息的互通有无，最终目的是用资本主义文化思潮、价值观念来征服全世界。此后，西方各国竞相开始建设"信息高速公路"，纷纷抢占网络阵地的制高点，投入大量人力、物力、财力，来更新和改造信息传播路径，以保证在意识形态领域的垄断地位。信息传播路径的变化，使得人们获取信息更为方便快捷，同时也呈现出碎片化的特征，完整的信息被切割成各式各样的信息片段，与以往相比，数量更为庞大但内容却趋于分散。因此，网络信息的多元化表现出种类繁多、渠道多样、数量庞大、内容分散的总体特征。

网络信息时代，人们在网络中可以共享庞杂的多元化信息资源。信息内容有正面的、积极的，也有消极的、反面的，使得思想政治教育主体拥有多样化的信息选择。然而，多样化的选择也给思想政治教育主体的工作带来难度，如何在庞大杂乱、良莠不齐的信息中挑选出具有正面积极作用的内容，是当前思想政治教育主体必须解决的问题。

（四）经济利益多元化

经济利益多元化是相对于计划经济时期经济利益格局单一而言的，其基本内涵是经济主体多元化,是市场经济条件下产生的正常社会现象。在计划经济体制下,利益分配较为简单,强调人们根本利益的一致性,同时奉行集体主义的价值取向,主张个人利益无条件服从于集体利益。随着市场经济的发展和改革开放的深入,不同利益需求的群体逐渐产生,集体观念受到较大冲击,思想政治教育客体的利益观呈现出多样化的特点。与此同时,经济利益的多元化还改变了人们的活动方式,导致人的主体意识不断凸显、主体地位不断提升。经济利益多元化给人们的思想观念和价值取向带来了前所未有的冲击,也导致思想政治教育发生了深刻变革。

与传统思想政治教育不同,思想政治教育主体应积极适应经济利益多元化趋势,更多地关注作为独立个体的人,尊重人的个体价值,关心人的主体意识的培养和发展,不断更新思想政治教育的内容、方法和形式,满足社会发展的需要和客体成长发展的需求。当代思想政治教育主体面对复杂多样的思想政治教育客体,必须在多元化的文化、价值观念、网络信息中选择合适的内容,采用适宜的方式方法,提升思想政治教育的针对性和有效性。

二 多元化对思想政治教育主客体的影响

在多元化时代,由于文化多元化、价值观念多元化、网络信息多元化、经济利益多元化的多重作用,思想政治教育主体和客体的思想观念和价值取向呈现出复杂化趋势,给思想政治教育带来了更严峻的挑战。

(一) 思想政治教育主体压力增大

多元化社会中,文化、价值观念、网络信息、经济利益等方面的多元化,引发了世界范围内各个国家之间的激烈竞争,各国争先占领意识形态领域的高地,以达到征服世界的目的。而接受占统治地位的意识形态是人在现实社会中生存的基础,"一个试图逃避意识形态教化的人只可能是自然存在物,而不可能是社会存在物。也就是说,与一种意识形态认同正是人们在任何特定的社会中从事任何实践活动的前提"[①]。伴随着人们思想观念和价值取向的多元化趋势,意识形态教育理应得到重视,充分发挥导向功能,用主流的意识形态、价值观念来批判不良社会思潮及社会现象。传统思想政治教育的方式方法已无法适应多元化社会的需求,亟须发生变

---

① 俞吾金:《意识形态论》修订版,人民出版社2009年版,第131—132页。

革来应对这些挑战，这也给思想政治教育主体带来了较大压力。尤其是多元化社会带来的多样化的选择，增加了思想政治教育主体选择的难度，对思想政治教育主体的辨别力、判断力都提出了更高的要求。

因此，思想政治教育主体必须提高自身的思想政治素质、教育教学能力，更新教育理念，引导民众坚定马克思主义信仰。习近平总书记在全国宣传思想工作会议上的讲话中强调："宣传思想工作就是要巩固马克思主义在意识形态领域的指导地位，巩固全党全国人民团结奋斗的共同思想基础。"① 明确了宣传思想工作的根本任务。此外，习近平总书记在对宣传思想文化工作作出重要指示时指出："宣传思想文化工作事关党的前途命运，事关国家长治久安，事关民族凝聚力和向心力，是一项极端重要的工作。"并强调宣传思想文化工作面临形势新任务，必须要有新气象新作为，"要坚持以新时代中国特色社会主义思想为指导，全面贯彻党的二十大精神"，"不断巩固全党全国各族人民团结奋斗的共同思想基础"。② 在思想政治教育过程中，思想政治教育主体同样必须以马克思主义引领多样化的社会思潮，大力弘扬社会主义核心价值观，使其成为思想政治教育客体的行动指南。

（二）思想政治教育客体陷入困境

当前多元文化、价值观念、网络信息、经济利益之间的碰撞、交流与整合，使得思想政治教育客体陷入选择的困境中。由于缺乏对文化、信息等多方面的基本判断力和鉴别力，在多元化冲突之中易失去方向而处于被动的境地，造成归属感、安全感的缺失。同时，由于意识形态斗争范围从政治领域扩大至经济、文化、教育等多个领域，融入社会生活的方方面面，斗争的方式方法也日趋隐蔽，由明面上的斗争转至暗地里的较量，没有足够的实际经验，思想政治教育客体是难以辨识出这些问题的。种种表象后的真实情形如何，必须依赖于在思想政治教育主体的积极引导下思想政治教育客体的探索发现。高校大学生由于没有具备足够的分析、选择和判断的能力，在面对多元文化、多元价值观念时往往无所适从，容易引起思想信念、行为方式上的混乱。这在客观上要求必须加强大学生的马克思

---

① 《习近平谈治国理政》第 1 卷，外文出版社 2018 年版，第 153 页。
② 《习近平对宣传思想文化工作作出重要指示强调坚定文化自信秉持开放包容坚持守正创新　为全面建设社会主义现代化国家　全面推进中华民族伟大复兴提供坚强思想公正强大精神力量有利文化条件》，《人民日报》2023 年 10 月 9 日。

主义理论修养，提高大学生的思想政治素质和道德水平，使其能在复杂多变的意识形态领域中初具辨识力。

此外，虽然思想政治教育客体挣脱了思想政治教育主体的束缚，但却又迷失于对经济利益、网络信息的过度依赖中，陷入人的异化的困境。多元化时代中，多元经济主体格局形成，人作为独立个体受到尊重，赋予人以极大的选择自由。然而，在市场经济发展过程中盲目追求利益和效率至上，过分宣扬个人本位思想，固然将人们从依附他人、依附集体的思想观念中解放出来，但是在追逐个人利益的道路中却将个人利益凌驾于集体利益和社会利益之上，形成极端个人主义、利己主义。网络信息多元化给人们带来了同样的境遇，由于网络信息互动交流快捷方便，人们耗费大量时间在网络中，形成了与现实生活方式相对的网络化生存方式。一旦离开网络，人们的工作和学习生活便无法正常进行，表现出人对网络的极度依赖性。思想政治教育客体的异化，使得物的价值超过人的价值，最终会导致其丧失理想信念和对人生目标的追求。所以，如何正确认识处理主体与客体、主客体与物质的关系是思想政治教育所要解决的重要难题。

(三) 思想政治教育客体的主体性受到尊重

一直以来，中国传统文化奉行的是集体主义原则，主张个人从属于社会，应以家族和社会的利益为先，借此来维护封建宗族的利益，求得社会安定，群体和谐。近代资产阶级革命派主张效仿西方的政治制度、科学技术手段来进行社会改革，致使西方资产阶级文化、价值观念也随之涌入中国，对人们的思想产生了极大冲击。随着人们主体意识的逐渐觉醒，思想政治教育主体对客体的绝对权威也在逐渐消减。在当前多元化社会中，西方文化、价值观念中的人本主义思想将人作为一切的核心和出发点，关注人的存在、价值、尊严，尊重人的自由选择，高扬人的主体性。当代思想政治教育糅合了人本主义思想，相较以往更加关注思想政治教育客体的主体性。网络信息多元化给思想政治教育带来挑战的同时，也为思想政治教育客体提供了海量丰富的信息资源，对思想政治教育客体的自我教育起到一定促进作用。经济利益多元化破除了个人对国家和集体的依附关系，从根本上解放了人们的思想，树立了开放与独立、竞争与合作的价值观念，促进人与人之间更为频繁、密切的互动交流，有利于改善思想政治教育主客体之间的关系，推动其朝着平等的方向发展。

因此，在多元化背景下，思想政治教育主体应充分尊重思想政治教育客体的主体性，坚持以马克思主义为指导，坚持社会主流价值导向，帮助思想政治教育客体摆脱选择和异化的困境，化被动接受为主动学习，能动地促进客体思想政治素质的提高。

三　多元化时代思想政治教育主客体关系的新要求

在多元化时代，文化多元化、价值观念多元化、网络信息多元化、经济利益多元化为思想政治教育提供了多样化的选择，也对思想政治教育主客体关系提出了新的要求。

（一）注重思想政治教育主客体的双向交流

传统思想政治教育往往只是单方面地对思想政治教育客体提出要求，在教育实施过程中没有充分考虑思想政治教育客体多样化的需求，使思想政治教育往往流于形式，未能充分发挥其作用。在多元化时代，思想政治教育应从主体要求向客体需求转变，注重思想政治教育主体与客体的双向交流，从突出社会性功能向社会性功能与个体性功能相统一转变，使思想政治教育真正成为关心人、理解人、尊重人的活动。

在多元文化、多元价值观念的背景下，传统说教式教育方法收效甚微。思想政治教育主体必须根据思想政治教育客体的具体需求，有针对性地选取教育内容，设定教育目标，改革教育方法，积极教育、引导思想政治教育客体提升思想政治素质，增强思想政治教育的针对性和实效性。此外，多元化的网络信息为思想政治教育主体和客体提供了交流互动的平台以及丰富的思想政治教育资源，促进了思想政治教育主客体双方在获取信息资源上的平等。因此，在思想政治教育过程中，思想政治教育主体必须尊重客体的主体性地位，更多地根据客体的实际情况开展教育活动，通过主客体双方之间的沟通交流，使思想政治教育客体更积极主动地参与思想政治教育活动，进而接受思想政治教育活动所传递的教育内容。

可见，当代思想政治教育应从以显性教育为主导，转向显性教育与隐性教育相结合的方式。一方面，思想政治教育主体应有组织、有计划地开展马克思主义理论和社会主义核心价值观教育，提高思想政治教育客体的思想觉悟和政治水平；另一方面，思想政治教育主体应充分尊重客体心理需求，将思想政治教育内容用客体喜闻乐见的方式融入思想政治教育活动的各个方面，增强思想政治教育的亲和力和吸引力。这两种教育方式互为补充，可以有效地防止思想政治教育客体逆反心理的出现，进而提升思想政治教育的有效性。

(二) 促进思想政治教育主客体关系多元化发展

在多元化背景下,传统思想政治教育陷入困境,已无法满足当代思想政治教育主客体关系的发展需求。"过去那种一体化的思想政治教育模式因利益主体的多元化,面临着新的挑战。"① 因此,思想政治教育主体必须理解、把握不同客体之间的差异性,并由此开展多样化的教育实践活动,改变过去思想政治教育主客体关系的一体化模式,转向多元化发展。

首先,思想政治教育应寻求主体之间的联合,多方通力合作来完成思想政治教育活动。高校思想政治教育应注重发挥教师的主导作用,尽可能地调动多方的力量,发挥专业课教师、思想政治理论课教师、学生工作部门、教学管理部门以及高校其他行政部门的功能,实现全方位协同育人。其次,思想政治教育应革新教育内容和方式方法,在不断满足学生需求的同时,提升思想政治教育的亲和力和针对性。比如,思想政治教育主体针对客体的不同特点,采用课堂教学、网络慕课、交流讨论等灵活多样的形式,激发客体兴趣,从而提升教育效果。最后,思想政治教育主体应针对不同客体的差异性,设置不同的思想政治教育内容和目标,以实现统一性与多样性相结合。当前,高校思想政治教育的根本目标是培养社会主义事业的合格建设者和可靠接班人,细化到具体的思想政治教育活动中,应在符合思想政治教育根本目标的前提下,针对思想政治教育客体的具体情况,制定各阶段所能达到的发展目标,分阶段、分步骤地推动根本目标的实现。

(三) 增强思想政治教育客体的文化认同感

在当前文化多元化的发展态势下,思想政治教育应坚持以社会主流文化引领多元化的文化潮流,大力弘扬中华传统文化、革命文化和社会主义先进文化,切实增强思想政治教育主体与客体对中华文化的认同感、归属感和自豪感,为实现中华民族伟大复兴的中国梦凝心聚力。中华文化博大精深,承载了五千多年的历史文明,具有中华民族的独特性,当遇到现代文化、外来文化时,不可避免会产生冲突和矛盾。因此,正确认识、处理传统文化与现代文化、本土文化与外来文化的关系,是思想政治教育的重

---

① 李维昌、盛美真:《论利益多元化背景下思想政治教育的主导性建设》,《求实》2011年第8期。

要任务之一。毛泽东同志在《新民主主义论》中提出要批判性地吸收外来文化和传统文化，"一切外国的东西，如同我们对于食物一样，必须经过自己的口腔咀嚼和胃肠运动，送进唾液胃液肠液，把它分解为精华和糟粕两部分，然后排泄其糟粕，吸收其精华，才能对我们的身体有益，决不能生吞活剥地毫无批判地吸收"①。只有在批判性地吸收中西方文化的基础上，坚定社会主义先进文化的前进方向，推进各种文化之间交流交融，才能丰富思想政治教育客体精神世界，达到凝聚人心的效果。

思想政治教育主体在促进客体文化认同的过程中，应理性、批判地看待全球化与现代化，正确处理文化一元性与多元性的关系；应以社会主义先进文化为指引，批判性地吸收和借鉴中西方文化成果；应坚持马克思主义的指导地位，整合中西方文化中具有共性的内容，引导思想政治教育客体树立正确的思想政治观点，做到去其糟粕，取其精华。此外，思想政治教育的对象不仅仅包括我国民众，还应扩大对外文化交流，推动中华文化走向世界，在增进世界各国人民对中国文化认同感的同时提升国家文化软实力，建设社会主义文化强国。

第四节　网络化视野下的思想政治教育主客体关系

互联网的快速发展开启了一个崭新时代，网络信息革命所带来的生产力飞跃，给全球政治、经济、文化、教育等领域均带来了深远影响。网络逐渐成为人们学习、工作、生活的新空间，极大地促进了人与人之间的交流，缩短了人与人之间的距离。据第 55 次中国互联网络发展状况统计报告显示，截至 2024 年 12 月，我国网民规模达 11.08 亿人，互联网普及率达 78.6%。互联网已经改变了传统的舆论格局，已经取代报纸、广播、电视等传统媒体成为舆论斗争的主阵地、思想政治教育的新载体和社会主义核心价值观培育的新途径。

习近平总书记强调，"要本着对社会负责、对人民负责的态度，依法加强网络空间治理，加强网络内容建设，做强网上正面宣传，培育积极健康、向上向善的网络文化，用社会主义核心价值观和人类优秀文明成果滋

---

① 《毛泽东选集》第 2 卷，人民出版社 1991 年版，第 707 页。

养人心、滋养社会,做到正能量充沛、主旋律高昂"①,为在新形势下开展网络思想政治教育提供了基本遵循,对弘扬社会主义核心价值观,抵制西方霸权主义文化侵蚀具有重要意义。在复杂的网络环境中,正确认识网络思想政治教育主客体关系,有助于推动网络思想政治教育的顺利开展,提升网络思想政治教育有效性。本节主要探讨互联网给思想政治教育主客体关系带来的深刻变化,分析网络时代思想政治教育主体与客体之间存在的问题,明确网络环境对思想政治教育的新要求。

一 网络思想政治教育主客体关系的新特征

网络思想政治教育区别于传统思想政治教育的根本之处即教学方式的转变。从传统的面对面授课转向以网络为中介的交互式教学,使网络成为思想政治教育的新载体、新工具和新方法。由此引发的变革打破了网络思想政治教育主体与客体之间的二元对立,促使双方走向平等与互动。

(一) 破除思想政治教育主体与客体的二元对立

在传统思想政治教育中,主体与客体的界限划分清晰,二者间有着明显的差别。其中,思想政治教育主体是教育者,思想政治教育客体是受教育者,思想政治教育主体组织、协调整个教育过程,居于主导地位。思想政治教育客体虽有一定的主体意识,但仍需服从思想政治教育主体提出的要求,依照主体所指引的方向发展。这种二元对立是建立在思想政治教育主体与客体角色对立的基础上的。

网络具有隐匿性、无标识性、交互性、开放性等特性,在思想政治教育领域内开展了一场前所未有的、具有历史意义的改革实践活动。网络中思想政治教育主体和客体均以数字化的形式出现,他们的真实信息和真实情况被隐匿,给予了思想政治教育客体极大的自由空间,使其不再受制于思想政治教育主体。思想政治教育客体没有明显的标识,可以自由地扮演各种角色,呈现出想为他人所知的状态。网络的交互性,决定了思想政治教育主客体关系是基于网络的交互作用而形成的一种思想互动关系。这种交互性的主客体互动关系,不是强制的、被动的、固定的关系,而是自主的、自由的、自愿的关系,这种自主自由自愿的关系又建立在相互吸引的基础之上。网络所具有的开放性"打破了主体和客体之间的对立关系,

---

① 《习近平谈治国理政》第 2 卷,外文出版社 2017 年版,第 337 页。

使主体和客体之间的不平等消减，客体同样也具有主体性，能够针对主体发出的信息进行接收和反馈。"① 网络给予了思想政治教育客体极大的选择自由，传统思想政治教育主客体的二元对立被解构，取而代之的是一种平等互动机制，使得网络思想政治教育客体的主体性有了极大的提升。

(二) 网络思想政治教育主客体关系走向平等与互动

在交互、开放的网络环境中，人们的行为方式、生存境遇、精神价值观念发生了很大变化。网络空间建构了一个与现实世界相对的虚拟世界，人们隐匿于其中，不用过多考虑现实性因素，通常遵从内心而表现出与现实生活不同的状态。同时，由于信息流动、复制、传播飞快，人们的思想观念也不稳定，容易受到不良思想的影响。基于此，网络思想政治教育与传统思想政治教育的差别绝不仅是教学方式的变革，而是给思想政治教育主体和客体创造了一个全新的生活世界和精神世界，给予充分的选择自由，使主客体关系走向平等互动。

首先，网络思想政治教育主客体之间的关系是平等的。有学者从网络的平等性着手，探讨了思想政治教育主客体关系的平等，"网络思想政治教育主客体依托和借助的网络信息平台是平等的，同网络发生的联系以及借助网络建构的主客体之间的相互联系是自愿和平等的，获取互联网提供的信息的权利和机会是平等的，因而网络思想政治教育主客体之间交往互动的关系也是双向的、平等的。"② 当思想政治教育主体与客体离开了实践活动的直接现场，身处网络空间之中，网络的隐匿性和开放性促使思想政治教育客体往往愿意畅所欲言，充分表达内心真实想法，这是传统思想政治教育难以企及的。网络环境中思想政治教育主体不再对客体享有绝对的权威，主体与客体以平等的方式交流，有利于调动客体的积极性，发挥出其主观能动性。

其次，网络工具的应用使得思想政治教育从"单向"走向"交互"，思想政治教育主体与客体之间形成互动关系，这种互动关系可以是一对一、一对多、多对一或者多对多的关系，也可以是主体与主体、客体与客体的交往互动，呈现出相互影响的复杂态势。同时，思想政治教育主体与客体之间可以实现即时的互动交流，如采用即时通讯软件沟通交流，也可

---

① 项久雨：《论多重视角下的思想政治教育主客体关系》，《教学与研究》2014年第9期。
② 骆郁廷：《论网络思想政治教育的主体与客体》，《马克思主义与现实》2016年第2期。

以选择延时的交流方式，如在微博、博客、个人空间、社区中的评论和留言，缓解即时沟通带来的压力，留有思考的余地。此外，网络思想政治教育主体与客体的互动可以是单次的交流，也可以是多次的沟通，而思想政治教育效用的发挥依赖于主体与客体之间反复多次的交流与互动，只有就某个议题展开深入探讨，才能切实解决思想认识问题。

(三) 网络思想政治教育主体与客体相互转化

由于网络思想政治教育主体与客体之间互动交流增多，彼此容易受到对方的影响作用，二者在网络思想交往实践中可以发生相互转化，具体表现为主体客体化和客体主体化。

所谓主体客体化，是指网络思想政治教育主体向客体的主动转化。主体客体化通常表现在三个方面，一是指网络思想政治教育主体要充分履行教育责任，主动学习网络知识，提升网络思想政治教育能力；二是指网络思想政治教育主体要主动接近、接触、了解和熟悉教育客体，有针对性地做好网上教育、沟通、引导工作；三是指网络思想政治教育主体通过把网民塑造成社会所需要的合格公民，实现主体要求的客体化。[①] 主体客体化的过程是思想政治教育主体顺利开展思想政治工作的客观要求，由于教育对象是网民，他们的受教育程度、接受能力、利益诉求千差万别，思想政治教育主体从客体的视角来认识教育过程，可以使网络思想政治教育更易于为网民所接受。

所谓客体主体化，是指网络思想政治教育客体在主体的启发、教育、引导下，向主体积极转化的过程。客体主体化需要注意以下三个方面，一是要注重网络思想政治教育主客体交互作用中的教学相长；二是要注重从主体的教育中获得的思想启迪及时运用于同其他网民的思想交流、沟通和互动中，实现客体主体化；三是注重加强客体的自我教育，自觉地、主动地、经常地自己对自己进行网络思想政治教育，不断提高网络思想信息的辨别、判断、选择能力和正确世界观、人生观、价值观的内化与外化能力，成为名副其实的网络思想政治教育主体。[②] 网络思想政治教育客体积极主动地参与到自身的发展中来，成为自我发展的主体，有利于思想政治

[①] 参见骆郁廷《论网络思想政治教育的主体与客体》，《马克思主义与现实》2016 年第 2 期。

[②] 参见骆郁廷《论网络思想政治教育的主体与客体》，《马克思主义与现实》2016 年第 2 期。

教育活动的顺利开展。在强调个体主体性的今天，客体主体化是网络思想政治教育发展的必然趋势。

二　网络思想政治教育主客体关系存在的问题

网络的隐匿性、开放性、交互性等特征给人与人之间的沟通带来了便利，创造了一个全新的物质世界和精神世界，引起了思想政治教育领域的变革。同时，网络也致使思想政治教育面临信息紊乱、主客体缺乏足够的辨别力等问题，进而影响到思想政治教育主体与客体之间的关系。

（一）网络思想政治教育主客体信任匮乏

网络利用信息技术手段，综合报纸、广播、电视等传统媒体传播方式，将文字、图片、声音、图像综合起来，为人们提供全方位、多样化的信息，在拓宽信息获取渠道的同时，为人们提供了更为丰富的信息资源。思想政治教育主体利用网络开展思想政治教育实践活动时，往往面临多元化选择，出现选择困惑，不知道采用何种方式可以达成何种教育成效，往往由于对教育对象的了解不够，失去甄别和判断的能力。对于思想政治教育客体而言，知识储备尚少，实际经验不足，判断能力较弱，还不足以在浩如烟海的信息之中辨别出符合社会主流价值观念的信息。而西方国家借助于网络持续进行文化扩张与渗透，打着"民主、自由、平等"的旗号散播谣言，具有极强的蛊惑性。这对于世界观正在形成中的青少年来说是极为危险的。网络思想政治教育主体与客体选择困惑，导致主客体之间信任匮乏，使得网络思想政治教育难以顺利开展，造成了教育资源的浪费。因此，当前网络思想政治教育处于非常复杂的环境之中，需要网络思想政治教育主体认清国际形势和网络情况，以较强的辨别力、判断力和选择执行力，来引导思想政治教育客体辨清是非，使其自觉接受教育和引导。

（二）网络思想政治教育主体地位弱化

传统思想政治教育有明确的教育对象，较为稳固的教育环境，相对稳定的思想政治教育主客体关系，便于开展思想政治工作。然而，由于网络的隐匿性，思想政治教育客体隐身于网络之中，其真实信息、具体反应等被很好地掩盖起来，倘若思想政治教育客体不予以配合，思想政治教育主体难以获得真实的教育反馈，也无法进行下一步的教育实践活动。主体地位的弱化造成了主客体关系的危机。一方面，在网络环境中，只有思想政治教育客体愿意接受主体的教育时，主客体关系才能成立，这使得思想政治教育主体通常处在较为被动的位置。另一方面，即使网络思想政治教育客体的主体性增强，主导着自身的发展，但是在主体与客体的互动交流中仍需要主体的指引。过分强调思想政治教育客体的主体性会弱化思想政治教育主体的地位，使得思想政治教育客体对主体产生怀疑，进而对主体所宣扬的价值观念持怀疑态度，严重影响网络思想政治教育效果。

（三）网络思想政治教育主体性畸变

网络信息技术的飞速发展深刻改变了人们的日常生活方式。人们凭借网络可以轻松完成购物、聊天、办公、娱乐等活动，形成了与现实生活方式迥异的网络化生存方式。但是，由于人们越来越依赖网络，耗费了大量时间在网页浏览、网络游戏、网上购物中，使网络成为逃离现实生活的避风港，容易造成工作和学习时习惯性拖延，效率低下等不良后果。人们在享受网络带来的自由与方便快捷的同时，却由于过分依赖网络而造成人的异化，主体性丧失，最终受制于网络。有学者认为，网络交往中的"自由泛滥"，使人的主体性在极端化的境遇中面临着主体性畸变、主体批判性的缺失以及主体性被奴役的危险。[①]

网络思想政治教育是以网络为新工具、新载体、新方法开展的思想政治教育，其具体的教育目标、教育内容、教育方式都围绕着网络有所革新。如何在利用网络的优越性开展思想政治教育的同时，又能有效抵御其不良影响，是当前开展网络思想政治教育面临的最大问题。一方面，开展网络思想政治教育需承担一定的技术风险，比如网络一旦出现故障，不仅会导致网络资源丢失、网络通信中断等后果，还意味着网络思想政治教育主客体关系的终结，网络思想政治教育也随之停止。另一方面，网络还削弱了个体对群体的相对依赖，将个体从群体中逐渐分离出来，使人与人的现实交往转变为人机对话的形式，掩盖了现实生活中个体的真实反应，长此以往，容易造成人际交往的困境。所以，即便网络思想政治教育有着方便快捷、受众面广、双向互动等优势，传统的线下思想政治教育也不应被忽视。传统思想政治教育不易受到网络环境的制约和干扰，同时，面对面的情感交流效果也是网络沟通所难以企及的。

---

① 参见陈胜云《网络社会的主体性危机》，《现代哲学》2001年第1期。

三 网络环境对思想政治教育的新要求

网络化生存方式赋予人以超越现实生活限制的自由，同时也增加了监管难度。网络的无边界特性"削弱了政府控制公民的总体权力，也降低了政府实施网络监管的能力。"① 虽然网络技术手段打破了边界，增加了政府管理的难度，但是网络领域的意识形态斗争并不能有丝毫松动，这给思想政治教育提出了许多新的要求。

（一）增强思想政治教育吸引力

网络信息纷繁复杂，人们获取信息有很大的随机性，一些学理性较强、难以迅速理解的内容往往会失去关注度。人们倾向于浏览简短精练而富有趣味的信息，冗长、枯燥的信息难以引起人们的阅读兴趣。不同于传统思想政治教育具有相对稳定的教育环境和教育对象，网络环境中普通民众的自主性增强，他们能否成为并且愿意成为思想政治教育客体，主要取决于网络思想政治教育的吸引力和影响力。因此，更新思想政治教育内容表达方式，增强思想政治教育吸引力，是当前十分迫切的任务。

网络思想政治教育要找准切入点，将国家政治、经济、文化、教育的重大问题与普通民众的日常生活联系起来，着力于他们关心的现实性问题，从而吸引民众广泛关注。传统思想政治教育内容理论性较强，不便于普通民众理解，网络思想政治教育在内容的选择上更贴近群众和生活实际，容易激发起民众的兴趣，有助于提升思想政治教育效果。网络的兴起导致传统纸媒行业的衰落，阅读方式进入电子化时代，特别是智能手机普及后微信、微博等应用软件得到推广，人们倾向于选择无纸化阅读，并且表现出"微"的特点，偏好图文并茂、短小精悍的文章以及新颖有趣的短视频。网络思想政治教育主体要充分理解、把握这种心态转变，注重表达方式的创新，主动用简练的语言、清新的内容和有趣的形式抓住民众的眼球，并善于运用生活中的实际案例来引起情感共鸣、思想认同，从而增强思想政治教育的感染力和说服力，起到事半功倍的效果。

（二）提升高校教师思想政治素质

习近平总书记指出："要坚持把立德树人作为中心环节，把思想政治

---

① 张新华：《网络悖论与国家安全》，《毛泽东邓小平理论研究》2005 年第 6 期。

工作贯穿教育教学全过程,实现全程育人、全方位育人,努力开创我国高等教育事业发展新局面。"① 高校一直以来都是意识形态斗争的前沿阵地,由于高校学生思想尚不成熟,没有形成稳定的世界观、人生观和价值观,易受到西方意识形态观念的影响。所以,要加强对高校学生的思想引领,将思想政治教育贯穿到教育教学全过程,融通专业知识教育与思想政治教育,改变传统说教式教育方法,将网络平台与课堂教学结合起来,打造混合式教学方法,如翻转课堂、慕课学习等等。这不仅要求高校教师在专业知识和教育技术上有所造诣,还对高校教师的思想政治素质提出了更高要求。

以往,高校思想政治教育任务主要由思想政治理论课教师和辅导员、班主任等学生工作队伍承担,一部分专业课教师和高校其他行政人员往往"各人自扫门前雪",不关心、不参与思想政治教育工作,这也造成了部分高校教师只教书不育人或者只育人不教书的现象,出现思想政治教育和专业知识教育的脱节。新时期高校思想政治教育应贯彻全员育人、全程育人、全方位育人的教育理念,将思想政治教育贯穿于课堂教学、专业实习、校园活动等方方面面,成为高校全体教职员工的共同职责。当前,国家高度重视中小学教师专业发展问题,投入了巨大的人力、物力、财力对中小学教师进行在职培训,但是对高校教师的思想政治素质问题的重视程度还不够,导致部分高校教师违背师德师风的现象时有发生。比如在教育教学活动中发表不当言论,在科研工作中弄虚作假、抄袭剽窃,等等。"传道者自己首先要明道、信道。"② 高校教师要承担立德树人的使命,必须提高自身的思想政治素质,坚定共产主义理想信念,将社会主义核心价值观融入日常教学实践中,对学生进行言传身教,教育、引导学生形成正确的价值观念。此外,高校教师在与学生相处时,应充分尊重学生的主体性,满足学生的成长发展需求,与学生建立起信任关系,引导学生自觉地、能动地参与到教育实践活动过程中来,从而提升思想政治教育效果。

(三) 构建网络思想政治教育新机制

网络将世界变成一个整体,它所提供的信息交流平台使得信息可以跨越国家边界渗透到世界的各个角落,西方资本主义国家也借此施行西方意

---

① 《习近平谈治国理政》第 2 卷,外文出版社 2017 年版,第 376 页。
② 《习近平谈治国理政》第 2 卷,外文出版社 2017 年版,第 379 页。

识形态及价值观念的对外扩张和渗透。因此，思想政治教育应占领网络新阵地，抢占舆论制高点，抵御西方意识形态的网络渗透，应着力提升网络时代思想政治教育的吸引力和感染力，立足网络信息化发展水平和思想政治教育实际状况，构建网络思想政治教育长效机制。

构建网络思想政治教育长效机制需从思想政治教育主客体关系着手，认清网络给思想政治教育主客体关系带来的机遇和挑战。一方面，网络打破了传统思想政治教育主体与客体的二元对立，推动双方走向平等互动的主客体关系。另一方面，网络也造成了思想政治教育主体和客体之间信任匮乏、思想政治教育主体地位弱化、思想政治教育主体性畸变等问题。在网络环境中，思想政治教育既要充分尊重思想政治教育客体的主体性，又要防止因过度高扬主体性而造成的思想政治教育客体地位弱化以及主体性畸变。如何做到在平衡思想政治教育主客体关系的同时不致使其中一方地位丧失，这给思想政治教育提出了更高的要求。在高校构建网络思想政治教育长效机制应注重发挥教师的主导作用，着力打造一支在党委领导下，以思想政治理论课教师、辅导员、班主任、学工干部为主体，专业课教师和其他职能部门全员参与、通力协作的网络思想政治工作队伍，增加相应的人员、设备和资金投入，整合、开发各类网络思想政治教育资源，借助大数据、云计算等信息技术，加强对网络信息的研判和处置，建立科学合理的思想政治教育质量评价和监管体系，切实提升高校网络思想政治教育的有效性。

第八章

思想政治教育主客体关系的优化论

思想政治教育主客体关系如何，直接影响着思想政治教育能否顺利开展并实现预期目标。思想政治教育主客体关系优化论，旨在通过系统优化思想政治教育的主体与客体关系，解决主客体之间的矛盾与冲突，促进主客体关系和谐发展。思想政治教育主客体关系优化应在遵循一定原则的基础上，探寻优化的路径。

第一节 思想政治教育主客体关系优化的原则

原则，即认识和解决问题时应坚持和遵循的基本准则。优化思想政治教育主客体关系应本着以人为本、动态优化、协调发展等原则来探寻优化的科学路径。

一 以人为本原则

习近平总书记在2024年全国教育大会上强调："要坚持以人民为中心，不断提升教育公共服务的普惠性、可及性、便捷性，让教育改革发展成果更多更公平惠及全体人员。"[①] 思想政治工作归根到底是做人的工作，必须坚持以人为本。思想政治教育主客体关系优化说到底是人与人的关系的优化，必须坚持以人为本。优化思想政治教育主客体关系坚持以人为本原则，就是对作为主体和客体的人的主体地位与作用的肯定，体现思想政治教育的人文精神与人文关怀。

---

① 《紧紧围绕立德树人根本任务 朝着建成教育强国战略目标扎实推进》，《人民日报》2024年9月11日。

（一）"以人为本"的思想基础

强调"以人为本"是社会历史实现从物到人转变的重大转折，是社会历史发展的必然。人本思想的发展基本有三条道路，"一条是西方资产阶级人本思想及其发展路线，一条是东方传统文化中的人本思想及其发展路线，一条是马克思主义人本思想及其发展路线。"① 而中国古代人本思想与马克思人本思想则是处理思想政治教育主客体关系的重要思想基础。

处理思想政治教育主客体关系首先需要借鉴中国古代的人本思想。中国古代"以人为本"思想包括以民为本、人比天贵、民为邦本等"民本"内涵，既肯定人的地位和作用又重视人的权利，并在中国古代教化中也有充分的体现。

关于中国古代的民本思想。中国古代民本思想起源于春秋时期，民本与人本相通。最早提出"以人为本"的是管仲，"夫霸王之所始也，以人为本"②，即霸王事业的开端是以人民为根本的。所谓"以人为本"即以民为本，反对神权与君主霸权，如"天人合一"即突出人的地位和作用。西周吸取前朝灭亡的教训提出"敬天保民"的思想，由单纯的敬天开始重视民众。儒家提出"天人合一"思想，把人和天放在同等高度。先秦时期儒家突出人的重要性，孔子重人事而轻鬼神，指出"未能事人，焉能事鬼？"③ 并指出对鬼神应敬而远之。孟子重视人格的养成，认为人应存有浩然正气。阳明理学则将人与天合二为一，"盖天地万物与人原是一体"④，强调心乃万物之主，心即天。可见，"天人合一"思想突出人的地位和作用，这在社会历史发展进程中具有一定的进步意义。再如，民贵君轻强调以民为本，强调统治阶级应爱民、利民、惠民，得民心者则得天下。孟子认为臣民与君主的关系应当是："民为贵，社稷次之，君为轻。"⑤ 在孟子看来"民"是第一位的。而臣民与君主的关系在荀子看来，则是水与舟的关系，强调"君者，舟也；庶人者，水也；水则载舟，水则覆舟。"⑥

---

① 韩斌、孟宪平：《以人为本的理论与实践问题研究》，中共中央党校出版社 2007 年版，第 3 页。
② 《管子·霸言》。
③ 《论语·先进》。
④ 《传习录下》。
⑤ 《孟子·尽心下》。
⑥ 《荀子·王制》。

关于中国古代的教化思想。中国古代教化既可以"道之以政,齐之以刑",也可以"道之以德,齐之以礼"①。而"夫民,教之以德,齐之以礼,则民有格心;教之以政,齐之以刑,则民有遁心。"② 由此看来,中国古代教化当以民为本,以"德"教化,进而达到稳定社会秩序,维护阶级统治的目的。中国古代德教包含丰富的人本思想,尤其是孔子、韩愈的教育思想对后世教育产生深远影响。如,有教无类思想。孔子认为人是可以教育的,指出"人能弘道,非道弘人。"③ 对于教育对象,孔子则提出"有教无类"④的思想,并且指出对学生实施教育应因材施教,尊重个体差异,注重运用启发式教学方法,促使学生学会举一反三。再如,教学相长思想。孔子强调自我教育的重要性,同时也重视上行下效的教学方法。"君子笃于亲,则民兴于仁;故旧不遗,则民不偷"⑤,认为统治者应该发挥榜样示范作用。韩愈认为师生关系应是"弟子不必不如师,师不必贤于弟子。闻道有先后,术业有专攻,如是而已"⑥。老师与学生互为师生,教学相长。

除了中国古代的民本思想,处理思想政治教育主客体关系更需要借鉴马克思主义人本思想。马克思主义人本思想继承与批判西方资产阶级对人的认识,科学阐释了人的存在与人的本质,揭示了以人为本的哲学意蕴,即现实的人是人类实践的前提,人的自由而全面发展是人的终极目标,为处理思想政治教育主客体关系提供了基本的思想借鉴。

马克思主义人本思想指明坚持以人为本原则的前提,那就是现实的人的存在。马克思、恩格斯认为,那种把人"理解为一种内在的、无声的、把许多个人自然地联系起来的普遍性"⑦的观点,脱离了实践活动,把人作为抽象的存在。而"对抽象的人的崇拜,即费尔巴哈的新宗教的核心,必定会由关于现实的人及其历史发展的科学来代替。"⑧ 马克思、恩格斯指出:"可以根据意识、宗教或随便别的什么来区别人和动物。一当人开始生产自己的生活资料,即迈出由他们的肉体组织所决定的这一步的时

---

① 《论语·为政》。
② 《礼记·缁衣》。
③ 《论语·卫灵公》。
④ 《论语·卫灵公》。
⑤ 《论语·泰伯》。
⑥ 《韩昌黎集·师说》。
⑦ 《马克思恩格斯文集》第1卷,人民出版社2009年版,第501页。
⑧ 《马克思恩格斯文集》第4卷,人民出版社2009年版,第295页。

候,人本身就开始把自己和动物区别开来。"① 人之所以能与动物区别开来,正在于人从事实际的活动。"我们的出发点是从事实际活动的人"②,即社会中的现实的人是从事生产劳动的人,而进行劳动的人不是"单个人所固有的抽象物,在其现实性上,它是一切社会关系的总和"③。人的生产劳动的现实性使得人与其他群体区别开来,使其成为现实的人。

马克思主义人本思想也阐明坚持以人为本原则的终极目标,即实现人的自由而全面发展。马克思、恩格斯认为人是社会中现实的人,人在社会中是有差别的,"个人是什么样的,这取决于他们进行生产的物质条件"④。马克思将人类发展历程归为三种形态,第一种表现为人的依赖性,第二种表现为人的独立性,第三种表现为"建立在个人全面发展和他们共同的、社会的生产能力成为从属于他们的社会财富这一基础上的自由个性"⑤。到了第三个阶段,人真正实现了人的本质,人将实现平等、完整、和谐各方面的自由全面发展。马克思认为,人的全面发展是"人以一种全面的方式,就是说,作为一个完整的人,占有自己的全面的本质。"⑥也就是说,人的全面发展包括人的需要、人的活动及其能力、人的社会关系等的全面发展。可见,马克思关于人的全面发展的理论强调以人为主体,以人为尺度,奠定了"以人为本"的哲学基础。

(二)"以人为本"的诉求

马克思认为人的存在是一种关系的存在,理解"以人为本"的内涵就要从人与自然、人与社会、人与人的关系中来把握。这也为明确"以人为本"的诉求指明方向。思想政治教育主客体关系优化坚持"以人为本",就是对人的主体地位与作用的确认,优化主客体关系关键就在于强调思想政治教育主体性,确认受教育者的主体性。

首先是要确认思想政治教育主体性,这就必须先明确人的主体性。在马克思之前的旧唯物主义对人的主体性也有过探讨,但是其主要缺点在于"对对象、现实、感性,只是从客体的或者直观的形式去理解,而不是把

---

① 《马克思恩格斯文集》第1卷,人民出版社2009年版,第519页。
② 《马克思恩格斯文集》第1卷,人民出版社2009年版,第525页。
③ 《马克思恩格斯文集》第1卷,人民出版社2009年版,第501页。
④ 《马克思恩格斯文集》第1卷,人民出版社2009年版,第520页。
⑤ 《马克思恩格斯文集》第8卷,人民出版社2009年版,第52页。
⑥ 《马克思恩格斯文集》第1卷,人民出版社2009年版,第189页。

它们当做感性的人的活动，当做实践去理解，不是从主体方面去理解"①，即否认人的主体性的存在和作用。而在马克思看来，实践中要以人的内在尺度去理解、改造客体，达到客体尺度与人的内在尺度的统一。人的主体性恰恰是"人作为活动主体的质的规定性，是在与客体相互作用中得到发展的人的自觉、自主、能动和创造的特性。"② 从主客体关系角度马克思揭示了人的主体性内容，认为人的主体性包含自主性、主动性、能动性与创造性。思想政治教育者和受教育者是思想政治教育的基本范畴之一，学界也有较普遍的观点认为教育者和受教育者都是思想政治教育的主体，即思想政治教育有两个主体。因此，强调思想政治教育主体性就不仅涉及教育者主体，更重要的是对受教育者主体性的确认和尊重。从狭义来看思想政治教育主客体关系也就是指教育者与受教育者的关系。可见，优化主客体关系坚持以人为本原则，就是以人为价值取向，在思想政治教育中把人作为教育的目的而不只是结果，既注重发挥教育者的主体性，又尊重受教育者的主体性。正如习近平总书记在全国教育大会上强调的"引导青少年学生坚定马克思主义信仰、中国特色社会主义信念、中华民族伟大复兴信心、立报国强国大志向、做挺膺担当奋斗者"③那样，充分激发受教育者的主体性。

确认了思想政治教育主体性之后，坚持"以人为本"原则的诉求在哪里呢？我们以为，思想政治教育主客体关系坚持"以人为本"原则的诉求和目标就是要打破传统的"主体—客体"模式，实现主体间相互尊重、平等对话，向主体间性转变。如果说"主体性是主客关系中的主体属性，而主体间性则是主体间关系中内在的性质。"④ 思想政治教育主客体关系若仅仅强调教育者与受教育者之间的对象性关系，教育过程就会坠入单向灌输教育模式之中。因此，思想政治教育主客体关系应建立在平等对话的基础之上，坚持开放性、交互性、共生性，主客体交往向主体间性转变，这也是思想政治教育主客体关系的内在要求。

一是平等对话。优化思想政治教育主客体关系将主客体对立关系转化

---

① 《马克思恩格斯文集》第 1 卷，人民出版社 2009 年版，第 499 页。
② 郭湛：《主体性哲学——人的存在及其意义》修订版，中国人民大学出版社 2011 年版，第 23 页。
③ 《紧紧围绕立德树人根本任务 朝着建成教育强国战略目标扎实迈进》，《人民日报》2024 年 9 月 11 日。
④ 苏令银：《主体间性思想政治教育研究》，上海三联书店 2012 年版，第 61 页。

为主体间的交往关系，首先是消除一方霸权，实现双方关系由强制灌输转向平等对话。这种平等对话关系就是建立在民主、平等、和谐基础上，主客体相互尊重、理解、沟通的交往对话关系。其中，主体间性实现的基础和前提在于双方的民主平等地位，主体间性的本质属性就是交往对话。和谐良好的思想政治教育主客体关系就是双方互为主体、互为客体，实现双方的平等对话，实现"主体间的相互理解，包含反思性与互动性的因素，主体共同从事着意义、精神方面的重新建构并达成相互间的积极影响和理解。"① 二是共生共赢。思想政治教育主客体在平等对话、互动交往的过程中，不是一种对立关系，而是在思想政治教育过程中互利共生。因此，思想政治教育主客体关系向主体间性转化，就是要建构具有对话性、共在性、共生性等特征的互动模式，实现主客体双方共赢。一方面，思想政治教育主体（这里指教育者）要充分发挥主导性作用，研究受教育者的思想行为特点和需要，充分调动受教育者自觉接受教育内容并向行为转化的积极性和主动性；另一方面，思想政治教育主体要承认并尊重受教育者的主体地位和作用，双方进行心灵交流与沟通，追求相互教育、共生共赢的效果。

二　动态适应原则

思想政治教育主客体关系的优化是一个动态的过程，坚持动态适应原则就是将主客体关系置于动态情境中去协调与把握，使主体适应客体，客体适应主体，而不是一成不变，僵化、教条地把握二者的关系。

（一）动态适应原则的依据

思想政治教育主客体关系既是一种过程关系，也是一种价值关系即需要满足的关系，思想政治教育过程不是一蹴而就的，而是一个发展、动态的过程，受教育者的需要也是随着思想政治教育的开展而不断发展的，因此优化思想政治教育主客体关系应依据过程的动态性、需要的发展性进行动态调整。

依据思想政治教育过程的互动性动态调整主客体关系。思想政治教育过程并非单向灌输，而是教育者和受教育者共同参与、共同教育的过程。既包括施教过程也包括受教过程，二者决定了思想政治教育过程的双向互

---

① 张耀灿、郑永廷、吴潜涛、骆郁廷等：《现代思想政治教育学》，人民出版社 2006 年版，第 290 页。

动性。而自我教育则是施教与受教的合二为一，在自我教育中，主客体也合二为一。因此，思想政治教育主客体关系应根据思想政治教育过程的双向互动性采取动态性优化原则。一是依据施教和受教的双向互动性。思想政治教育过程是"教育者和受教育者借助一定的教育手段、方式进行互动，实现思想政治教育目标的过程，也就是通过教育，使受教育者在思想政治、道德规范上逐渐达到社会要求的过程。"① 可见，思想政治教育过程是施教和受教的双向互动过程，施教和受教统一于思想政治教育全过程。在施教过程中教育者发挥主导作用，对受教育者进行引导、教育，因此教育者是主体，受教育者是客体；而受教过程中受教育者发挥主观能动性主动接受教育，又成为受教的主体。教育者的引导、教育与受教育者的接受、认识、体验在施教与受教过程中构成双向互动的关系，二者互为主客体，因而优化思想政治教育主客体关系需要置于这一双向互动的过程中考虑，坚持动态交互原则。二是依据自我教育主客体的合一性。"思想政治教育中的自我教育就是受教育者个体按照社会的规范和要求，通过自我选择与自我内化，有目的、有计划地改造和提高自我的思想道德品质的一种自觉、自律、自主的活动。在这个活动中，教育者与受教育者合二为一，统一在同一个个体之中。"② 自我教育使思想政治教育主客体合一，受教育者由客体上升为主体，自己本身是教育的主体，依据社会要求制定教育目标、选择教育内容、实施教育计划。同时自身又是教育的客体，对自己本身进行教育与改造，完成自我认识、自我建构、自我调控。自我教育消除了主客体明显界限，将二者合二为一，思想政治教育主客体关系的优化应适应自我教育的要求，随着自我教育过程中主客体关系的变化动态地发展。

依据思想政治教育客体所需的发展动态调整主客体关系。思想政治教育主客体关系的优化，不仅要置于思想政治教育过程，还要适应教育客体的需要。思想政治教育客体具有层次性、可变性等特点，因此客体需要处于不断发展变化的状态，主客体关系也要根据客体的特点和需要作出相应调整。一是依据客体的层次性与客体需要的多样性。思想政治教育对象各具特色，表现出明显的层次性，因此思想政治教育对象的需要也呈现多样

---

① 张耀灿、郑永廷、吴潜涛、骆郁廷等：《现代思想政治教育学》，人民出版社2006年版，第325页。
② 徐志远：《现代思想政治教育学范畴研究》，人民出版社2009年版，第296页。

性。从纵向看，思想政治教育有儿童、少年、青年、中年、老年等不同年龄层次的对象，在不同的阶段对象有不同的需要；从横向看，思想政治教育对象有知识水平、职业属性、思想道德素质等方面的差异，不同层次的对象其需要也有差异。而对客体需要的满足对思想政治教育主客体关系有着直接、深刻的影响，受教育者根据自身需要主动地接受教育，发挥着自身能动作用、检验作用与促进作用，有助于主客体关系优化。因此思想政治教育主客体关系要把握客体的多种需要，根据具体需要对主客体关系作出适当调整。二是依据客体的可变性与客体需要的发展性。思想政治教育客体处于复杂多变的环境之中，自然环境、社会关系等发生变化都会引起客体思想、行为等变化。而思想政治教育客体的可变性为客体不断追求和满足新的需要提供可能。"已经得到满足的第一个需要本身、满足需要的活动和已经获得的为满足需要而用的工具又引起新的需要"①。同时，马斯洛的需求层次理论也揭示了人的需要要遵循一个从低级向高级递进的发展过程，其中自我实现的需要是最高层次的。不同层次的客体有不同的需要，同一层次的客体也有不同层次的需要。因此，随着思想政治教育主客体关系向主体间性转变，客体主体性需要日益突出，要使思想政治教育主客体关系得到更好优化，就要关注思想政治教育客体的不同层次需要，不断调整主客体之间的关系。

(二) 动态适应原则的要求

与传统思想政治教育不同，现代思想政治教育要求主客体的互动要实现原则性与灵活性、现实性与虚拟性的结合，特别是随着网络进入思想政治教育领域，思想政治教育的场域由实体空间延伸至虚拟世界，思想政治教育主客体关系也发生变动，更要求思想政治教育由单向传输向双向互动转变。

一方面，优化思想政治教育主客体关系要把握思想政治教育主客体关系是对立统一的动态关系。"思想政治教育作为一个特定的认识系统，其两大基本要素——教育者与受教育者的相互作用，构成了思想政治教育得以展开的内在机制。"② 教育者和受教育者在思想政治教育系统中既相互对立，又统一于思想政治教育活动过程，即二者是对立统一的。具体来

---

① 《马克思恩格斯文集》第 1 卷，人民出版社 2009 年版，第 531 页。
② 曹祖明主编：《哲学视野下的思想政治教育》，西北大学出版社 2012 年版，第 161 页。

说，思想政治教育主客体关系的对立性表现在：在思想政治教育过程中，主体和客体在角色、任务、作用上有明显的区别。教育者作为主体是思想政治教育活动的发起者、教育计划的制定者，对教育者施加影响，塑造受教育者的思想道德品质，在整个活动中处于主导地位，发挥着领导、组织、塑造作用。而受教育者作为客体是思想政治教育主体施加影响的对象，具有受动性，受教育者可以能动地选择与接受，但仍然是被塑造和控制的对象。思想政治教育主客体关系的统一性表现在：思想政治教育主客体相互依存，在一定的条件下可以相互转化。二者相互依存，实践关系是思想政治教育主客体最首要、最基本的关系，认识关系是二者最直接的关系，二者缺少任何一方都会失去存在的意义；二者可以相互转化，在思想政治教育活动中，思想政治教育主客体关系不是一成不变的，主体和客体关系是双向的、互动的关系，如在施教与受教过程中，二者互为主客体，在自我教育过程中，二者又合二为一。

另一方面，优化思想政治教育主客体关系要把握主客体关系向虚拟空间延伸的发展特点，坚持双向互动。网络思想政治教育使施教与受教过程超越时空，由实体课堂延伸至虚拟领域。虚拟空间模糊了思想政治教育主体与客体的界限，主客体关系呈现平等、互动、隐匿、共在、融合等特征。一方面，主客体身份被隐匿，主体去中心化。网络虚拟空间中，人的身体不在场性使人具有虚拟性，人们的身份也具有不确定性。不论是年龄、性别、职业、学历等都带有虚假性，人与人之间的交流互动以符号的形式进行，这种隐匿性使得各种信息在网络空间畅通无阻，思想政治教育主客体身份也被隐藏。每个人都有发言权，每个人既可以是思想观点的发布者，也可以是信息的接收者。这种撕掉了主客体标签的话语交流增强了思想政治教育的平等性、互动性与实效性，但是身份的隐匿性、虚假性也给思想政治教育带来挑战。同时，虚拟空间也使主体去中心化，消除了思想政治教育者的"霸权"地位。在网络思想政治教育中，教育者和受教育者既是教育主体，又是话语主体，也是议程设置的主体。教育者与受教育者之间不再是"你说我听"的单向性关系，二者是双向交流互动的平等关系；虚拟空间提供公共话语平台，主体与客体享有公共话语权利；每个人都可以是议程设置者，不论是教育者还是受教育者都能够自由发表自己的见解，发起话题引起讨论。另一方面，主客体互动模式由单向传输向双向互动转变。传统思想政治教育的"主—客"二分思维模式将教育者和受教育者放在对立面，受教育者是教育者认识和改造的对象，二者是"你讲我听""你说我记"的控制与被控制的关系。现代思想政治教育强调以人为本，要求教育者尊重受教育者的主体地位，与受教育者进行平等对话与理解，把受教育者从教育者的权威下解救出来。思想政治教育主客体关系由单向传输向平等对话和交往模式转变，意味着"既要充分发挥教育者的主体性，强调其价值引导作用，又要充分尊重受教育者的主体地位，注重他们的自主建构。"①

三 协调发展原则

思想政治教育主客体关系也是一个开放、动态的系统，会受到内部和外部多种因素的影响，任何一个因素的变化都会引起主客体关系的变动，因此优化主客体关系还必须坚持协调发展原则。坚持协调发展原则就是要协调各方面因素，使思想政治教育主客体素质协调发展，主客体利益统筹发展，主客体关系和谐发展。

（一）主客体素质协调发展

思想政治教育主客体素质是影响思想政治教育主客体关系的重要因素，主客体素质的对立是主客体关系对立的重要表现，主客体素质的协调发展关系着主客体关系的统一。而主客体素质的对立又是由主客体所扮演的角色不同引起的。"无论何时何地，每个人都有意无意地扮演着某种角色。"② 思想政治教育主客体也不例外。思想政治教育主体角色是"依据社会要求，借助于自己主观能力适应社会环境所表现出的行为模式"③，具有权威性、引导性、组织性等特征。思想政治教育主体角色赋予主体一定的权利和义务，教育主体是一定社会阶级的代表者，被赋予认识与改造一定社会成员的权利与义务，因此扮演思想政治教育主体要有明确的角色意识，树立正确的教育理念，把握好教育内容，科学灵活运用教育方法，扮演好自己的角色。思想政治教育客体角色是指受教育者在思想政治教育中所形成的独特的人格形象和行为模式，客体角色表现为受动性、可控

---

① 苏令银：《主体间性思想政治教育研究》，上海三联书店 2012 年版，第 161 页。

② ［美］乔纳森·特纳：《社会学理论的结构》下，邱泽奇等译，华夏出版社 2001 年版，第 9 页。

③ 林晶、邱德亮、张澍军：《思想政治教育中角色道德问题研究》，人民出版社 2015 年版，第 142 页。

性、可塑性等特征。随着现代思想政治教育学的发展，客体的角色和地位不断提升，客体不再是单一的服从型角色，还与主体之间呈现出涵盖情感、伦理、学术等方面的多元化关系特征。特别是进入信息时代，网络使思想政治教育主体和客体的角色发生质的变化，主体和客体角色调整成为必然。在网络空间中，主体和客体都是虚拟的存在，没有身份的标榜和价值标签，双方确立的是平等交流互动的关系。

人的素质一般分为思想道德素质、智能素质与心理素质三个基本方面。思想政治教育主体和客体因角色定位不同，素质存在对立，主要表现在思想道德、知识能力与心理素质三个方面。优化思想政治教育主客体关系就要通过教育实践活动使主客体素质朝着协调统一的方向发展。

在思想道德素质方面，思想政治教育主体是阶级利益的代表者，主体思想道德素质首先表现为政治素质，即坚持党性原则，具有坚定的政治方向。同时，思想政治教育主体的政治素养、思想品德、思维模式等各方面都要强于客体，在教育实践活动中思想政治教育主体的思想道德素质直接影响客体世界观、人生观和价值观形成与塑造。因此，在教育实践活动中，思想政治教育主体应致力于强化自身的思想政治素养，发挥榜样示范作用，使客体形成社会所要求的思想道德素质。在知识能力素质方面，思想政治教育主体的知识能力素质是职业需要也是道德要求。思想政治教育主体角色要求主体掌握广泛的科学文化知识、扎实的专业基础知识以及相关专业知识，并且具备一定的教学能力、组织管理能力。而思想政治教育客体的知识能力由于尚处于学习期，需要思想政治教育主体的知识能力素养的引导和教育。主体根据人的思想形成发展规律以及思想政治教育的规律实施教育计划，调动客体主动接受科学文化知识的积极性，不断提升适应社会的能力。在心理素质方面，思想政治教育主体与客体之间的矛盾和冲突大都源于心理素质的不协调，主体同客体的情感、人格、调控等是否和谐，都会影响主体与客体关系的融洽。因此，在教育活动中，思想政治教育主体应注意运用方法的情理交融，自身的人格魅力以及心理协调控制能力对客体产生影响，关注客体的反馈，尊重客体的情感，使主客体关系和谐发展。

（二）主客体利益统筹发展

马克思指出："人们为之奋斗的一切，都同他们的利益有关"①。恩格斯也指出："每一既定社会的经济关系首先表现为利益。"② 利益本质上表现着社会关系，在社会发展中首先表现为个体的需要。个体在社会中的地位和作用不同，就会产生利益分化。在思想政治教育主客体关系中主体和客体的地位不同，自然会有不同的利益诉求，只有统筹主客体之间的利益，关注客体的切身诉求，才能减少主客体之间的矛盾和冲突，促进主客体关系发展。思想政治教育过程中存在的诸多矛盾从根本而言就是由主客体之间的利益关系引起的，因此缓解主客体之间的冲突和矛盾，就要调整主客体之间的利益关系，统筹兼顾，促进主客体关系的协调统一。

思想政治教育主客体在教育实践活动中有不同的需要，满足主客体需要的过程就是解决主客体利益诉求的过程。统筹思想政治教育主客体利益关系关键在于维护客体的合理利益，满足客体的需要。需要不断得到满足，就是利益关系得到调整。思想政治教育既要关注当前中国特色社会主义发展的需要，更要兼顾客体成长成才的合理需求，将社会价值和个人价值统一起来，将中国梦与个人梦有机结合起来。这样方能最大限度地调动客体的积极性和创造性，促进主客体的统一。

（三）主客体关系和谐发展

思想政治教育主客体素质的协调发展，主客体利益的统筹发展进一步促进了主客体关系的和谐发展。优化思想政治教育主客体关系还要兼顾各方面具体关系的和谐发展。一是要兼顾主导主动关系。主导主动是指思想政治教育主体的主导性与客体的主动性。主体在教育活动中处于主导地位，发挥着主导作用。思想政治教育主体在把握思想道德教育的方向、意识形态的灌输等方面必须起到导向控制作用。但是一味强调主体的主导作用，容易造成主体霸权，开设思想政治教育的"一言堂"。要调节思想政治教育主客体关系，思想政治教育主体在充分发挥自己主导性的同时，更要注重调动思想政治教育客体的主动性，激发客体主动学习的积极性，不断提升自身的自我教育能力与自我调控能力。因此，保持思想政治教育主客体主导主动关系的平衡有利于主客体关系和谐发展。二是要兼顾双向互

---

① 《马克思恩格斯全集》第 1 卷，人民出版社 1995 年版，第 187 页。
② 《马克思恩格斯文集》第 3 卷，人民出版社 2009 年版，第 320 页。

动关系。传统的思想政治教育课堂以灌输教育为主要特征，教育者作为思想政治教育主体是知识的掌握者和传递者，教育者往往处于主动地位，向受教育者单向传输知识内容，缺乏双向的交流与沟通，常常忽视受教育者的感受，不仅使教育效果大打折扣，而且不利于建成教育者与受教育者之间平等民主的关系。这就要求传统思想政治教育向现代转型，既要在思想政治教育学科与教学的现代性上转型，也要在思想政治教育各方面关系上实现现代转变，尤其是思想政治教育主客体关系。现代思想政治教育强调主客体之间形成和谐共赢的新型关系，在教育实践活动中注重提升客体的主体地位与作用，主客体交流由单向型转向双向互动型，以达到主客体之间互联互通、共在共生的和谐关系模式。

第二节 思想政治教育主客体关系优化的目标

在思想政治教育系统中，教育者与受教育者是整个系统得以顺利运转的首要影响因素，关系着思想政治教育有效性的提高、思想政治教育人性化的促进以及思想政治教育认同度的增强。优化思想政治教育主客体关系就是要立足推动思想政治教育系统顺利运转，提高思想政治教育有效性、促进思想政治教育人性化和增强思想政治教育认同度。

一 提高思想政治教育的有效性

和谐的思想政治教育主客体关系是提高思想政治教育有效性的关键所在。和谐的主客体关系既着眼于提高思想政治教育各个要素的有效性，又落脚到整个系统的有效性。

（一）提高思想政治教育要素有效性

在思想政治教育实践活动中，各个要素的分工合作、协调运行是实现思想政治教育有效性的重要前提，关系着思想政治教育能否实现预期目标，其中人的要素和过程的要素更是影响思想政治教育有效性的直接因素。而作为思想政治教育活动的参与者，主体和客体贯穿思想政治教育过程始终。因此，主客体关系在如何同时影响着人的要素和过程的要素中发挥着应有的作用。和谐的主客体关系既要有助于提高主体有效性，也要有助于提高过程的有效性。

首先，有助于提高人的有效性。思想政治教育过程中将教育者和受教育者的主体性摆在首要位置，是思想政治教育坚持以人为本原则的根本体现。对于思想政治教育施教和受教两个活动过程来讲，思想政治教育是教育者和受教育者共同参与、双向互动的活动，思想政治教育主客体都具有主体性。主体的素质与作用是主体有效性的主导因素，主要包括自我意识、人格自主建构、基本素养等。一是自我意识。主体的自我意识包括主体的主体意识和自我认识两个方面。在思想政治教育过程中，教育者和受教育者应具备强烈的主体意识，教育者有较明晰与成熟的自我认识，能认清自身所处的地位与作用，掌控着整个思想政治教育过程，做好组织者、领导者的同时注重提升受教育者的主体意识，引导受教育者自主选择和自我认识的建构。二是人格建构。人格养成是主体素质的重要构成。教育者与受教育者的人格层次构成了二者主体有效性的差异。"从人格结构内部来看，人格的素质包含人格智能素质、人格思想道德素质、人格信念意志素质、人格心理素质、人格需要素质和人格身体素质"[1]，这些素质以一定的方式组合成不同层次的人格内在结构，如"需要层次""思想意识层次""动机行为层次"等。在一定条件下，人格内在结构转化为动力机制，作用于主体的自我意识，使主体产生相应行为，促进思想政治教育目标向现实转化。三是素质提升。主体拥有较高的基本素质是主体有效性的基础。思想政治教育者作为施教主体应具备基本的政治素养、知识素养、组织协调能力、人格魅力等，而受教育者则应具有相应的学习能力与自我认知能力。不断提升主体素质是增强教育者和受教育者主体性的内在要求，也是提高主体有效性的重要举措。

其次，有助于提高过程的有效性。思想政治教育主客体是思想政治教育过程的参与者，主体与客体的实践活动过程表现为教育者与受教育者的实践活动过程。准确定位教育者与受教育者，把握两者关系，对二者的认识活动与实践活动过程的有效性有重要意义。一是教育者实践活动过程有效性。在思想政治教育过程中，教育者和受教育者并不总是处于平等的地位，教育者的主导作用关系着思想政治教育目标的实现，也直接影响教育者实践活动的有效性。教育者的实践活动过程主要包括教育对象认识、教育计划制定、教育内容实施、教育方法运用以及体现自身素质等。其中，

---

[1] 李军:《主体有效性是思想政治教育有效性的论域基点》，《学校党建与思想教育》2012年第9期。

对教育对象的认识是实践活动开展的基础。掌握教育对象身心状况、接受能力，关注教育对象在教育过程中的思想动态是教育活动实施的必要条件。教育者根据教育目标制定教育计划，在教育过程中注重运用思想政治教育方法和艺术，使受教育者接收教育信息并积极作出反馈。二是受教育者实践活动过程的有效性。受教育者的实践活动是思想政治教育过程的一个子过程，是思想政治教育有效性的必要环节。受教育者的实践活动过程是受教育者作为主体，自主选择教育内容并实现内化、外化的过程，这一过程中受教育者的自我意识与自我教育起到关键作用。教育对象的实践活动，是教育者以及教育对象获得反馈信息的凭借或基本途径，为教育者的"意识—实践—意识"活动、教育对象的"意识—实践—意识"活动以及整个教育活动能够各自构成为相对封闭的回路提供了重要的一环，使得教育活动能够往复不已地持续运作。[1]

(二) 提高思想政治教育整体有效性

辩证地看待思想政治教育主体与客体关系，可以发现主体与客体之间既存在矛盾，又在思想政治教育过程中走向和谐统一。研究主客体关系对思想政治教育有效性的影响，应采取整体视角，既要看到主体与客体关系在思想政治教育系统内部有效性的作用，又要将主客体关系的优化放在思想政治教育系统与外界的联系中去考虑。

要聚焦主客矛盾，提高思想政治教育系统内部有效性。在思想政治教育系统中，教育者与受教育者之间的矛盾贯穿思想政治教育的始终，从解决二者之间的矛盾着手，优化二者的关系，对提升思想政治教育系统的有效性有重要意义。"根据海德的平衡理论，教育者与受教育者的人际关系的好坏，直接影响受教育者对教育者所宣传的思想观点的接受或拒斥。"[2] 要解决好教育者与受教育者人际关系矛盾。教育者应摒弃权威思想，与受教育者平等交流，随时关注受教育者的思想动态，在二者之间架起友谊的桥梁。要解决好教育者与受教育者人格因素矛盾。教育者的人格魅力是影响教育效果的一个重要因素，教育者往往需要经营自己的形象，并且在思想政治教育过程中以身作则，发挥示范作用，切忌在教育活动中"以其昏昏，使人昭昭"。受教育者的人格因素也直接影响接受教育的效果，若在教育过

---

[1] 参见沈壮海《有效德育过程论》，《清华大学教育研究》2000年第4期。
[2] 教育部社会科学研究与思想政治工作司组编：《思想政治教育学原理》，高等教育出版社1999年版，第110页。

程中弄虚作假，屡教不改则教育效果不佳。因此，教育者应充分展示自身的人格魅力，做好受教育者的榜样；受教育者也要严格要求自己，提高自我管理能力。要解决好教育要求与受教育者之间的矛盾。"教育者与社会要求是统一的，教育者代表着社会要求去教育人们。"[①] 而教育要求与受教育者之间的矛盾主要表现在：第一，教育要求与受教育者所处的情境不一致。"从受教育者角度来看，他周围的一切情况都作为环境因素对其产生着影响，这种环境因素从社会影响的方面来说属于情境影响。这种情境影响成为个体评价和选择教育要求的重要'参照系'。"[②] 因此，受教育者所处的情境与教育形成强烈反差，就会抵消教育效果。第二，教育要求与受教育者个人发展需求不一致。若教育过程中，受教育者的发展需求以及满足需求的主观愿望没有得到一定满足，教育效果就不会理想。第三，教育方式与受教育者需求不一致。教育活动方式以及教育方法艺术的合理运用，与受教育者的需要结合起来，有助于增强思想政治教育有效性。

要夯实"三位一体"，提高思想政治教育系统整体有效性。除教育者与受教育者的矛盾之外，思想政治教育主客体关系还影响着学校教育、家庭教育与社会教育的协调同步，影响着思想政治教育的整体效果。思想政治教育整体有效性既得益于思想政治教育内部系统的有效运转，也需要外界环境与内部系统协调一致，创造良好条件。思想政治教育不仅局限于学校教育，家庭教育和社会教育也是思想政治教育的重要补充，与学校教育构成"三位一体"的格局。家庭教育中父母承担着直接的教育主体的角色，社会教育中组织、机构、单位、个人等都可成为主体。但是，家庭教育和社会教育主体与客体的角色、身份复杂，主客体之间更易产生各种冲突与矛盾，从而影响学校教育效果，甚至出现学校教育、家庭教育、社会教育三者不一致、不协调。因此，优化思想政治教育主客体关系也是夯实学校教育与家庭教育、社会教育环形布局，提高思想政治教育整体有效性的重要途径。

二　促进思想政治教育的人性化

思想政治教育主客体关系的优化就是从人的实际出发，坚持以人为本的原则，不断增强思想政治工作的针对性和人性化，彰显思想政治工作的属人

[①] 张耀灿：《思想政治教育学原理》，高等教育出版社1999年版，第110页。
[②] 张耀灿：《思想政治教育学原理》，高等教育出版社1999年版，第108页。

性。人性化关注人的因素,即人的需要、人的属性、人的价值、人的发展等,思想政治教育主客体关系优化的根本目标就是承认并发展人的因素,将人视为人的存在,有价值的存在。思想政治教育主客体关系的优化促进思想政治教育的人性化可从人的属性、人的价值以及人的发展三个维度展开。

(一) 人的属性维度

意识是人区别于动物的特殊性质。意识生产有初级和高级两种形式,初级形式即日常实践中的意识生产,高级形式即哲学、道德、宗教的生产。① 思想政治教育作为人的高级意识生产形式,是属人性的生产实践活动。因此,思想政治教育主体与客体关系首先是属人的存在,主客体关系的优化将人作为关系的存在,是将教育对象当作"人"来看待和确证。

首先,人是自然存在物。人是有生命的现实的存在。马克思、恩格斯认为人的存在首先是有生命的、现实的存在,"因此,第一个需要确认的事实就是这些个人的肉体组织以及由此产生的个人对其他自然的关系。"② 人与动物都是自然的一部分,均具有自然属性。人的自然性首先表现为生物性,"人来源于动物界这一事实已经决定人永远不能完全摆脱兽性,所以问题永远只能在于摆脱得多些或少些,在于兽性或人性的程度上的差异"③。但是,人与动物又相区别,人不同于动物的地方在于,人的意识区别于动物的本能。"人和绵羊不同的地方只是在于:他的意识代替了他的本能,或者说他的本能是被意识到了的本能"④。而劳动与分工又是将人与动物区别开来的根本所在,"动物只生产自身,而人再生产整个自然界"⑤。人与自然既对立又统一。一方面,人依赖于自然,"自然界起初是作为一种完全异己的、有无限威力的和不可制服的力量与人们对立的,人们同自然界的关系完全像动物同自然界的关系一样,人们就像牲畜一样慑服于自然界"⑥;另一方面,人又能动地改造自然,劳动生产实践使人与自然相互依赖,人可以认识自然、利用自然、改造自然,与自然界和睦共处。

---

① 参见李文成《追寻精神的家园——人类精神生产活动研究》,北京师范大学出版社 2007 年版,第 20 页。
② 《马克思恩格斯文集》第 1 卷,人民出版社 2009 年版,第 519 页。
③ 《马克思恩格斯文集》第 9 卷,人民出版社 2009 年版,第 106 页。
④ 《马克思恩格斯文集》第 1 卷,人民出版社 2009 年版,第 534 页。
⑤ 《马克思恩格斯文集》第 1 卷,人民出版社 2009 年版,第 162 页。
⑥ 《马克思恩格斯文集》第 1 卷,人民出版社 2009 年版,第 534 页。

其次，人是社会存在物。马克思认为人的属性具有二重性，人既是自然存在物，也是社会存在物。马克思指出："个体是社会存在物。因此，他的生命表现，即使不采取共同的、同他人一起完成的生命表现这种直接形式，也是社会生活的表现和确证。……因此，人是特殊的个体，并且正是人的特殊性使人成为个体，成为现实的、单个的社会存在物，同样，人也是总体，是观念的总体，是被思考和被感知的社会的自为的主体存在，正如人在现实中既作为对社会存在的直观和现实享受而存在，又作为人的生命表现的总体而存在一样。"① 马克思批判"抽象的人"脱离社会实践的观点，科学地揭示了人的本质，指出人的本质是一切社会关系的总和。马克思、恩格斯批判费尔巴哈"从来没有看到现实存在着的、活动的人，而是停留于抽象的'人'，并且仅仅限于在感情范围内承认'现实的、单个的、肉体的人'，也就是说，除了爱与友情，而且是理想化了的爱与友情以外，他不知道'人与人之间'还有什么其他的'人的关系'"②。认为人是从事某种实际活动的、现实的人，即从事劳动的，以一定方式进行生产的人；并强调："人的本质是人的真正的社会联系，所以人在积极实现自己本质的过程中创造、生产人的社会联系、社会本质"③。

（二）人的价值维度

"世间一切事物中，人是第一个可宝贵的。"④ 人的价值高于物的价值，蕴含着真善美的规定性，因此人的价值要从人的本质中去理解。马克思总结人的本质"不是单个人所固有的抽象物，在其现实性上，它是一切社会关系的总和"⑤。劳动使人在社会关系中处于不同的地位与角色，劳动创造人的价值，却在不同性质的生产关系中表现为不同的价值形态。如，自我价值、社会价值、主体价值、客体价值、潜在价值等。思想政治教育主客体关系的优化以人的价值为尺度，以学生本位为价值理念，注重提升客体的价值。

思想政治教育主客体关系优化注重客体价值的提升。人的社会关系包括个人与他人、集体、社会之间的相互满足需要的关系。价值形式的不同

---

① 《马克思恩格斯文集》第 1 卷，人民出版社 2009 年版，第 188 页。
② 《马克思恩格斯文集》第 1 卷，人民出版社 2009 年版，第 530 页。
③ 《马克思恩格斯全集》第 42 卷，人民出版社 1979 年版，第 24 页。
④ 《毛泽东选集》第 4 卷，人民出版社 1991 年版，第 1512 页。
⑤ 《马克思恩格斯文集》第 1 卷，人民出版社 2009 年版，第 501 页。

从根本而言是因为社会关系的不同。在思想政治教育实践活动中，人既是主体也是客体，人的价值表现为主体价值与客体价值的统一。思想政治教育主客体关系的优化更加注重二者平等和谐关系的发展，客体地位的不断提升实际上就意味着自我价值的觉醒以及主体性价值的与日俱增。人的价值依据个人对个人或社会所作的贡献分为个体价值和社会价值。"人的自我价值就是人对自身的价值。人（作为主体或客体）的思想言行对自身生存、发展完善也会产生一定的效应。"[①] 人的思想言行会对自身产生正面或负面的效应，而对自身的发展来说，人的自我价值表现为正价值。正如马克思指出的，人的自由而全面的发展是自我价值的最终实现。思想政治教育主客体关系的优化为了创建主体与客体间平等和谐的关系，消除主体的绝对权威地位，尊重和提升客体的地位与作用。客体在思想政治教育过程中自我意识开始觉醒，不再被动地接受思想理论的灌输，自主选择接受或不接受，发挥自身的积极性、主动性与创造性，与主体平等对话，相互学习、相互影响。自我教育是客体提升自我价值的重要途径，自我教育是把自身主客体身份合二为一，对自身的思想与言行施加影响，不断促进自身的发展与完善。在思想政治教育的不同阶段，主体与客体的地位与作用有差异，优化思想政治教育主客体关系就是打破主体与客体的明确界限，推动主客体相互转化，这时客体不仅具有客体价值，还具有主体价值。思想政治教育和谐的主客体关系必定朝着关注人、尊重人、理解人、发展人的方向发展，因此客体在思想政治教育主客体关系优化坚持"以人为本"的原则中，生命、人格等主体价值必定不断得到提升。这是思想政治教育人性化的根本体现。

思想政治教育主客体关系优化坚持"以生为本"的价值理念。思想政治教育坚持"以生为本"是"以人为本"理念的具体表现与实践，也是优化思想政治教育主客体关系从人的价值维度彰显思想政治教育人性化的体现。"以生为本"就是在思想政治教育中以学生为本位，注重学生的主体价值，尊重学生的主体地位，尊重和满足学生的需求，促进学生的全面发展。要尊重学生主体地位。思想政治教育人性化就是突出人的因素，发展人的价值。在思想政治教育过程中主体与客体共同参与活动，坚持"以生为本"的价值理念是促进主客体关系协调发展的必要条件。"以学

---

① 王玉樑：《论人的价值》，《理论导刊》2009年第4期。

生为本的教育,就是指在教育教学过程中,依据学生身心发展的特点和学生的知识基础、兴趣爱好、能力水平设计教育目标、选择教学内容,采取灵活多样的教育教学方式,使其得到发展。这种教育理念是以学生作为教育的出发点,即把学生看做自身发展的主体,把发展的主动权交给学生,体现出了目标与手段,结果与过程的统一。"① 因此,只有尊重学生的主体地位才能达到思想政治教育的目标,使学生自身的价值得以实现。要尊重和满足学生需求。"以生为本"的价值理念要处理好学生个体差异与学生全面发展的关系。每个学生都是独立的个体,学生在思想、心理等各方面也存在不同层次的差别,因此既要尊重个体差异,也要尽可能满足不同层次学生的需求。要尊重学生的个体差异,平等对待学生,因材施教。要重视学生的心理需求,恰当处理师生关系,关注学生的思想与情感变化,培育其积极行为。要关注学生的实际问题,帮助学生解决难题,扫除学生的思想与心理困惑。

(三) 人的发展维度

实现人的全面发展是思想政治教育的最终目标与价值旨归。思想政治教育主客体关系的和谐发展就是着眼于促进个体向全面、协调、可持续方向发展。

一方面,思想政治教育主客体间的和谐关系为主体与客体的全面发展创造条件。"个人的全面性不是想象的或设想的全面性,而是他的现实联系和观念联系的全面性。"② 马克思认为生产力的普遍发展与交往实践使人的全面发展成为可能。思想政治教育主体与客体良好的关系有利于二者个性与社会性的充分发展。施教主体有意识地关注受教客体的需求,在思想政治教育过程中开发个体潜能,促进客体不断完善和发展。主体在整个过程中也受到教育与影响,与客体共同学习与提高。另一方面,思想政治教育主客体关系是协调、可持续的关系,对主体与客体的协调发展有重要意义。优化思想政治教育主客体关系包括主体与客体间具体的关系,主客体间平等对话、主导主动、双向互动、交流整合等关系使思想政治教育由单一走向协调,摆脱刻板印象走向人性化。思想政治教育主客体间的互动关系使主体与客体由疏离走向整合,在思想政治教育各个阶段的平等对话

---

① 杨寅平:《现代大学理念构建》,中央编译出版社2005年版,第109页。
② 《马克思恩格斯全集》第30卷,人民出版社1995年版,第541页。

使思想政治教育不再拘泥于思想与理论的灌输，注重彼此间的交流与动态发展。

三　增强思想政治教育的认同度

思想政治教育的认同度是衡量思想政治教育实效性的重要尺度，影响思想政治教育认同的因素复杂多样，如思想政治教育内容的流变性、方法的艺术性等。其中，思想政治教育主客体关系的优化对于增强思想政治教育认同有重要意义，增强思想政治教育认同度是思想政治教育主客体关系优化的又一重要目标。

（一）彰显学科特点，增强学科认同

思想政治教育主客体关系的协调发展要着眼于彰显学科的科学性，体现思想政治教育的道德关怀，从而增强对思想政治教育的学科认同。和谐的主客体关系彰显思想政治教育的科学性。思想政治教育是一门科学，其科学性鲜明地体现为思想政治教育坚持真理性与规律性。思想政治教育有自身的学科体系和学科特点，优化思想政治教育主客体关系就是进一步提高实践活动的科学性，丰富和完善思想政治教育规律、促进学科建设的科学发展。和谐的主客体关系体现思想政治教育的关怀性。思想政治教育是科学化与人性化相统一的学科。科学化是人性化的基础，人性化是科学化的体现。思想政治教育的人性化要求注重人的精神与道德关怀。思想政治教育和谐的主客体关系既表现为对受教育者的道德关怀，也表现在思想政治教育方法的艺术性上。

思想政治教育主客体关系的优化使教育者与受教育者之间建立起平等互助、相互尊重、相互学习的道德关怀关系。现代思想政治教育主客体关系摒弃传统的"见物不见人"的工具性理念，由物化向人化转化，关注受教育者的精神世界。"受教育者的实际思想道德状况，了解和理解受教育者的精神需要，用受教育者所需要的方式去对待他们和爱护他们。同时，还意味着通过正确引导和疏通，陶冶人的情操，提升人的精神境界，塑造人的精神品格。"[1] 教育的目的是不教育，思想政治教育方法的艺术性在于给予受教育者隐性的教育与道德关怀。波普认为："人应当受教育，但不要使他感觉到在被教育，对于别人不知道的事，要当作他忘

---

[1] 吴文莉、张澍军：《论思想政治教育的道德关怀》，《教育评论》2013年第3期。

掉的事告诉他。"① 传统思想政治教育主客体关系过于重视说教,容易引起受教育者逆反心理从而影响思想政治教育认同和效果,现代思想政治教育主客体关系下,思想政治教育方法注重运用和提升艺术,结合受教育者的实际问题与现实需要,情理相接,能够增强受教育者的情感认同。

(二) 把握心理需要,增强心理认同

思想政治教育主客体关系优化还要着眼把握心理需要,增强思想政治教育心理认同。优化思想政治教育主客体关系首先要关注主体与客体需要,主客体和谐共处共同完成思想政治教育的目标,有助于增强客体对思想政治教育的心理认同。这种心理认同是"人们在社会政治生活中产生的一种感情和意识上的归属感……是把人们组织在一起的重要凝聚力量"②。其中,情感认同调节影响着思想政治教育的认同度,价值认同构成主客体的思想政治教育价值取向。

在思想政治教育中,情感包括受教育者的情绪体验和产生在认知基础上的情感。情感是积极稳定的情绪体验,一旦形成就比较稳定。斯宾诺莎指出:"人的某一个情欲或情感的力量可以那样地超过他的一切别的行为或力量,致使他牢固地为这个情感所束缚住"③。"情感对思想政治教育接受的影响主要表现在:对接受活动的信息接收、信息选择所发生的过滤作用和对接受活动所发挥的激发作用两个方面"④。因此,要灵活运用情感教育的方法,加强受教育者的情感体验,有效发挥情感在思想政治教育认同中的作用。情感教育注重教育环境的运用与教育情境的创设。思想政治教育环境有很大的包容性,凡是能够对人的思想品德以及思想政治教育活动产生影响的外部因素都可以成为思想政治教育环境。情感教育寓情于境,利用受教育者周边的环境引起受教育者的注意,唤起他们参与到教育活动中来的积极性。另外,通过创设教育者与受教育者平等对话、宽松和谐的思想政治教育情境,加强受教育者的情绪体验,促进受教育者的情感认同。

---

① 转引自 [美] 戴尔·卡内基《处理人际关系的艺术》,丹宁译,北京出版社 1988 年版,第 135 页。
② 《中国大百科全书·政治学》,中国大百科全书出版社 1992 年版,第 501 页。
③ [荷] 斯宾诺莎:《伦理学》,贺麟译,商务印书馆 1983 年版,第 175 页。
④ 杨芷英:《思想政治教育心理机制研究》,红旗出版社 2005 年版,第 53—54 页。

思想政治教育主客体关系不仅影响受教育者的认知与情感，还影响着他们的价值取向，即受教育者对思想政治教育的价值认同。"所谓价值认同，指个体出于对规范本身意义的认识而发生的对规范的遵从，是主体与客体在价值理想、价值取向和价值标准等方面的一致性和统一性。价值认同是思想政治教育认同的核心问题，它是建立在对思想政治教育充分理解和相信的基础上，认同主体在知、情、意等心理层次的高度协调。"① 对思想政治教育的价值认同是受教育者达到自我实现的需要，是内化思想政治教育内容并最终将其转化为实际行动的必然之路。价值认同是指受教育者对思想政治教育确信以致信仰，最具心理属性。增强对思想政治教育的价值认同，教育者应以情育情进行价值观教育。鲍曼认为："个体没有现成的认同（identity），认同需要个体自身去建构并为之负责；换言之，个体并非'拥有一种认同'，而是面临一项长期、艰辛、永无休止的同一化（indentification）的任务。"② 教育者以自身满腔的热情与人格魅力影响受教育者，积极引导受教育者投入感情，促进思想政治教育内容的充分理解与接受。

（三）明晰思想政治教育本质，增强本质认同

"思想政治教育是一种有目的性、具有超越性的实践活动。这种实践活动随着社会的发展和人们的主体性的增强，其作用越来越重要。思想政治教育在社会生活中，是一种多属性、多因素的特殊活动。"③ 而思想政治教育本质的规定性正是在主客体关系优化中得以确认。优化思想政治教育主客体关系实质上是优化人的关系的工作，优化主体与客体的关系，进一步促进客体的社会化，为社会培养所需要的人才。"把全心全意为人民服务作为自己的根本宗旨，作为自己的根本出发点和归宿。这就是我们的思想政治工作的性质、或者说思想政治工作的质的规定性。"④

优化思想政治教育主体与客体的关系就要灵活有效地运用灌输理论，促进人的思想道德品质的社会化，"将一个不适应，或不完全适应社会发

---

① 魏永强、郑大俊：《思想政治教育认同的心理结构及其生成机制》，《学校党建与思想教育》2014年第3期。
② ［英］齐格蒙・鲍曼：《寻找政治》，上海人民出版社2006年版，第128页。
③ 郑永廷：《论思想政治教育的本质及其发展》，《教学与研究》2001年第3期。
④ 臧乐源、刘示范：《关心人——思想政治工作的灵魂》，《山东社会科学》1994年第2期。

展需要的人，培养成为能够适应一定社会发展需要的合格社会成员"①。这既是思想政治教育的目标追求，也是思想政治教育的本质体现。思想政治教育离不开理论灌输。思想政治教育就是统治阶级通过社会主流意识形态的灌输、教育引导，培养自己所需要的社会成员，培养统治阶级的接班人以及培养社会发展所需要的人才。霍尔巴赫认为："教育是政治活动家掌握的培养人民的情感和思想以发展人民的才智和品德的最可靠的手段。"② 思想政治教育活动就在于社会主流意识形态的灌输，培养合格的社会成员，不断促进人的社会化，最终实现人的全面发展。

第三节　思想政治教育主客体关系优化的路径

思想政治教育主客体关系的优化实质是人际关系的优化，坚持以人为本的原则，突出人文性与关怀性是优化路径的首要选择。同时，思想政治教育主客体关系的优化是一项复杂的工作，还需要内容完善、制度管理、评估反馈等各个环节的协调与配合。

一　注重人文关怀

习近平总书记在全国高校思想政治工作会议上指出，高校思想政治工作"要坚持不懈促进高校和谐稳定，培育理性平和的健康心态，加强人文关怀和心理疏导"③。思想政治教育是关于"人"的实践教育活动，优化主客体关系必须以人为出发点，注重体现思想政治教育的人文关怀。人文关怀的精神内核是以人为本，即突出人的个性、人的价值，关注人的终极需求。这是优化思想政治教育主客体关系的根本出路。

（一）树立生活世界的理念

传统思想政治教育的主客体关系单一僵化，思想政治教育主体掌握话语权威，使得思想政治教育脱离人本身，与生活世界分离。马克思主义认为生活世界因人的交往关系而存在，是人的历史存在的确证。思想政治教育只有回归生活世界才能彰显人的地位和价值，进而达到人的全面发展的

---

① 陈秉公：《思想政治教育学》，高等教育出版社、延边大学出版社1997年版，第116页。
② ［法］霍尔巴赫：《自然政治论》，陈太先等译，商务印书馆1994年版，第290页。
③ 《习近平谈治国理政》第2卷，外文出版社2017年版，第377页。

终极目标。

在马克思看来,生活世界是属人的世界,实践是生活世界的基础。马克思主义认为,现实生活世界不是以观念和符号存在,生活世界以现实的人为主体,以实践为基础,是人的生命的真实存在之域,"无论思想或语言都不能独自组成特殊的王国,它们只是现实生活的表现"①。马克思批判费尔巴哈把人看成是感性的、抽象的存在,认为费尔巴哈从来没有认识到人是从事现实活动的活生生的人。马克思、恩格斯对费尔巴哈的批判以现实的人为前提,"但不是处在某种虚幻的离群索居和固定不变状态中的人,而是处在现实的、可以通过经验观察到的、在一定条件下进行的发展过程中的人"②。马克思认为现实的人是构成生活世界的主体,人在自然世界中进行生产与再生产,既生产出人化的自然界,也生产人类本身。正如马克思所说:"被抽象地理解的、自为的、被确定为与人分隔开来的自然界,对人来说也是无"③。实践活动是人与自然界发生关系的中介,"环境的改变和人的活动的一致,只能被看做是并合理地理解为变革的实践。"④ 人通过实践活动改变环境,同时生活世界也塑造着人自身。"人的现实世界不是给予的世界,而是经人自己的活动参与创造的世界⋯⋯在这种活动中,人以物的方式从事活动,换来的则是物以人的方式的存在。实践活动不但创造了人和人的生活,也创造了人的生活世界和对象世界。"⑤

"生活世界与思想政治教育具有的同构性,是指生活世界和思想政治教育在人的对象性活动中,在本质的方面具有相同的结构和性质,对人的本质存在来说具有一种内在的相关性。"⑥ 思想政治教育回归生活世界实际是立足现实,回归人本身,使思想政治教育走向生活化与人性化。所谓思想政治教育生活化是指"要立足于生活,在生活中寻找契机,以人为主体、以生活为中心、以教育为导向的教育模式。"⑦ 思想政治工作是培

---

① 《马克思恩格斯全集》第 3 卷,人民出版社 1960 年版,第 525 页。
② 《马克思恩格斯文集》第 1 卷,人民出版社 2009 年版,第 525 页。
③ 《马克思恩格斯文集》第 1 卷,人民出版社 2009 年版,第 220 页。
④ 《马克思恩格斯文集》第 1 卷,人民出版社 2009 年版,第 504 页。
⑤ 高清海:《高清海哲学文存》第 1 卷,吉林人民出版社 1997 年版,第 136 页
⑥ 陈飞:《回归生活世界——思想政治教育研究的一个视角》,人民出版社 2014 年版,第 133 页。
⑦ 陈兰荣、张震:《关于高校思想政治教育生活化的思考》,《教育与职业》2006 年第 21 期。

养人、发展人的工作，思想政治教育首先应关注人的现实生活，在教育实践活动中，关注学生的实际需求与个性。思想政治教育回归生活世界就要走向生活化，坚持以生为本，尊重学生的主体性，培养和发挥学生的自主性与主动性，既立足现实又超越现实，在现实世界中追寻真正的属人的生活世界。而人性化的思想政治教育就是以"人"的方式去理解人、关心人、发展人，坚持以人为本的原则，体现人文精神内核，注重发现与提升人的价值，发掘人的潜能，满足人的实际需要。思想政治教育回归生活世界就是重新重视起人本身的生命存在与人的个体价值，推动思想政治教育的和谐发展。

(二) 坚持人本育德的原则

人本育德的原则即坚持以人为本、育德育才的原则，思想政治教育主客体关系的发展应弥补人性的缺失，坚持育德与育才相结合、个性与共性相结合、主体性与主导性相结合。

坚持教书与育人相结合。随着时代的不断进步与发展，市场经济、政治民主、多元文化以及信息爆炸悄然改变着思想政治教育的理念。工具理性的观念使思想政治教育缺失人文关怀，忽视个人价值与独立人格，只教书不育人。因此，要改变旧式的思想政治教育主客体关系，在教育实践过程中，注重融入人文关怀的理念，坚持以人为本、德育为先，把德育放在首要位置。教书育人是教师的职责所在，唐代韩愈就有"师者，所以传道授业解惑也"[①] 的说法。教书是传授科学文化知识，对学生进行智能方面的教育，引导学生学会如何"做事"，是开展思想政治教育的手段；育人是对学生道德方面的教育，培养学生形成一定的德行，学会如何"做人"，是思想政治教育的目的。思想政治教育人文关怀要坚持教书与育人相结合，实质是坚持手段与目的的统一，运用手段是为了达到目的，目的为手段的运用提供方向指导。

坚持个性与共性相结合。思想政治教育人文关怀重视学生个体价值，只有认识学生个体差异性才能满足学生的实际需求，因此人文关怀要求思想政治教育者在施教过程中既顾及整体又照顾学生层次与差异，注重学生的个性化，发挥每个学生的独特价值。我国《心理学大词典》中将个性定义为："个性，也可称人格。指一个人的整个精神面貌，即具有一定倾

---

① 《师说》。

向性的心理特征的总和。个性结构是多层次、多侧面的,由复杂的心理特征的独特结合构成的整体。"① 人文关怀就是要从学生的需要、兴趣出发,培养学生鲜活的个性和优秀的个性品质,促进每个学生个性的和谐发展。

坚持主体性与主导性相结合。思想政治教育和谐的主客体关系是坚持学生主体与教师主导相统一,这也是思想政治教育人文关怀应坚持的原则。人文关怀注重以生为本,强调尊重学生的主体地位,在教师的引导下充分发挥学生的主体性。在思想政治教育主客体关系中,学生的主体性主要体现在:一是对教师主导性的反馈。学生对教育目标、教师传递的教育内容具有自主选择性与互动性,可以选择接受或不接受教师传递的信息,这也是学生主体性的呈现。二是对教师主体性的超越。教师在施教过程中凸显自身的主体性,而在教育过程中学生能动地借鉴与创造教师主体性作用,唤醒并开发自身的主体性。教师主导性作用对学生主体性的发挥有重要作用,教师在思想政治教育活动中作为领导者、组织者、开发者与协调者,确定思想政治教育的内容、整合各种教育资源、组织协调开展思想政治教育活动等,与学生共同参与互动,实际也是教师主体与学生主体的双向互动。因此,将学生主体与教师主体相结合是协调思想政治教育主客体关系的必然举措,也是提高思想政治教育教与学成效的原则遵循。

(三)"人文关怀"的教育实践

思想政治教育主客体关系的建构与优化都要体现人文关怀精神,但是"用系统论的观点来看,思想政治教育人文关怀的内容建构是一项系统工程,是一个从关心人的基本需要到引导人的终极追求的,从低级向高级发展、从表层往深层推进的过程。"② 因此,思想政治工作开展人文关怀的具体教育实践活动尤为重要。

要开展友爱教育。马斯洛认为:"教育的功能,教育的目的……在根本上就是人的'自我实现',是丰满人性的形成,是人种能够达到的或个人能够达到的最高度的发展。说得浅显一些,就是帮助人达到他能够达到的最佳状态。"③ 人文关怀是人性的精神建构,人性是友爱的基础,友爱实现着人的道德潜质。思想政治工作开展友爱教育是思想政治教育人文关

---

① 朱智贤:《心理学大词典》,北京师范大学出版社1989年版,第225页。
② 王东莉:《思想政治教育人文关怀的内容体系建构》,《教学与研究》2005年第2期。
③ [美]马斯洛:《人性能达的境界》,林方译,云南人民出版社1987年版,第169页。

怀的应然。"教育正在制造一种自私心理的社会培育机制。"[1] 教育缺少友爱精神，过度依赖奖励与惩罚，只能导致偏私心理。友爱教育首先要培育与弘扬友爱精神，即存在于家庭、学校、社会甚至人类范围的友爱精神。家庭是由责任性关系构成的生养关系，这种亲亲之爱是爱的核心与基础，没有哪一种关系比父母与子女之间的关系更为牢固。家庭友爱在一开始是父母无条件的单向的爱，家庭友爱使得父母与子女双方都得到爱的回应。学校塑造学生的友爱观，课堂、宿舍、教学设备等校园环境都是友爱教育的载体，学校的集体的学习生活让学生学会团结友爱，并为学生走向社会提供勇气和支持。爱国主义教育赋予友爱以国际范围的意义。习近平总书记指出："当今世界，人类生活在不同文化、种族、肤色、宗教和不同社会制度所组成的世界里，各国人民形成了你中有我、我中有你的命运共同体。"[2] 人类命运共同体成为全人类友爱的基础，树立起命运共同体意识是通向人类友爱的美好祝愿。

要开展隐性教育。开展隐性思想政治教育，将教育内容寓于他物，是实现人文关怀有效的潜隐途径。隐性思想政治教育是不为受教育者关注的思想政治教育形式，从受教育者角度讲，"一是受教育者对教育者的施教缺乏明确感知，受教育者的受教处于无意识状态；二是受教育者对教育者施教有所感知，但并未加以焦点关注。"[3] 隐性思想政治教育具有人文性，在本质上也是一种人文关怀，人文精神体现在教育者与受教育者的关系之中。教育者与受教育者是隐性思想政治教育中的一对基本范畴。教育者要树立多重意识，以保证隐性教育效果的最优化。教育者应认识到受教育者在隐性思想政治教育中的种种反应，本着自愿非强制、寓教于他的原则，确保受教过程处于自然状态，通过寓教于理、寓教于乐、寓教于文培育受教育者的道德品质，塑造其完美人格。

二 加强情感体验

在思想政治工作中，思想政治教育主客体关系也是一种道德关系，包括思想政治教育主体与客体的道德认知、道德情感、道德意志与道德行为

---

[1] 刘学坤：《友爱教育论》，合肥工业大学出版社 2015 年版，第 98 页。
[2] 《习近平谈治国理政》第 1 卷，外文出版社 2018 年版，第 261 页。
[3] 白显良：《隐性思想政治教育基本理论研究》，人民出版社 2013 年版，第 35 页。

四个相互关联的方面。和谐的思想政治教育主客体关系不仅要关注二者认知的发展，也包括情感、意志、态度、信念等方面的发展。情感在思想政治教育中具有调节功能，加强受教育者的情感体验对优化思想政治教育主客体关系有重要作用。

（一）情感体验的思想政治教育功能

情感是人的心理活动的一个方面，是指"人对客观事物及他人的态度体验、心理状态和相应的行为反映"[①]。人们受到外界刺激形成不同的内在情感体验，但一旦形成就相对稳定，对人的认知与行为产生影响。情感是个体感受外界刺激并判断客观事物是否符合自身需要而产生的内心体验，它以主体需要为基础，通过主体的具体实践获得积极或消极的体验。情感体验具有特殊性，一旦形成就具有稳定性以及某种倾向性。情感体验是主体自身的内心体验，以隐蔽的形式存在。随着人的认知程度不断提升以及生活阅历日益丰富，情感有被调节与控制的需要。人们会根据外界情境能动地调节自己的真实情感，以一种相对缓和或与内心体验不一致的形式表达出来。情感体验一旦形成就会对事物的发展有积极或消极的作用，产生情感效能。情感的效能可以分为正效能与负效能，正效能越高越能促进事态的发展，反之会减缓事态发展的进程。情感教育可以观察发现学生的情绪，利用这一原理来调节学生的情绪，稳定事态的发展。

情感有积极的一面，也有消极的一面，积极的情感会成为积极行为的动力机制，调节人的活动并起到心理疏导的作用。具体来说，积极的情感体验具有动机功能。积极情感使人产生向上的倾向，激发人的学习需要、奋斗热情与学习兴趣，积极情感的动机作用在于行为产生的需要，包括个体的内在需求、外部诱因和自我调节。动机也可以说是"个体在自我调节作用下，使自身的内在需求与行为的外在诱因相协调，从而形成的一种能够激发和维持行为的动力。"[②] 在思想政治工作中，积极情感能使学生产生积极动机，引发学生积极的思想道德行为。积极的情感体验具有调节功能。情感的调节功能是人的认知、态度、思维与行为等趋向一致的效能。情感能够影响并调节学生对思想政治教育情境的认知，"积极情绪在一般条件下促使个体冲破一定的限制而产生更多的思想，能够扩大个体的

[①] 张志强主编：《积极情感效用论》，中国海洋大学出版社2013年版，第23页。
[②] 张志强主编：《积极情感效用论》，中国海洋大学出版社2013年版，第67页。

注意范围，增强认知灵活性，能够更新和扩展个体的认知地图。"① 另外，情感还能调节人的思维活动，打破思想政治教育主客体间的思维定式，促进主客体关系的和谐发展。积极的情感体验具有疏导功能。情感作为一种心理活动具有心理疏导的功能。"心理学研究发现，一个人接受他人言行时的情绪状态、对他人言行的感情表现以及个人与他人之间的情感关系，都会影响到对他人言行的接受程度。"② 情感能够调节个人对他人的言行接受态度，维护与改善主客体之间的关系，从而疏通主体与客体间的矛盾与冲突。

（二）情感体验式学习方式

情感体验学习，或称心理体验方式，是指"认识主体在观念上把自己当作客体，使自己暂时根据客体环境、立场、观点去观察事物、思考问题，从这种体验中去获得关于客体的信息。"③ "体验活动的结果总是一种内部的主观的东西——精神平衡、悟性、心平气和、新的宝贵意识等"④。根据教育的内容，体验活动分为接受性体验和创造性体验。一些教育活动内容易于传递与接受，这种体验方式较为经常使用；一些教育内容需要在实践创造中获取，使学生即时地获得创造性体验。根据体验空间气氛的紧张与松弛，体验活动分为紧张性体验与庇护性体验。根据人的成长发展历程，体验活动分为期待性体验和追忆性体验。另外，根据人们对教育内容的接受过程，可以分为主动性体验与被动性体验。

常见的情感体验学习方式有：一是杜威的经验学习理论。杜威认为："教育哲学是属于经验、由于经验和为着经验的。"⑤ 杜威概括了近代经验概念的特征：经验首先是一种认识事件；经验主要是一种通过"主体性"发生的精神性的东西；经验是对已发生事件的记录；它面向过去经验把关联与连续性排除在外；经验是与思维相对立的。⑥ 杜威认为学习来自经验，儿童潜能的发展只能在社会情境中获得，杜威提出"做中学"的方法，认为"人们最初的认识，最根深蒂固地保持的知识，是关于怎样做

---

① 李声、丁凤琴：《情绪对认知影响的研究综述》，《社会心理科学》2010年第11—12期。
② 张志强主编：《积极情感效用论》，中国海洋大学出版社2013年版，第71页。
③ 朱小蔓：《情感教育论纲》，人民出版社2007年版，第151页。
④ ［苏］瓦西留克：《体验心理学》，黄明等译，中国人民大学出版社1989年版，第11页。
⑤ ［美］杜威：《我们怎样思维·经验与教育》，姜文闵译，人民教育出版社2005年版，第251页。
⑥ 参见［美］罗伯特·塔利斯《杜威》，彭国华译，中华书局2002年版，第54—56页。

的知识"①。杜威的"做中学"的方法将儿童与成人分开，分为不同的学习阶段来设计教学，让儿童在不同时期获得不同的学习经验。因此，杜威的经验学习理论为体验学习提供理论与实践的方法指导。二是勒温的体验式学习理论。勒温的行动研究实验室训练模型研究了一个完整的实验过程，以一个即时的具体体验为开端，收集并观察学习者的体验，对搜集来的资料进行分析，将所得结论反馈给体验者并为他们所用，其中不断修正他们的行为及改变他们对新体验的选择，有效促进体验者的学习与成长。勒温的体验学习模型注重及时体验以及反馈过程，形成了由"及时具体经验—观察与反思—形成抽象概念与结论—在新情境中检验概念"四个循环的学习阶段。三是库伯的体验学习圈。库伯借鉴杜威、勒温、皮亚杰以及其他的体验学习理论，分析了体验学习的特征，构建体验学习圈：具体经验、反思观察、抽象概括、行动应用。库伯总结体验学习认为："学习是体验的转换并创造知识的过程。这一界定强调了体验视野中学习过程的几个重要方面：第一，强调适应与学习的过程，而不是内容或者结果；第二，知识是一个转换的过程，是连续不断的创造与再创造，而不是可获得或可传递的独立过程；第三，学习转换的体验包含主观形态和客观形态两种体验；最后，要理解学习，必须理解知识的本质是什么，反之亦然。"②

从以上的体验学习中可以看出，情感体验学习方式具有以下特征：（1）过程性。情感体验不只是注重结果，而是更加关注教育与学习的过程性。体验式学习方式中观念并不是一个固定不变的观念，没有哪两种思维是永远一致的。无论是杜威、勒温、布鲁纳还是库伯，都把体验学习看作一个过程。"学习是一个顿悟的过程，学习结果呈现的仅仅是过去的记录，而不是将来的知识。"③（2）持续性。体验学习是一个连续不断的过程，也就是说任何学习都是重新学习。持续体验是人类生存的事实，体验的持续性原理意味着每一种体验都开始于过去经历的一些事情，同时也包

---

① ［美］约翰·杜威：《民主主义与教育》，王承绪译，人民教育出版社2001年版，第201页。
② ［美］库伯：《体验学习——让体验成为学习和发展的源泉》，王灿明、朱水萍等译，华东师范大学出版社2008年版，第33页。
③ ［美］库伯：《体验学习——让体验成为学习和发展的源泉》，王灿明译，华东师范大学出版社2008年版，第23页。

括修正将来一些方法的特性。一个人在问题解决中获得知识与技能，在某种程度上也可以说，是在连续的情境体验中形成了一个将来的问题理解和有效解决的手段。（3）整体性。体验式学习不仅是一个持续的过程，还是一个适应世界的完整过程。体验学习不是单个教育概念，而是一个描述人类适应社会环境与自然环境的核心过程的综合概念。学习并不是人类机能中个人的特殊领域，它是整个机体的全部整体的机能：思维、感觉、理解与行为。学习是一个持续不断的发展过程，表现出外部环境的适应性与连续性，包含了一个人全部生活情境的终身适应。

（三）情感体验的教育方法

与体验学习相应，也有情感体验的教育方法。教育方法体现一定的教育思想，是在总结实践经验的基础上形成的相对稳定的具有普遍性与规定性、可操作性的方式手段。情感体验的教育方法是以学生的心理特征为基础，来实现教学方法的实践性、创造性、启发性。常见的情感体验教育方法有：

情境教学法。情境教学是结合学生的心理特点，通过利用或创设教育情境，引人入境，从而达到教育目的的教学方法。情境教学作为一种教学的操作体系由李吉林提出并探讨，最终"形成了以'美'为突破口，以'情'为纽带，以'思'为核心，以'练'为手段，以周围世界为源泉的情境教学操作模式"①。在思想政治教育过程中，情境教学的一般过程是教师利用现有环境或创设特定的教育情境，给学生一种身临其境的感受与体验，激发学生动机；然后学生观察情境、进入情境并受到感染；教师依据情况进一步拓展情境，作用于学生的心理场，形成认知与理解。整个情境教学过程激发学生的情绪体验，形成浓烈的感知，充分体现情感教育的功能与作用。

审美教育法。马克思认为："动物只是按照它所属的那个种的尺度和需要来构造，而人却懂得按照任何一个种的尺度来进行生产，并且懂得处处都把固有的尺度运用于对象；因此，人也按照美的规律来构造。"② 思想政治教育引入"美的规律"，使思想政治教育活动以美的形式出现，开展审美性与艺术性的审美教育。"审美教育在思想政治教育中的确立，就

---

① 李吉林：《"情境教学"的操作体系》，《课程·教材·教法》1997年第3期。
② 《马克思恩格斯文集》第1卷，人民出版社2009年版，第163页。

把人的意识、精神、心理活动的多层次、多样化的形式统一起来。"① 审美教育在于思想政治教育过程中的审美建构，包括课程审美化、教学过程审美化、审美创造活动和审美化教育环境四个方面。② 通过审美教育使学生受到情感陶冶，培养学生的审美观，提高学生对美的感知力与鉴赏力，进而促进思想政治教育情感教育功能的实现。

关怀教育法。美国著名的教育哲学家内尔·诺丁斯是提倡关怀教育的代表者。诺丁斯的关怀教育重视师生关系的发展，强调教师在道德教育中的榜样作用以及以师生关系为基础的各种教育关系中的情感体验。关怀教育的实践方式强调四种方法：榜样、对话、实践与认可。首先，诺丁斯认为教师要以身作则，重视学生的体验与感受，先让学生学会关怀再去关怀他人。其次，教师与学生平等对话，认真聆听学生的心声，使学生敞开心扉。再次，学生进行多种多样的关怀实践。最后，教师要对学生在整个过程中的反应及形成的自我形象进行鼓励与认可。关怀教育触及人的情感领域，注重关怀者与被关怀者之间的关系，对思想政治教育来说，教师注意在施教中运用以关怀为取向的情感教育，对消除教师在学生心中的刻板印象，形成和谐的主客体关系有重要意义。

三 完善制度治理

邓小平认为，社会主义建设"制度是决定因素"，制度治理是社会系统正常运行的保障。思想政治教育作为一个运行系统，完善制度化建设既是保障各个子系统有效运行的前提，也是提高实践实效性的必然要求。当前由于高校制度治理建设仍然存在一些问题，不仅对思想政治教育制度化建设产生影响，也造成思想政治教育要素诸如主体与客体之间关系的不协调。因此，要优化思想政治教育主客体关系，完善思想政治教育的制度治理也是重要方面。

（一）完善制度治理的原则

完善制度治理要遵循合理性与合法性相统一的原则。合法性的广义内涵是合乎法律管理规定，维护社会秩序与规范。制度治理的内核在于

---

① 夏忠臣：《审美教育有助于思想政治教育功能的发挥与实现》，《教育探索》2012年第5期。

② 参见朱小蔓《情感教育论纲》，人民出版社2007年版，第178页。

公平正义，制度治理坚持合法性原则就是制度治理要维护公平正义，以公正、合乎法律与规范为基本准则去构建思想政治教育的制度治理系统。制度治理还要坚持合理性原则，以得到学生的认可与认同为目的，通过制定合理性与合法性相统一的制度治理规则，受到学生的广泛认同与自觉遵循。

完善制度治理要遵循规范化与人性化相结合的原则。制度治理的规范化是指目标、体系、组织等各方面都要有严格的标准与规定，是制度治理的"硬性"要求。但是，思想政治教育不能一味地强调硬制度，以高高在上的态度发号施令反而适得其反。制度治理要遵循思想政治教育的规律，将制度治理融入日常生活，进行人性化与生活化的治理。思想政治教育者以身作则，自觉遵守规章制度，恰当处理师生关系，尊重学生的个性，将制度与生活运用得恰到好处。

(二) 完善制度治理的措施

思想政治教育系统的正常运行以各系统的正常运转为基础，要保证各系统的有效配合与协调统一，既要注重制度化建设又要注重治理系统的健康运行。

思想政治教育制度规范化是树立思想政治教育权威的保证，而思想政治教育制度内容是其制度的核心，实施主体掌握着制度实施过程的规范化，实施程序是规范秩序的关键。因此，制度规范化必然要求制度内容设置的规范化、实施主体行为的规范化以及运行程序的有序化。第一，制度内容设置的规范化是前提。制度内容设置应依据思想政治教育目标以及思想政治教育规律，内容既符合专业性与规定性，又要与时俱进、因时而动。制度内容设置还应考虑学生实际，制度只有既规范化又人性化才能被学生认可、接受与遵循，才能凸显制度的作用与功能。第二，制度实施主体要规范自身行为。实施主体在思想政治教育过程中要发挥榜样示范作用，以身作则，自觉遵守制度治理条例规定，在约束自己的行为的同时引导学生自觉遵守制度治理规定。第三，制度运行的有序化有赖于各个环节的支持。制度需要高效、有序、健康的运行环境，这离不开各个环节人员的配合，学校、实施主体、受教育者等都要自觉投入这一过程中，保证制度的有序运行。

思想政治教育的领导体制、组织部门以及相关人员安排，都应朝着形成整体系统化的力量的目标进行，从而为思想政治教育的合理运行提供强有力的组织基础。从这个角度讲,党的领导、队伍建设以及资源整合是形成系统化治理的重要方面。第一,治理系统首先要坚持党的领导核心地位。"思想政治教育是实现党所领导的、以人民民主专政的根本利益为目的的政治社会化的教育形式和工作方式。"① 思想政治教育的意识形态性决定组织治理的政治性,组织治理系统要强化党的权威,拥护党的领导。第二,加强治理队伍建设。治理队伍不只涉及思想政治教育者,而是包括所有为实现共同的目标互相协作的集体或团体,在高校中治理队伍包括行政组织、党团组织、学生社团、宿舍管理等工作机构和组织,思想政治教育良好的治理系统依赖于各个单位、部门、团体协调合作。第三,加大资源整合力度。高校治理系统的有效运转还需借助人力、物力、精神力等大力支持,整合学校物质资源与精神资源为思想政治教育管理添砖加瓦。

思想政治教育制度治理功效的发挥还需要一定的保障机制。从制度层面讲,实现思想政治教育保障机制化,"就是以制度的确立保证思想政治教育组织领导、工作队伍、各项资源等保障因素能够正常、有序运行,实现可持续发展"②,实施有力的监督机制、激励机制以及调节机制来保障思想政治教育制度治理的顺利开展。第一,监督机制。考察监督制度治理过程,确保制度治理的有效实施是思想政治教育走向制度化的重要环节。确立有效的监督机制包括建立上下通透的监督制度,既保证自下而上监督的可行性,又保证自上而下的有效性;还要设立监督评估制度,借助舆论媒体形成强有力的舆论监督。第二,激励机制。激励机制作用于人的心理,对人的作用与贡献给予适当的物质或荣誉的褒奖,可以激发人的动力,起到一定的育人作用。但激励机制要避免过分强调物质奖励,要注意与精神鼓励相结合。第三,调节机制。思想政治教育制度治理是一项复杂的工作,在制度治理过程中面临多种多样的非预期的情况,只依靠硬制度不能达到很好的效果,因此,要从实际出发,引入说服教育、心理疏通等方法调节矛盾与冲突,提高制度治理的针对性。

---

① 宇文利:《论我国当代思想政治教育的制度化建设》,《思想理论教育导刊》2011年第1期。
② 王学俭、孙茵:《思想政治教育制度化探析》,《思想教育研究》2015年第6期。

四 探究互动模式

探究优化思想政治教育主客体关系的互动模式实质是探究和谐的人际关系，在主体与客体间形成良性人际互动。传统思想政治教育主体与客体沟通呈单向度教条化范式，因此优化思想政治教育主客体关系要转变这种范式，营造主体与客体之间平等、民主、和谐共生的关系，探究双向互动模式。

（一）互动模式构建原则

构建合理有效的互动模式要遵循一定的原则，确保思想政治教育主客体互动行为顺利进行。第一，平等原则。平等原则是构建互动模式的前提。思想政治教育主体与客体是互动的主角，二者拥有平等的地位，主要表现在：主体与客体法律、人格的平等，发言的权利平等。平等原则要求主体尊重客体的地位与作用，打破自身的霸权思维，使双方走向平等。第二，沟通理解原则。沟通理解原则是基础。沟通理解能够营造轻松愉快的人际关系，使双方达到互通互融的境界。"在相互信任、理解、尊重的基础上构建一个主客体双方可进行深度沟通、理性反思、大胆批判的'公共领域'……教育者通过与教育对象关于某个问题的探讨、辩论、互动，将教育对象引入预设的教育情境中，并加以潜移默化的引导和教育，最终实现教育目标和现实生活世界的互动、互通、互融。"① 第三，共赢原则。共赢是构建互动模式的目标，思想政治教育的互动使主体与客体共在共生，通过良性互动使双方共同提高，实现共赢。

（二）"主客"向"主主"的互动模式转变

传统的思想政治教育"主体—客体"传输模式，"通过灌输传播主流意识形态，灌输带有奴役与控制的性质，教育者常常处于独白的境地，对受教育者实施居高临下的单向影响。"② 因此，思想政治教育主体与客体常处于对立的状态。这显然无法满足现代思想政治教育主客体关系发展的需要，特别是随着互联网的迅速发展以及微媒体的崛起，思想政治教育主

---

① 郭红明、王永灿：《基于微博的高校思想政治教育互动模式》，《高校教育管理》2013年第6期。

② 刘晓慧、韩升：《"互联网+"背景下思想政治教育主体互动模式建构》，《理论建设》2015年第6期。

客体关系拓展到虚拟领域尤其是微领域,网络消解了主体霸权,传统的"主体—客体"模式受到挑战。因此,构建主客体双向互动模式成为必然要求。

一是双主体互动模式。这一模式突出思想政治教育者,尤其是受教育者的主体地位,在思想政治教育过程中充分发挥自身主动性与能动性。教育者不再是话语权的独享者,受教育者同样拥有话语权,和教育者进行平等的对话与交流。但是,双主体互动依然要求教育者发挥其主导作用,扮演好领导者、组织者和发动者的角色,因为"主导性是教育者在与其他受教育者的矛盾关系中处于矛盾的主要方面,在思想政治教育过程中起着主导作用,只有充分发挥教育者的主导性思想政治教育才更具有凝聚力。"[1] 二是双向互动模式。相对于单向灌输式的思想政治教育模式而言,双向互动模式注重主体与客体间的人际互动,线上线下的互联互通。一方面,主体与客体间开启对话模式,实现师生互动、生生互动、生校互动、家校互动等全方位的人际互动关系。另一方面,互动情境发生改变,思想政治教育不再局限于固定的物理空间,形成将思想政治教育由第一课堂接入第二课堂虚拟与现实互联互通的教育环境。

五 确立评估反馈

评估反馈是对实践效果的判断与评价。通过运用评估指标和评估方法来评定思想政治教育主客体关系优化的效果,是思想政治教育主客体关系优化决策与管理的重要基础。做好评估反馈工作是优化路径的关键环节。

(一) 评估指标体系的构建

做好评估反馈工作要依据一定的标准、运用科学的方法体系对思想政治工作展开检查与测定。"指标体系是具有相关联系的一系列指标的总和。"[2] 对于优化思想政治教育主客体关系的评估工作,如何构建科学的评估指标体系是一个重要课题。

思想政治教育主客体关系优化工作的评估活动既具有一般评估的特点,也具备自身的特殊性,主要表现为导向性、动态性与系统性。第一,

---

[1] 刘晓慧、韩升:《"互联网+"背景下思想政治教育主体互动模式建构》,《理论建设》2015年第6期。

[2] 陈华洲:《思想政治教育方法论》,华中师范大学出版社2010年版,第200页。

导向性的特点。"建立某种评价的运行机制对实现评价的目的具有极大的推动作用。"① 评估过程是一个价值判断过程，能够发现问题，并将其导向正确的轨道，保证主客体优化工作的正常运行。第二，动态性的特点。评估活动本身就是一个动态的过程，评估的各个环节、步骤等都需要依据具体情况进行调整反馈。思想政治教育的主客体关系并不是固定不变的，评估必须时刻关注变化来获取全面、客观的信息。第三，系统性的特点。思想政治教育主客体关系优化工作是一项系统工程，主客体关系的优化涉及思想政治教育各要素与子系统，评估活动在做准备工作和实施方案时要把握好各要素在思想政治教育系统中的地位与作用，形成科学的评估方案。第四，坚持客观性原则。客观性是评估工作应坚持的首要原则。评估应依据评估目标保证评估信息的有效性与真实性，评估过程全面、客观，不以个人主观意志为转移。第五，坚持全面性原则。全面性原则要求评估活动从思想政治教育的整体性与系统性出发，尽可能获取全面的信息，采取多种评估手段，保证评估的实际效果。

　　构建优化思想政治教育主客体关系的评估指标体系不是以人的主观性为依据，而是要考虑思想政治教育主客体关系优化的目的、评估的目的以及评估对象的实际。第一，以思想政治教育主客体关系优化的目的为依据。评估指标体系的构建要服从并服务于思想政治教育主客体关系优化、提高思想政治教育有效性、促进思想政治教育人性化、增强思想政治教育认同度的目的。第二，以评估的目的为依据。对思想政治教育主客体关系优化工作进行评估，目的在于对思想政治教育主体与客体进行检测与评价，并调节二者关系使其达到和谐发展的最佳状态。评估指标体系根据主体与客体以及主客体关系的实际来设计与构建。第三，以评估对象的实际为依据。思想政治教育主客体关系优化工作的评估对象是主体、客体以及主客体实际关系，把握好评估对象的特点与实际，设计指标体系，考虑评估对象的总体状况，对确定评估标准与难易程度有重要作用。

　　评估指标体系的构建关系到评估的效果，设计和构建指标体系要做好每一个步骤。评估指标体系的构建有以下几个环节：一是拟定指标体系。设计指标体系首先要确定评估指标，确定评估的范围和内容，再将其按照属性划分并分解成若干具体指标。然后是设计评估的等级标准，

---

① 项久雨：《思想政治教育价值论》，中国社会科学出版社2003年版，第223页。

便于衡量评估对象的级别，通常有"优良中等差"等级。其次，确定权重与权集对评估对象进行排序。二是论证与测试。指标体系初步拟定之后召开专家座谈会或进行调查访问并广泛论证，检测指标体系的信度与效度，保证指标体系更具科学性与实效性。三是试行与修订。设计好指标体系后选择单位试行，对各项指标以及测试方法进行检验，并及时修订。指标体系从拟定到测试到试行是三个有序进行、相互关联的环节，每一步都有重要意义。经过三个环节之后，一个基本成熟的指标体系才算确定下来。

（二）评估反馈的具体过程

思想政治教育主客体关系优化工作的评估反馈活动是一个过程，做好评估反馈工作要遵循思想政治教育的规律，按照一定的过程做好评估反馈的每一个阶段。

首先是做好评估反馈准备工作。准备工作是做好任何一项工作的基础，准备工作作为评估反馈的初始阶段包括以下几个方面：一是明确评价目标。评价的目的是"以评促教"，通过评估反馈对优化工作进行调整，以期达到优化的目的。二是明晰评价的基本要求。评估反馈工作不是简单的检测与修订工作，要体现工具性与价值性。评估反馈工作要符合一定的原则与要求，如把握好系统性与具体性的关系，坚持方向性与辩证性的原则等。做好准备工作为顺利地进入评估与反馈环节打下基础，以保证评估反馈工作的有序开展。

其次是评估的实施。完成各项准备工作之后进入评估的实施阶段，一般来说包括信息收集、信息分析、信息处理三个部分。首先，要对信息进行收集。收集信息的方法有多种，包括观察法、调查法、实验法与测试法。采取何种收集方法根据评估对象的不同特点来选择。然后，对收集来的信息进行整理与分析。将收集来的零散的信息进行筛选、鉴定与归纳，最终保留对评估工作有用的有效信息。分析的方法可以分为定性分析与定量分析、因果分析、系统分析、综合分析等。在对思想政治教育主客体关系优化工作进行信息分析时，根据具体的情况采取合适的分析方法，获得全面的认识。最后，对信息的处理与再评价过程。"评价信息的处理是评价信息分析的自然延续……这一环节主要有两个任务：一是通过再评价检验评价过程和结论的信度和效度;二是解释与表述评价结论。"① 最后得出的结论以评估报告的形式表达出来,并认真进行讨论与修改。

最后是进行反馈调节。对信息进行收集、分析与处理之后得出的结论返回评估者与评估对象手中,完成对结果的反馈。反馈包括"建立反馈通道、跟踪反馈信息、进行反馈调节"三个环节。② 首先,反馈信息要通过一定的渠道来完成,一般反馈渠道有职能反馈,即通过书面或口头的方式向上级对评估结果进行汇报;对象直接反馈,即向评估对象直接反馈评估结果,听取他们的意见或建议;大众反馈,即对外公布评估结论,主要面向媒体,接受社会监督。其次,跟踪反馈信息,确保反馈信息的全面性、客观性、及时性。最后,进行反馈调节。根据反馈信息调整思想政治教育主客体关系优化工作的环节,因时、因势制宜,使优化效果达到最佳。反馈调节没有固定的模式,在反馈调节中注意将正反馈调节与负反馈调节结合起来,过程反馈调节与结果反馈调节结合起来,保证反馈调节的实践性与科学性。

---

① 骆郁廷:《高校思想政治理论课程评价新探》,中国社会科学出版社 2011 年版,第 196 页。

② 骆郁廷:《高校思想政治理论课程评价新探》,中国社会科学出版社 2011 年版,第 199 页。

结　语

在深化思想政治教育主客体关系研究中建构学科自主知识体系

思想政治教育主客体及其关系问题，是思想政治教育理论研究中一个基础的、关键的难点问题，也是一个常谈常需、常谈常新的老问题。对思想政治教育主客体关系的研究，既是建构思想政治教育学科自主知识体系的内在需要，也是增强实践活动实效性的必然要求。40 余年来，伴随着学科的发展进步，人们对思想政治教育主客体关系问题的认识和思考逐步深入，取得了不错的成绩，在一些基本的、关键的问题上达成了一定的共识。在全国高校思想政治工作会议的讲话中，习近平总书记指出："思想政治工作从根本上说是做人的工作，必须围绕学生、关照学生、服务学生"[①]。随着社会主义市场经济的逐步完善发展，利益关系和分配方式的日益多样化，互联网和计算机的广泛融入和迅速普及等，人与人、人与社会的关系呈现出更加多元、多样、多变的复杂特征。这就要求思想政治教育主客体关系研究在一些问题上，特别是思想政治教育主客体关系"为什么""是什么""怎么样"的基本问题，还需要进一步加强和深化。2024 年 5 月，习近平总书记对学校思政课建设作出重要指示，强调要"不断开创新时代思政教育新局面""努力培养更多让党放心爱国奉献、担当民族复兴重任的时代新人"。[②] 拓展和丰富对思想政治教育主客体及其关系的认识和思考，进一步提升思想政治教育科学化水平，从而建构思想政治教育学科自主知识体系，更好地服务新时代思想政治教育掌握意识形态工作领导权、培育和践行社会主义核心价值观、加强思想道德建设、培养担当民族复兴大任时代新人的实践需要。

---

① 《习近平谈治国理政》第 2 卷，外文出版社 2017 年版，第 377 页。
② 《不断开创新时代思政教育新局面　努力培养更多让党放心爱国奉献担当民族复兴重任的时代新人》，《人民日报》2024 年 5 月 12 日。

一　加强和深化思想政治教育主客体关系的理论基础研究

是否具有坚实的理论基础，是一门学科能否得以成立的基本条件之一，是一门学科理论体系能否建构的基础，也是一门学科能否始终保持生命力的关键所在。马克思主义是关于自然、社会以及人的思维形成发展规律的科学，是科学的世界观和方法论，是迄今为止人类最科学的理论。作为中国共产党的优良传统和政治优势，思想政治教育学科从1984年诞生之日起就以马克思主义作为自己孕育、成长的坚实理论基础。马克思主义关于人的全面发展理论、关于认识和实践的辩证关系理论、关于灌输理论等，都是思想政治教育学科形成发展的重要理论基石，为学科理论体系的建构、实践活动的开展、思想政治教育始终发挥"生命线"作用提供科学理论指导。对于思想政治教育主客体关系而言，挖掘思想政治教育主客体关系的理论基础，是我们探讨和明确思想政治教育主客体关系"为什么"的问题，进而解决"是什么""怎么样"等基本问题的根本依据，对于正确理解、处理并科学建构思想政治教育主体与客体的关系具有重要指导意义，是思想政治教育主客体关系研究必须回答且无法回避的首要的问题。

然而，从目前的研究现状看，关于这一问题的研究有待进一步加强和深化。一方面，作为思想政治教育的基本问题，作为思想政治教育学科自主知识体系的重要组成部分，思想政治教育主客体及其关系问题以马克思主义为理论基础，对此学界达成了共识，并展开了比较深入且卓有成效的研究。另一方面，虽然学界围绕思想政治教育主客体关系的马克思主义理论基础开展了较深入的研究，但是主要集中在马克思主义关于主客体、实践、"以人为本"的理论等方面。由于主客体范畴是马克思主义哲学中的基本范畴之一，而思想政治教育是改造人的主观世界的一种特殊实践活动，其根本目标在于促进人自由全面的发展，所以学界普遍将马克思主义关于主客体、实践、人的自由而全面发展等理论，引入思想政治教育主客体关系的理解中。而学界对马克思主义中同样有助于理解、把握思想政治教育主客体关系问题的其他科学理论，则很少涉及，且缺乏较系统的探讨，如社会交往理论、社会学习理论等。为此，必须进一步加强和深化思想政治教育主客体关系的理论基础研究，形成系统的、完整的思想政治教育主客体关系的马克思主义理论基础体系。

一是要加强和深化思想政治教育主客体关系的马克思主义哲学基础研究。思想政治教育主体与客体的关系有着深刻的哲学基础，特别是马克思主义哲学基础。在马克思主义哲学中，认识论是正确认识思想政治教育主客体关系的理论指导。认识是主体对客体的能动反应，揭示了思想政治教育受教育者的能动作用；实践对认识的决定作用，则指导我们要在思想政治教育实践活动中把握思想政治教育主客体关系。实践论强调"全部社会生活在本质上是实践的。"① 实践是人的类本质，实践将参与实践活动的人和对象二分为对立的主体与客体，同时又将两者统一起来，这成为正确理解思想政治教育主客体关系的理论基础。方法论中唯物辩证法、矛盾分析法、历史分析法、阶级分析法，为正确认识思想政治教育主客体关系提供方法论指导。价值涉及主体和客体，是客体对主体需要的满足，这为重视受教育者作为活动的主体地位，重视受教育者的需要提供理论依据。这些哲学理论应是探讨思想政治教育主客体关系的理论基础所需要加强和深化研究的。二是要加强和深化思想政治教育主客体关系的马克思主义人学基础研究。就思想政治教育主客体关系本质而言，是人与人的关系，这就要求我们理解把握思想政治教育主客体关系时必须以马克思主义人学理论作为重要理论基础，从中探寻理解把握主客体关系的依据和理论指导。在马克思主义人学理论中，"以人为本"的思想强调人的至上原则，为认识思想政治教育受教育者的主体性提供依据；主体论揭示了人在实践、认识、历史中的主体地位与主体作用，为进一步明晰思想政治教育主客体关系提供指导。这些人学理论也是思想政治教育主客体关系的理论基础研究所需要加强和深化的。三是要加强和深化思想政治教育主客体关系的马克思主义社会学基础研究。思想政治教育是一项社会性活动，人的思想形成发展受一定社会条件和环境的影响制约，因此马克思主义社会学理论为理解把握思想政治教育主客体关系奠定一定的理论基础。在马克思主义社会学理论中，研究人在社会中进行各种交往活动的社会交往理论、探讨主体之间平等关系的主体间性理论以及满足人的需要发展的社会学习理论等，对于理解思想政治教育主客体关系、推动思想政治教育主客体关系优化发展具有丰富的理论价值，更是探寻思想政治教育主客体关系的理论基础所需要加强和深化研究的。

---

① 《马克思恩格斯文集》第 1 卷，人民出版社 2009 年版，第 501 页。

二 加强和深化思想政治教育主客体关系的内在结构研究

在解决思想政治教育主客体关系"为什么"问题之后，需要进一步明确的是思想政治教育主客体关系"是什么"的问题，即思想政治教育主客体关系内容体系的构建问题。思想政治教育主体和客体是思想政治教育学的基本范畴之一，明确谁是主体、谁是客体，把握二者之间的关系，是建构学科理论体系、开展实践活动的基础和前提。因此，构建系统的思想政治教育主客体关系体系，对于廓清主客体关系迷思、丰富完善学科基础理论研究、优化思想政治教育过程、提升思想政治教育有效性具有重要价值。目前学界在这方面的认识和探索还明显不够，甚至缺乏，有待进一步加强和深化。总的来看，普遍还是从思想政治教育作为一项教学实践活动的角度来认识思想政治教育主客体关系的，因而建构的主客体关系内容相对较为单一，"单主体说""双主体说""主体间性说"等认识和探讨都是基于这一视角而展开的。而思想政治教育主客体关系体系的建构，从不同的视角可以划分出不同的内容体系，因此，加强和深化思想政治教育主客体关系体系的研究和建构，关键的问题就在于如何选取划分的视角，从而构建不同结构的内容体系。也就是说，关键是要加强和深化思想政治教育主客体关系的结构研究。为此，需要解决好两个问题：一是视角如何选取；二是体系如何建构。

关于视角选取问题。从实践活动属性看，思想政治教育实践活动是一般性与特殊性的辩证统一。作为一般性的实践活动，思想政治教育是人类的实践活动；而作为特殊性的实践活动，思想政治教育既是一项意识形态传播活动，也是一项具体的课堂教学实践活动。据此，可以划分出思想政治教育主客体关系宏观、中观、微观的不同层次结构。从思想政治教育的形式看，思想政治教育实践活动可以具体分为认识、实践、价值、审美活动，因而思想政治教育主客体关系又可以具体为不同的形态结构。这是不同视角下思想政治教育主客体关系的两种内容体系——层次结构体系和形态结构体系。加强和深化思想政治教育主客体关系的结构研究，就是要分析并建构多视角下的两种内容体系。

视角选取决定内容体系建构。具体来说，首先，思想政治教育作为人类社会实践活动、作为意识形态传播活动、作为课堂教学实践活动，其主客体关系的层次结构要从宏观、中观、微观三个层面进行分析。从思想政治教育作为一种社会实践活动的宏观视角分析，社会实践活动的主体是处于社会实践活动中的人，所以思想政治教育的主体就是处于社会实践中的人。这种主体以类主体的形式存在，既是客观世界改造的主体，又是主观世界改造的对象，因此人既是主体，也是客体，主体和客体统一于现实的人。从思想政治教育作为一项意识形态传播活动的中观视角分析，思想政治教育的主客体表现出鲜明的阶级性、政治性，"作为思维着的人，作为思想的生产者进行统治，他们调节着自己时代的思想的生产和分配；而这就意味着他们的思想是一个时代的占统治地位的思想"[1]。所以思想政治教育的主客体关系是不平等的。统治阶级居于主导地位，是思想政治教育的主体，全体社会成员就成为思想政治教育的客体。从思想政治教育作为一项课堂教学实践活动的微观视角分析，由于教育实践活动是指向人的主观世界的活动，因此受教育者自然是教育活动的主体，而教育者组织、实施教学过程因而自然也是主体。教育者主体与受教育者主体共同作用的对象是受教育者主体的主观世界。其次，思想政治教育作为具体的认识、实践、价值、审美活动，其主客体关系的形态结构可以具体从以下几个层面进行分析。作为一项认识活动，毫无疑问思想政治教育的主体是人，而客体则表现出丰富多样性，既可以是方法和内容，也可以是环境和载体，还可以是受教育者原本的知识结构和道德品行。在认识过程中，受教育者作为具有主观能动性的人，同样也需要对教育内容、教育者进行自己的认识。所以，在思想政治教育的认识活动中主客体的具体指向并不是固定的。作为一项实践活动，思想政治教育的主客体关系则表现为上文所述的层次结构体系。作为一项价值活动，思想政治教育的主客体关系在思想政治教育价值评价中确立。教育者和受教育者都是价值评价的主体，而客体可以是思想政治教育要素，也可以是组织和过程。作为一项审美活动，思想政治教育不仅提高人的思想道德素质，还帮助人们形成对美的认识。在思想政治教育审美的主客体关系中，主体在客体的确立中确立。审美客体既有人的客体，也有过程、目标等客体，而审美主体则与之对应。

---

[1] 《马克思恩格斯文集》第1卷，人民出版社2009年版，第551页。

三　加强和深化思想政治教育主客体关系的网络论域研究

从思想政治教育作为实践活动的多重视角出发，我们明确了思想政治教育主客体关系"是什么"的问题。但这仅仅是问题的一个方面，是就思想政治教育活动本身而言的。我们知道，思想政治教育活动的开展，离不开一定的社会环境，不同的社会环境孕育产生不同的思想政治教育形态。因此，从环境的视野出发，对思想政治教育主客体关系我们也会有新的认识。这是对思想政治教育主客体关系"是什么"的拓展和补充。进入21世纪，当代思想政治教育是在经济全球化、社会现代化、文化多元化、信息网络化的时代背景下运行发展的，这是当代思想政治教育的最大环境，认识和思考思想政治教育主客体关系必然离不开对这一大环境的审视。其中，互联网的迅速发展带来的信息文化革命，是当代思想政治教育面临的最大机遇和挑战。一方面，网络成为人们学习、工作、生活的新空间，成为思想政治教育的新载体、新场域；另一方面，网络空间成为新的舆论场，成为意识形态的新阵地，给思想政治工作也提出新要求、新任务。正如习近平总书记强调的，意识形态工作是党的一项极端重要的工作，牢牢掌握意识形态工作领导权，必须"加强全媒体传播体系建设，塑造主流舆论新格局。健全网络综合治理体系，推动形成良好网络生态"[①]。这就要求高度重视并发挥网络思想政治教育的作用。2024年10月，全国教育大会在北京召开，习近平总书记明确强调要不断拓展"网络育人的空间和阵地"[②]。这在一定程度上对网络思想政治教育提出了新要求。

可以看到，网络思想政治教育已然成为当代思想政治教育发展的最显著性特征，是当代思想政治教育的新形态。从学界目前的研究状况看，大家对网络思想政治教育也给予了充分的关注和重视，越来越多的思想政治教育工作者既从理论上对网络思想政治教育进行学理分析阐释，也在实践中注重运用网络、在网络上开展思想政治工作，不断丰富着思想政治教育理论研究，大大提高了实践实效，使思想政治教育表现出鲜明的时代感、

[①] 习近平：《高举中国特色社会主义伟大旗帜　为全面建设社会主义现代化国家而团结奋斗——在中国共产党第二十次全国代表大会上的报告》，人民出版社2022年版，第44页。

[②] 《紧紧围绕立德树人根本任务　朝着建成教育强国目标扎实迈进》，《人民日报》2024年9月11日。

现代感。但是，也不难发现，大家对网络思想政治教育的关注主要还是集中在"方法"层面，将网络思想政治教育视作载体、途径、方法，而缺乏将网络思想政治教育作为一种新的思想政治教育形态的意识，对网络思想政治教育的一些基础理论问题的研究也还展开得不够，认为一些问题似乎是"约定俗成"或者"理所当然"，特别是网络思想政治教育的主体、客体及其关系问题。所以，加强和深化思想政治教育主客体关系研究，我们也必须对网络思想政治教育主客体关系给予充分的关注和探讨，进一步回答和拓展思想政治教育主客体关系"是什么"的问题，重点回答以下几个问题：

一是正确认识网络思想政治教育主客体的新存在。网络空间是虚拟化的空间，是否就意味着网络思想政治教育不存在主体和客体呢？我们的回答是，网络思想政治教育主体和客体较传统思想政治教育而言，虽然存在的方式有所不同，但是仍然是客观存在的。在数字化、虚拟化的网络空间，主客体不再是现实的"在场"，而是以隐匿的方式虚拟"在场"存在，但是这并不能否定网络思想政治教育主体和客体的客观存在。"凡是主动履行网络思想政治教育职能，自觉实施和开展网络思想政治教育的，就是网络思想政治教育的主体；凡是忽视和放弃网络思想政治教育职能，并受到网络思想政治教育主体的网络教育活动的辐射和影响的，就是网络思想政治教育的客体。"[①] 而且，网络思想政治教育主客体之间的交往不同于传统思想政治教育"主体—客体"的直接方式，而是以"主体—网络—客体"的方式交往，网络既是思想政治教育主客体的中介，也是其活动场域。二是准确把握网络思想政治教育主客体关系的新特征。网络思想政治教育主客体不仅以新的方式存在，而且以新的关系存在。总的来看，网络思想政治教育主体与客体打破二元对立的关系，走向了平等互动且可以相互转化的新关系。网络的隐匿性、无标识性、交互性和开放性等特点，打破了主体和客体之间的对立关系，消减了主体和客体之间的不平等地位，客体同样也具有了主体性，能够自主自由接收和反馈主体发出的信息。网络的信息平台、相互联系、信息权利和机会等都是平等的，交往互动也是双向的，使得网络思想政治教育主客体之间是平等互动的。互动的双向性、平等性进而促进网络思想政治教育主客体的相互转化，既促进

---

① 骆郁廷：《论网络思想政治教育的主体与客体》，《马克思主义与现实》2016 年第 2 期。

主体向客体的主动转化、主动学习、主动了解和熟悉，使主体客体化；也促进客体向主体的积极转化，积极参与教育、承担教育、自我教育，使客体主体化。三是深刻认识网络思想政治教育主客体关系存在的新问题。网络的隐匿性、交互性、开放性特点在转变网络思想政治教育主客体关系的同时，也产生了一些主客体之间关系的新问题。如，网络思想政治教育主客体信任匮乏。主体和客体面对多元、复杂的信息，容易产生选择困惑，不清楚该信任谁、不信任谁，从而造成主客体之间信任匮乏。又如，网络思想政治教育主体地位弱化。传统思想政治教育主客体关系相对固定，而网络思想政治教育由于客体的隐匿"出场"和主体性增强，使思想政治教育主体处于被动地位，主体地位弱化。再如，网络思想政治教育主客体关系畸变。人们享受网络带来便利的同时，也容易过分依赖网络，受制于网络，从而造成社会关系的"异化"。正如有学者所指出的，网络交往的"自由泛滥"易产生主体性批判的缺失以及主体被奴役的危险。总之，只有对网络思想政治教育主客体的新呈现、主客体关系的新特征及新问题有清晰的认识，我们对网络思想政治教育主客体关系才能有更深入、准确的思考和把握，才能更好地开展网络思想政治工作。

四　加强和深化思想政治教育主客体关系的优化研究

思想政治教育主客体关系优化，就是要解决思想政治教育主客体之间的矛盾和冲突，促进主客体关系和谐发展。根本而言，关于思想政治教育主客体关系"为什么""是什么"的问题，都是为解决思想政治教育主客体关系"怎么样"的问题，即为思想政治教育主客体关系优化问题服务，既为其提供理论支撑，也提供原则和方法指导。加强和深化思想政治教育主客体关系的优化研究，是加强和深化思想政治教育主客体关系研究的落脚点。

优化思想政治教育主客体关系具有十分重要的现实意义。一是优化思想政治教育主客体关系有助于促进思想政治教育人性化。思想政治教育主客体关系的优化，就是从人的实际出发，坚持以人为本的原则，彰显思想政治工作的属人性，承认并发展人的需要、属性、价值、发展等因素，将人视为人的存在，从而不断增强思想政治工作的人性化。既承认和发展人作为自然存在物和社会存在物的属性，承认和发展人的主体客体价值，更以实现人的自由而全面的发展为目标。二是优化思想政治教育主客体关系有助于提高思想政治教育有效性。和谐的思想政治教育主客体关系，是提高思想政治教育有效性的核心，它着眼于提高思想政治教育各个要素的有效性，落脚到整个系统的有效性。就要素而言，思想政治教育主客体关系影响着思想政治教育主体有效性和过程有效性两个方面。首先是主体有效性。以人为本是思想政治教育的基本原则，在实践活动中表现为将教育者和受教育者的主体性摆在首要位置，思想政治教育主客体关系的优化正是坚持这一原则的必然要求。和谐的主客体关系有助于充分发挥教育者主体的主导作用，提高教育者和受教育者的自我意识，提升教育者和受教育者思想道德素质，进而进行人格自主建构。其次是过程有效性。思想政治教育主客体是思想政治教育活动过程的参与者，离开教育者或离开受教育者，教育过程都是不完整的，因此二者的关系将直接影响思想政治教育过程能否顺利开展。从系统来看，思想政治教育主客体关系聚焦主客体矛盾，影响思想政治教育整体有效性。思想政治教育主客体关系首先聚焦教育者与受教育者的人际关系矛盾，也反映教育者与受教育者人格因素矛盾，更体现教育要求与受教育者之间的矛盾，和谐的主客体关系正是这些矛盾得到有效处理的结果。三是优化思想政治教育主客体关系有助于增强思想政治教育认同度。思想政治教育主客体关系的和谐发展彰显学科的科学性，体现思想政治工作的道德关怀，从而能够增强主客体的学科认同；思想政治教育主客体关系的优化，也是对主客体心理活动的真切观照，从而影响教育者和受教育者对思想政治教育的认知、情感乃至价值认同，从而增进思想政治教育认同。

优化思想政治教育主客体关系的路径探索。思想政治教育主客体关系的优化是一项复杂的工作，需要内容完善、制度管理、评估反馈等环节协调发力。首先，要注重人文关怀。思想政治教育主客体关系的优化，实质是人际关系的优化。因此，坚持以人为本原则，注重人文关怀是优化思想政治教育主客体关系的首要选择。要树立生活世界的理念，以马克思主义的生活世界观为指导，关注人的现实生活，关注人的实际需求和个性，理解人、关心人、发展人，发现和提升人的价值，发掘人的潜能，使思想政治教育回归生活和人性，推动思想政治教育和谐发展；要坚持人本育德的原则，坚持育德与育人相结合、个性与共性相结合、主体性与主导性相结合；要注重人文关怀的教育实践，开展家庭、学校、社会友爱教育，构筑人文关怀的人性基础，开展隐性思想政治教育，将思想政治教育寓于他物,通过潜隐方式实现人文关怀。其次,要加强情感体验。优化思想政治教育主客体关系既要注重人文关怀又要加强心理疏导,加强情感体验。正如习近平总书记指出的,"要坚持不懈促进高校和谐稳定,培育理性平和的健康心态,加强人文关怀和心理疏导,把高校建设成为安定团结的模范之地"[①]。要发挥情感体验在思想政治教育中激发动机、调节认知行为、疏通心理的功能,开展情景、审美、关怀教育教学,增进主客体情感体验。再次,优化思想政治教育主客体关系是一项复杂的系统工作,还需要探究互动模式、完善制度管理、确立评估反馈等系列强化和保障优化工作。特别是互动模式的探究,其实质是和谐人际关系的探究,要通过构建教育者和受教育者的双主体互动模式、双向互动模式,凸显客体的主体性,推动主客体关系发展。

总之,思想政治教育主客体及其关系问题,既是学科理论研究要解决的基础问题,也是实践开展所面临的现实问题,进一步加强和深化对这一问题的研究,具有十分重要的理论价值和现实意义。面对新时代我国社会主要矛盾发生的新变化、中国特色社会主义事业踏上的新征程,广大思想政治教育理论研究者和实践工作者应以一名哲学社会科学工作者应有的使命和担当,立足实践、面向未来,进一步加强和深化理论研究和实践探索,回答和解决好思想政治教育主客体关系"为什么""是什么""怎么样"等基本问题。唯有如此,思想政治教育方能在理论研究和实践推进中切实担负起新时代赋予的新使命,为决胜全面建成小康社会、夺取新时代中国特色社会主义伟大胜利不断作出新贡献。

---

① 《习近平谈治国理政》第 2 卷,外文出版社 2017 年版,第 377 页。

参考文献

一　经典文献与重要文献

《马克思恩格斯文集》第 1—10 卷，人民出版社 2009 年版。
《马克思恩格斯全集》第 1 卷，人民出版社 1995 年版。
《马克思恩格斯全集》第 3 卷，人民出版社 2002 年版。
《马克思恩格斯全集》第 19 卷，人民出版社 2006 年版。
《马克思恩格斯全集》第 23 卷，人民出版社 1972 年版。
《马克思恩格斯全集》第 26 卷，人民出版社 2014 年版。
《马克思恩格斯全集》第 30 卷，人民出版社 1995 年版。
《马克思恩格斯全集》第 42 卷，人民出版社 2016 年版。
《马克思恩格斯全集》第 44 卷，人民出版社 2001 年版。
《马克思恩格斯全集》第 46 卷，人民出版社 2003 年版。
《马克思恩格斯选集》第 1—4 卷，人民出版社 2012 年版。
《列宁选集》第 1—4 卷，人民出版社 2012 年版。
《列宁全集》第 1—7 卷，人民出版社 2013 年版。
《列宁全集》第 8—60 卷，人民出版社 2017 年版。
《毛泽东选集》第 1—4 卷，人民出版社 1991 年版。
《毛泽东文集》第 1—2 卷，人民出版社 1993 年版。
《毛泽东文集》第 3—5 卷，人民出版社 1996 年版。
《毛泽东文集》第 6—8 卷，人民出版社 1999 年版。
《邓小平文选》第 1—2 卷，人民出版社 1994 年版。
《邓小平文选》第 3 卷，人民出版社 1993 年版。
《习近平谈治国理政》第 1 卷，外文出版社 2018 年版。
《习近平谈治国理政》第 2 卷，外文出版社 2017 年版。
《习近平谈治国理政》第 3 卷，外文出版社 2020 年版。
《习近平谈治国理政》第 4 卷，外文出版社 2022 年版。

《习近平著作选读》第 1—2 卷，人民出版社 2023 年版。
《十八大以来重要文献选编》上，中央文献出版社 2014 年版。
《十八大以来重要文献选编》中，中央文献出版社 2016 年版。
《十八大以来重要文献选编》下，中央文献出版社 2018 年版。
《十九大以来重要文献选编》上，中央文献出版社 2019 年版。
《十九大以来重要文献选编》中，中央文献出版社 2021 年版。

二　中文专著

北京大学哲学系外国哲学史教研室编译：《古希腊罗马哲学》，生活·读书·新知三联书店 1957 年版。
北京大学哲学系外国哲学史教研室编译：《十六—十八世纪西欧各国哲学》，商务印书馆 1975 年版。
北京大学哲学系外国哲学史教研室编译：《西方哲学原著选读·上卷》，商务印书馆 1981 年版。
北京大学哲学系外国哲学史教研室编译：《西方哲学原著选读·下卷》，商务印书馆 1982 年版。
蔡元培：《我的人生观》，中国工人出版社 2013 年版。
陈秉公：《结构与选择——马克思主义人的生命本体论新探索》，中国人民大学出版社 2017 年版。
陈曙光：《直面生活本身——马克思人学存在论革命研究》，北京师范大学出版社 2012 年版。
陈锡喜：《意识形态——当代中国的理论和实践》，中国人民大学出版社 2018 年版。
陈先达：《思想中的时代和时代中的信仰》，中国人民大学出版社 2018 年版。
陈先达：《问题中的哲学》，北京师范大学出版社 2014 年版。
陈小鸿：《论人的自由全面发展》，人民出版社 2004 年版。
陈学明、马拥军：《走近马克思——苏东剧变后西方四大思想家的思想轨迹》，东方出版社 2002 年版。
陈志尚：《人的自由全面发展论》，中国人民大学出版社 2004 年版。
杜小真：《福柯集》，上海远东出版社 2003 年版。
段德智：《主体生成论：对"主体死亡论"之超越》，人民出版社 2009

年版。

丰子义、孙承叔、王东：《主体论——新时代新体制呼唤的新人学》，北京大学出版社1994年版。

冯刚：《探索思想政治教育发展的内生动力》，人民出版社2017年版。

冯俊：《开启理性之门——笛卡儿哲学研究》，中国人民大学出版社2005年版。

高春花：《当代西方社会思潮述评》，人民日报出版社2013年版。

高清海：《哲学与主体自我意识——论马克思实践观点的思维方式》，北京师范大学出版社2017年版。

高玉祥：《个性心理学》，北京师范大学出版社2005年版。

郭湛：《主体性哲学：人的存在及其意义》，中国人民大学出版社2011年修订版。

韩庆祥：《马克思的人学理论》，河南人民出版社2011年版。

贺来：《"主体性"的当代哲学视域》，北京师范大学出版社2013年版。

侯晶晶：《关怀德育论》，人民教育出版社2005年版。

黄济：《教育哲学》，北京师范大学出版社1985年版。

黄钊：《儒家德育学说论纲》，武汉大学出版社2006年版。

李德顺：《价值论——一种主体性的研究》，中国人民大学出版社2013年版。

李为善、刘奔：《主体性和哲学基本问题》，中央文献出版社2002年版。

李文成：《追寻精神的家园——人类精神生产活动研究》，北京师范大学出版社2007年版。

李旭：《当代中国文论话语——主体建构与身份认同》，中国社会科学出版社2018年版。

李云峰：《马克思学说中人的概念》，人民出版社2007年版。

林晶、邱德亮、张澍军：《思想政治教育中角色道德问题研究》，人民出版社2015年版。

刘建军：《寻找思想政治教育的独特视角》，中国人民大学出版社2016年版。

刘森林：《追寻主体》，社会科学文献出版社2008年版。

刘锡光：《主体的发生》，浙江大学出版社2014年版。

骆郁廷：《思想政治教育贯通论》，人民出版社2023年版。

骆郁廷：《思想政治教育引论》，中国人民大学出版社 2018 年版。

欧阳康：《马克思主义认识论研究》，北京师范大学出版社 2012 年版。

戚万学：《冲突与整合——20 世纪西方道德教育理论》，山东教育出版社 1995 年版。

齐振海、袁贵仁：《哲学中的主体和客体问题》，中国人民大学出版社 1992 年版。

秦宣：《分化与整合——社会转型期的思想政治教育研究》，中国人民大学出版社 2017 年版。

任平：《走向交往实践的唯物主义》，人民出版社 2003 年版。

佘碧平：《现代性的意义与局限》，上海三联书店 2000 年版。

佘诗琴：《意识主体、主体间性与诗意自我》，厦门大学出版社 2017 年版。

沈壮海：《思想政治教育有效性研究》，武汉大学出版社 2016 年版。

苏国勋、张旅平、夏光：《全球化：文化冲突与共生》，社会科学文献出版社 2006 年版。

苏令银：《主体间性思想政治教育研究》，上海三联书店 2012 年版。

孙茂华：《论主体间性下的高校思想政治教育》，北京交通大学出版社 2017 年版。

唐爱民：《20 世纪西方社会思潮与道德教育》，山东人民出版社 2010 年版。

陶德麟：《实践与真理——认识论研究》，人民出版社 2017 年版。

万光侠：《思想政治教育的人学基础》，人民出版社 2006 年版。

汪民安：《福柯的界线》，中国社会科学出版社 2002 年版。

魏贤超：《道德发展心理学与道德教育学》，浙江大学出版社 1995 年版。

魏小萍：《历史主客体导论——从宏观向微观的深化》，北京出版社 1999 年版。

吴潜涛：《思想政治教育教学与研究》，中国人民大学出版社 2018 年版。

夏甄陶：《认识的主—客体相关原理》，湖北教育出版社 1996 年版。

项久雨：《思想政治教育价值论》，中国社会科学出版社 2003 年版。

肖贵清：《中国化马克思主义整体性研究》，中国人民大学出版社 2017 年版。

徐迅：《民族主义》，中国社会科学出版社 1998 年版。

燕国材：《素质教育论》，江苏教育出版社 1997 年版。
杨金海：《人的存在论》，广西人民出版社 1995 年版。
杨素萍：《比较教育范式论》，科学出版社 2016 年版。
杨祖陶：《德国古典哲学逻辑进程》，人民出版社 2016 年版。
俞可平：《思想解放与政治进步》，社会科学文献出版社 2008 年版。
俞吾金：《重新理解马克思——对马克思哲学的基础理论和当代意义的反思》，北京师范大学出版社 2005 年版。
袁贵仁：《价值观的理论与实践》，北京师范大学出版社 2006 年版。
袁杰：《马克思人的解放理论与实践研究》，人民出版社 2017 年版。
张士楚：《在历史的地平线上》，人民出版社 1986 年版。
张耀灿：《思想政治教育学科建设研究》，中国人民大学出版社 2017 年版。
张一兵：《回到马克思——经济学语境中的哲学话语》，江苏人民出版社 1999 年版。
张云飞：《唯物史观视野中的生态文明》，中国人民大学出版社 2014 年版。
赵恩国：《马克思"个人解放"思想的历史与逻辑》，上海人民出版社 2017 年版。
赵玉林：《权利冲突困境——主体间性人权观视角下的互联网治理》，浙江大学出版社 2017 年版。
周敏凯：《现当代西方主要社会思潮》，中国社会科学出版社 2012 年版。
周穗明：《现代化：历史、理论与反思——兼论西方左翼的现代化批判》，中国广播电视出版社 2002 年版。
周向军：《马克思主义理论与马克思主义观发展研究》，中国人民大学出版社 2018 年版。
朱国云：《组织理论：历史与流派》，南京大学出版社 2014 年版。
朱小蔓：《情感教育论纲》，人民出版社 2007 年版。

三　中文译著

［德］奥斯瓦尔德·斯宾格勒：《西方的没落》第 1 卷，吴琼译，上海三联书店 2006 年版。
［德］彼得·毕尔格：《主体的退隐》，陈良梅、夏清译，南京大学出版社

2004年版。

［德］费尔巴哈：《费尔巴哈哲学著作选集》上、下卷，荣震华、李金山等译，商务印书馆1984年版。

［德］费希特：《全部知识学的基础》，王玖兴译，商务印书馆1986年版。

［德］伽达默尔：《真理与方法》上卷，洪汉鼎译，上海译文出版社1999年版。

［德］哈贝马斯：《交往行动理论·第一卷——行动的合理性和社会合理化》，洪佩郁、蔺菁译，重庆出版社1994年版。

［德］哈贝马斯：《作为"意识形态"的技术与科学》，李黎、郭官义译，学林出版社1999年版。

［德］赫尔穆特·施密特：《全球化与道德重建》，柴方国译，社会科学文献出版社2001年版。

［德］黑尔格：《小逻辑》，贺麟译，商务印书馆1980年版。

［德］黑格尔：《精神现象学》上卷，贺麟、王玖兴译，商务印书馆2009年版。

［德］黑格尔：《哲学史讲演录》第2—3卷，贺麟、王太庆译，商务印书馆1960年版。

［德］黑格尔：《哲学史讲演录》第4卷，贺麟、王太庆译，商务印书馆1978年版。

［德］埃德蒙德·胡塞尔：《纯粹现象学通论》，［荷］舒曼编，李幼蒸译，商务印书馆1992年版。

［德］胡塞尔：《现象学的观念（五篇讲座稿）》，倪梁康译，商务印书馆2016年版。

［德］卡尔·雅斯贝尔斯：《什么是教育》，邹进译，生活·读书·新知三联书店1991年版。

［德］康德：《判断力批判》，邓晓芒译，人民出版社2002年版。

［德］康德：《实践理性批判》，关文运译，商务印书馆1960年版。

［德］马丁·海德格尔：《存在与时间》，陈嘉映、王庆节译，生活·读书·新知三联书店2006年版。

［德］马丁·海德格尔：《海德格尔文集·林中路》，孙周兴译，商务印书馆2015年版。

［德］马丁·海德格尔：《海德格尔选集》（上、下），孙周兴选编，上海

三联书店 1996 年版。
［德］尼采:《查拉图斯特拉如是说》,孙周兴译,上海人民出版社 2009 年版。
［德］尼采:《快乐的科学》,黄明嘉译,华东师范大学出版社 2007 年版。
［德］尼采:《偶像的黄昏》,周国平译,光明日报出版社 1996 年版。
［俄］维果茨基:《教育心理学》,龚浩然等译,浙江教育出版社 2003 年版。
［法］福柯:《词与物:人文科学考古学》,莫伟民译,上海三联书店 2001 年版。
［法］福柯:《权力的眼睛:福柯访谈录》,严锋译,上海人民出版社 1997 年版。
［法］霍尔巴特:《自然政治论》,陈太先等译,商务印书馆 1994 年版。
［法］让·保罗·萨特:《什么是主体性?》,吴子枫译,上海人民出版社 2017 年版。
［法］萨特:《存在与虚无》,陈宣良等译,生活·读书·新知三联书店 1987 年版。
［加］威廉·莱斯:《自然的控制》,岳长玲、李建华译,重庆出版社 2007 年版。
［美］艾莉森·利·布朗:《福柯》,聂保平译,中华书局 2014 年版。
［美］戴尔·卡耐基:《处理人际关系的艺术》,丹宁译,北京出版社 1988 年版。
［美］德赖佛斯,［美］拉比诺:《超越结构主义与解释学》,张建超、张静译,光明日报出版社 1992 年版。
［美］杜威:《杜威教育论著选》,赵祥麟、王承绪编译,华东师范大学出版社 1981 年版。
［美］杜威:《民主主义与教育》,王承绪译,人民教育出版社 2001 年版。
［美］杜威:《我们怎样思维·经验与教育》,姜文闵译,人民教育出版社 2005 年版。
［美］弗莱德·R. 多迈尔:《主体性的黄昏》,万俊人译,广西师范大学出版社 2013 年版。
［美］库伯:《体验学习——让体验成为学习和发展的源泉》,王灿明译,华东师范大学出版社 2008 年版。

［美］理查德·格里格、菲利普·津巴多：《心理学与生活》，王垒、王甦等译，人民邮电出版社 2003 年第 16 版。

［美］罗伯特·塔利斯：《杜威》，彭国华译，中华书局 2002 年版。

［美］马斯洛：《动机与人格》，许金声、程朝翔译，华夏出版社 1987 年版。

［美］马斯洛：《人性能达的境界》，林方译，云南人民出版社 1987 年版。

［美］奈尔·诺丁斯：《教育哲学》，许立新译，北京师范大学出版社 2017 年版。

［美］内尔·诺丁斯：《学会关心——教育的另一种模式》，于天龙译，教育科学出版社 2003 年版。

［美］乔治·H. 米德：《心灵、自我与社会》，赵月瑟译，上海译文出版社 1992 年版。

［美］塞缪尔·亨廷顿，《变化社会中的政治秩序》，王冠华译，上海人民出版社 2008 年版。

［美］特纳：《社会学理论的结构》（下），邱泽奇译，华夏出版社 2001 年版。

［美］托马斯·H. 奥格登：《心灵的母体：客体关系与精神分析对话》，殷一婷译，华东师范大学出版社 2017 年版。

［美］约翰·亨利·纽曼：《大学的理念》，高师宁等译，北京大学出版社 2016 年版。

［苏］瓦西留克：《体验心理学》，黄明译，中国人民大学出版社 1989 年版。

［英］安东尼·吉登斯：《现代性的后果》，田禾译，译林出版社 2000 年版。

［英］理查德·贝拉米：《重新思考自由主义》，王萍、傅广生、周春鹏译，江苏教育出版社 2005 年版。

［英］迈克·费瑟斯通：《消解文化——全球化、后现代主义与认同》，杨渝东译，北京大学出版社 2009 年版。

四　外文文献

Agosto, Vonzell, "Intratextualities: The Poetics of the Freedom Schools", *The Journal of Negro Education*, Vol. 77, No. 2, 2008.

Alexander, Kern, and F. King Alexander, eds., *The Object of the University*: *Motives and Motivation*, University: International Expectations, McGill-Queen's University Press, Montreal; Kingston; London; Ithaca, 2002.

Bersani Leo, "Psychoanalysis and the Aesthetic Subject", *Critical Inquiry*, Vol. 32, No. 2, 2006.

Blythe McVicker Clinchy, "Goals 2000: The Student as Object", *The Phi Delta Kappan International*, Vol. 76, 1995.

Bockbrader, B. E. B., *Characteristics of Adult Rational Number Understanding*, Ohio: The University of Toledo, ProQuest Dissertations Publishing, 1992.

Brent Carnell and Dilly Fung, *Developing the Higher Education Curriculum*: *Research-Based Education in Practice*, London: UCL Press, 2017.

Cristina Sin, "The Policy Object: A Different Perspective on Policy Enactment in Higher Education", *Higher Education*, Vol. 68, No. 3, 2014.

Daniel Price, *Plato's Protagoras*: "*The Authority of Beginning an Education*", *Contemporary Encounters with Ancient Metaphysics*, Edinburgh: Edinburgh University Press, 2017.

Dave Boothroyd, "The Subject of the Ethical Turn", in *Ethical Subjects in Contemporary Culture*, Edinburgh: Edinburgh University Press, 2013.

David Carr, "Education, Contestation and Confusions of Sense and Concept", *British Journal of Educational Studies*, Vol. 58, No. 1, 2010.

Dennis Hayes, "Academic Freedom and the Diminished Subject", *British Journal of Educational Studies*, Taylor & Francis, Ltd., Society for Educational Studies, Vol. 57, No. 2, 2009.

Dong, L., *Tentative Study about the Trend of Ideological and Political Education Didactics—from Subject to Inter-subject*, Changchun: Northeast Normal University ProQuest Dissertations Publishing, 2011.

Driver Dorothy, "Olive Schreiner's from Man to Man and 'the Copy within'", *Changing the Victorian Subject*, edited by Maggie Tonkin et al., University of Adelaide Press, South Australia, 2014.

Ehrbar Hans, "The Relation between Marxism and Critical Realism", *Critical Realism and the Social Sciences*: *Heterodex Elaborations*, edited by Jon Frauley and Frank Pearce, University of Toronto Press, Toronto; Buffalo; London, 2007.

Etienne Balibar, Margaret Cohen and Bruce Robbins, *Althusser's Object*, Durham: Duke University Press, No. 39, 1994.

Feher-Gurewich, J., *Becoming a Subject in the Social World: The Paradoxes of Human Desire*, Brandeis University, ProQuest Dissertations Publishing, 1990.

Ford, Teresa Lynn, *Personal Histories, Social Realities and Critical Self-reflection in Constructing Subject-to-subject Relations: The Process of Becoming Multicultural*, Washington State University, ProQuest Dissertations Publishing, 1993.

Frisoli, M., *The Modernist Undoing of Knowledge: Implications for Student Subjectivity and the Status of Academic Knowledge*, University of Southern California, ProQuest Dissertations Publishing, 2005.

Gal Gerson, "Object Relations Psychoanalysis as Political Theory", *International Society of Political Psychology*, Vol. 25, 2004.

Geraint Parry, "Constructive and Reconstructive Political Education", *Oxford Review of Education*, Vol. 25, No. 2, 1999.

Groff, Ruth, *Reason Reconsidered: Political Education, Critical Theory and the Concept of Rational Critique*, University of Toronto, ProQuest Dissertations Publishing, 1994.

Halliwell Stephen, et al., "Subject Reviews", *Greece & Rome*, Vol. 51, No. 2, 2004.

Haroutunian-Gordon Sophie, "Response to Frede V. Nielsen's 'Didactology as a Field of Theory and Research in Music Education'", *Philosophy of Music Education Review*, Vol. 13, No. 1, 2005.

Homer, Kristin Lynn, *A Discourse Constraint on Subject Information Questions*, University of Colorado at Boulder, ProQuest Dissertations Publishing, 2000.

James H. Stone, "Improving College and University Teaching", *General Education and Graduate Education*, Vol. 10, 1962.

J. Bartlett, *Badiou and Plato: An Education by Truths*, Edinburgh: Edinburgh University Press, 2011.

John Dewey, *School and Society*, University of Chicago Press, 1925.

John Wilson and Nicholas Wilson, "The Subject-Matter of Educational Research", *British Educational Research Journal*, Vol. 24, No. 3, 1998.

Jonathan Marks, "Anthropological Taxonomy as Subject and Object: The Consequences of Descent from Darwin and Durkheim", *Anthropology Today*, Vol. 23, No. 4, 2007.

Jorgensen Estelle R, "Four Philosophical Models of the Relation between Theory and Practice", *Philosophy of Music Education Review*, Vol. 13, No. 1, 2005.

Julie E. Cohen, "Examined Lives: Informational Privacy and the Subject as Object", *Stanford Law Review*, Vol. 52, No. 5, 2000.

Kim Young-Joo, "Subject/Object Drop in the Acquisition of Korean: A Cross-Linguistic Comparison", *Journal of East Asian Linguistics*, Vol. 9, No. 4, 2000.

Klopper Dirk, "An Aesthetic of Unsettlement: The (Dis) Placement of the Subject in Relation to the Work of Art", *English in Africa*, Vol. 33, No. 1, 2006.

Li, S., *Theoretical Research on the Reception Process of Ideological and Political Education*, Changchun: Northeastern University ProQuest Dissertations Publishing, 2008.

Liu, W., *Study on Ideological and Political Education of Interactive Practice*, Wuhan: Huazhong Normal University, ProQuest Dissertations Publishing, 2008.

Martin Tessmer, "Subject Specialist Consultation in Instructional Design: Higher Education", *Journal of Instructional Development*, Vol. 11, No. 2, 1988.

Mayer, K., *The Facilitative Effects of the Acquisition of one Linguistic Structure on a Second: Pedagogical Implications of the Competition Model*, Georgetown University, ProQuest Dissertations Publishing, 2008.

Messinger, S., *Fight for Education, Fight for Freedom: From Object to Subject in Freedom Narratives*, Florida Atlantic University, ProQuest Dissertations Publishing, 2012.

M · Nakosteen, *The History and Philosophy of Education*, The Ronald Press Company, 1965.

Moger Angela S., "That Obscure Object of Narrative", *Yale French Studies*, No. 63, 1982.

Orefice Paolo, "The Creation of Knowledge through Environmental Education", *Ecological Education in Everyday Life: ALPHA* 2000, edited by Jean-Paul Hautecoeur, University of Toronto Press, 2002.

Paolino, Virgil A., *Philosophy of Actual Idealism in the Italian Educational Life*, University of Southern California, ProQuest Dissertations Publishing, 1941.

Patterson B. Williams, "Object Contemplation: Theory into Practice", *Roundtable Reports*, Vol. 9, 1984.

Pauline Marie Rosenau, "Subverting the Subject", *Post-Modernism and the Social Sciences: Insights, Inroads, and Intrusions*, Princeton University Press, 1992.

Peter C. Emberley, "Values Development: The Hegelian Experiment", in *Values Education and Technology: The Ideology of Dispossession*, University of Toronto Press, 1995.

Radford Luis, "Education and the Illusions of Emancipation", *Educational Studies in Mathematics*, Vol. 80, No. 1/2, 2012.

Randolph Richard, "Object and Reflection", *The Journal of Speculative Philosophy*, Vol. 17, No. 1, 1883.

Reginald D. Archambault, ed., *Dewey on Education*, Random House, 1966.

Rhee, Hyoung Koo, *The Identification of Major Factors Affecting the Development of Art Education in the Republic of Korea*, University of Pittsburgh, ProQuest Dissertations Publishing, 1996.

Ribéreau-Gayon, Agathe, and David D'Avray, "Interdisciplinary Research-Based Teaching: Advocacy for a Change in the Higher Education Paradigm", *Shaping Higher Education with Students: Ways to Connect Research and Teaching*, edited by Vincent C. H. Tong et al., UCL Press, London, 2018.

Sengupta, Parna, "An Object Lesson in Colonial Pedagogy", *Pedagogy for*

Religion: Missionary Education and the Fashioning of Hindus and Muslims in Bengal, 1st ed., University of California Press, Berkeley; Los Angeles; London, 2011.

Slott, Michael H., An Analysis of the Contribution of Critical Postmodernism to the Development of an Emancipatory Adult Education, The State University of New Jersey-New Brunswick, ProQuest Dissertations Publishing, 2001.

Stanley Aronowitz and Henry A. Giroux, "Postmodern Education: Border Pedagogy in the Age of Postmodernism" in Politics, Culture, and Social Criticism, NED-New edition, University of Minnesota Press, 1991.

Stephen Roche, "Editorial: Equity and Equality in Education", International Review of Education, Vol. 59, No. 1, 2013.

Tichá, Marie, and Alena Hošpesová, "Developing Teachers' Subject Didactic Competence through Problem Posing", Educational Studies in Mathematics, Vol. 83, No. 1, 2013.

Weigelt Charlotta, "The Relation between Logic and Ontology in the 'Metaphysics'", The Review of Metaphysics, Vol. 60, No. 3, 2007.

W. F. Connell, A History of Education in the Twentieth Century World, New York: Teachers College Press, 1980.

Wojtyla Karol, "The Person: Subject and Community", The Review of Metaphysics, Vol. 33, No. 2, 1979.

Yeong, A. Y. E., Multicultural Education and Objectivity: The Role of Epistemological Presuppositions, Toronto: University of Toronto ProQuest Dissertations Publishing, 2004.

Zhou, T. S., A Study of Deng Xiaoping's Thought on Marxist Theoretical Education, Wuhan: Wuhan University ProQuest Dissertations Publishing, 2011.

Znaniecki Florian, "The Object Matter of Sociology", American Journal of Sociology, Vol. 32, No. 4, 1927.

后　记

公元 1883 年 3 月 17 日，伟大的思想家马克思的遗体被安葬在英国伦敦郊区海格特公墓。在葬礼上，他的亲密战友恩格斯发表了著名的《在马克思墓前的讲话》演说。在这篇光辉文献中，恩格斯说："正像达尔文发现有机界的发展规律一样，马克思发现了人类历史的发展规律，即历来为繁芜丛杂的意识形态所掩盖着的一个简单事实：人们首先必须吃、喝、住、穿，然后才能从事政治、科学、艺术、宗教等等；所以，直接的物质的生活资料的生产，从而一个民族或一个时代的一定的经济发展阶段，便构成基础，人们的国家设施、法的观点、艺术以至宗教观念，就是从这个基础上发展起来的，因而，也必须由这个基础来解释，而不是像过去那样做得相反。"[①] 这个穿越 142 年跨越欧亚大陆时空的演讲，透视了一个经典原理，那就是物质决定意识，但是，恩格斯并没有忘记强调"国家设施、法的观点、艺术以至宗教观念，就是从这个基础上发展起来的"。他不仅引出了意识的本质，更是充分肯定了意识的能动作用。我们至少可以从中得出两点结论：一是意识活动不仅具有目的性，而且还具有自觉选择性，即行动之前要确定实现目标的行动方式和行动步骤；二是意识能够能动地改造世界，对改造客观世界具有指导作用，对人体生理活动具有调节和控制作用，高昂的精神催人奋进，使人向上。那么，在主客体关系中，思想政治教育客体对主体的生成和发展所呈现出的积极意义就是思想政治教育价值实现的结果。同时，这种价值实现无疑也是思想政治教育主客体关系良性互动的结果。

---

① 《马克思恩格斯文集》第 3 卷，人民出版社 2009 年版，第 601 页。

后　记

2024年是对于思想政治教育学科有着重大理论与现实意义的时间点，因为思想政治教育学科从设立到创新发展已经走过了40年的历程。回顾思想政治教育学科40年的发展历程，尤其是深刻把握新时代思想政治教育学科创新发展的厚重积淀，总结科学发展基本规律，对持续推动思想政治教育学科发展具有重要意义。在思想政治教育学科历经四十载风雨兼程的漫漫征程中，本书的创作有幸跻身其间，成为这一宏大叙事的微小脚注，这无疑是我莫大的荣幸与慰藉。

2025年的世界仍旧处于"两个一百年"交汇的重大历史时期，加之逆全球化与全球化浪潮此起彼伏，使得我们不得不以几何方式来看待人类的思想和行为，确信研究人的思想及其教育的行为科学——思想政治教育是按照主体和客体关系秩序原理建构起来的，因此，试图揭示两者关系现象背后所隐藏的机制，解决两者之间的存在张力，理应成为当下这个领域学术研究的不二法门。

思想政治教育主客体关系是思想政治教育基础理论学科研究的重大理论问题，不断深化思想政治教育主客体关系研究，既是对时代发展的回应与解答，也是学术研究创新发展的必然要求。随着我国进入新发展阶段，实现思想政治教育高质量发展成为思想政治教育发展的时代目标。思想政治教育主客体关系作为思想政治教育研究的元问题，深化对思想政治教育主客体关系研究，提升其发展质量正是对时代发展的回应与解答。具体来说，新时代推动思想政治教育高质量发展，需要解决习近平总书记强调的落实立德树人的根本任务，需要重点关注"培养什么人、如何培养人、为谁培养人"这一根本问题。从思想政治教育的角度来看，其最根本的是要回答思想政治教育主客体关系问题。只有确立了和谐的思想政治教育主客体关系，立德树人这一根本任务才有方向、才能真正落实。本书正是紧扣"培养什么人、如何培养人、为谁培养人"这一根本问题展开研究的。首先，从"培养什么人、为谁培养人"出发，深入研究思想政治教育主客体关系的历史发展及当前思想政治教育主客体关系的确认标准问题。其次，基于"如何培养人"的理念，深化研究思想政治教育主客体关系的体系构建、当代境遇及具体优化问题，最终实现立德树人的根本任务。

从学术研究来看，不断推动思想政治教育主客体关系研究的创新探索，将为我们打开思想政治教育学术研究的另一扇大门，激活思想政治教育元问题研究的学术活力，带领我们走向思想政治教育现代化发展的全新境界。具体来说，本书对思想政治教育主客体关系研究是在以往研究基础上的深化探索，旨在跳出已有的研究模式与思维定势，实现对思想政治教育主客体关系的创新性发展。本书尝试以一种开放、多元的视角，从历史与现实、理论与实践两个维度对思想政治教育主客体关系进行了深入研究，特别是从研究概论、理论基础论、历史视阈论、认识论、体系构建论、当代视野论、优化论七个方面，具体探讨了思想政治教育主客体关系的多元性与层次性。

从总体来看，本书关于思想政治教育主客体关系研究坚持以时代发展为导向、以问题为线索，旨在为广大读者提供一个关于思想政治教育主客体关系研究的新视角，为思想政治教育理论体系的构建与完善提供补充。本书是十多年来关于思想政治教育主客体关系研究成果的初步思考，未来性的跟进将永远在路上。

值得一提的是，本书是我主持的国家社科基金重点项目"思想政治教育的主客体关系研究"（批准号：13AKS011）的优秀结项成果，本课题历时十二年的研究，共计发表CSSCI来源期刊论文四十多篇。值此付梓之际，我要特别感谢中共中央党校韩庆祥教授、中国社会科学出版社社长赵剑英先生、资深编辑田文老师；特别感谢华中师范大学张耀灿教授、西南大学黄蓉生教授、中国人民大学刘建军教授、复旦大学高国希教授、东北师范大学王占仁教授、浙江大学马建青教授、北京大学宇文利教授、河海大学戴锐教授、河南师范大学马福运教授；特别感谢我的学生张业振、王志伟、聂莹莹、汪青、刘昕语等在搜集资料、分析资料、校对文稿中作出的有益贡献。

本书从构思到成稿，再到如今即将与读者见面，历经了漫长而艰辛的旅程。现在，铺陈在我们面前的，正是这本书的第12稿。当春风拂过武汉大学的校园，樱花如约绽放，我漫步于樱花树下，望着那漫天飞舞的花瓣，心中油然而生出一种奇妙的联想。那一片片飘落的樱花，仿佛是思想政治教育主客体关系的具象化呈现。在思想政治教育中，主客体之间的关系并非一成不变，而是在不断地交汇、交融、交锋中发展变化。就像樱花从树枝上飘落，脱离了原本的依托，却又在落地的瞬间，以另一种方式融入大地，滋养着新的生命。这不是正如思想政治教育主客体关系图式吗？主体通过各种方式影响客体，而客体在接受教育的过程中，又会不断地反思、内化，最终形成自己独立的思想，并通过行为外化。在这个过程中，主客体之间的界限似乎逐渐模糊，却又在某些时刻清晰地呈现出来，展现出各自独特的价值和意义。

  本书的写作得到了武汉大学马克思主义学院等许多部门的支持与帮助，在此，一并感谢。由于水平有限，不足之处在所难免，敬请读者批评指正！我始终对青年学者群体怀有深切的偏爱，并持续倾注着热切的关注。衷心期望这本书能够成为与青年学者心灵相通的桥梁，哪怕仅在他们未来学术成长的漫长征途中起到微如星火的启迪作用，我亦倍感欣慰，视之为莫大的荣幸与满足。

项久雨

2025 年春于珞珈山